RFB / Books ist ein Projekt, das von RadFem Berlin erdacht und umgesetzt wurde. Unsere Gruppe ist eine aktivistische Radfem-Gruppe, die am 27. April 2021 gegründet wurde und daran arbeitet, das feministische Bewusstsein unserer weiblichen Befreiung zu vergrößern. Der Beweggrund unserer Gruppe war es, feministische Theorie ins Deutsche zu bringen, zuerst in informativen Posts, die wir entworfen und online in unseren Social Media Accounts geteilt haben, bis wir uns als eine deutsche radfem Stimme etabliert haben und dank anderer Feministinnen, wie Sheila Jeffreys, unseren kleinen feministischen Buchverlag formell einrichten konnten. Wir finden, dass deutschsprachige Frauen Zugang zu feministischer Theorie in ihrer Sprache haben müssen. Wir wollen dies ermöglichen und hoffen, dass weitere Gruppen oder Feministinnen die grundlegende Arbeit unserer feministischen Mütter ebenfalls übersetzen.

AF666550

SHEILA JEFFREYS

FEMINISTISCHE STIMMEN

1.Auflage 2022

Printed in Germany
ISBN 978-3-9824963-0-6
www.radfemberlin.de

Inhaltsverzeichnis

Vorwort

In diesem Buch haben wir verschiedene Arbeiten der Autorin, Sheila Jeffreys, aus ihrem Leben als Aktivistin und Professorin gesammelt. Das Buch ist eine Ausgabe, die verschiedene Analysen der Autorin zu den wichtigsten feministischen Themen vereint, von denen einige in der zweiten feministischen Welle entstanden, aber auch heute noch relevant sind. Wir haben es mit einer Autorin zu tun, die angesichts des neuen patriarchalen Rückschlags, den wir derzeit durch den Transaktivismus erleben, der versucht, Frauen als rechtliche und soziale Kategorie auszulöschen und Männern den Zugang zu sicheren Räumen zu ermöglichen, für die Frauen und Feministinnen vor Jahrhunderten gekämpft haben, von großer Bedeutung ist.

Der Verlust unserer Räume, die wir dank des Feminismus gewonnen haben ist keine Kleinigkeit, denn der feministische Vorstoß hat es historisch gesehen ermöglicht, dass das öffentliche Leben der Frauen das "Private" verlassen konnte. Der durch den Feminismus gewonnene öffentliche Raum für Frauen war ein entscheidender Schritt zur Eroberung von mehr Rechten, die dem Patriarchat entrissen wurden.

Sheila Jeffreys analysiert seit Jahrzehnten die Sexualität der Frau als unterdrückende patriarchale Waffe, als ein System der Unterwerfung unter das patriarchale und kapitalistische System, das die Zwangsheterosexualität dem System gewährt. Die Autorin analysiert den Vormarsch der männlichen Fetischisten oder "Crossdresser", die sich hinter dem Kampf für die Rechte von Schwulen und Lesben verstecken.
Die Übersetzung des Werks der Autorin wurde mit größtem Respekt für die Ausdrucksweise in der Originalsprache angefertigt und begleitet die Entwicklung der Essays von Sheila Jeffreys im Laufe der Jahrzehnte. Einige der Zitate sind der offiziellen Fassung der übersetzten Bücher entnommen. Alle Verweise sind am Ende des Buches zu finden. Das Wort „gender“ / „sex roles“ haben wir 1:1 an das englische Original angelehnt, d.h. wir haben in der Übersetzung „gender“ mit „Gender“, „sex“ mit „Geschlecht“ und „sex roles“ mit "Geschlechterrollen" wiedergegeben

Danksagungen

Dieses Buch hätte ohne die Unterstützung und aktive Beteiligung anderer Frauen und Feministinnen nicht fertiggestellt werden können. Die Frauen, die uns jeden Tag im Stillen unterstützen, uns schreiben, uns danken, unsere Arbeit kommentieren... Sie alle haben diese Arbeit möglich gemacht, die lesbischen Kämpferinnen, die Teil unserer Gruppe sind, sind die notwendige Kraft, die mehr Frauen inspiriert.

Wir möchten Sheila Jeffreys dafür danken, dass sie uns die Übersetzung und Herausgabe dieses Buches über ihre Arbeit fast bedingungslos anvertraut hat. Sie hat auch an unserer Demonstration im September 2022 teilgenommen, um die Frauen in Deutschland angesichts des drohenden patriarchalen Backlashs zu unterstützen, der die Frauen auslöschen will.

Danke an alle Frauen der verschiedenen feministischen Szenen, insbesondere der spanischen und lateinamerikanischen, die uns immer sehr unterstützt haben, aber auch der britischen und deutschen. Danke an alle Feministinnen und Freundinnen, die uns immer mit ihren ermutigenden Worten und ihrer bedingungslosen Unterstützung erleuchtet haben. Danke an alle Frauen, die im Einklang mit der feministischen Theorie für mehr feministisches Bewusstsein in der Welt arbeiten, um unsere Befreiung zu erreichen, danke an alle Frauen, die dies lesen werden und von denen wir nie etwas erfahren werden, **Frauen der Zukunft: vereinigt euch!**

Dieses Buch ist den Lesben gewidmet

FEMINISMUS

Die Notwendigkeit für revolutionären Feminismus

(1977)

Die Notwendigkeit eines revolutionären Feminismus ergibt sich aus zwei sehr wichtigen Gründen: zum einen aus der liberalen Übernahme der Frauenbefreiungsbewegung und zum anderen aus dem gravierenden Mangel an Theorie in der Bewegung.

Ein Vortrag von Sheila Jeffreys auf der nationalen Konferenz der „Women's Liberation Movement" 1977 in London, nachgedruckt in der sozialistischen feministischen Zeitschrift "Scarlet Woman", Ausgabe 5. Die nationale WLM-Konferenz von 1977 wurde von etwa 2500 bis 3000 Frauen besucht. Sie fand im April 1977 in Islington statt und wurde von der (bisher) letzten nationalen WLM-Konferenz im folgenden Jahr in Birmingham 1978 gefolgt. 1970 begann die nationale Konferenz mit Ruskin und formulierte die Sieben Forderungen.

Die liberale Übernahme der Frauenbefreiungsbewegung

Es gibt ein weitverbreitetes Zögern, das Wort "Befreiung" (eng: liberation) zu verwenden, und der Grund dafür ist, dass „lib" in den Medien abwertend verwendet wird und das Wort infolgedessen Verbmord begangen hat und nur noch dazu dienen kann, Belustigung und Abneigung zu provozieren. Ich glaube, dass diese Tendenz gut zu anderen Entwicklungen innerhalb der Bewegung in den letzten Jahren passt, die zu einer Verharmlosung und Einschränkung unseres revolutionären Potenzials führen.

Es gibt eine wachsende Tendenz, die Umwandlung der Geschlechterrollen als das wünschenswerte Ziel der Frauenbefreiung zu betrachten. Die Geschlechterrollen können verändert werden, ohne dass sich die Machtverhältnisse wirklich ändern. Männer können Hausarbeit machen und Kinderkrippen leiten, aber dieser Rollenwechsel, den selbst die revolutionäre Linke als wünschenswert ansieht, kann den Interessen eines Staates dienen, der Frauen ohne allzu viel Dissens und Aufruhr am Arbeitsplatz haben will. Wird diese Änderung der Geschlechterrollen dazu führen, dass Frauen Männer vergewaltigen und sie mit spitzen Gegenständen auf der Müllhalde abstechen? Ich glaube nicht, denn die Art und Weise, wie die männliche Sexualität zur Kontrolle der Frauen auf der Straße eingesetzt wird, z. B. durch Flashing und Vergewaltigung, wird weitergehen, solange die Männer die herrschende Klasse sind und eine Änderung der Geschlechterrollen ihre Macht nicht ernsthaft bedroht.

Eine weitere Entwicklung ist die "erzieherische" Rolle der Frauenbefreiung. Nicht wenige Frauengruppen haben es auf sich genommen, vor Fraueninstituten, kirchlichen Gruppen usw. zu sprechen und haben die Bedeutung und die erschreckenden Aspekte der Frauenbefreiung bewusst heruntergespielt, indem sie z.B. die Tatsache, dass sie lesbisch sind, verschwiegen oder sogar gelogen haben. Die Frauenbefreiungsbewegung ist eine Bedrohung und sollte auch als solche gesehen werden, und ich kann nicht erkennen, dass es sinnvoll ist, sie als gemischte Tupperware-Party darzustellen, bei der Männer den Kaffee kochen.

Eine weitere Entwicklung geht in Richtung Life-style-ismus. Es ist möglich, mit Frauen zusammenzuleben, in einer Frauen-Lebensmittelkooperative mitzuarbeiten, an Kursen der Women's Free Arts Alliance teilzunehmen und in Frauendiskos zu gehen. In der Zwischenzeit wird die Notwendigkeit eines politischen Feminismus, der Entwicklung von Theorien und Strategien, um die Macht aus den Händen der Männer zu reißen, ignoriert. Was passieren wird, ist, dass die Frauenbefreiungsbewegung vor ihren Augen in eine gesellschaftlich akzeptable Alternative zur Stadtfrauengilde verwandelt wird, und dann wird es zu spät sein.

Ein weiteres Problem ist "Spare Rib"[1]. Das Ethos des Spare-Rib-Kollektivs besteht offensichtlich darin, Theorie oder gar "Radikalismus" zu vermeiden, da sich das Papier an ein breites Spektrum von Frauen richtet und Frauen zur Teilnahme an der Bewegung ermutigen soll. Daher wird Spare Rib fade und platitüdenhaft, und Wut und Hass auf Männer - auf denen die ganze Energie der Bewegung ursprünglich beruhte - werden völlig ausgelassen.

Die Notwendigkeit der Theorie

Mein zweiter Grund für die Notwendigkeit eines revolutionären Feminismus ist der Mangel an Theorie in der Frauenbefreiungsbewegung. Es besteht ein enormer Argwohn, dass Theorie eine männliche Erfindung ist, und das Schreiben über das Persönliche, Lebensstile und Geschlechterrollen gibt vor, in sich selbst Theorie zu sein. In der Zwischenzeit produzieren sozialistische Feministinnen Theorie, welche eine Adaption des Marxismus ist, und sie tun dies mit solch einer produktiven Kraft, dass man meint, sie hätten die

---

[1] Eng. für übrige Rippe, Anspielung auf die Rippe Adams

Lücke gefüllt, die der Mangel an Theorie und Strategie für Feministinnen war. Ich akzeptiere nicht, dass sie das getan hätten. Früher gab es "radikale Feministinnen", die Theorien über die Gründe für die Unterdrückung der Frauen aufstellten - historische, psychoanalytische usw. - und versuchten, auf der Grundlage ihrer Analyse vorzuschlagen, welche Strategie die Frauen anwenden sollten, um diese Unterdrückung zu beenden. Vielleicht gibt es sie noch, aber sie machen sich nicht bemerkbar und scheinen sich in einen Winterschlaf begeben zu haben. Es ist spannend, über radikalen Feminismus zu lesen, wenn man die WLM[2] betritt, aber es ist schwierig, Frauen zu finden, die tatsächlich für radikalfeministische Theorien eintreten und diese erläutern.

Tatsächlich wird der Begriff "radikale Feministin" heute für ein so breites Spektrum von Positionen verwendet, dass ich ihn nicht für eine sehr nützliche Bezeichnung halte um eine revolutionäre feministische Position zu beschreiben. Revolutionäre Politik dreht sich um Macht. Es geht um das Konzept, dass die Macht in den Händen einer bestimmten Gruppe in der Gesellschaft liegt und dazu benutzt wird, eine andere Gruppe oder Gruppen auszubeuten und zu kontrollieren. Es geht um die Entschlossenheit, der herrschenden Gruppe die Macht zu entreißen und ihre Vorherrschaft zu beenden. Es erfordert die Identifizierung der herrschenden Gruppe, ihrer Machtbasis, ihrer Kontrollmethoden, ihrer Interessen, ihrer historischen Entwicklung, ihrer Schwächen und der besten Methoden zur Zerstörung ihrer Macht.

Wir brauchen Theorie, damit wir herausarbeiten können, was konstruktive und potentiell revolutionäre Forderungen für Frauen sind. Wir brauchen sie, damit wir das Spektrum der scheinbar feministischen Forderungen, die derzeit erhoben werden, nicht einfach als gleichermaßen wünschenswert in einen Topf werfen. Wir müssen wissen, wo wir unsere Kraft einsetzen müssen, um die Interessen und Schwächen der Männer bloßzustellen und sie in Verlegenheit zu bringen, um sie zu zwingen, Stellung zu beziehen und Farbe zu bekennen. Ein solches Thema könnte die Vaterschaft sein oder die totale Kontrolle der Frau über die Geburt von Kindern.

Die Grundlage revolutionärer feministischer Theorie

Um revolutionäre Feministin zu werden, muss man den Sozialismus nicht aufgeben. Als revolutionäre Feministin sehe ich zwei Klassensysteme existieren, das eine ist das ökonomische Klassensystem, das auf dem Verhältnis der Menschen zur Produktion beruht, das zweite ist das Geschlechtsklassensystem, das auf dem Verhältnis der Menschen zur

[2] Women's Liberation Movement

Reproduktion beruht. Als Frau ist es das zweite Klassensystem, das mich am meisten unterdrückt und das meine alltägliche Existenz beherrscht und verschmutzt, durch meine Angst auf den nächtlichen Straßen, die Blicke, Gesten und Kommentare der Männer bei jedem Kontakt mit ihnen usw. Um eine sozialistische Feministin zu sein, müsste ich eine Einheit von Interessen zwischen mir und einer Gruppe von Männern akzeptieren und einsehen, dass meine Angst und Demütigung vom Kapitalismus und nicht von den Männern herrührt, und das kann ich nicht tun.

Um eine revolutionäre feministische Theorie zu konstruieren ist die Konzentration auf die Reproduktion ausschlaggebend. Es reicht keineswegs aus, wenn revolutionäre linke Gruppen Workshops über "Sexualität" oder "Familie" abhalten. Sie müssen über das erschreckende und komplizierte Thema "Reproduktion" sprechen. In der sozialistischen Gesellschaft der Zukunft könnte die ökonomische Klasse abgeschafft werden. Der Sohn eines ICI-Direktors, der in einer Lambeth-Siedlung aufgewachsen ist, würde jedem anderen ähneln, der in dieser Siedlung aufgewachsen ist. Die Hautfarbe würde als Trennungsmerkmal abgeschafft und die Welt würde in einen "großen Schmelztiegel" verwandelt. Aber die Unterschiede zwischen Männern und Frauen lassen sich nicht beseitigen. Die Körper der Frauen sind die Fabriken, in denen Kinder produziert werden, und wer diese Fabriken kontrolliert, kontrolliert die Reproduktion des Lebens und die Zukunft der menschlichen Rasse selbst.

Das Patriarchat, die Herrschaft der Männer, gibt es schon so lange in der Menschheitsgeschichte, wie wir Nachweise für diese haben (vor der ökonomischen Klassengesellschaft). Es basiert nicht nur auf der Ausbeutung der Frauen als Klasse, sondern auch auf dem Besitz und der Kontrolle ihrer reproduktiven Macht. Ganz gleich, wie sehr wir die Kinderbetreuung "vergemeinschaftlichen" und wie viel Toilettenreinigung den Männern aufgezwungen wird, die Reproduktion wird immer eine weibliche Aufgabe bleiben. Ich war beunruhigt, als ich auf einem sozialistischen Feminismus-Workshop hörte, dass die Vergemeinschaftlichung unserer Körper wünschenswert sei. Zu wessen Nutzen? Männer kontrollieren bereits unsere Körper und könnten dies auch fröhlich in Zukunft im Namen der "Vergemeinschaftlichung" unserer Körper und des kollektiven Besitzes von Kindern tun.

Die obigen Überlegungen sind ein Bruchteil der Debatte um die Idee der Geschlechterklasse und sind gemeint zur Diskussion anzuregen. Wenn ich auf irgendwelche Zehen getreten bin, dann in der Hoffnung, eine Antwort zu provozieren. Mein Ziel ist es, dass sich ein stark politischer Feminismus um die revolutionäre Theorie herum entwickeln kann, damit die WLM eine BEFREIUNGS-Bewegung bleiben kann. Ich würde auch gerne sehen, dass sich ein Netzwerk von Frauen entwickelt, die daran interessiert sind, diese Ideen zu diskutieren, weil es sehr einsam und frustrierend sein kann, eine revolutionäre Feministin zu sein, sogar innerhalb der WLM. "

Kate Milletts Sexus und Herrschaft: 40 Jahre danach

(2011)

Vor vierzig Jahren, im Jahr 1970, wurde Kate Milletts *Sexual Politics* in den USA veröffentlicht. Das Buch hatte eine explosive Wirkung auf die damalige feministische Politik. Es erregte große mediale Aufmerksamkeit und brachte die Ideen der aufkommenden amerikanischen Frauenbewegung in die malestream Welt, mit einer hervorragenden Berichterstattung im *Time* Magazine. Doch das Buch hat nicht in der historischen Erinnerung des Feminismus überdauert und wird heute sowohl in der Sozialtheorie als auch in der wissenschaftlichen feministischen Arbeit weitgehend ignoriert. In diesem Artikel versuche ich, die Vernachlässigung von Milletts Werk zu korrigieren. Ich behaupte, dass *Sexual Politics* sehr wichtig ist, um die Grundlagen für radikale feministische Ideen zu schaffen, insbesondere in Bezug auf die Analyse von Sex als politisch. Millett zeigte, dass die sexuelle Praxis aus patriarchalen Machtverhältnissen heraus konstruiert wurde und sowohl die männliche Vorherrschaft reflektierte als auch dazu diente, sie aufrechtzuerhalten. Sie erläuterte ihr Verständnis von der Politik des Sexes anhand einer Untersuchung der Weise, in der männliche Romanautoren der 1960er Jahre, die zu ihrer Zeit als progressiv galten, über Frauen und Sex schrieben. Ihre Analyse bildet die Grundlage für die sich entwickelnde feministische Kritik an der Pornografie.

Sexual Politics wurde zu einer Zeit geschrieben, bevor die Videopornografie erfunden wurde. Die damalige Pornoindustrie basierte auf Magazinen wie dem Playboy und war nur ein Schatten der heutigen, äußerst profitablen und breit gefächerten Industrie. Als sich die Industrie im letzten Viertel des 20. Jahrhunderts entwickelte, wurde die Theoretisierung der Pornographie durch Arbeiten wie die von Catharine MacKinnon und Andrea Dworkin (Dworkin, 1981; MacKinnon, 1993) wesentlich weiterentwickelt. Ich möchte jedoch argumentieren, dass die Ideen über Frauen und Sex in den 1960er Jahren in den Romanen von Norman Mailer und Henry Miller, die Millett so scharfsinnig durchleuchtet, die Grundlage der heutigen Industrie bilden, und dass zeitgenössische feministische Kampagnen gegen Pornografie durch die Kenntnis ihrer Arbeit bereichert werden. Ich möchte einige Gründe für die Art und Weise nennen, in der ihre Arbeit begraben wurde, wie z. B. die Entwicklung eines „Pro-Sex"-Feminismus in der akademischen Welt und die Weise, in der die post-strukturelle Wende im akademischen Feminismus zur Privilegierung männlicher Theoretiker geführt hat, deren

Arbeit schwer zu verstehen ist, im Vergleich zu dem geradlinigen radikalen Feminismus von Theoretikerinnen wie Millett.

Die Bedeutung des Buches

Sexual Politics wurde in den 1990er Jahren nicht mehr aufgelegt, kann aber heute wieder erworben werden. Dennoch war das Buch 1970 ein Schock für das politische System der männlichen Vorherrschaft, ein Schock, der weitgehend in Vergessenheit geraten ist. Die radikale feministische Theoretikerin Andrea Dworkin schrieb über das Buch: „Die Welt schlief, und Kate Millett weckte sie auf. Betty Friedan hatte über das Problem geschrieben, das keinen Namen hatte. Kate Millett hat ihm einen Namen gegeben, es illustriert, enthüllt und analysiert" (Dworkin, 2003). Dworkin fuhr fort: „Mir fällt niemand ein, der das erreicht hat, was Kate Millett mit diesem einen Buch erreicht hat. Es bleibt das Alpha und Omega der Frauenbewegung. Alles, was Feministinnen getan haben, wurde von *Sexual Politics* vorausgeahnt, vorhergesagt oder ermutigt. Diese Einschätzung einer so bedeutenden radikalfeministischen Theoretikerin der Pornografie steht in scharfem Kontrast zu der Art wie das Buch derzeit in der feministischen Lehre behandelt wird.

Milletts bedeutsamster Vorstoß war die Politisierung von Sex. Die Schriftsteller, deren Werk Millett analysiert, waren die Stars der sogenannten sexuellen Revolution der 1960er Jahre. Andrea Dworkin erklärt: „Als Millett *Sexual Politics* schrieb, waren Miller, Mailer und Lawrence die Propheten der sexuellen Befreiung" (Dworkin, 2003). Sie waren „die primären Einflüsse auf die Generation, die in den 1960er Jahren erwachsen wurde", und für die Linke und die aufkeimende Gegenkultur galten sie als subversive Schriftsteller. Tatsächlich, meint Dworkin, trugen sie dazu bei, „eine Generation in dem Glauben zu sozialisieren, dass Zwang und Gewalt geschätzte Elemente des Sex sind", aber Milletts Analyse „zerstörte ihre Autorität".

Die männlichen Sexualliberalen der 1960er Jahre verkündeten, das Problem mit dem „Sex" sei einfach, dass die sexuelle Freiheit „unterdrückt" worden sei. Es gab kaum Kritik an der Weise, in der Sexualität konstruiert wurde. Millett schrieb aus dem Inneren einer feministischen Bewegung in den USA, die sich aus der Linken heraus entwickelte, mit Empörung über die Art wie Frauen von der Linken behandelt wurden, insbesondere als Objekte für den sexuellen Gebrauch (Shulman, 1980). Die alternative Presse jener Zeit, wie *Oz* und die *International Times*, propagierten die Pornografie als unverzichtbar für die sexuelle und irgendwie auch für die politische Freiheit (Jeffreys, 1990). Sie lobten zum Beispiel das Werk von William Burroughs, einem Mann, der seine Frau bei einem Spiel tötete, in dem er auf einen Gegenstand auf ihrem Kopf schoss (Jeffreys, 1990). Burroughs 'Romane sind sexuell gewalttätig, wenn auch im Allgemeinen mit homoerotischen Themen, einschließlich der Fantasien über die Schaffung einer Welt ohne Frauen. Wie die Romane, die Millett in Sexual Politics kritisiert, wurden sie von Grove Press veröffentlicht, die sie als Wegbereiter der sexuellen Freiheit betrachteten. Die Frauen, die aus der Linken kamen, um den Feminismus der zweiten Welle zu finden, waren äußerst kritisch gegenüber der Frauenfeindlichkeit der linken Männer. Zum Beispiel griff Robin Morgan die Frauenfeindlichkeit der linken Hippie-Untergrundzeitungen an. Morgan schrieb: „Wir haben den Feind getroffen und er ist unser Freund. Und gefährlich... Eine echte Linke hält das Leiden von niemandem für irrelevant oder reizvoll" (Diamond, 1980, S. 688). Andrea Dworkin erklärte: „Die linke Sensibilität fördert und schützt die Pornographie, weil Pornographie Freiheit ist" (Dworkin, 1981, S. 217). Die Dezensur der Pornographie wurde als ein Projekt der Linken durchgeführt, erklärt Dworkin: „Die neue Pornographie ist links", aber das wird sich als ihr Totengeläut erweisen, denn „die neue Pornographie ist ein riesiger Friedhof, wo die Linke zum Sterben hingegangen ist. Die Linke kann nicht gleichzeitig ihre Huren und ihre Politik haben" (Dworkin, 1981, S. 217). Die männlichen Romanciers, deren Werke in dieser Zeit vor der Zensur gerettet wurden, wie D.H. Lawrence, oder die zum ersten Mal veröffentlicht wurden, wie Miller und Genet, wurden als Kämpfer für sexuelle Freiheit gegen Prüderie und Konservatismus gesehen. Sex war nicht politisch, sondern nur die „Unterdrückung" von Sex. Sex selbst wurde als natürlich, biologisch und gänzlich gut angesehen.

Millett lieferte eine vernichtende feministische Kritik an dieser selbstsüchtigen maskulinen Torheit. Sie argumentierte, dass die Unterordnung der Frau durch und in Akten der penilen Penetration von Frauen konstruiert wird. Sie wies darauf hin, dass Sex nicht „natürlich", sondern politisch geformt ist, und zwar aus und zur Unterstützung der männlichen Vorherrschaft. Millett untersucht in ihrem Buch auf welche Weise die selbsternannten sexuellen revolutionären Romanciers der 1960er Jahre über den Geschlechtsverkehr schreiben, um die darin zum Ausdruck kommende Machtpolitik zu erläutern. Sie erklärt: „Man kann kaum behaupten, dass der Koitus in einem Vakuum stattfindet; obwohl er an sich eine biologische und physische Aktivität zu sein scheint, ist er so tief in den größeren Kontext menschlicher Angelegenheiten eingebettet, dass er als ein aufgeladener Mikrokosmos für die Vielfalt der Einstellungen und Werte dient, denen die Kultur anhängt. Unter anderem kann sie als Modell für die Sexualpolitik auf individueller oder persönlicher Ebene dienen" (Millett, 1971, S. 23).

In Bezug auf den Titel des Buches erklärt Millett, dass es vielen schwer fallen würde, „die Beziehung zwischen den Geschlechtern" „überhaupt in einem politischen Licht“ zu sehen. Sie definiert den Begriff „Politik“ jedoch so, dass er sich auf „machtstrukturelle Beziehungen bezieht, auf Arrangements, bei denen eine Gruppe von Personen von einer anderen kontrolliert wird“, und das Patriarchat ist eines davon (Millett, 1971, S. 23). Sie sagt, dass die „Situation zwischen den Geschlechtern“ eine von „Dominanz und Unterordnung“ ist, die eine „höchst raffinierte Form der „inneren Kolonisierung“ hervorgebracht hat“, was heißt, dass Frauen oft nicht sehen können, dass sie unterdrückt werden, weil sie sich völlig die Kultur dieser Unterdrückung angeeignet haben, und vielleicht sogar die Interessen der Männer verteidigen, die ihre Herren sind. Die „sexuelle Herrschaft“ ist ihrer Meinung nach „die vielleicht am weitesten verbreitete Ideologie unserer Kultur und ihr grundlegendstes Machtkonzept“ (Millett, 1971, S. 25).

Sexual Politics im Kontext von Milletts Leben und Werk

Millett veröffentlichte zwei Sachbücher über die Politik der Sexualität, *Sexual Politics* und *The Prostitution Papers* (1973). Nach den frühen siebziger Jahren konzentrierte sie ihre Aufmerksamkeit auf das Schreiben von Büchern zu ganz anderen Themen und war in den späteren Jahrzehnten nicht mehr aktiv an radikalfeministischer Politik beteiligt. Kate Millett stammte aus einer irisch-amerikanischen Familie, die stark politisch war und sich an der Linken orientierte. In den 1960er Jahren engagierte sie sich in der Antikriegs- und Bürgerrechtspolitik in den USA (Hoffman, 1988). Mitte der 1960er Jahre schloss sie sich der gerade wiedergeborenen Frauenbewegung an und wurde 1966 Vorsitzende des Bildungsausschusses der National Organization for Women (NOW). Sie war 36 Jahre alt, als *Sexual Politics* veröffentlicht wurde, d. h. sie erwarb ihren Doktortitel, auf dem das Werk basiert, mit Anfang 30. Im Jahr 1970 war Millett Künstlerin und mit einem japanischen Bildhauer verheiratet. Ihr Leben in dieser Zeit ist in ihrem dritten Buch *Flying* (1974) dokumentiert, in dem sie darüber schreibt, wie die Veröffentlichung von *Sexual Politics* und ihre umfassende Beteiligung am Feminismus und in den Medien ihr Leben und ihre Beziehung beeinflusst haben. Milletts Lesbianismus bildete den Ausgangspunkt für eine aufkommende lesbisch-feministische Bewegung. Sie war schon vor ihrer Heirat lesbisch gewesen und wurde es zu einer Zeit wieder, als Lesbischsein als eine Möglichkeit verstanden wurde, das Persönliche mit dem Politischen zu verbinden, und als progressiver Feminismus in Aktion gesehen wurde. 1977 veröffentlichte Millett ihre Memoiren *Sita* über eine lesbische Beziehung, die sie nach ihrer Heirat führte, in denen sie ihr emotionales Leid in dieser ungleichen Beziehung beschreibt. Sowohl *Flying* als auch *Sita* wurden in den 70er Jahren von Feministinnen wie mir gelesen, die sich ebenfalls ein lesbisches Leben im Einklang mit unserer Politik wählten.

Als Millett sich unmittelbar nach der Veröffentlichung von Sexual Politics zu ihrer „Bisexualität" bekannte, sorgte dies für Aufruhr in den Medien. Feministinnen marschierten zu ihrer Unterstützung auf, wobei heterosexuelle Feministinnen Abzeichen trugen, auf dem stand, dass sie lesbisch seien, mit der Begründung, dass sie nicht zulassen dürften, dass Lesben isoliert würden (Abbot & Love, 1972). Alle Feministinnen, so wurde argumentiert, sollten bereit sein, dass man annimmt, dass sie Lesben sind. In den 1970er Jahren wurde das Abzeichen „How dare you presume I'm heterosexual" (dt.: „Wie kannst du es wagen anzunehmen, dass ich heterosexuell bin") häufig getragen. Milletts einziges anderes Buch mit spezifischer Bedeutung für die feministische Politik war The Prostitution Papers von 1973, das das zu dieser Zeit vorherrschende feministische Verständnis von Prostitution repräsentiert. Sie schrieb, Prostitution sei „paradigmatisch, gewissermaßen der Kern des weiblichen Zustands", und reduzierte die Frau zur „Fotze" (orig.: „cunt"; Millett, 1975, S. 56). Die Feministinnen der 1960er und 1970er Jahre sahen in der Prostitution ein Überbleibsel traditioneller männerdominierter Gesellschaften, das mit dem Voranschreiten der Gleichberechtigung der Frau verschwinden würde. Prostitution war, wie Millett es ausdrückte, ein „lebendes Fossil", eine alte Form von Sklavenverhältnissen, die noch immer in der Gegenwart existiert (Millett, 1975, S. 56). In den nachfolgenden Jahrzehnten wurde dieses Verständnis von Prostitution von vielen Feministinnen in Frage gestellt, die ihre Meinung änderten oder eine positivere Sichtweise der Prostitution entwickelten, zur gleichen Zeit, als die neoliberalen Wirtschaftskräfte die Sexindustrie zu einem äußerst profitablen globalen Marktsektor machten (Jeffreys, 2009). Gegenwärtig verurteilen viele feministische Wissenschaftlerinnen, die über dieses Thema schreiben, Prostitution nicht als eine Praxis männlicher Dominanz, und einige argumentieren sogar, dass Prostitution eine legitime Arbeit ist und die Handlungs- und Entscheidungsfreiheit von Frauen zum Ausdruck bringt (siehe zum Beispiel: Agustin, 2007; Chapkis, 1997; Kempadoo & Doezema, 1998).

Nach dieser Zeit waren Milletts Bücher nicht spezifisch feministisch oder lesbisch. Sie schrieb u. a. die Memoiren über ihre Mutter, *Mother Millett* (2002), und ein Buch über Folter, *The Politics of Cruelty* (1995). In den 1980er Jahren schrieb sie das Buch The *Loony Bin Trip* (1990) über ihren Kampf mit dem, was damals als „manische Depression" bezeichnet wurde und heute bipolare Störung genannt wird.

Die Resonanz auf Sexual Politics

Sexual Politics war ein Publikumserfolg, innerhalb weniger Monate wurden 80.000 Exemplare verkauft, was ungewöhnlich ist für ein theoretisches Werk. Der Schock, den das Buch bei seinem Erscheinen auslöste, zeigt sich darin, dass es im August 1970 im *Time Magazine* mit Kate Millett auf der Titelseite besprochen wurde. Der Artikel kommentiert: „Bis zu diesem Jahr jedoch, mit der Veröffentlichung eines bemerkenswerten Buches namens Sexual Politics, hatte die Bewegung keine kohärente Theorie, um ihre intuitiven Leidenschaften zu untermauern, keine Ideologin, die Kapitel und Verse für ihren Angriff auf das Patriarchat lieferte“ (*Who's Come a Long Way, Baby?*, 1970). Männliche Leser fühlten sich besonders unbehaglich, was einen ihrer Doktorväter, George Stade von der Columbia University, zu der Bemerkung veranlasste: „Das Buch zu lesen ist, als säße man mit seinen Hoden in einem Nussknacker“ (*Who's Come a Long Way, Baby?*, 1970). In dem Artikel des Time Magazine heißt es: „In gewisser Weise hat das Buch Millett zum Mao Tse-Tung der Frauenbefreiung gemacht“.

Das Buch wurde breit rezensiert. Einige der Rezensionen waren sehr positiv und bezeichneten Millett als „brillant“ und „beeindruckend“ (Poirot, 2004: S. 213), aber die Kommentare der Kritiker waren häufig feindselig und herabsetzend. Viele wurden persönlich und versuchten, Millett zu entwürdigen. Irving Howe nannte sie im *Harpers Magazine* eine „weibliche Imitatorin“, deren Buch „Sätze eines kleinen Mädchens enthält, das nichts vom Leben versteht“. Midge Dexter sagte, sie habe das „Problem“ einer „Weigerung, erwachsen zu werden“. Leider führte Milletts plötzliche Berühmtheit nach der Veröffentlichung des Buches dazu, dass viele der Feministinnen, auf deren Unterstützung sie hätte zählen können, sie auf verblüffende Weise verstießen. Viele Feministinnen der Bewegung waren damals gegenüber den Medien und der Idee der „Führerschaft“ zutiefst misstrauisch. Oft gab es Feindseligkeit gegenüber jeder Frau, die von den Medien als Sprecherin der Bewegung angesehen wurde, selbst wenn, wie in Milletts Fall, ihre Bekanntheit nicht angestrebt worden war, sondern sich einfach aus der Veröffentlichung eines Buches ergab. Bei einem Treffen der Radicalesbians, bei dem Millett Mitglied war, wurde ein anonymes Flugblatt auf Stühlen platziert, in dem Millett „Betrug und Habgier“ vorgeworfen wurde (zitiert in Poirot, 2004, S. 208). Als sie sich als lesbisch outete, wurde sie vom *Time* Magazine zurückgewiesen und auch von liberalen Feministinnen wie Betty Friedan, der Gründerin von NOW, die Millett sagte: „Du hast es vermasselt“ (zitiert in Poirot, 2004, S. 210).

Die Politik der Sexualität

Milletts Methodik beinhaltete wissenschaftliche Analysen der männlichen Vorurteile in Anthropologie, Soziologie, Ökonomie und Geschichte und zeigte ihre Vertrautheit mit diesen Schriften, aber sie fand, dass die Bedeutung der Sexualpolitik am deutlichsten in den sexuell expliziten Romanen der Zeit zum Ausdruck kam. Sie bettete ihre Studie über Sexromane von Männern in den Kontext der Funktionsweise der männlichen Macht in der amerikanischen akademischen Welt und der Kultur von 1970 ein. Sie sagte: „Ich bin von der Prämisse ausgegangen, dass es Raum für eine Kritik gibt, die den größeren kulturellen Kontext berücksichtigt, in dem Literatur konzipiert und produziert wird“ (Millett, 1971, S. xii). Diese Ansicht dürfte heute wohl kaum noch in Mode sein, da die Suche nach der Wahrheit über sexuelle Machtverhältnisse in der Literatur in der akademischen Welt meist mit Misstrauen betrachtet wird (siehe z. B. Sonnet, 1999).

Milletts primäres Material sind die Werke populärer und avantgardistischer männlicher Romanciers, die ihrer Ansicht nach die Sexualpolitik am deutlichsten zum Ausdruck bringen, d. h. das Wirken des Patriarchats in ihrer Darstellungsweise von Sex. Sie analysierte die Romane von D.H. Lawrence, Henry Miller, Norman Mailer und Jean Genet und beschrieb sie als „kulturelle Agenten“, die Einstellungen prägten, und als „konterrevolutionäre Sexualpolitiker“ (Millett, 1971, S. 233). Diese Männer hatten einen Heldenstatus für viele Leser in den 1960er Jahren, und sie war mutig, eine so umfassende Kritik zu üben. Millett begann ihr Buch mit drei Sexszenen, jeweils eine aus Henry Millers *Sexus*, Norman Mailers *An American Dream* und Jean Genets *The Thief's Journal*. Sie erklärte die Machtdynamik in jeder Szene. Sie bezog Genet ein, um zu zeigen, dass eine ähnliche Machtdynamik, bei der die sexuelle Praxis die männliche Herrschaft über ein weibliches Gegenüber beinhaltet, auch bei der Beschreibung der Machtdynamik von Sex durch einen bedeutenden homosexuellen Schriftsteller deutlich wird.

Die von ihr kritisierten Autoren führten die obszöne Sprache in die seriöse Literatur ein. Ihr Werk ist übersät mit den Wörtern „fuck“ und „cunt“. „Fuck“ zu sagen, galt in den 1960er Jahren für viele Menschen als Zeichen der Befreiung und des Fortschritts sowie als transgressiver Akt gegen die konservativen Werte, vor denen die Avantgarde eine neue Generation zu retten versuchte. Die Bedeutung des Wortes „fuck“ für linke Männer wird am besten durch die Verwendung des Wortes durch den Theaterkritiker Kenneth Tynan, Autor von „Oh! Calcutta”, im Jahr 1965 veranschaulicht. In einer Live-Debatte in der BBC kommentierte er: „Ich bezweifle, dass es vernünftige Menschen gibt, für die das Wort 'fuck 'besonders diabolisch, abstoßend oder völlig verboten ist“ (Mullan, 1997, S. 121). Tynan war ein

Liebling der linken Intelligenzija und ein selbsternannter Sexualrevolutionär, der sich gegen die Zensur einsetzte. Milletts Analyse zeigt, dass das Wort „fuck“ Männer erregt, weil es mit Bedeutungen männlicher Macht und der Entwürdigung von Frauen beladen ist. Es ist kein unschuldiges Wort, das Sex bezeichnet, wie die grausame Erregung zeigt, mit der diese Romanautoren den Begriff verwendeten. Auch das Wort „cunt“, wie es von solchen Männern verwendet wird, ist nicht neutral, sondern ein Wort, das ihre Verachtung für die weiblichen Genitalien signalisiert. Die Verwendung dieser Wörter wurde oft mit sexueller Freiheit verwechselt, in der Annahme, dass sie lediglich beschreibend sind. Die Verwendung dieser Wörter in den von Millett analysierten Romanen zeigt sehr deutlich, dass sie feindselige männliche Vorstellungen über Sex und Frauen in sich tragen und nicht ohne weiteres als Sprache der Frauen aufgefasst werden können. Liest man Milletts Kritik an den männlichen Autoren, die diese Begriffe so verheerend verwenden, so kommen Zweifel an der Wirksamkeit der Versuche von Feministinnen auf, diese Begriffe in einer Kultur zu rehabilitieren, in der sie so frauenfeindliche Bedeutungen haben.

Die Romane repräsentieren die der sexuellen Revolution zugrunde liegende Ideologie, die frauenfeindliche Konstruktion der sexuellen Freiheit der Männer und der Freude an der Entwürdigung der Frauen. Die Autoren sahen sich selbst als Ritter, die mit den bösen Mächten der Prüderie und Zensur kämpften, um zu befreien und die Wahrheit über Sex zu sagen. Mailer beschreibt die Kämpfe zwischen den Verlegern, die diese Romane herausbrachten, und ihren juristischen Vertretern in den 50er und frühen 60er Jahren als vergleichbar mit dem amerikanischen Bürgerkrieg. Mailer behauptet, dass die sexuell revolutionären Autoren den Krieg gewonnen haben: „Ein Krieg ist gewonnen worden. Schriftsteller wie ich selbst können jetzt in Amerika über jedes Thema schreiben; es ist sexuell, und wir sind explizit, egal, der amerikanische Schriftsteller hat jetzt seine Freiheit“ (Rembar, 1969, S. vii). Charles Rembar, Anwalt des Verlags Grove Press, formulierte die Doktrin des Marktplatzes der Ideen: „Im freien Austausch von Ideen wird die Wahrheit ans Licht kommen“. „Der beste Test für die Wahrheit“, sagte Richter Holmes, „ist die Kraft des Gedankens, sich im Wettbewerb des Marktes durchzusetzen“ (Rembar, 1969, S. 12). Die Dezensur öffnete der Pornografieindustrie Tür und Tor. Einige Verleger und Strafverteidiger, die diese Bücher mit dem Argument des literarischen Verdienstes verteidigten, waren sich sehr wohl bewusst, dass ihr Erfolg zur Entfesselung von Literatur führen würde, die in keiner Weise als literarisch angesehen werden konnte, und verteidigen seither eindeutige Pornografie ohne den Anschein eines „literarischen Verdienstes“. Sheila Jeffreys schrieb über die Romane, die das Zentrum dieser Zensurkämpfe bildeten: „Das in ihnen angelegte Skript war ... das Skript, das in der darauffolgenden ‘sexuellen Revolution ’weitgehend befolgt wurde. Aufmerksamkeit für die Entschlüsselung des hier dargelegten sexuellen Skripts hilft zu klären, warum die ‘sexuelle Befreiung ’verfehlte die Befreiung der Frauen zu sein“ (Jeffreys, 1990, S. 60).

Der Verleger der meisten dieser kontroversen Autoren war Grove Press in New York, auf dessen Website heute zu lesen ist, dass „die Bücher von Grove sexuelle, kulturelle und politische Barrieren niedergerissen haben“ (Website von Grove/Atlantic publishers). Grove produzierte Bücher, die von der Gegenkultur, denjenigen, die sich als radikal betrachteten, gelesen wurden, Bücher von Henry Miller, William Burroughs, Jean Genet und Jack Kerouac. Am bekanntesten wurde Grove 1959 durch die Veröffentlichung von Lawrence ’*Lady Chatterley’s Lover* in seiner ersten ungekürzten, kommerziellen Ausgabe. Viele Feministinnen teilten damals nicht das Verständnis des Verlags Grove Press von seinem Auftrag und waren verärgert über die Frauenfeindlichkeit, die er förderte. Robin Morgan wurde 1970 verhaftet, weil sie bei Grove Press mit der Begründung eingedrungen war, dass „die sadomasochistische Literatur und die pornografischen Filme von Grove die Frauen entmenschlichen und entwürdigen“ (Diamond, 1980, S. 688).

Das Werk von D.H. Lawrence, insbesondere *Lady Chatterley’s Lover*, bildet den ersten ausführlichen Abschnitt der Literaturkritik in *Sexual Politics*. Millett argumentiert, dass Lawrence auf die Frauenemanzipationsbewegung des frühen 20. Jahrhunderts reagierte. Sie betrachtet ihn als jemanden, der die Frauen wieder an ihren Platz stellt, der sich jedoch als ehrfürchtige Phallusanbetung herausstellt. Als Grove Press *Lady Chatterley’s Lover* veröffentlichte, wurde das Buch Gegenstand eines bedeutenden Zensurgerichtsverfahrens. Das Buch wurde als Vertreter einer neuen Kategorie von Literatur gewertet, die zwar unzüchtig und obszön war, aber dennoch „literarischen Verdienst“ besaß (Jeffreys, 1990). Die Verteidigung des „literarischen Verdienstes“ wurde in den folgenden zehn Jahren zur Verteidigung vieler anderer frauenfeindlicher Bücher verwendet. Um das religiöse Motiv des Buches zu verdeutlichen, zitiert Millett die Beschreibung des Ereignisses, bei dem Lady Chatterley zum ersten Mal den Phallus des Wildhüters sieht:

> „Wie seltsam!“, sagte sie langsam. „Wie seltsam er da steht! So groß! und so dunkel und so anmaßend! Ist er so?“ … „So stolz!“, murmelte sie ängstlich, „und so gebieterisch. Jetzt weiß ich, warum Männer so anmaßend sind. Aber er ist herrlich, wirklich! Wie ein anderes Wesen! Ein bisschen zum Fürchten. Aber so schön, wirklich! Und er kommt zu mir!“ (Millett, 1971, S. 239).

Der Wildhüter antwortet mit Anweisungen für seinen Penis, worauf er aus ist, d. h. ‚cunt[3]'. In dem Buch geht es noch viel mehr um „cunt", wobei Lady Chatterley einfach als „cunt" gesehen wird, d. h. „Best bit o'cunt left on earth" und „Cunt! Eh, that the beauty o'thee, lass" (Millett, 1971, S. 239). Eier hingegen werden beschrieben als „Die Wurzeln, die Wurzel alles Schönen, die Urwurzel aller vollen Schönheit". Darüber hinaus „Die Wurzel aller Vernunft liegt in den Eiern" (Millett, 1971, S. 240). Lady Chatterley musste durch den Penis rehabilitiert werden, erklärt Millett, weil ihr Leben durch die Bildung und das Leben als moderne Frau verzerrt war. Die anale Penetration war besonders wirksam, denn, wie Lawrence es ausdrückt, „hatte sie diese phallische Austreibung gebraucht, sie hatte sich im geheimen danach gesehnt, und sie hatte geglaubt, dass sie ihr nie widerfahren würde" (Millett, 1971, S. 241).

Als Nächstes befasst sich Millett mit dem Werk von Henry Miller, der das Wort „Fotze" ebenfalls offensiv verwendete. In *Sexus* werden die „sexuellen Schranken", die seine Verleger durch solche Romane „niedergerissen" sahen, durch die ausdrückliche Beschreibung der sexuellen Entwürdigung einer Frau durchbrochen. In dem Roman packt der Held seine Gastgeberin, als sie ihm Handtücher für sein Bad bringt: „Es ging so schnell, dass sie keine Zeit hatte, sich aufzulehnen oder auch nur so zu tun, als ob sie sich auflehnen würde" (Millett, 1971: S. 180). Er hatte sie schnell „in der Wanne, mit Strümpfen und allem". Idas Verhalten wird so beschrieben: „Sie war wie eine läufige Hündin, biss mich überall, keuchte, keuchte, zappelte wie ein Wurm am Haken. Als Finale „ließ er sie aufstehen, sich bücken, dann ließ ich sie es von hinten nehmen". Das Skript ist schlicht und einfach pornografisch. Die Frau ist nicht wirklich menschlich und wird zur Erregung des Mannes manipuliert: „Sie hatte eine kleine, saftige Fotze, die mir wie ein Handschuh passte". Für ein Finale missbraucht der Held sie sadistisch: „Ich biss ihr in den Nacken, in die Ohrläppchen, in die empfindliche Stelle ihrer Schulter, und als ich mich zurückzog, hinterließ ich die Spuren meiner Zähne auf ihrem schönen weißen Arsch. Kein einziges Wort wurde gesprochen" (Millett, 1971, S. 180).

Millet seziert den Text und zeigt die darin enthaltene Grausamkeit, ein Verhalten, das in anderen Zusammenhängen als sexueller Übergriff bezeichnet werden dürfte. Die Frau wird wie eine Bedienstete behandelt und dann gepackt und zum sexuellen Gebrauch gezwungen, aber sie ist begierig auf diesen Missbrauch. Dies ist ein zeitloses Motiv der Pornografie. Millet erklärt, dass sich die Handlung an einen männlichen

[3] Anmerkung des Verlages: Die offizielle Übersetzung von Lady Chatterley's Lover, welche in Kate Millets Sexus und Herrschaft zitiert wird, benutzt das Wort „Fud" welches heute nicht mehr gebräuchlich, zu dem wird die Derbheit im englischen Original wesentlich klarer, weshalb der Text hier im Original belassen wurde.

Leser richtet und ihn durch die Ausübung maskuliner Macht erregen soll. Er erlangt, so Millett, „ein fast übernatürliches Gefühl der Macht" und ist ein „Fall von Sexualpolitik auf der grundlegenden Ebene der Kopulation" (Millett, 1971. S. 6). Wie Millett betont, zeigen sich Millers Hass und Verachtung gegenüber Frauen sehr deutlich in der Art und Weise, wie sie als nicht-menschliche Tiere dargestellt werden. Er ist entsetzt über Frauen, die eine sexuelle Reaktion zeigen: „Die dreckigen Schlampen - sie mögen es", berichtet er uns; klinisch, penibel, entsetzt und amüsiert darüber, wie die eine „quiekend wie ein Schwein" reagierte; eine andere „wie ein verrücktes Tier"; eine „schnatterte"; eine andere „kauerte auf allen Vieren wie ein weibliches Tier, zitternd und wiehernd"; während noch ein anderes Exemplar „so brünstig" war, dass sie „... wie ein grelles, gefräßiges Tier... ein Elefant, der auf der Kugel läuft" (zitiert in Millett, 1971, S. 306). Miller erklärte an anderer Stelle, dass er den Geschlechtsverkehr nutzte, um Spannungen abzubauen: „Während des Geschlechtsverkehrs flossen sie aus mir heraus, als ob ich den Müll in einem Abwasserkanal entleeren würde" (Millett, 1971, S. 313). Millett erklärt, dass Miller „bestimmten Gefühlen, die in der männlichen Kultur seit langem bekannt waren, aber immer sorgfältig unterdrückt wurden", „eine Stimme gab". Dazu gehörte zum Beispiel „die Sehnsucht nach einer vollständigen Depersonifizierung der Frau zur Fotze" (Millett, 1971, S. 313).

Dieses Ausmaß an Frauenfeindlichkeit ist auch in den Werken der anderen Sexualromanautoren, die sie hier analysiert, offensichtlich. Das Eröffnungszitat des Buches stammt aus Norman Mailers The American Dream und handelt von einem College-Professor, der gerade seine Frau ermordet hat und sein deutsches Dienstmädchen sexuell missbraucht. Er beschließt, sie gegen ihren Willen zu vögeln, weil er sich für den Geruch ihres Anus interessiert. Wie in Millers Werken wird eine sexuell erregte Frau als ekelhaftes nicht-menschliches Tier dargestellt, in diesem Fall eine Kanalratte:

> ... ein dünner, stark komprimierter Geruch (ein Geruch nach Felsgestein und Öl und dem Kloakendunst nasser Pflastersteine in europäischen Armengassen). Sie war hungrig, so hungrig wie eine hagere Ratte, und es hätte mir mein Vergnügen vermindert, wäre die schiere Schärfe dieses Geruchs nicht so berauschend gewesen, dieser kraftvolle, eigensinnige, intime Geruch, den man nur durch Brillanten und Pelzgeschenke besiegen kann." (Millett, 1971, S. 11).

Die anale Penetration ist in diesen Sexualromanen, wie auch in der heutigen Pornoindustrie, eine wichtige Methode, um den Frauen Lektionen zu erteilen und Macht zu etablieren.

Mit ihrer Analyse der Art und Weise, wie diese Sexualrevolutionäre Frauen und Sex beschrieben, lieferte Millett die Grundlagen für die feministische Kritik an der Massenmarktpornografie, die sich ab Mitte der 1970er Jahre entwickeln sollte. Irene Diamond würdigt Millett als die erste feministische Autorin, die darlegte, dass die sexuelle Grausamkeit der Pornografie eine Rolle bei der Aufrechterhaltung des Patriarchats spielt (Diamond, 1980, S. 688). Millett, so sagt sie, „unterstrich als Erste" das „Primat von Macht und Gewalt in der Pornografie". Vor allem aber, obwohl „andere vor ihr die sadistischen Aspekte der Pornografie bemerkt haben mögen", habe „niemand Sexualität und Grausamkeit mit der Aufrechterhaltung des Patriarchats verbunden" (Diamond, 1980, S. 688).

Es gibt jedoch Aspekte, in denen sich Milletts Vorstellungen von Sexualität mit denen heutiger Feministinnen, die im Kampf gegen männliche Gewalt aktiv sind, reiben könnten. Die Feministinnen der frühen 70er Jahre waren inspiriert von der Vorstellung eines potenziellen Paradieses sexueller Freiheit jenseits patriarchaler Unterdrückung, und einige dachten, dass sogar Inzest rehabilitiert werden könnte. Millett nimmt einen solchen Ansatz in einem Beitrag von 1984 auf, in dem sie schreibt, dass „Inzest" aufgrund „unserer gesellschaftlichen Organisation und ihrer patriarchalischen Struktur" derzeit problematisch sei, dass aber „humanistischer Inzest" in der Zukunft möglich sein könnte, weil selbst sexuelle Beziehungen zwischen Erwachsenen und Kindern nicht „völlig falsch" sein müssten (Millett, 1984, S. 223). Sie kann, wie sie sagt, „an Tausende denken, die delikat und interessant sein könnten". Dieser Standpunkt steht im Widerspruch zu den Erfahrungen derjenigen, die sich gegen Gewalt an Frauen und Kindern engagieren, und lässt eine Naivität in Bezug auf Machtverhältnisse vermuten, die bei jemandem, überraschen mag, deren Analyse der Macht in Bezug auf Sexualität sonst so ausgereift ist, aber sie fügt sich in die vorherrschenden sexuellen libertären Perspektiven der Zeit ein.

Ein weiteres Beispiel für Milletts Interesse an der sexuellen Freiheit ist die Tatsache, dass sie zu den Unterzeichnern des Fact Briefs gehörte, der sich gegen den Anti-Pornografie-Ansatz von Andrea Dworkin und Catharine MacKinnon richtete. Kate Millett gehörte zu einer Reihe von Feministinnen, darunter Diana Russell, Gloria Steinem und Susan Brownmiller, Alice Walker und Robin Morgan, die 1985 einen unveröffentlichten Brief an das *Time Magazine* schrieben, in dem sie den zivilrechtlichen Ansatz gegen Pornografie unterstützten, der in der von Andrea Dworkin und Catharine MacKinnon geschaffenen Verordnung dargelegt wurde. Dieser Ansatz nutzte das Zivilrecht, um Frauen, die durch die Herstellung oder den Vertrieb von Pornografie geschädigt wurden, die Möglichkeit zu geben, gegen die Produzenten vorzugehen. Dagegen gründete eine Gruppe von Feministinnen 1985 die Feminist

Anti-Censorship Taskforce, um sich gegen die Anti-Pornografie-Verordnung zu organisieren. Es scheint widersprüchlich, dass Millett zu den Unterzeichnern des von FACT erstellten Fact Briefs gehörte. Catharine MacKinnon kommentiert zur Erklärung, dass viele, die den Brief unterzeichnet haben, ihn anscheinend nicht gelesen haben (MacKinnon, 2007, S. 530). Es könnte auch ein Hinweis darauf sein, dass Millett Mitte der 1980er Jahre seit einigen Jahren nicht mehr an feministischen Debatten über Pornografie beteiligt war und nicht wusste, worum es in den „Sex Wars" dieser Zeit ging. 1970 war sie eine Pionierin der Anti-Pornografie-Politik, aber in den 1980er Jahren hatte diese Politik eine Komplexität entwickelt, mit der sie nicht Schritt gehalten hatte.

Die zeitgenössische Pornografieindustrie

Bei der Lektüre von *Sexual Politics* wird deutlich, dass die frauenfeindlichen Ideen, die Millett in den Büchern der männlichen Romanciers der 60er Jahre analysiert, heute zum festen Repertoire der aufkeimenden Pornografieindustrie gehören. Als Millett das Buch schrieb, war die Pornografie noch eine Untergrundindustrie, die die männlichen Führer der Gegenkultur und der sexuellen Revolution mühsam aus ihrer Repression zu befreien versuchten. Doch Milletts Kommentar zu den frauenfeindlichen Sexromanen jener Zeit drückt sehr treffend die Auswirkungen der nachfolgenden Entfesselung der Pornografieindustrie aus. In Bezug auf Henry Miller schrieb sie: „Der männlichen Aggression unbegrenzten Raum zu geben, mag die Situation zwar endlich ins Licht rücken, wird aber kaum das Dilemma unserer Sexualpolitik lösen" (Millett, 1971, S. 313). Dieser „unbegrenzte Spielraum für männliche Aggression" ist heute in Ausmaß und Umfang der Pornografie offensichtlich.

Zu der Zeit, als Millett schrieb, steckte die Branche noch in den Kinderschuhen. Der Videorekorder war noch nicht erfunden worden. *Deep Throat* wurde nicht vor 1973 veröffentlicht. In diesem Film schluckt Linda Lovelace Marciano, eine Frau mit deutlichen blauen Flecken am Körper, die auf das Werk ihres gewalttätigen Zuhälters/Ehemanns zurückzuführen sind, einen ganzen Penis unter der Prämisse, dass sich ihre Klitoris in ihrem Rachen befindet (Lovelace, 2006). Dieser Film wurde von vielen als der Film angesehen, der den Porno demokratisierte. 1970 wurde Pornografie noch als eine Domäne sozial unangepasster Männer in Regenmänteln verstanden, die schmutzige Kinosäle besuchten. Wenn man *Sexual Politics* heute liest, wird klar, dass die frauenfeindlichen Gesinnungen und die patriarchale Konstruktion von Sexualität, die Millett so scharf kritisiert, die Butter und das Brot der profitablen, zeitgenössischen, globalen Pornografieindustrie sind.

Die Größe und der Wert der Pornoindustrie in der Gegenwart und das Ausmaß, in dem sie in das Tagesgeschäft großer Unternehmen und in die Unterhaltungs-, Musik- und Modeindustrie eingeflossen ist (Jeffreys, 2005, 2009), sollten unmittelbar Zweifel an der Vorstellung aufkommen lassen, dass Pornografie „transgressiv" ist, auch wenn dies eine Idee ist, die ihre Befreier in den 1960er Jahren vertraten und an der ihre Verteidiger heute noch festhalten. Laura Kipnis, eine amerikanische Medienwissenschaftlerin, behauptet zum Beispiel, dass Pornografie „transgressiv und störend ist und unter die Gürtellinie geht" (Kipnis, 2003, S. viii). Tatsächlich wird die Industrie heute ernsthaft auf den Wirtschaftsseiten der Zeitungen besprochen. Pornografieunternehmen, wie Beate Uhse aus Deutschland, sind an der Börse notiert. Nach einer Recherche für die IT-Industrie-website Top Ten Reviews gab es 2007 4,2 Millionen Porno-Webseiten, die etwa 12 % aller Webseiten ausmachten, und 420 Millionen einzelne Seiten mit Pornografie (Top Ten Reviews, 2007). Der Wert der über das Internet verkauften Pornos wurde auf 4,9 Milliarden Dollar geschätzt. Nach Ländern aufgeschlüsselt stammen die meisten pornografischen Webseiten aus den USA (244.661.900), gefolgt von Deutschland (10.030.200), dem Vereinigten Königreich (8.506.800), Australien (5.655.800), Japan (2.700.800), den Niederlanden (1.883.800), Russland (1.080.600), Polen (1.049.600) und Spanien (852.800). In Dänemark ist die Pornografie schätzungsweise der drittgrößte Wirtschaftszweig in finanzieller Hinsicht. Die Zahl der produzierten Hardcore-Pornos stieg von 1300 im Jahr 1988 auf 12.000 im Jahr 2004 und 13.588 im Jahr 2005 (Top Ten Reviews, 2007). Die großen Vertriebsunternehmen für Mainstream-Pornografie verfügen über beträchtliche Einnahmen. Der Playboy erwirtschaftete 2006 zum Beispiel 331.100.000 USD und Beate Uhse 271 Millionen USD.

Die sexuelle Ideologie der Industrie ist identisch mit der der revolutionären linken Intelligenzija, die die Sex-Romane der 60er Jahre schrieb. Die Besessenheit mit Analsex, mit Frauen als „Schlampen", die verzweifelt auf gewalttätige Bestrafung durch Männer warten, ist in den Bewertungen von Pornotiteln auf der Website von Adult Video News, dem Online-Magazin der US-Pornoindustrie, offensichtlich. Ein repräsentativer Film aus dem Jahr 2010, in dem 12 Frauen anal penetriert werden, wird folgendermaßen zusammengefasst: „Die Vaginas bleiben unberührt, aber die Ärsche werden in diesem epischen Analabenteuer zerstört". Die Frauen bereiten sich gegenseitig darauf vor, von den männlichen Darstellern misshandelt zu werden, und wenden eine in der Pornografie inzwischen übliche Praxis an, Penisse in den Mund zu nehmen, mit denen zuvor andere Frauen anal penetriert wurden:

> Unglaublich lang und andauernd schmutzig, ist *American Anal Sluts* einer der am besten gefilmten Analfilme aller Zeiten, mit

> qualvollen Details in allen fünf Sexszenen und einer Hommage an alle 12 Ärsche, die gevögelt werden .... Jennifer White und Kiera King lecken sich gegenseitig die Arschlöcher und benutzen Spucke als Gleitmittel, wobei Jennifer Kieras weichen, runden Arsch auf Adrianos Schwanz schiebt. Es folgt ein harter Analfick, bei dem sein Schwanz von Kieras Hintern in Whites Mund und zurück in ihr Arschloch wandert. Die Rollen werden vertauscht, mit einem erstaunlichen und realistischen doppelten Analfick, bei dem Kiera am Ende Adrianos Sperma von Jennifers Arsch leckt und es dann mit ihr teilt.... Amy Brooke gießt Honig in McKenzee Miles 'riesigen, weit geöffneten Anus und benutzt später ein Spekulum, um ihn für Mikes Schwanz vorzubereiten. Nach einer extrem gut gefilmten Deep-Throat-Blowjob-Action, die von unten aufgenommen wurde, werden die Arschlöcher beider Mädchen in Stücke gerissen, mit reichlich A2OM (ass to other mouth) als Zugabe (Adult Video News, 2010).

Millett argumentiert in *Sexual Politics*, dass die frauenhassenden Sex-Tiraden der 60er Jahre eine Reaktion auf die sich verändernde Beziehung zwischen den Geschlechtern waren. Folgt man dieser Logik, so müsste man die außerordentliche Energie der heutigen Pornoindustrie als Reaktion auf die beträchtlichen Fortschritte verstehen, die die Frauen inzwischen gemacht haben.

Die Beerdigung *Sexual Politics*

Trotz seiner Bedeutung für die Schaffung einer theoretischen Grundlage für den Feminismus der zweiten Welle wird Milletts Werk im Allgemeinen aus dem Kanon der bedeutenden Sozialtheoretikerinnen ausgeschlossen. Es ist unwahrscheinlich, dass sie in Sammelbänden oder in Universitätskursen auftaucht. Ich habe eine Website über Sozialtheorie konsultiert, auf der 32 Denker aufgelistet sind, von denen nur einer eine Frau war, Harriet Martineau. Ich habe mir angesehen, wer in einigen neueren bedeutenden Lesebüchern zur Sozialtheorie enthalten ist. *Readings in Social Theory: The Classic Tradition to Postmodernism* (Farganis (Hrsg.), 2003), enthält 37 Beiträge, davon nur zwei von Frauen, Dorothy Smith und Michele Barrett, aber keine Radikalfeministinnen und schon gar nicht Millett, obwohl sie wohl viel berühmter ist als die Frauen, die darin enthalten sind. *Social Theory: A History*, herausgegeben von Alex Callinicos, enthält keine Frauen, sondern nur Männer. *Social Theory: The Multicultural and Classic Readings* (1998) enthält zumindest einige Frauen, ein Dutzend oder einige unter vielen Dutzenden von Männern, aber keine davon ist Radikalfeministin, wie zum Beispiel Andrea Dworkin, Mary Daly, Catharine MacKinnon oder Kate Millett. Die Frage, wie Denkerinnen in den Kanon aufgenommen werden und es in die Reihen der bedeutenden Sozialtheoretiker oder politischen Philosophen schaffen, ist eine wichtige Frage. Wir müssen verstehen, wie Kate Millett und andere radikalfeministische Theoretikerinnen unberücksichtigt bleiben. Die Auslassung von Kate Millett ist nicht zufällig, sondern eine Folge der Machtausübung. Selbst feministische Sammlungen lassen ihr Werk oft aus. So enthält *Feminist Social Thought: A Reader* aus dem Jahr 1997, obwohl es Beiträge von 37 Theoretikerinnen enthält, darunter sogar einige radikalfeministische, Millett nicht (Meyers, 1997).

Es gibt kein wissenschaftliches Buch über Kate Millett und auch keine Biografie von ihr. Eine Suche auf der Amazon-Website zeigt jedoch, dass es 17 wissenschaftliche Bände über die Theoretikerin Judith Butler gibt. Interessanterweise wird ein Band über Judith Butler aus dem Jahr 2007 im Katalog von Polity Press mit einem Zitat von Steven Seidman beworben, in dem es heißt: „Für Studenten und Dozenten, die sich bemühen, Judith Butler zu verstehen, empfehle ich dringend dieses Buch" (Lloyd, 2007). Es besteht kein Bedarf an Kommentaren, die die Arbeit von Kate Millett erläutern, denn ihre Texte sind klar und deutlich, aber der Grad der Unverständlichkeit der Arbeit einer Theoretikerin kann den Grad des Respekts, der ihr entgegengebracht wird, nicht vollständig erklären. Es ist wichtig zu fragen, warum Kate Milletts Werk von der akademischen Welt so anders behandelt wurde. Milletts Werk, wie auch das anderer feministischer Autorinnen der 1970er Jahre, deren Ideen eine Bewegung inspirierten, wie Shulamith Firestone (1970) und Germaine Greer (1971), wurde von akademischen Feministinnen in den vergangenen Jahrzehnten zurückgewiesen. Die Kommentare von Ann Snitow zum Werk dieser Frauen zeigen, wie heftig diese Ablehnung war (Snitow, 2004). In Bezug auf die „frühen Schriften der zweiten Welle" sagt sie: „Ich kann mich an kein aktuelles Beispiel erinnern, in dem jemand diese Texte gelesen hat, ohne sie sofort wegen ihres inzwischen anerkannten Rassismus, falschen Universalismus, Essenzialismus und ihrer Homophobie auf den Müllhaufen der Geschichte zu werfen. (Meine Studenten rebellieren zum Beispiel gegen die Lektüre von Kate Millett oder Anne Koedt oder des Redstockings Manifesto, weil sie diese Texte für überholt und besser vergessen halten)" (Snitow, 2004, S. 22). Selbst wenn man annimmt, dass diese Vorwürfe in Bezug auf frühe feministische Texte irgendeine Grundlage haben, so gibt es doch auch sicher in den Werken männlicher Theoretiker wie Freud, Marx und Foucault derartige Makel, die noch Jahrzehnte nach ihrem Tod zitiert und in Sammelbänden veröffentlicht werden und nicht als „besser vergessen" gelten. Die Verächtlichmachung von Millett bedarf einer weiteren Erklärung.

Zwei Prozesse dürften bei der Beerdigung von *Sexual Politics* eine Rolle gespielt haben. Der eine ist das, was als feministische „Sex Wars" bezeichnet wurde, die heftige Auseinandersetzung in den 1980er Jahren über Pornografie und sexuelle Praktiken (siehe Jeffreys, 1990). Der andere könnte sich auf die Auswirkungen der Hinwendung des Feminismus zur akademischen Welt beziehen und auf den Prozess, durch den feministische Theoretikerinnen zunehmend die Arbeit männlicher Theoretiker wie Foucault oder anderer Frauen, die die Konzepte dieser Männer übernahmen, aufgriffen und die peinlich klare und beunruhigend politische Arbeit von Radikalfeministinnen ablehnten, deren Arbeit gewöhnlich überhaupt nicht als „Theorie" akzeptiert wurde. Die „Sex Wars" fanden statt zwischen Feministinnen, die eine Anti-Pornografie-Position einnahmen, und solchen, die Pornografie verteidigten, entweder aus dem Blickwinkel der Meinungsfreiheit oder weil sie den darin porträtierten Sex als Ausdruck sexueller Freiheit akzeptierten, oder einfach als das, was Sex ist, und nicht als Ausdruck männlicher Dominanz. Letztere bezeichneten sich selbst als „pro-sex" und die Anti-Pornografie-Feministinnen als „anti-sex". Ann Snitow hat sich in den „Sex Wars" auf die Seite der „Pro-Sex"-Frauen gestellt (Snitow, 1984). Die „Pro-Sex"-Kräfte haben diesen Kampf gewonnen, wahrscheinlich weil ihre Ansichten den malestream Medien und der von Männern dominierten Akademie viel besser zugänglich waren. Auch die Kräfte des Neoliberalismus trugen dazu bei, eine mächtige Sexindustrie zu schaffen, die in der Lage war, eine Pro-Pornografie- oder ‚Pro-Sex'-Ideologie zu fördern. *Sexual Politics* hat wahrscheinlich aufgrund von Milletts tiefgreifender Kritik an der Sexualität der männlichen Dominanz Schaden genommen, weil sie als „Anti-Sex" identifiziert wurde.

Linda Williams, die „Porn Studies" (Williams, 2004) als normalen Teil des College-Lehrplans unterrichtet und sich dabei auf Plot, Fotografie und derart wichtige Themen konzentriert, zeigt auf, wie Milletts Arbeit inakzeptabel wurde. Sie erklärt, dass „unsere gegenwärtige Sexualpolitik" nicht mehr „diejenige sein kann, die von Kate Millett begonnen und von Anti-Pornografie-Feministinnen fortgesetzt wurde" (Williams, zitiert in Sonnet, 1999, S.167). Das liegt daran, dass eine solche Politik den „männlichen ‚Anderen'" „verurteilt" und „allzu leicht in die Verurteilung der abweichenden Sexualität der „perversen Anderen" mündet". Diese „perversen Anderen", so Williams, haben nun ihren Platz als „autoritative Subjektivitäten, sowohl explizit als auch erotisch, auf der Bühne der sexuellen Repräsentation" eingenommen. So meint sie, dass „die anti-pornographische feministische Verdinglichung der verunglimpften Männlichkeit als Strategie zur Förderung feministischer Ziele nach hinten losgeht". So sind genau die Formen männlichen Sexualverhaltens, die Feministinnen kritisiert haben, nun die „Autoritäten", die dominierenden Stimmen in der Sexualkultur, und die feministischen Kritikerinnen sind in dieser Lesart vollständig verschwunden. Es mag sein, dass es weniger Interesse an den Arbeiten von Verlierern wie Millett gibt als an denen der Gewinner in diesem Gefecht.

Milletts Werk wurde in der feministischen Wissenschaft wahrscheinlich auch deshalb vernachlässigt, weil es nicht den Kriterien für eine „Theorie" entspricht. Es ist interessant, dass die Arbeit von Feministinnen wie Millett, die männliche Theoretiker kritisierten, anstatt die Nützlichkeit ihrer Arbeit für das Verständnis der Unterdrückung von Frauen zu betonen, bisweilen als gar keine richtige Theorie aufgefasst wurde. So behauptet Chris Weedon in einem Buch, das eine Einführung in die poststrukturalistische feministische Theorie bietet, dass radikalfeministische Theoretikerinnen „Theorie" ablehnen: „Viele Feministinnen pflegen eine aktive Feindseligkeit gegenüber Theorie... Andere, insbesondere einflussreiche radikalfeministische Autorinnen wie Mary Daly und Susan Griffin, betrachten sie als eine männliche Form des Diskurses, die die männliche Dominanz aufrechterhält, indem sie Frauen vereinnahmt und das Weibliche unterdrückt" (Weedon, 1987, S. 6). Echte Theorie wird von Männern gemacht, wie Weedon erklärt: „Zu den Theorien, die zur Entstehung des Poststrukturalismus beigetragen haben, gehören die strukturelle Linguistik von Ferdinand de Saussure und Emile Benveniste, der Marxismus, insbesondere die Ideologietheorie von Louis Althusser, und die Psychoanalyse von Sigmund Freud und Jacques Lacan. Dazu gehört auch die Theorie der „différance" von Jacques Derrida (Weedon, 1987, S.13). Weedon merkt an, dass „es kein Zufall ist, dass diese Theoretiker alle Männer sind". Der Grund dafür liegt in den „Gender-Beziehungen", die „die Abwesenheit der Frauen von der aktiven Produktion der meisten Theorien strukturierten" und „ein Zeichen für die besonderen Bedingungen sind, unter denen prestigeträchtige und mächtige Wissensbestände produziert wurden und werden". Es gab jedoch viele radikalfeministische Theoretikerinnen, die zur Zeit der Veröffentlichung von Weedons Buch schrieben, wie Millet, Mackinnon, Dworkin, und sie entgehen irgendwie ihrer Aufmerksamkeit. Stattdessen, so Weedon, gibt es eine „Tendenz" seitens der Feministinnen, „die Theorie abzulehnen", und zwar aufgrund der „Undurchdringlichkeit vieler wichtiger Texte für Frauen ohne privilegierten Zugang zu höherer Bildung und aufgrund der Tatsache, dass die meisten Theoretiker, die poststrukturalistische Texte verfasst haben, dem Feminismus selbst nicht wohlgesonnen sind" (Weedon, 1987, S.13). Frauenfeindlichkeit könnte als ein guter Grund dafür angesehen werden, dass die Texte einiger Männer für den Feminismus nicht hilfreich sind, aber nicht nach Weedons Ansicht.

Radikalfeministin Carol Ann Douglas (1996) erklärt, wie sie herausfand, dass die radikalfeministische Theorie nicht als Theorie akzeptiert wird. Sie sagt,

Bei der Lektüre einiger postmoderner feministischer Theorien habe ich die schockierende Entdeckung gemacht, dass einige akademische Feministinnen der Meinung sind, dass es zwei Arten von feministischer Theorie gibt. Anscheinend ist feministische Theorie, die direkt versucht, spezifische Themen wie Gewalt gegen Frauen zu diskutieren, „niedrige" Theorie, während Theorie, die sich mit anderer Theorie befasst und sich auf die Ideen von Männern wie Michel Foucault stützt, „hohe" Theorie ist. If that's the case, then you take the high road, baby, and I'll take the low road, and I'll be in Scotland... (dt.: „Wenn das der Fall ist, dann nimmst du die hohe Straße, Baby, und ich nehme die niedrige Straße, und ich werde in Schottland sein..."; Douglas, 1996, S. 417).

Douglas erklärt, dass das, was sie für feministische Theorie hielt, d. h. „die Werke von Adrienne Rich, Mary Daly, Audre Lorde, Barbara Smith, Catharine A. MacKinnon, Andrea Dworkin und praktisch allen anderen, die jemals Frauen bewegt haben", als „niedrige Theorie" betrachtet wird, weil sie „viel zu nahe am Denken gewöhnlicher Frauen ist, egal wie elegant ihre Sprache ist, um die ernsthafteste Art von Theorie zu sein" (Douglas, 1996, S. 417)

Für Weedon und andere poststrukturalistische Theoretiker sind es Männer, die Theorien schreiben, und wenn sie französisch und schwer zu verstehen sind, umso besser. Die maskuline akademische Welt privilegiert die Theorie der Männer. Die Referenzierung ist ein politischer Akt, der auch dazu dient, den Kanon zu etablieren. Es demonstriert den Gehorsam der Autoren gegenüber den Autoritäten ihrer Disziplin und dient dazu, ihrer Arbeit Glaubwürdigkeit zu verleihen, indem sie ihren Respekt für diese Persönlichkeiten zeigen. Feministische Wissenschaftlerinnen, die sich auf das Werk von Männern beziehen, die zu einer bestimmten Zeit in der akademischen Welt Status haben, wie z. B. Foucault in der jüngeren Vergangenheit, haben es möglicherweise leichter, erfolgreich zu sein, Publikationen zu erstellen und in ihrer Karriere voranzukommen. Wenn feministische Wissenschaftlerinnen versuchen, ihre Arbeit in den Rahmen einzupassen, den männliche Theoretiker, die oft kein Interesse am Feminismus haben oder ihm sogar feindlich gegenüberstehen, vorgeben, werden sie gezähmt. Somer Brodribb erklärt, dass dieser Prozess den Feminismus entpolitisiert (Brodribb, 1992). Der Verweis auf Millett oder sogar Catharine MacKinnon verschafft in der akademischen Welt keinen Respekt und kann in der Tat ein todsicherer Weg sein, die Arbeit einer Nachwuchswissenschaftlerin zu diskreditieren.

Die Klarheit von Milletts Arbeit hat wahrscheinlich dagegengewirkt, dass sie in der Gegenwart ernst genommen wird. Die poststrukturalistische Wende führte die Idee ein, dass die Literaturkritik eine enorme

Komplexität aufweist. Die Leser könnten eine Reihe von „Subjektpositionen" einnehmen, so dass eine direkte Interpretation der Worte eines Schriftstellers zu vereinfachend wäre. So schreibt Esther Sonnet eher ablehnend über die ihrer Meinung nach altmodische feministische Literaturkritik, die männliche Schriftsteller in ihren Werken als von einem „männlichen Blick" besessen betrachtet (Sonnet, 1999, S. 183). Sie erläutert, dass „die gegenwärtige Forschung poststrukturalistischer feministischer, lesbischer, schwuler und 'queerer' Theoretikerinnen die unausweichlich heterozentrischen Bedingungen der Theorien des 'männlichen Blicks 'aufzeigt, und ich würde behaupten, dass sie nicht einmal in der Lage sind, die komplizierten Verhandlungen heterosexueller Subjektivitäten anzusprechen, die im Akt des Lesens stattfinden, der ein ganz anderes Register subjektiver Positionen innerhalb sexueller Fantasieszenarien hervorruft" (Sonnet, 1999, S. 183). Nach solchen Kriterien müssen Milletts Interpretationen des Werks männlicher Romanciers der sexuellen Freiheit der 1960er Jahre eher als vereinfachend denn als von profunden feministischen Einsichten erfüllt angesehen werden.

Schlussfolgerung

Kate Milletts *Sexual Politics* wurde unverdientermaßen an den Rand gedrängt oder in den Mülleimer veralteter Theorie verbannt, selbst von vielen anderen Feministinnen. Diejenigen, die sich abfällig über ihr Werk äußern und von der Notwendigkeit sprechen, es zu begraben, sind oft enthusiastisch über die Arbeit männlicher Theoretiker, die keine feministische Einsicht zeigen, aber wie Millett ebenfalls vor Jahrzehnten geschrieben haben. *Sexual Politics* sollte Respekt gezollt werden als ein wichtiger Vorläufer des Feminismus der zweiten Welle und als Ursprung vieler Ideen, die zumindest von radikalfeministischen Feministinnen als selbstverständlich angesehen werden. Selbst diejenigen, die dem Inhalt des Buches nicht zustimmen, sollten in der Lage sein, seine Bedeutung zu erkennen. Es wäre ein Grund zum Feiern, wenn die Botschaft von *Sexual Politics* veraltet wäre, denn das würde bedeuten, dass es einen positiven Wandel in der Sexualkultur gegeben hat. Millett glaubte, dass die zum Zeitpunkt der Veröffentlichung des Buches aufkeimende feministische Bewegung die Art von Frauenfeindlichkeit, die sie dokumentiert, hinwegfegen würde. Leider ist das Gegenteil eingetreten: Die Frauenhasser haben gesiegt, und eine riesige globale Industrie für Pornografie, die genau die sexuelle Ideologie verkörpert, die Männer wie Miller und Mailer propagiert haben, ist heute für Unternehmen und das organisierte Verbrechen Milliarden von Dollar wert. Im Nachwort zu Sexual Politics kommentiert Millett die wachsende feministische Bewegung in den USA. Ermutigt durch ihre Stärke und ihren Elan schreibt sie in ihrer letzten Zeile: „Und vielleicht können wir dann auch das Sexualleben von der harten politischen Wirklichkeit trennen. Dies wird jedoch nicht geschehen, ehe wir nicht aus der Wüste, die wir bewohnen, eine bessere Welt gemacht haben.“ (Millett, 1971, S. 363). Im zwanzigsten Jahrhundert ist der Sex nicht in den Ruhestand getreten, sondern steht weiterhin im Mittelpunkt der Aufrechterhaltung der männlichen Vorherrschaft. Dies macht Sexual Politics zu einer wichtigen Lektüre für eine neue Generation von feministischen Aktivistinnen und Wissenschaftlerinnen.

Anmerkung: Im nächsten Kapitel erörtert Sheila Jeffreys knapp einige der Konzepte über Heterosexualität, die sie dann im Laufe der Jahre ausgiebig entwickelt. Sie analysiert Heterosexualität nicht als "sexuelle Orientierung", sondern als zentrales patriarchalisches Unterdrückungssystem der Männer zur Aufrechterhaltung ihrer Position der Vorherrschaft über die Frauen und für die Frauen zum Erlernen der Erotisierung dieser systemischen sexuellen Unterwerfung

Heterosexuality: A Feminism & Psychology' Reader

(1994)

Herzlichen Glückwunsch an *Feminism & Psychology* für den Reader über Heterosexualität. Feministische Theorien zur Heterosexualität haben in den letzten 20 Jahren in einer Art Stop/Start-Manier stattgefunden. Die Strafen, die regelmäßig über diejenigen verhängt werden, die versuchen, Heterosexualität aus der schützenden Tarnung der „Natur" oder „so wie die Dinge eben sind" herauszuholen und ins Rampenlicht der politischen Analyse zu rücken, können beträchtlich sein - und neigen dazu, die konsequente Entwicklung der Analyse zu behindern. Die Geschichte der feministischen Versuche, Heterosexualität zu theoretisieren, wird von Denise Thompson (1993) beschrieben. In den frühen 1970er Jahren begannen Lesben in den USA, Heterosexualität als unterdrückerisch und sozial konstruiert zu beschreiben und forderten Feministinnen auf, sie aufzugeben (siehe z.B. den in Hoagland und Penelope [1989] abgedruckten Artikel aus den USA). In den späten 1970er Jahren inspirierten diese Argumente die Leeds Revolutionary Feminists in Großbritannien (siehe Onlywomen Press, 1981) und radikale Lesben in Paris und Montreal (siehe Artikel, die in Hoagland und Penelope, 1989, abgedruckt sind). Lesbische Theoretikerinnen wie Adrienne Rich (1980), Monique Wittig (1982) und Janice Raymond (1986) vervollständigten die Analyse der Heterosexualität als politische Institution. Aber wenn man den Erfahrungen der Leeds Revolutionary Feminists Glauben schenken darf, dann ist es kein Zufall, dass diese Linie feministischer Forschung nicht einfach war und nur wenige veröffentlichte Arbeiten hervorbrachte.

Ich hatte immer erwartet, dass wir, nachdem die Leeds Revolutionary Feminists 1979 das Papier „Political Lesbianism" geschrieben hatten, einen ganzen Band darüber schreiben würden, wie Heterosexualität hergestellt wurde und wie sie die Unterdrückung von Frauen formte und organisierte. Dieses Buch wurde nie geschrieben. Die Wut und die Schmähungen einiger Lesben und einiger heterosexueller Feministinnen, sowohl persönlich als auch in den Seiten der Newsletter, waren so heftig, dass sich unsere Gruppe auflöste und wir einige Jahre lang unsere Energien in allgemeine feministische Kampagnen gegen männliche Gewalt (z. B. Women Against Violence Against Women) steckten, anstatt uns mit der Schaffung einer lesbischen Theorie und Kultur zu beschäftigen. Ich habe weiter über die Konstruktion und Funktion von heterosexuellem Sex geschrieben (Jeffreys, 1985, 1990), aber das umfassendere Projekt wurde nicht in Angriff genommen.

Heterosexuality: A 'Feminism & Psychology 'Reader ist ein Beitrag zur Erfüllung der Ziele, die einige Feministinnen in den 1970er Jahren verfolgten. Ich vermute, dass es diese Art der Bestrafung derjenigen, die Heterosexualität politisieren wollen, ist, die die Entwicklung der Analyse bis jetzt behindert hat. Ich schreibe, um den Herausgebern und allen Heterosexuellen und Lesben, die diese Untersuchung fortsetzen wollen, meine Unterstützung auf lange Sicht zuzusichern. Die Wut, die eine solche Fragestellung hervorrufen kann, zeigt die zentrale Bedeutung des Themas, aber sie kann auch zu Selbstzweifeln führen. Sie kann sogar zum Widerruf führen. Sie kann sogar dazu führen, dass selbst die am klarsten denkenden Menschen unsicherer werden oder sich weniger auf die Heterosexualität konzentrieren. Hoffentlich wird dieser Band die politische Infragestellung der Heterosexualität auf der akademischen Landkarte respektabel platzieren. Es ist ein Buch, kein Pamphlet; und viele Feministinnen sind daran beteiligt, nicht nur eine kleine Gruppe - sowohl diejenigen, die sich als lesbisch identifizieren, als auch viele, die das nicht tun. Sollte es jedoch zu einer Gegenreaktion auf dieses wichtige Vorhaben kommen, ist es sinnvoll, es politisch zu analysieren und zu fragen, warum ein solches Forschungsgebiet als unhöflich, unzulässig und frauenfeindlich angesehen wird. Meinungsverschiedenheiten unter Feministinnen können bei vielen Themen akzeptiert werden, aber dies scheint eines zu sein, das eine interessante Menge an Aufregung hervorruft - eine Aufregung, die diesmal nicht dazu führen darf, dass die Diskussion eingestellt wird.

Heterosexuality: A ,Feminism & Psychology 'Reader bringt die Analyse der Heterosexualität einen entscheidenden Schritt voran, indem es versucht, Feministinnen, die sich nicht als Lesben identifizieren, in die Debatte zu involvieren. Es ist spannend zu sehen, dass Frauen sich ernsthaft mit der Idee auseinandersetzen, dass ihre sexuelle Orientierung politisch ist, wie unterschiedlich ihre Schlussfolgerungen und Strategien auch sein mögen. Heterosexuelle Frauen antworteten auch auf den Artikel „Political Lesbian" (Onlywomen Press, 1981), aber in diesem Kontext waren die Antworten defensiv, da sie im Wesentlichen auf einen Artikel antworteten, der in seiner Analyse als sehr bedrohlich angesehen wurde. In diesem Reader ist dies nicht der Fall. Heterosexuelle Feministinnen wurden aufgefordert, sich an der Debatte zu ihren eigenen Bedingungen zu beteiligen - und das tun sie auch. Es ist gut möglich, dass sich aus diesem Aufbruch spannende Forschungen und persönliche Texte ergeben, die die Diskussion weiterführen. Es sollte nicht die Aufgabe von Lesben sein, Heterosexualität politisch zu halten. Heterosexuelle Feministinnen haben eine entscheidende Rolle zu spielen.

Dieser Band bringt die Analyse auch dadurch voran, dass er Beiträge beinhaltet, die sich detailliert mit der Art und Weise befassen, wie

Heterosexualität erzwungen wird. Die Analyse von heterosexuellem Sex findet hier in einem Kontext statt, in dem Heterosexualität selbst problematisiert wird, so dass die Diskussionen nicht einfach liberal sein können oder darauf abzielen, Frauen in die Normen der Institution zu assimilieren. Eine feministische Theorie, die davon ausgeht, dass Heterosexualität nicht zwangsläufig gegeben ist, hat eine spannende Dynamik und sieht ganz anders aus als eine Analyse, die von einer nahezu universellen und unvermeidlichen Heterosexualität ausgeht. Die Auswirkungen der Heterosexualität auf die Erfahrungen von Frauen mit Behinderung, Freundschaft und Mutterschaft sowie auf die Überschneidung von heterosexuellen Imperativen und Rassismus bringen die feministische Analyse in einer Weise voran, die sich nur aus der Problematisierung der Heterosexualität ergeben kann.

Es ist besonders ermutigend, dass dieser Band zu einer Zeit veröffentlicht wird, in der es eine Gegenbewegung gegen den Feminismus gibt, nicht nur in der heteropatriarchalen Welt, sondern auch in der lesbischen Gemeinschaft. In vielen lesbischen Schriften der 1980er und 1990er Jahre wird der lesbische Feminismus angegriffen. Die heftigsten Angriffe auf den lesbischen Feminismus kommen von Verfechtern des Butch/Femme-Rollenspiels, des Sadomasochismus, der queeren und poststrukturalistischen Theorie (siehe Jeffreys, 1993/4). Abgesehen von den Angriffen auf die Dummheit der Idee, etwas so Unerotisches wie die Gleichheit zu erotisieren, und auf die schrecklichen Gefahren des Separatismus, greifen diese Autorinnen vor allem die Idee der Heterosexualität als politische Institution an. Einige schließen sich eindeutig dem neuen Essenzialismus an, der von der schwulen männlichen Akademie ausgeht, in der schwule Ärzte wie Simon LeVay (1993) „bewiesen" haben, dass die männliche Homosexualität durch eine besondere Struktur des Gehirns verursacht wird. Einige versuchen, Männlichkeit und Weiblichkeit als Produkte der „Natur", als „Yin und Yang" oder als Produkte einer Art kollektiven Unbewussten zu etablieren. Andere versuchen zu erklären, dass erotisierte Dominanz und Unterwerfung das Wesentliche von Sex sind. Sie scheinen entschlossen zu sein, die Replikation heterosexueller Formen in der lesbischen und schwulen Kultur der 1990er Jahre als etwas authentisch „Homosexuelles" zu betrachten, und reagieren mit Wut auf die Annahme, dass ihr Verhalten, ihre Träume und Fantasien durch das Leben in einer heteropatriarchalen Kultur beeinflusst sein konnten, die aus den Normen einer immens politischen Heterosexualität konstruiert ist. Diese Art der Analyse ist weit entfernt von dem sozialen Konstruktionismus, dem mutigen und weitreichenden Hinterfragen, das in den 1970er Jahren möglich schien. Es ist daher eine besonders gute Nachricht, dass lesbische und heterosexuelle Feministinnen in den 90er Jahren zusammenarbeiten können, um Heterosexualität zu theoretisieren und den biologischen Essenzialismus, den Sadoimperativ und den Antifeminismus zurückzudrängen, die vieles kennzeichnen, was derzeit in den „Gender"-Studies und in der Sexualpolitik als fortschrittlich angesehen wird.

Anmerkung:
In diesem Kapitel führt uns Sheila Jeffreys dazu, eine andere frauenfeindliche Struktur und ein patriarchales System der Dominanz, Kontrolle und Unterwerfung von Frauen zu hinterfragen und zu erforschen, das zudem untrennbar mit Heterosexualität verbunden ist: Religionen. Es wird erklärt, wie diese Erweiterungen der männlichen Vorherrschaft immer perfekt mit dem übereinstimmen, was das System von Frauen verlangt und "erwartet".
In diesem Kapitel wird der Kulturrelativismus als patriarchale Waffe zur Unterwerfung der Frauen erörtert, und es wird gezeigt, wie die verschiedenen "patriarchalen Einheiten" wie Religion und Regierungen zusammenwirken, um das System der Dominanz über Frauen zu stärken.

Desäkularisierung und sexuelle Gleichberechtigung

(2011)

In den letzten zwei Jahrzehnten gab es sowohl in den westlichen als auch in den nicht-westlichen Ländern einen Anstieg der politischen Macht der organisierten Religionen. Es hat eine Desäkularisierung der öffentlichen Sphäre in Ländern wie dem Vereinigten Königreich und Australien stattgefunden, die die Form einer zielgerichteten Regierungspolitik annimmt, bei der sowohl „Glaubensgemeinschaften" konsultiert werden als auch ihnen eine wichtige Rolle bei der Gestaltung politischer Maßnahmen eingeräumt wird. Es ist wahrscheinlich, dass diese Entwicklungen die Gleichstellung der Geschlechter gefährden, da die religiösen Organisationen in der Regel in Bezug auf Gender und Sexualität diskriminierend sind, sowohl in ihrer Beschäftigungspraxis als auch in ihren Ideologien. Dieser Artikel untersucht die Art und Weise, in der die Desäkularisierung im Vereinigten Königreich und in Australien stattgefunden hat und welche Implikationen dies auf die Gleichstellung der Geschlechter hat.

Desäkularisierung hat in Australien und im Vereinigten Königreich in den letzten zehn Jahren stattgefunden, da religiöse Organisationen von den Regierungen aufgefordert wurden, eine viel größere Rolle im öffentlichen Leben zu übernehmen. Sie erhielten Verträge für den Betrieb von Wohlfahrtsdiensten, bekamen Geld für die Gründung interreligiöser Organisationen und wurden eingeladen, an Konsultationen zur politischen Gestaltung teilzunehmen. Eine zielgerichtete Regierungspolitik hat die Einrichtung weiterer religiöser Schulen oder die Übergabe staatlicher Schulen an religiöse Organisationen angeordnet, die mit staatlichen Mitteln betrieben werden. Diese Entwicklungen sind ein Teil dessen, was von Religions- und Politikwissenschaftlern als „Aufstieg der Religion" in der Weltpolitik bezeichnet wird. Diese beinhalten eine zunehmende Tendenz von Regierungen und politischen Entscheidungsträgern, Multikulturalismus als „Multireligiosität" zu interpretieren und „durch Religion zu herrschen". Weitere Manifestationen sind Kampagnen religiöser Organisationen bei den Vereinten Nationen, um die Durchsetzung des Rechts der Frauen auf Verhütung und Abtreibung sowie der Rechte auf sexuelle Orientierung zu verhindern und das „Recht auf Religion" zu nutzen, um die Rechte der Frauen zu übertrumpfen. Sie beinhalten die Übernahme von Regierungsverantwortung oder einen größeren Einfluss auf Regierungen durch religiöse Extremisten. Dieser Artikel konzentriert sich auf die Desäkularisierung, indem er den Einsatz von Religion durch die Regierungen in Australien und dem Vereinigten Königreich untersucht. Er wird die Möglichkeit untersuchen, dass dies der sexuellen Gleichberechtigung schadet, und mit sexueller Gleichberechtigung meine ich sowohl die Gleichberechtigung von Frauen als auch die Gleichberechtigung von Lesben und schwulen Männern.

Ich habe Australien und das Vereinigte Königreich gewählt, weil sowohl die Regierung von Tony Blair im Vereinigten Königreich als auch die von John Howard in Australien in den letzten zwei Jahrzehnten bestrebt waren, Religion in die öffentliche Politik einzubeziehen. In beiden Fällen wurden ähnliche Maßnahmen ergriffen: die Auslagerung von Dienstleistungen an religiöse Organisationen, die Bevorzugung von „Glaubens"-schulen und die Konsultation von „Glaubensgemeinschaften". Es gab nur sehr wenige Untersuchungen zu den Auswirkungen dieser Politik auf die Gleichstellung in irgendeiner Form, und dieser Artikel wird das nutzen, was verfügbar ist, einschließlich Berichten von Regierungsstellen, Forschungsinstituten und den Medien, und dabei Fragen zu den möglichen Auswirkungen dieses „Aufstiegs der Religion" auf die Gleichstellung der Geschlechter im Besonderen aufwerfen und argumentieren, dass in diesem wichtigen Bereich mehr Forschung betrieben werden muss.

Feministische Kritik des Multikulturalismus

Die feministische Kritik an der Art und Weise, in der Regierungen durch Religion regieren, ist ein sich entwickelnder Aspekt der feministischen Kritik am Multikulturalismus. Feministische Aktivistinnen waren seit den frühen 1990er Jahren scharfe Kritikerinnen des Multikulturalismus, und diese Kritik hat erkannt, in welchem Ausmaß „Kultur" und Religion miteinander verflochten sind. Women Against Fundamentalism beispielsweise, eine 1989 gegründete britische feministische Gruppe, erklärt kategorisch: „Wir wollen in einem Land der vielen Kulturen leben, lehnen aber die Politik dessen ab, was als „Multikulturalismus" bekannt geworden ist" (Katz 1995, 43). Gita Sahgal und Nira Yuval-Davis, beide Gründungsmitglieder von Women Against Fundamentalism, haben argumentiert, dass Regierungen, wenn sie sich mit kulturellen Gemeinschaften beraten und politische Maßnahmen zu deren Gunsten ergreifen, in Wirklichkeit ältere Patriarchen, die „Führer" der Gemeinschaft, begünstigen und Frauen benachteiligen (Sahgal und Yuval-Davis 1992). Diese Kritik wurde in der amerikanischen feministischen Politikwissenschaft mit Susan Moller Okins Sammelband Is Multiculturalism Bad for women? (Okin 1999) energisch aufgegriffen. Okins Buch regte die ernsthafte akademische Kritik am Multikulturalismus in Theorie und Praxis als problematisch für Frauen an.

Sie wies darauf hin, dass kulturelle Praktiken, die die Unterordnung von Frauen bewirken, den Kern dessen bilden, was als kultureller Unterschied verstanden und verteidigt wird. Die amerikanische feministische Rechtstheoretikerin Catharine MacKinnon formuliert die feministische Kritik am Multikulturalismus in klaren Worten:

> Multikulturalismus ist eine politisch normative Version des anthropologischen Begriffs des Kulturrelativismus, der von der Ansicht ausgeht, 'dass alle Kulturen gleichermaßen valide sind' … Feminismus stellt jedoch die kulturelle Gültigkeit der Unterordnung von Frauen unter Männer überall in Frage … Feminismus geht nicht davon aus, dass die Kultur von irgendjemandem, einschließlich der eigenen, gültig ist … Die Verteidigungen lokaler Unterschiede, wie sie genannt werden, sind oft einfach eine Verteidigung der männlichen Macht in ihrem lokalen Gewand (MacKinnon 2006, 53).

Feministische Theoretikerinnen waren besonders überzeugend in ihrer Argumentation, dass der Multikulturalismus die Kultur essentialisiert (Narayan 1997). Yuval-Davis hat beispielsweise argumentiert, dass migrantische Gemeinschaften versuchen, ihre Herkunftskulturen „in Aspik" zu konservieren, so dass sie unveränderlich sind, obwohl sich die Kultur im Heimatland verändert, wie alle Kulturen, als Reaktion auf soziale und wirtschaftliche Kräfte (Yuval-Davis 1997). Der „Respekt" vor den Kulturen im Rahmen der multikulturellen Politik verhindert den gewöhnlichen und unvermeidlichen Wandel, den Kulturen durchlaufen. Wenn ein wichtiger Teil dieser Kulturen die Unterordnung von Frauen beinhaltet, verhindert der „Respekt" die Entwicklung von Fortschritten hin zu egalitäreren Werten, und die Privilegien der Männer in diesen Kulturen, Frauen auszubeuten und zu unterdrücken, werden geschützt. Trotz dieser theoretischen Fortschritte gibt es nur wenige Untersuchungen darüber, wie sich die multikulturelle Politik im Einzelnen auf die Gleichstellung der Frauen auswirkt. In ihrem Buch Multiculturalism, Religion and Women spricht Marie Macey (2009) die feministische Kritik an der Religion insbesondere im Vereinigten Königreich an, und ihre Arbeit vertritt eine zunehmende Tendenz unter feministischen politischen Theoretikerinnen, zu argumentieren, dass sich der Multikulturalismus in einen „Multireligionismus" verwandelt. Kultur und Religion werden verwechselt oder als ein und dasselbe verstanden, und die Regierungen in Staaten wie Australien und dem Vereinigten Königreich betreiben zunehmend eine „multikulturelle" Politik durch Religion oder „Glaubensrichtungen" mit besonders schädlichen Konsequenzen für Frauen. Der Multireligionismus wird durch eine zunehmende Desäkularisierung umgesetzt.

Desäkularisierung

Der Begriff Desäkularisierung wurde von Religions- und Politikwissenschaftlern entwickelt, um die zunehmende Bedeutung der Religion in der Regierungspolitik und im öffentlichen Raum in Staaten zu beschreiben, die zuvor ein gewisses Maß an Säkularisierung angenommen hatten. Der Religionssoziologe Peter Berger erklärt, dass er, wie die meisten Soziologen, bis vor 20-25 Jahren davon ausging, dass Modernisierung und Säkularisierung Hand in Hand gehen würden, gibt aber jetzt zu: „Die Welt ist heute extrem religiös und alles andere als die säkularisierte Welt, die vorhergesagt wurde" (Berger 1999, 8). Das Beispiel der Rolle der Religion in der US-Politik bewies, dass die Säkularisierungsthese falsch ist, ebenso wie eine zunehmende Religiosität in vielen Teilen der Welt. Aber er ist weiterhin der Ansicht, dass Europa, insbesondere das Vereinigte Königreich, und Australien die soziologischen Erwartungen einer progressiven Säkularisierung erfüllen. Ich werde hier argumentieren, dass diese These in Bezug auf den Grad der Religiosität in der Gesellschaft zutrifft. Aber sie lässt das Phänomen des letzten Jahrzehnts außer Acht, in dem sowohl eine Labour-Regierung im Vereinigten Königreich als auch eine liberale Regierung in Australien versucht haben, die Bevölkerung durch gezielte Politik zu re-religionisieren und die Rolle der Religion in öffentlichen Angelegenheiten zu stärken, trotz der mangelnden Begeisterung ihrer Wählerschaft. Viele andere Wissenschaftler unterstützen die Idee, dass die Religion im Aufschwung ist, und versuchen, dies zu erklären. Der britische marxistische Theoretiker Terry Eagleton (2009) beispielsweise stimmt zu, dass es einen Aufschwung der Religion gegeben hat. Er führt dies auf das Versagen der Linken zurück, eine Alternative zu den Werten des Marktes zu bieten, und sagt: „Wenn es der Politik nicht gelungen ist, dich zu emanzipieren, wird es der Religion vielleicht besser gelingen" (Eagleton 2009, 44). Diese Kommentatoren schenken jedoch den Auswirkungen dieses Aufschwungs auf Frauen wenig Aufmerksamkeit.

Die feministische Politiktheoretikerin Anne Phillips stellt fest, dass es einen globalen Trend zur „Entprivatisierung" der Religion und ihrer zunehmenden Bedeutung auf der politischen Bühne gibt (Phillips 2009, 4). Sie ist nicht so optimistisch über dieses Phänomen wie einige männliche Soziologen, da sie Feministin ist und sich dafür interessiert, was dies für Frauen bedeutet. Die Desäkularisierung ist von Bedeutung, denn, wie sie es ausdrückt, „ich werde einfach behaupten - ohne zu argumentieren - dass eine Verschmelzung von Staat und Religion der Gleichstellung der Gender nicht zuträglich ist" (Phillips 2009, 9). Ich definiere Desäkularisierung als die zunehmende Sichtbarkeit und den Einfluss von Religion im öffentlichen Leben, von den Äußerungen von Politikern und Regierungsbehörden bis hin zur Anwerbung von

„Glaubensgruppen", die die Regierung beraten und Dienstleistungen erbringen.

Die britische und die australische Regierung haben die Desäkularisierung betrieben, obwohl die Bevölkerung in diesen Ländern zunehmend weniger religiös ist. Der Zensus 2001 im Vereinigten Königreich beispielsweise ergab, dass 72 Prozent der Bevölkerung das Christentum als ihre Religion bezeichneten, 15 Prozent gaben an, keine Religion zu haben, und 5 Prozent nannten nicht-christliche Religionen (Berkeley 2008, 8). Jedoch bedeutet der Ausdruck einer religiösen Zugehörigkeit kein ernsthaftes Bekenntnis zur Religion. Eine Analyse der Ergebnisse der Citizenship Survey 2001 im Vereinigten Königreich ergab, dass nur 20 Prozent der Befragten „ihre religiösen Überzeugungen als wichtigen Teil ihrer persönlichen Identität empfanden" (O'Beirne 2004, vii). Ungeachtet dessen haben die Regierungen des Vereinigten Königreichs und Australiens im letzten Jahrzehnt versucht, die Religiosität wieder in das öffentliche Leben zu integrieren. Diese Entwicklung hat die große Besorgnis von Demokratietheoretikern und Politikwissenschaftlern auf sich gezogen. Aber diese Sorge richtet sich im Allgemeinen auf die Art und Weise, wie sich diese Entwicklungen auf die Demokratie und den Multikulturalismus sowie auf die Rechte von Nichtgläubigen auswirken, und nicht auf ihre möglichen Auswirkungen auf Frauen. Es gibt nur wenige und recht neue Kommentare zu den Auswirkungen auf Frauen (Bloch 2009; Macey 2009; Winter 2009). In diesem Artikel möchte ich darlegen, dass die Desäkularisierung, die in Australien und im Vereinigten Königreich stattfindet, für feministische Wissenschaftlerinnen von Bedeutung sein sollte.

Die Desäkularisierung in westlichen Staaten manifestiert sich in der Entscheidung politischer Führer, ihre Religiosität zu demonstrieren und Religion im politischen Leben einzusetzen (Warhurst 2006). Im letzten Jahrzehnt haben Politiker dazu geneigt, die Ausdrucksweise der Religion zu übernehmen und zu zeigen, was für gute Gläubige sie sind, durch Akte der öffentlichen Religionsausübung. Dies wurde in der Ära deutlich, in der George Bush in den USA, Tony Blair im Vereinigten Königreich und John Howard in Australien ihre Christlichkeit verkündeten und deren Bedeutung in ihren Beziehungen zueinander zum Ausdruck brachten, besonders im Zusammenhang mit der Invasion des Irak im Jahr 2003. So sagte George Bush einmal zu palästinensischen Führern: „Gott hat mir gesagt: 'George, geh und beende die Tyrannei im Irak', und das habe ich getan" (McSmith 2006). Diese öffentliche Religiosität von Politikern war eine überraschende Entwicklung der 1990er Jahre. Obwohl US-Politiker die Angewohnheit hatten zu versuchen, an ihre beträchtliche christliche Wählerschaft zu appellieren, hatten britische und australische Politiker eine weitgehend ungläubige Wählerschaft, oder zumindest eine, die sich wenig um Religion kümmert. John Howard in Australien bildete immer engere Beziehungen zu religiösen Extremisten in seiner eigenen Partei und im ganzen Land (Maddox 2005). Tony Blair hat öffentlich seine Überzeugung zum Ausdruck gebracht, dass der Glaube das Verhalten der Nationalstaaten in der internationalen Politik motivieren sollte, und seit seinem Ausscheiden aus dem Amt ist er zum Katholizismus konvertiert, hat eine Glaubensstiftung gegründet und eine Stelle als Professor für Religionswissenschaften in Yale angenommen. Im Jahr 2009 lud Präsident Obama Blair ein, das US National Prayer Breakfast zu leiten. Blair sprach über die globale Bedeutung der Religion und sagte, dass der Glaube „seinen rechtmäßigen Platz als Wegweiser für unsere Welt und ihre Zukunft" wiedererlangen sollte (Doyle 2009). Diese Politiker beschränkten ihre Ambitionen für die Religion nicht auf die internationale Sphäre. Im nationalen Bereich schufen sie eine größere Rolle für die Religion, durch Regierungsberatung und die Finanzierung religiöser Organisationen in einem noch nie dagewesenen Ausmaß und auf bisher unvorstellbare Weise.

Die Misogynie der Religion

Feministinnen sollten sich für die Auswirkungen der Desäkularisierung interessieren, da die feministische Kritik an der Art und Weise, wie Religionen über Frauen denken und sie behandeln, grundlegend ist. Feministische Kritik am schädlichen Charakter der Religion für Frauen wurde in den 1970er Jahren eindringlich geäußert, meist in Bezug auf das Christentum (Daly 1985). Feministische Aktivistinnen und Theoretikerinnen haben auf die vielfältigen Formen hingewiesen, in denen christliche und andere religiöse Organisationen der Gleichstellung von Frauen schaden. Seit den 1980er Jahren wurde diese Kritik auf das Judentum und den Islam ausgedehnt, und Feministinnen argumentieren, dass die Religion in allen patriarchalen Systemen grundlegend für die Ideologie der Unterlegenheit der Frau ist (El Saadawi 2007). Die Religion verleiht traditionellen patriarchalen Vorstellungen von der essenziell untergeordneten Natur der Frauen und ihren von Natur aus getrennten Rollen Autorität, d. h., dass Frauen auf die private Welt des Heims und der Familie beschränkt sein sollten, dass Frauen ihren Ehemännern gehorsam sein sollten, dass die Sexualität der Frauen bescheiden sein und unter der Kontrolle ihrer Mannesleute stehen sollte und dass Frauen keine Verhütung oder Abtreibung nutzen sollten, um ihr Gebären zu begrenzen. Diese Ansichten sind den organisierten Religionen der Welt gemein, wie dem Judentum, dem Christentum und dem Islam, die von Männern in historischen Kontexten geschaffen wurden, in denen Frauen völlig untergeordnet waren (Lerner 1987). Die Praxis solcher antiken Überzeugungen beeinträchtigt tiefgreifend die Fähigkeit der Frauen, ihre Menschenrechte auszuüben. Die feministische

Menschenrechtstheoretikerin Courtney Howland weist beispielsweise darauf hin, dass zwei Elemente, die den Geboten der organisierten Religionen in Bezug auf Frauen gemeinsam sind, nämlich die Forderung nach Gehorsam der Frauen gegenüber ihren Ehemännern und das Gebot der Bescheidenheit, die politische Meinungsäußerung der Frauen behindern (Howland 1999). Diese Vorgaben setzen den Frauen in einigen „Glaubensgemeinschaften" absolute Grenzen, wenn es darum geht, ihre Meinung zu äußern, ihre Häuser zu verlassen, das Wahlrecht auszuüben und sich an Aktivitäten zu beteiligen, bei denen Männer anwesend sind.

Trotz der Versuche einiger gläubiger Frauen, die frauenhassende Kultur und die frauenhassenden Ideen der von ihnen gewählten Religionen zu lindern, erlaubt die Mehrheit der religiösen Organisationen weltweit immer noch nicht, dass Frauen predigen oder die Sakramente spenden, sie halten immer noch an der negativen Einstellung gegenüber Frauen fest, die in ihren heiligen Texten zum Ausdruck kommt, oder sie halten an der Absonderung von Frauen auf besonderen Balkonen und hinter Vorhängen fest, damit sie die stattfindenden Mysterien oder die Gedanken der männlichen Gottesdienstbesucher nicht verunreinigen können. Eine Studie über die Art und Weise, wie Moscheen in Sydney, Australien, für weibliche Gläubige sorgen, erklärt, dass zwar einige Moscheen im Vereinigten Königreich Frauen den Besuch verbieten, aber nur wenige Moscheen in Australien, „wenn überhaupt, ein vollständiges Verbot für Frauen aussprechen" (Hussain 2009, 55). Die Studie beschreibt jedoch detailliert, auf welche Weise Frauen diskriminiert werden, z. B. müssen sie über eine Hintertreppe eintreten und auf Balkonen und hinter Paravents beten, die Toiletten befinden sich in einem Keller mit zwei Stiegen zum vorgeschriebenen Bereich und es gibt keine oder nur sehr wenige Sitzmöglichkeiten für Frauen mit Behinderungen. In einem Fall mussten die Frauen in einem Hof gegenüber den Mülltonnen beten, an einem Tag, an dem die männlichen Gottesdienstbesucher den üblichen Platz der Frauen im Inneren benötigten. Wo religiöse Organisationen von Regierungen in politische Beratungen und in die Bereitstellung von Bildung und anderen Dienstleistungen einbezogen werden, ist es nicht abwegig zu erwarten, dass solche Werte und Praktiken negative Auswirkungen auf die Gleichberechtigung der Mädchen und Frauen haben, die die Empfängerinnen sind. Untersuchungen aus dem Vereinigten Königreich haben ergeben, dass ein Konflikt zwischen der Chancengleichheitspolitik kommunaler Geldgeber und religiöser Organisationen, etwa in Bezug auf Bildungsprojekte, die nur Jungen vorbehalten sind, oder Einrichtungen, die nur von Jungen genutzt werden dürfen, zu erheblichen Schwierigkeiten für die beteiligten Fachkräfte führen kann (Farnell et al. 2003).

Es gibt eine Vielzahl an Forschungsarbeiten, die darauf hindeuten, dass Menschen, die Religionen angehören, wahrscheinlich Ansichten vertreten, die den Interessen der Gleichstellung von Frauen entgegenstehen (Norris und Inglehart 2004; Seguino und Lovinsky 2009). Stephanie Seguino und James Lovinsky untersuchten die Zusammenhänge zwischen der Intensität der Religiosität und den Haltungen und Resultaten, die sich ungünstig auf die Gleichstellung der Frau auswirken. Die Resultate, die sie untersuchten, waren das Abschneiden von Frauen auf dem Arbeitsmarkt, in der politischen Repräsentation und in der politischen Entscheidungsfindung. Unter Verwendung von weltweiten Erhebungen zu Haltungen und anderen statistischen Daten für eine Reihe von Ländern fanden sie heraus, dass „Religiosität in der Tat stark mit gender-ungerechten Überzeugungen verbunden ist" (Seguino und Lovinsky 2009, 40).

Ein weiteres Problem mit religiösen Organisationen aus feministischer Sicht ist die Tatsache, dass ihre Einstellungspolitik in der Regel extrem diskriminierend ist. Obwohl einige christliche Konfessionen inzwischen Frauen zum Priesteramt zulassen, erlauben die meisten Religionen aus Prinzip und unter Berufung auf die Offenbarungen der heiligen Schriften keine Frauen oder Homosexuellen in Autoritätspositionen. In der anglikanischen Kirche beispielsweise gibt es seit einigen Jahren einen erbitterten Streit darüber, ob die Ordination von Frauen und Homosexuellen als Bischöfe erlaubt werden kann, ohne die Kirche zu spalten. Eine Gruppe, die sich im Vereinigten Königreich gegen diesen Vorstoß engagiert, Reform, glaubt an Ideen der Christian Patriarchy Movement in den USA (Joyce 2009), an die Notwendigkeit der Vorrangstellung des Mannes in der Kirche und in der Familie und an die Bedeutung der Unterordnung der Frauen unter ihre Ehemänner (Brown 2010). Andererseits haben die lokalen Verwaltungen seit den Anfängen des Feminismus der zweiten Welle in den 1970er Jahren erhebliche Fortschritte in ihrer Chancengleichheitspolitik gemacht (Farnell et al. 2003). Die Übergabe öffentlicher Dienstleistungen an Organisationen, die sich öffentlich gegen die Chancengleichheit bei der Einstellungspraxis aussprechen, kann kein gutes Vorzeichen für die Sensibilität sein, mit der sie mit Fragen von Gender und Sexualität umgehen werden. Eine Überprüfung des Equal Opportunity Act durch die Regierung des australischen Bundesstaates Victoria liefert ein nützliches Beispiel für die Probleme, die dabei auftreten können. Das Optionspapier für die Überprüfung schlug vor, die Ausnahmeregelungen zu überdenken, die religiösen Körperschaften gewährt werden, um Mitarbeiter in ihren teilweise oder ganz vom Staat finanzierten Wohlfahrts- und Bildungsdiensten aus vielerlei Gründen zu diskriminieren (Department of Justice 2008). Einige religiöse Gruppen forderten sehr aufgebracht und nachdrücklich die Beibehaltung ihres Rechts auf Diskriminierung, insbesondere die katholische und die presbyterianische Kirche. Daraufhin kündigte der Generalstaatsanwalt Rob Hulls an, dass es den Kirchen erlaubt sein sollte, weiterhin aus den für sie wichtigsten Gründen zu diskriminieren, d. h. gegen Lesben und Schwule und gegen alleinstehende Frauen, die schwanger werden oder einen De-facto-Partner haben, solange sie ihr Recht auf Diskriminierung aus anderen Gründen wie Behinderung und Rasse aufgeben (Fyfe 2009). Im Vereinigten Königreich tauchten ähnliche Probleme bei der Verabschiedung der Equality Bill auf (Accord 2009).

Die schädlichsten Praktiken gegenüber Mädchen in christlichen Konfessionen finden wahrscheinlich in der am schnellsten wachsenden Variante des christlichen Glaubens in der Welt statt (Berger 1999), der Pfingstbewegung. Die Pfingstbewegung ist die am schnellsten wachsende Religion in Australien, und die Pfingstkirchen haben ein sehr beschränktes Verständnis von der Rolle der Frau und von Sexualität (Levin 2007). Zwischen 1996 und 2001 ging die Zahl der Gottesdienstbesucher in katholischen Kirchen um 13 Prozent zurück, während die der Pfingstler um 30 Prozent zunahm. Die wichtigste Pfingstkirche, Hillsong, erwirtschaftete im Jahr 2005 mehr als 177 Millionen Dollar an Einnahmen. Werden die von der Regierung unterstützten Schulen hinzugezählt, steigen die Einnahmen auf 263 Millionen Dollar. Es gab eine besondere Nähe zwischen den Pfingstkirchen und australischen Politikern aus beiden führenden Parteien. Ein Indiz für die Nähe der liberalen Howard-Regierung zur Hillsong-Kirche war, dass der damalige Schatzmeister Peter Costello (Sohn eines baptistischen Laienpredigers) 2004 auf einer Hillsong-Konferenz eine enthusiastische Rede hielt und sagte: „Wir brauchen eine Rückkehr zum Glauben und zu den Werten, die unser Land stark gemacht haben" (Brissenden 2004). Premierminister John Howard eröffnete im Oktober 2002 das Baulkham-Hills-Kongresszentrum von Hillsong. Im Wahlkampf 2007, in dem Kevin Rudd von der Labour-Partei Premierminister wurde, traten sowohl John Howard als auch Rudd in einer Hillsong-Kirche auf, um über ihre christlichen Werte zu sprechen und via Live-Übertragung um christliche Stimmen zu werben (Carter 2007).

Diese Nähe kann für die Gleichstellung der Geschlechter problematisch sein, da Hillsong eine traditionelle patriarchale Ideologie propagiert. Die schädliche Natur dieser Ideologie wurde von Tanya Levin, einem ehemaligen Mitglied, in ihrem Buch People in Glass Houses (Levin 2007) aufgedeckt. Hillsong vertritt das, was Levin als „Wohlstandstheologie" bezeichnet, d. h. wie man reich werden kann. Hillsong predigt, wie sie erklärt, die Unterordnung der Frauen unter ihre Ehemänner, wird von Männern geleitet und steht der Homosexualität feindlich gegenüber. Ein

Redner auf einem Hillsong-Workshop zum Thema Sinn und Sexualität in Sydney im Jahr 2007, der 2009 auf der Colour-Your-World-Konferenz sprechen sollte, war Sy Rogers, der sich als „Ex-Gay“ identifiziert und sagt: „Glücklicherweise kann Homosexualität umgedreht werden ... sie ist nicht das, was Gott für die menschliche Sexualität geplant hat“ (Levin 2008). Eine fundamentalistische christliche Gruppe nach amerikanischer Art mit Verbindungen zu Hillsong, Mercy Ministries, führte 2008 Berichten zufolge Exorzismen an jugendlichen Mädchen durch, die unter psychischen Problemen litten oder zugaben, gleichgeschlechtliche Beziehungen zu haben (Zwartz 2008). Die jungen Frauen werden für sechsmonatige Programme aufgenommen und ihre Centrelink-Zahlungen (Sozialhilfe) werden direkt an die Organisation überwiesen. Die Nähe von Politikern und Regierungen zu Kirchen, die diese schädlichen Ideen über Frauen und Mädchen, Lesben und Schwule verbreiten und praktizieren, ist besorgniserregend, aber die Regierungen gehen derzeit weiter, als nur zu versuchen, die Kirchen zu umgarnen und Wählerstimmen zu gewinnen, indem sie versuchen, durch „Glaubensgemeinschaften“ an der Regierungsarbeit teilzunehmen. Im Jahr 2010 übernahm Julia Gillard als erste Frau das Amt des australischen Premierministers und gab auf die Frage „Glauben Sie an Gott?“ bekannt, dass sie „kein religiöser Mensch“ sei, was zu Spekulationen darüber geführt hat, ob die australische christliche Lobby weniger Einfluss auf ihre Regierung haben wird als auf frühere Regierungen (Wright 2010).

Regieren durch ‘Glaubensgemeinschaften’

Die diskriminierenden Ideen und Praktiken von Religionen sollten darauf hinweisen, dass sie ungeeignete Partner für Regierungen sind, die behaupten, sich für die Chancengleichheit von Frauen einzusetzen. Doch die Regierungen Australiens und des Vereinigten Königreichs, Länder, in denen in den 1980er Jahren Fortschritte bei der Gleichstellung von Frauen erzielt wurden, haben sich im letzten Jahrzehnt mit diesen diskriminierenden Organisationen verbündet. In beiden Ländern verdankt der Prozess der Desäkularisierung seine ideologischen Ursprünge der Begeisterung für den Kommunitarismus und den Ideen der Theoretiker des sozialen Kapitals. Robert Putnam, US-amerikanischer Theoretiker des sozialen Kapitals, erklärt: „Glaubensgemeinschaften, in denen Menschen gemeinsam Gottesdienst feiern, sind wohl der wichtigste Hort des sozialen Kapitals in Amerika“ (Putnam 2000, 66). Die Ideen des sozialen Kapitals sind ein Ableger des Kommunitarismus, und diese Ideologie wurde von politischen Theoretikern als Ausdruck eines konservativen und elitären Idealismus kritisiert. Es ignoriert alle anderen Variablen, die zum sozialen Zusammenbruch führen können, insbesondere die Ungleichheit zwischen den Klassen (Daly und Silver 2008). Das Konzept wurde mit besonderem Enthusiasmus in Ländern aufgegriffen, die zu den vier Ländern mit der größten Ungleichheit in der entwickelten Welt gehören, wie die USA, das Vereinigte Königreich und Australien (Wilkinson und Pickett 2009). Dies deutet darauf hin, dass die Regierungen auf den „Glauben" zurückgegriffen haben, um die durch das Marktversagen verursachte soziale Not billig zu bekämpfen, einschließlich der Entfremdung arbeitsloser Jugendlicher aus ethnischen Minderheiten, ohne ihr Engagement für eine marktorientierte, minimalstaatliche Regierungspolitik zu ändern. Mary Daly und Hilary Silver argumentieren beispielsweise, dass die enthusiastische Übernahme von Ideen des sozialen Kapitals vor allem auf die Ideologie der „Entpriorisierung der Rolle des Staates" zurückzuführen ist (Daly und Silver 2008, 552). Wie sie erklären, „kann soziales Kapital eine Begründung dafür liefern, dass der Staat sich aus armen Gemeinschaften zurückzieht und die Problemlösung der Zivilgesellschaft oder individuellen Maßnahmen überlässt" (Daly und Silver 2008, 553). Die Idee des „sozialen Kapitals" impliziert, „dass eine Umverteilung unnötig ist, da die Armen sich einfach zusammenschließen und ihre sozialen Ressourcen in wirtschaftliche Werte umwandeln sollten" (Daly und Silver 2008, 554).

Feministische politische Theoretikerinnen haben auf schwerwiegende Probleme mit der rosigen Sichtweise von „Gemeinschaft" hingewiesen, welche den kommunitaristischen und den Ideen des sozialen Kapitals zugrunde liegt. Ein großes Manko ist, dass sie dazu dienen kann, männliche Macht zu verfestigen (Fraser und Lacey 1993). „Gemeinschaften" waren in der Regel männlich dominiert, und die Rückbesinnung auf eine altmodische Idealform wird dazu führen, dass die männliche Herrschaft auf eine solidere Grundlage gestellt wird. Eine weitere Schwierigkeit besteht darin, dass die Regierungen, wenn sie beschließen, die Gemeinschaften zu „konsultieren", ungewählte lokale Repräsentanten auswählen, die im Allgemeinen männlich sind und die Werte des traditionellen Modells vertreten. Es ist sehr unwahrscheinlich, dass es sich dabei um Frauen, Lesben und Schwule oder Apostaten handelt. Eine Studie über die Hindernisse, die einer wirksamen Beratung der südasiatischen „Gemeinschaft" in Bradford ‚Vereinigtes Königreich, im Wege stehen, ergab zum Beispiel, dass die „Minderheiten innerhalb der Minderheiten" bei Outreachprogrammen, die auf der Identifizierung von Vertretern bestimmter Gemeinschaften basieren, nicht gut abschnitten (Blakey et al. 2006). Schwule Männer fühlten sich von solchen Maßnahmen ausgeschlossen, und Lesben erlebten ein viel komplexeres Ausmaß an Ausgrenzung. Lesben fühlten sich in der für homosexuelle Asiaten eingerichteten Selbsthilfegruppe unwohl, da diese von Männern dominiert wurde. Ihre Probleme waren sehr ernst, wie z. B. die Frage, wie man arrangierte Ehen vermeiden kann, ohne schwere Gewalt zu erleiden, und sie brauchten separate Räume, in denen sie darüber diskutieren konnten. Lesben und Schwule erlebten sowohl innerhalb als auch außerhalb ihrer südasiatischen Gemeinschaft Diskriminierung und Gewalt aufgrund ihrer Homosexualität. Frauen als Minderheit innerhalb dieser Gemeinschaft werden in dem Bericht nicht behandelt, was offenbar darauf zurückzuführen ist, dass der Forscher, der dieses Thema behandelt hat, das Projekt verlassen hat. Es scheint jedoch möglich, dass Frauen Schwierigkeiten hatten, mit ihren Anliegen ernst genommen zu werden, vor allem, wenn die Männer von einigen Frauen nicht erwarten, dass sie sich überhaupt in der Öffentlichkeit zeigen, da sie sich an das Gebot der Sittsamkeit halten müssen. Das Problem der häuslichen Abgeschiedenheit von Frauen ist ein Problem, das jede Politik der Konsultation und des Engagements mit „Glaubensgemeinschaften" zutiefst in Frage stellt, in denen einige männliche Mitglieder diese schädliche kulturelle Praxis den Frauen aufzwingen.

Trotz dieser Unzulänglichkeiten ist die Rede von „Gemeinschaften" und die Idee, staatliche Maßnahmen durch „Gemeinschaften" durchzuführen, als ein positiver Weg nach vorne, in der politischen Diskussion dominant geworden. Sie sind besonders in der Sprache des Multikulturalismus in den Vordergrund getreten, um sich auf „Glaubensgemeinschaften" oder „ethnische Gemeinschaften" zu beziehen. So schreibt Bikhu Parekh, Autor des einflussreichen Berichts „The Future of Multi-ethnic Britain": Großbritannien muss zweifellos „One Nation" sein - aber verstanden als eine Gemeinschaft von Gemeinschaften und eine Gemeinschaft von Bürgern, nicht als ein Ort der unterdrückenden Uniformität auf der Grundlage einer einzigen substantiellen Kultur" (Parekh 2000, 56). Leider werden Frauen in der Regel nicht als eigenständige Gemeinschaft betrachtet, sondern sind die untergeordnete Klasse in den anerkannten Gemeinschaften. Sie haben keine Repräsentation. Eine Version des Multikulturalismus, die sich auf Gemeinschaften stützt, kann das von Amartya Sen (2006) in Identity and Violence gut beschriebene Problem mit sich bringen, dass Menschen gezwungen werden, sich in eine Identitätskategorie einzugliedern und alle anderen Identitäten zu unterdrücken, zu denen sie vielleicht zählen, wie z. B. Frauen zu sein, homosexuell zu sein, Bengali zu sein, Dichter zu sein. Sen empfiehlt, zu akzeptieren, dass Menschen eine Vielzahl von Identitäten besitzen, als einen Weg nach vorn. Der Runnymede Trust stellte fest, dass sich die Regierung zwar angeblich des Problems der Repräsentation dieser „Gemeinschaften" bewusst ist, dass sie aber „weiterhin bestimmte Führungspersönlichkeiten identifiziert, selbst wenn andere Mitglieder einer bestimmten „Gemeinschaft" die Fähigkeit dieser Führungspersönlichkeit, sie zu vertreten, ablehnen" (Runnymede Trust 2007, 22). Ähnliche Probleme, wie z. B. der Zugang zu und die Einbeziehung von Frauen aus Gemeinschaften, die das Gebot der Sittsamkeit anwenden, belasten auch den interreligiösen Dialog.

Interreligiöser Dialog?

Ein weiterer Aspekt der Desäkularisierung und der Vorstellung, dass „Glaubensgemeinschaften" eine Lösung für soziale Probleme bieten können, ist die Einrichtung von „interreligiösen" Gruppen durch die Regierungen. Sowohl im Vereinigten Königreich als auch in Australien haben die Regierungen in den letzten Jahren gezielte Anstrengungen unternommen, um den „interreligiösen Dialog" zu fördern. Beträchtliche finanzielle Mittel sowie Druck von Seiten der Regierung wurden zu diesem Zweck verwendet. In einem Bericht aus dem Jahr 2007 erläuterte Hazel Blears, Staatssekretärin für Gemeinden und Kommunalverwaltung im Vereinigten Königreich, den Gedanken hinter der Förderung des interreligiösen Dialogs. Die Zunahme des „aktiven Glaubens" habe dazu geführt, „dass Glaubensgemeinschaften ihre Werte und Lehren in die Praxis umsetzen, um die breitere Gesellschaft zu bereichern und ihr zu nützen" (Communities and Local Government 2007, 5). Die Förderung des interreligiösen Dialogs erfolgte auf Betreiben von Premierminister Tony Blair, der „einen stärkeren interreligiösen Dialog, bei dem die Menschen die Gemeinsamkeiten verschiedener Religionen und Gemeinschaften im Vereinigten Königreich entdecken, und die Einrichtung lokaler interreligiöser Räte in jeder Gemeinde" sehen wollte (Communities and Local Government 2007, 6). Das zugrundeliegende Motiv war „Resilienz gegenüber Extremismus in all seinen Formen", was sich wahrscheinlich auf Formen der Gewalt bezieht, die mutmaßlich auf extremem Islamismus beruhen (Communities and Local Government 2007, 6). Der Bericht zeigt Bewusstsein dafür, dass interreligiöse Aktivitäten für Frauen besondere Schwierigkeiten der Ausgrenzung mit sich bringen, und enthält einen Abschnitt über die „Herausforderungen und Hindernisse", denen Frauen gegenüberstehen. Diese ergeben sich aus der Tatsache, dass diejenigen, die zum „Dialog" zusammenkommen, in der Regel die männlichen Führer der Religionen sind, aber es gibt auch andere Probleme wie die männliche Dominanz in den Diskussionen und die Tatsache, dass viele Frauen sich mit der Formalität der Diskussionen und damit unwohl fühlen, in einem Raum mit Männern zu sein oder in einem, der von ihnen dominiert wird (Mubarak 2006). Die Förderung des interreligiösen Dialogs ist ein Problem für die sexuelle Gleichberechtigung, da sie wahrscheinlich diejenigen ausschließt, die von männlichen Gemeindeleitern nicht anerkannt werden, darunter Frauen sowie Lesben und Schwule, die sich möglicherweise nicht sicher fühlen, wenn sie sprechen, aber es gibt noch andere Gründe, warum solche Treffen nicht zu „sozialem Zusammenhalt" führen.

Besorgte feministische Kritikerinnen in Australien haben mehrere Probleme allgemeiner Art in Bezug auf den interreligiösen Dialog aufgezeigt, nicht nur solche, die sich auf die sexuelle Gleichberechtigung beziehen, im Hinblick auf den interreligiösen Vorstoß der Regierungen.

Die Förderung des „interreligiösen Dialogs“ hat sowohl in Australien als auch im Vereinigten Königreich stattgefunden und wurde von einer feministischen Kritikerin als ein „aufsteigendes Phänomen innerhalb und zwischen multikulturellen Gemeinschaften“ bezeichnet (Bloch 2009, 181). Die australische Regierung hat seit 2002 Millionen von Dollar für interreligiöse Aktivitäten ausgegeben. Ein großes Problem besteht darin, dass „interreligiöse Dialoginitiativen“ dazu beitragen, „dass der multikulturelle Diskurs in einen religiösen Diskurs umschlägt, wobei „Kultur“ und „Religion“ miteinander vermengt werden“ (Bloch 2009, 181). Wie Bronwyn Winter es im australischen Kontext ausdrückt, wird versucht, „Religion als die neue 'Ethnie 'zu kultivieren“ (Winter 2009, 207). Barbara Bloch erklärt, dass der interreligiöse Dialog wahrscheinlich kein gutes Mittel ist, um den Terrorismus zu bekämpfen, über den die Regierungen seit 2001 so besorgt sind, weil die Extremisten und Rechten höchstwahrscheinlich nicht an interreligiösen Aktivitäten teilnehmen werden (Bloch 2009). Sie argumentiert, dass die von Regierungen, die sich einer interreligiösen Agenda verschrieben haben, geförderte Idee, dass die Menschen nur etwas über die Religionen der anderen lernen müssen, um tolerante Bürger zu werden, wahrscheinlich nicht vor der Zunahme von Gewalt schützen wird. Die Förderung des interreligiösen Dialogs stellt eine Ablenkung von der direkten Auseinandersetzung mit dem Rassismus dar und ist in der Tat ziemlich hilflos gegen diesen. Es marginalisiert auch diejenigen, die keiner Religion angehören und nicht zur Teilnahme eingeladen werden, während die öffentliche Rolle der Religion gestärkt wird, was zu einer Entfremdung derjenigen führt, die dieser Missionierung feindlich oder gleichgültig gegenüberstehen. Winter macht ähnliche Aussagen zum interreligiösen Dialog in Australien (Winter 2009). Sie erklärt, dass der „interreligiöse Dialog“ als neuer Ausdruck einer multikulturellen Gesellschaft vorangetrieben wurde, so dass die Diskussion über Rassismus verdrängt wurde. Darüber hinaus beruht die Formulierung des „interkulturellen Dialogs“ in religiösen Begriffen „auf der Annahme, dass jeder Mensch religiös ist, dass jeder Mensch auf die gleiche Weise religiös ist und dass es klare Verbindungen zwischen Religion und Kultur gibt“ (Winter 2009, 205).

Sobald Regierungen damit beginnen, Bürger zu solchen Zwecken nach ihrem Glauben zu kategorisieren, verstricken sie sich in ein verwickeltes Netz. Auch der „Atheismus“ muss zu einem Glauben gemacht werden, um eine faire Repräsentation zu zeigen. In einem Bericht der britischen Home Office Faith Communities Unit aus dem Jahr 2004 mit dem Titel „Working Together“ wird erklärt, dass die Konsultation von „Glaubensgemeinschaften“ „in den meisten Fällen“ dazu führt, „die Qualität der öffentlichen Politik und Dienstleistungen für alle zu verbessern“ (Home Office 2004, 81). Dies suggeriert, dass die britische Öffentlichkeit im Allgemeinen durch Glaubensrichtungen gut repräsentiert werden kann, auch wenn die meisten wahrscheinlich wenig oder gar keinen „Glauben“ haben. Für den Fall, dass sich die Nichtgläubigen übergangen fühlen, enthält der Bericht einen Abschnitt über „Menschen ohne religiöse Überzeugungen“ und weist darauf hin, dass die Ministerien bei der Konsultation von Glaubensgemeinschaften „Organisationen, die Menschen mit nicht-religiösen Überzeugungen vertreten, wie z. B. Humanisten und Säkularisten, in der Regel Gelegenheit zur Stellungnahme geben sollten“ (Home Office 2004, 81). Es ist unwahrscheinlich, dass sich viele ungläubige Bürger von einer humanistischen oder säkularistischen Organisation vertreten fühlen, und sie wissen möglicherweise nicht einmal, dass es solche Organisationen gibt. Es ist unwahrscheinlich, dass mutige ex-muslimische Apostaten, bei denen es sich häufig um Frauen und Feministinnen handelt, wie z. B. Maryam Namazie, in solchen Konsultationen erfasst werden (Rix 2008). Humanisten und Säkularisten könnten es ablehnen, zu einer Glaubensgruppe mit „Glaubensvorstellungen“ gemacht zu werden. In einem Fortschrittsbericht über das oben beschriebene Dokument „Working Together“ werden Humanisten ausdrücklich in eine Liste von „Religions-/Glaubensgemeinschaften“ aufgenommen, die „aktiv konsultiert“ wurden (Home Office 2005, 30).

Stadterneuerung

Gleichstellungsbedenken gibt es auch in Bezug auf eine andere Art und Weise, in der die Regierung im Vereinigten Königreich die Religion als Partner herangezogen hat, nämlich im Rahmen des Projekts der „Stadterneuerung“. Die Sorge um die Stadterneuerung wird durch die Befürchtung genährt, dass in Vierteln mit sozioökonomischen Problemen religiöser Extremismus und Terrorismus aufkommen könnten. Von der Regierung finanziert, wurden Glaubensorganisationen beauftragt, über die „Wirtschaft“ des Glaubens Bericht zu erstatten. So listen Berichte über die Glaubensökonomie im Nordwesten und in Wales alle Möglichkeiten auf, wie die Ressourcen der Kirchen zur Förderung der regionalen und städtischen Entwicklung genutzt werden könnten. Zu den Ressourcen gehört insbesondere die Arbeit von Freiwilligen, die als potenzielle Quelle für eine große Anzahl unbezahlter Arbeitskräfte für den Staat angesehen wird. In Wales beispielsweise, so der Bericht, erbringt der christliche Freiwilligensektor Dienstleistungen durch 42.000 Freiwillige, die das Äquivalent von 2.000 bezahlten Vollzeitkräften bilden (Gweini 2008). Über 600 Kirchen betreiben Gemeindezentren, und die Kirchen betreuen 1.600 denkmalgeschützte Gebäude. Eine Möglichkeit, Geld zu verdienen, die nun von den lokalen Regierungen finanziert wird, ist die Förderung des „Glaubenstourismus“, d. h. die Idee, dass „gläubige“ Menschen vielleicht Touren zu Kirchengebäuden unternehmen möchten. Tatsächlich werden viele Menschen auf ihren Reisen in Kirchen und anderen religiösen Gebäuden vorbeischauen, die sich überhaupt nicht für den Glauben interessieren, die aber ein Verständnis für Geschichte und Architektur haben. Sie sind vielleicht nicht bereit, sich plötzlich in „Glaubenstouristen" verwandeln zu lassen. Der wirtschaftliche Nutzen dieser christlichen religiösen Ressourcen für Wales wurde mit 102 Millionen Pfund beziffert. Die Folge dieser plötzlichen Bewertung der Kirchen in wirtschaftlicher Hinsicht ist, dass die lokalen Behörden nun angehalten sind, sie zu finanzieren, wenn sie Mittel für Entwicklungszwecke bereitstellen. Die Kirchen sagen, dass sie ungerechterweise diskriminiert wurden, weil sie nicht genügend Mittel von den lokalen Behörden erhielten. Das Problem, das sie und die Regierung in ihren Berichten ausmachen, ist der Widerstand der Kommunalbeamten gegen die Finanzierung von Religionen, und die vorgeschlagene Antwort lautet, dass diese Beamten über Glaubensrichtungen geschult werden sollten. Dies führt zu dem interessanten Schauspiel, dass entschlossen säkulare Beamte aus ihrem ethischen Verständnis für ihre Arbeit herausgerissen werden, um eine Glaubensagenda durchzusetzen (Communities and Local Government 2007). Wenn Kommunalverwaltungen versuchen, ihrer Verantwortung für die Finanzierung von „Glaubensrichtungen" gerecht zu werden, kann dies zu ernsthaften Problemen für die sexuelle Gleichstellung führen.

Eine Studie aus dem Jahr 2003 zum Thema „Faith" in Urban Regeneration ist insofern ungewöhnlich, als sie dem Problem des Konflikts zwischen religiösen Ideologien und Praktiken und den Finanzierungsprioritäten große Aufmerksamkeit widmet (Farnell et al. 2003). Im Rahmen der Studie wurden Fachleute für Stadterneuerung und Vertreter verschiedener Religionen in vier städtischen Zentren im Vereinigten Königreich interviewt - in Bradford, Coventry, dem London Borough of Newham und Sheffield. Der Bericht stellt fest: „Die Fachleute für Stadterneuerung arbeiten in einem Kontext von ideologischem Liberalismus und knappen materiellen Ressourcen, sind aber mit Forderungen ethnisch-religiöser Gemeinschaften nach einer „besonderen" Behandlung konfrontiert. Wie bringen sie diese mit den gesetzlichen Anforderungen in Bereichen wie Chancengleichheit und ethnische Beziehungen in Einklang?" (Farnell et al. 2003, 32). Die Forscher geben Beispiele für die Dilemmas, mit denen die Geldgeber konfrontiert sind. So kann es z. B. darum gehen, was zu tun ist, wenn ein asiatisches Projekt aktiv für „Zwangsheirat" wirbt, wenn ein christliches Projekt Schwule und Lesben von der Freiwilligenarbeit ausschließt oder wenn ein muslimisches „Bildungsprojekt" nur für Jungen gedacht ist. Eine weibliche Fachkraft für nationale Gemeindeentwicklung, die befragt wurde, erklärte: „Die Art und Weise, wie der Glaube funktioniert, steht im Widerspruch zu einem nationalen Konsens, beispielsweise in Bezug auf die Stellung der Frau ... Die Aktivität, die auf dem Glauben basiert, ist unserer Ansicht nach auch frauenfeindlich“ (Farnell et al. 2003, 34). Die Bemerkungen eines männlichen muslimischen Gemeindeentwicklungshelfers aus Bradford sind ein gutes Beispiel für die Konflikte, die zwischen der Haltung männlicher religiöser Autoritäten und den Rechten der Frauen entstehen können. Er bemerkte: „Our women choose to live in purdah “(Farnell et al. 2003, 34, im Engl. Original zitiert). Ein männlicher Gemeinderat/Moscheevorsteher aus Newham in London sagte: „Die Frauen gehen nicht aus, sondern wollen in diesen vier Wänden [zu Hause] bleiben“ (Farnell et al. 2003, 34). Fachleute aus dem Bereich der Stadterneuerung sind gezwungen, entweder ihre ethischen und politischen Verpflichtungen in Bezug auf die Gleichstellung zurückzustellen oder sich den Beschwerden religiöser Organisationen über Diskriminierung und Rassismus zu stellen. Diese Forschungsarbeit ist faszinierend, wegen der Einblicke, die sie in die potenzielle Untergrabung der sexuellen Gleichberechtigung durch die Beteiligung von „Glaubensgemeinschaften“ an der Stadterneuerung bietet, aber es muss noch viel mehr Forschung betrieben werden, um zu verstehen, was in diesem Prozess geschieht.

Erbringung von Dienstleistungen durch religiöse Organisationen

Es bestehen Gleichstellungsbedenken in Bezug auf die zunehmende Erbringung von Dienstleistungen durch religiöse Organisationen im Vereinigten Königreich und in Australien, eine Entwicklung, die mit der Privilegierung des Glaubens und der Übernahme von glaubensbasierten Ideen des sozialen Kapitals einhergeht. Diese staatliche Finanzierung religiöser Organisationen ist beträchtlich und hat geholfen, sie zu sehr einflussreichen Unternehmen zu machen. Die Regierungen unterstützen das wirtschaftliche Wachstum der Religionen durch steuerliche Vergünstigungen. Kirchen und ihre Unternehmen sind in der Regel von der Steuer befreit, die andere Unternehmen zahlen müssten, sie sind auf freiwillige Helfer angewiesen und können bei der Übernahme staatlicher Dienstleistungen günstigere Angebote machen. Dies wird besonders deutlich in einem Bericht über den wirtschaftlichen Einfluss der Religionen in Australien aus dem Jahr 2006, nachdem die Howard-Regierung eine beträchtliche Umverteilung der Wohlfahrtsdollar von staatlichen und nicht-religiösen Einrichtungen zu den Religionen vorgenommen hat. Adele Ferguson erklärt, dass, wenn die zehn größten religiösen Gruppen in Australien ein Unternehmen gründen würden, dieses zu den „größten und am schnellsten wachsenden des Landes“ gehören würde, da es im Jahr 2005 mehr als 23 Milliarden Dollar erwirtschaftete, was einem Anstieg von 8,2 Prozent gegenüber 2004 entspricht, Spenden nicht mitgerechnet, oder Hunderttausende von Mitarbeitern und dem „Verfügen über einen unübertroffenen politischen und sozialen Einfluss“ (Ferguson 2006, 42). Das Wachstum ist möglich, weil sie „einen immer größeren Anteil an staatlichen Konzessionen und Zuschüssen erhalten“ (Ferguson 2006, 42), weil sie steuerbefreit sind und außerhalb der Kontrolle der Aufsichtsbehörden agieren können.

Die Kirchen in Australien erhalten jährlich mehr als 10 Milliarden Dollar an staatlichen Zuschüssen zur Finanzierung kirchlicher Schulen, betreiben aber auch öffentliche Krankenhäuser sowie Altenpflegeheime und Behinderteneinrichtungen. Im Jahr 1996 gelang ihnen ein Coup mit einer kräftigen Finanzspritze, als die Regierung ihre Arbeitsvermittlung privatisierte und einen Großteil dieser Gelder an die Kirchen weiterleitete. Sie erhielten auch Regierungsaufträge für die Beratung von Eltern, die sich in Sorgerechtsstreitigkeiten befinden, ein besonders kontroverses Thema, da die Kirchen tendenziell dafür sind, Familien zusammenzuhalten, und die Rechte der Frauen in dieser Hinsicht möglicherweise nicht bevorzugen. Sie erhalten sogar jährlich 20 Millionen Dollar für die Bereitstellung von Abtreibungsberatungsdiensten, die wahrscheinlich mit religiösen Botschaften durchsetzt sind, z.B., dass es wichtig ist, Abtreibungen zu vermeiden. Ein Ergebnis dieser Umverteilung ist, dass die Armen diejenigen sind, die am ehesten mit religiösen Organisationen in Kontakt kommen und religionisiert werden, ob sie es wollen oder nicht. Es sind die Armen und insbesondere die armen Frauen, die Wohnungen und Arbeitslosenhilfe benötigen. Die Kirchen, z. B. die katholische Kirche und die Heilsarmee, erhalten nun Aufträge für die Leitung von Fraueneinrichtungen wie Zufluchtsstätten vor häuslicher Gewalt und für obdachlose Mädchen im Teenageralter, die zuvor von feministisch inspirierten Frauenorganisationen betrieben wurden. Diesen kirchlich geführten Einrichtungen steht es frei, die Ideologie und Ausrichtung der Dienste zu ändern, Männer zu beschäftigen, die Obdachlosigkeit von Jungen zu priorisieren oder die Einrichtungen gemischt zu machen, was negative Auswirkungen auf die Frauen und Mädchen haben könnte, die Sicherheit und Unterstützung benötigen. Krankenhäuser, die von der katholischen Kirche betrieben werden, führen, wie Ferguson betont, keine Vasektomien, Tubenligaturen oder Abtreibungen durch, obwohl dies in anderen öffentlichen Krankenhäusern Routine ist (Ferguson 2006). In vielen Gegenden gibt es keine alternativen Anbieter, so dass Frauen einfach den Zugang zur Kontrolle ihrer Fruchtbarkeit verlieren, was gravierende Auswirkungen auf ihr Leben hat.

Wenn religiöse Organisationen für Dienste verantwortlich sind, die für Frauen, insbesondere für arme Frauen, lebenswichtig sind, können sie von diskriminierenden Vorstellungen über Frauen und Sexualität beeinflusst werden und in ihrer Beschäftigungspraxis diejenigen ausschließen oder abweisen, die lesbisch sind, mit außerehelichen Partnern zusammenleben oder die Gebote der Kirche nicht angemessen respektieren. Diese Probleme verstärken sich noch im Zusammenhang mit vom Staat finanzierten „Konfessionsschulen“, in denen den Kindern solche schädlichen Ideen aufgezwungen werden können.

Konfessionsschulen

Im Vereinigten Königreich und in Australien hat die Regierungspolitik zur Förderung des „Glaubens“ zu einer beträchtlichen Erhöhung der Mittel für „Konfessionsschulen“ geführt. Es gibt kaum Diskussionen über die Auswirkungen auf Mädchen oder auf lesbische und schwule Schüler (Hanman 2006). Die Argumentation hinter dieser Förderung religiöser Schulen ist, dass sie die Bildungsleistung verbessern, den Eltern Wahlmöglichkeiten bieten und auch „Werteerziehung“ vermitteln. Ungeachtet der Tatsache, dass die Werte der Organisationen, die sie betreiben, unter anderem besagen, dass Frauen nicht dazu geeignet sind, Priester zu werden, dass sie keinen Sex außerhalb der Ehe haben sollten, dass sie nicht lesbisch sein sollten, dass sie ihre Ausbildung nicht beenden sollten und in einigen Fällen, dass sie ihren Ehemännern gehorsam sein sollten. Die Einbeziehung von „Glaubensrichtungen“ in die Erziehung ist im Vereinigten Königreich weiter fortgeschritten als in Australien. Als die Regierung Blair ihr Amt antrat, bestand ein Teil des staatlichen Bildungsangebots aus Schulen, die von religiösen Organisationen betrieben wurden, der anglikanischen Kirche und der römisch-katholischen Kirche. Die Politik der New-Labour-Regierung bestand darin, neue staatlich unterstützte „Konfessionsschulen“ zu gründen oder bestehende unabhängige „Konfessionsschulen“ zu ermutigen, in das staatliche System einzutreten, und eine größere Vielfalt von „Glaubensrichtungen“ in das staatliche Bildungsangebot aufzunehmen. Gegenwärtig machen die 6.900 ‚Konfessions’-schulen ein Drittel der staatlichen Schulen aus, zumeist im Primarbereich, und werden von christlichen, jüdischen, muslimischen, hinduistischen und adventistischen Organisationen betrieben. Die Kirche von England hat 4.657, die katholische Kirche 2.053 Schulen und es gibt 36 jüdische, acht muslimische, zwei Sikh-, eine Hindu- und 82 andere christliche Schulen (Berkeley 2008).

Die Politik der Konfessionsschulen hat im Vereinigten Königreich beträchtlichen Widerstand aus unterschiedlichen Richtungen hervorgerufen, darunter die National Secular Society, die British Humanist Foundation und Schools Out, die lesbische und schwule Schüler vertritt. Einige Kritiker haben die Wurzeln dieser Politik auf den Willen zurückgeführt, das Bildungssystem heimlich zu privatisieren (Berkeley 2008). Andere haben argumentiert, dass Konfessionsschulen eine soziale Spaltung herbeiführen. Sen hebt die Einrichtung von Konfessionsschulen als eines der Probleme hervor, die sich aus der

Konzeption des Multikulturalismus durch die britische Regierung als „eine erdachte nationale Föderation von religiösen Ethnien" ergeben (Sen 2006, 165). Diese Konzentration auf die Kategorisierung von Menschen nach ihrer Religion „miniaturisiert" die Menschen und verhindert die Erkenntnis, dass Menschen eine Ansammlung von Identitäten sind und dass Identitäten nicht nur sozial konstruiert, sondern auch „gewählt" sind. Konfessionsschulen haben dann den Effekt, dass „junge Kinder mit Macht in den Bereich singulärer Identitäten gestellt werden, lange bevor sie die Fähigkeit haben, über verschiedene Identitätssysteme nachzudenken, die um ihre Aufmerksamkeit konkurrieren könnten" (Sen 2006, 13).

Die Politik der Konfessionsschulen wurde kontroverser, als sich nach den schweren Ausschreitungen in nordbritischen Städten im Jahr 2001 und später nach dem Massaker vom 11. September in New York die Überzeugung durchsetzte, dass das, was als „Zusammenhalt" der Gemeinschaft bezeichnet wird, ein wichtiges Ziel ist, um solche Ereignisse zu verhindern. Die Weisheit der Schaffung einer getrennten Entwicklung von Menschen verschiedener „Glaubensrichtungen" wurde in Frage gestellt, und die Möglichkeit, dass die Schulen eher zu einer Spaltung führen könnten, war die Hauptsorge der Kritiker. Der Runnymede Trust, eine Organisation, die sich gegen Rassismus und für multikulturelle Harmonie im Vereinigten Königreich einsetzt, erstellte einen Bericht über die Art und Weise, wie Konfessionsschulen Gleichheit und Zusammenhalt fördern, mit dem Titel „Right to Divide?", der sich auf dieses Problem bezieht (Berkeley 2008). Im Jahr 2007 verpflichtete die Regierung die staatlichen Schulen, einschließlich der Konfessionsschulen, zur Förderung des „Zusammenhalts". Der Bericht kommt zu dem Schluss, dass es unwahrscheinlich ist, dass die Schulen in diesem Bereich erfolgreich sein werden, da die Glaubensorganisationen „nicht willens oder nicht in der Lage sind, den Charakter ihrer Schulen wesentlich zu verändern, und nicht viel mehr anbieten, als an den Rändern ihres Angebots herumzubasteln, um Themen von nationalem Interesse anzugehen - namentlich den gesellschaftlichen Zusammenhalt" (Berkeley 2008, 6). Die Politik der Regierung in Bezug auf Konfessionsschulen steht im Widerspruch zu den Ansichten der britischen Öffentlichkeit. Eine vom Observer im Jahr 2001 durchgeführte Umfrage ergab, dass nur 11 Prozent der Befragten für mehr Konfessionsschulen sind. Eine ICM-Umfrage aus dem Jahr 2005 ergab, dass 64 Prozent der Befragten der Meinung waren, dass „die Regierung keine Konfessionsschulen irgendeiner Art finanzieren sollte" (Berkeley 2008, 18).

Die Art und Weise, wie sich die Politik der Konfessionsschulen auf die Bildung von Mädchen auswirkt, ist nicht untersucht worden, obwohl eindeutig ein Potenzial für Diskriminierung besteht, wenn Organisationen, die Ideen vertreten, die der Gleichheit der Frauen feindlich gegenüberstehen, solche Aufgaben übertragen werden. Der Lehrplan und die Praktiken von Konfessionsschulen in Bezug auf Gender und Sexualität müssen untersucht werden, um festzustellen, ob den Schülern feindselige Vorstellungen von sexueller Gleichberechtigung vermittelt werden. Es gibt Hinweise darauf, dass staatliche islamische Schulen diskriminierende Praktiken anwenden; die Journalistin Christina Odone berichtet, dass eine solche Schule in Leicester, in der Jungen und Mädchen in getrennten Flügeln untergebracht sind, dafür gesorgt hat, dass sie das Gebäude zu unterschiedlichen Zeiten betreten und verlassen, damit sie sich nicht begegnen (Odone 2008). Es besteht ein gewisser Anlass zur Besorgnis darüber, was sich in den Schulen entwickeln könnte, und zwar in den vom Muslim Council of Britain (MCB) erstellten Leitlinien, die ein Bekenntnis zur Diskriminierung enthalten. Der MCB ist ein Dachverband, der 500 Organisationen vertritt, der von der britischen Regierung konsultiert wird und von ihr Hunderttausende von Pfund an Fördermitteln erhalten hat, darunter im Jahr 2006 300.000 Pfund, „um das Bewusstsein für die Rolle zu schärfen, die Glaubensgemeinschaften bei der Verringerung der weltweiten Armut spielen können", und um „Lehrmaterial für muslimische Schulen und Madresas zu erstellen" (Department for International Development 2006). Die Leitlinien tragen den Titel Meeting the Needs of Muslim Pupils in State Schools (Muslim Council of Britain 2007). In dieser Veröffentlichung werden Forderungen an staatliche Schulen im Allgemeinen gestellt, und es ist nicht unvernünftig anzunehmen, dass sie in islamischen staatlichen Schulen bereits bis zu einem gewissen Grad erfüllt werden. Als Reaktion auf die Medienkritik an der Umsetzung von Aspekten der Leitlinien in Stoke-on-Trent im Jahr 2010 erklärt der MCB, wie wichtig er die Leitlinien erachtet: „Viele Tausende von Schulen und Bildungsbehörden haben sie verwendet" (Muslim Council of Britain 2010).

Zu den Forderungen des MCB gehören viele, die sich auf Segregation und Sittsamkeit beziehen. Nicht nur sollen sich Jungen und Mädchen sittsam kleiden dürfen, z. B. Trainingsanzüge beim Sport tragen und Mädchen alle Körperteile außer dem Gesicht und den Händen stets bedecken, sondern sie sollen auch geschlechtergetrennten Schwimmunterricht und Umkleideräume in Primar- und Sekundarschulen haben. Es sollte nicht erwartet werden, dass sie vor anderen Mitgliedern des gleichen Geschlechts nackt sind, daher sollten individuelle Umkleide- und Duschräume zur Verfügung gestellt werden, und sie sollten nicht die Gemeinschaftsumkleideräume in den Schwimmbädern benutzen müssen, weil einige Mitglieder der Öffentlichkeit, die vermutlich das gleiche Geschlecht wie die Kinder haben, dort nackt sein könnten. Tanzen ist unislamisch, und die Kinder sollten die Möglichkeit haben, sich vom Tanzunterricht zu entschuldigen, da Tanzen lasziv ist und sexuelle Bewegungen beinhaltet. Die Sexualerziehung sollte die islamische Moral in Bezug auf Themen wie „sexuelles Verhalten und Benehmen, Abtreibung, Verhütung, sexuelle Orientierung, Hygiene, Zwangsehen, Drogen, Kindesmissbrauch und Beziehungen zwischen Männern und Frauen" enthalten (Muslim Council of Britain 2007, 48) umfassen. Insbesondere verbietet die islamische Moral feste Freunde/Freundinnen, Homosexualität ist nicht akzeptabel und Sex sollte nur in der Ehe stattfinden. Explizite Bilder, die „private Organe" zeigen, und explizite Diskussionen sollten im Unterricht nicht vorkommen (Muslim Council of Britain 2007, 48). Der Sexualkundeunterricht sollte nicht während des Fastenmonats Ramadan stattfinden, da zu dieser Zeit keine sexuellen Gedanken erlaubt sind. Im Jahr 2009 verkündete die Regierung, dass Konfessionsschulen Sexualkunde entsprechend ihrem Glauben unterrichten dürfen, auch in Bezug auf Themen wie Verhütung, Abtreibung und Homosexualität (Bloom 2009). Vorschriften wie die des MCB könnten sich also weiterverbreiten.

Es gibt weitere Informationen über die Probleme, mit denen lesbische und schwule Schüler in staatlichen Schulen konfrontiert sein können. Die antihomosexuelle Sexualkunde ist ein besonderer Grund zur Besorgnis, da sie wahrscheinlich mit dem Mobbing und der Gewalt zusammenhängt, unter denen lesbische und schwule Schüler leiden. Christliche und muslimische Lehren, dass Homosexualität eine Sünde, schmutzig und verachtenswert ist, können mit den Misshandlungen und Morden an Lesben und Schwulen zusammenhängen (Macey und Beckett 2001). In einem Bericht der angesehenen Lesben- und Schwulenrechtsorganisation Stonewall aus dem Jahr 2007 wurde festgestellt, dass 65 % der Schüler an britischen Schulen im Allgemeinen von homophobem Mobbing berichten, aber 75 % der Schüler, die Konfessionsschulen besuchen (Stonewall 2007). Lesbische und schwule Schüler, die Konfessionsschulen besuchten, erzählten deutlich seltener von homophobem Mobbing als Schüler, die keine Konfessionsschulen besuchten (23 % gegenüber 58 %), und nur 4 % der homosexuellen Schüler fühlten sich in der Lage, ihren örtlichen religiösen Führern von Mobbing zu berichten (Stonewall 2007, 8). Von Konfessionsschulen, die von religiösen Organisationen betrieben werden, die die Unterordnung der Frau verkünden und Homosexualität als Sünde bezeichnen, kann nicht in gutem Glauben erwartet werden, dass sie eine Menschenrechtsagenda fördern, wie es von einer nicht religiösen Schule verlangt werden kann.

In Australien wurden die Mittel für religiöse Schulen, die nicht Teil des staatlichen Systems sind, unter der Howard-Regierung erheblich aufgestockt, und zwar im Rahmen dessen, was Bloch als eine „Zunahme der öffentlichen Förderung von Religionen in Australien im letzten Jahrzehnt“ beschreibt (Bloch 2009, 182). Dies spiegelt sich in der Zunahme der Schülerzahlen an privaten religiösen Schulen wider, die auf eine großzügige staatliche Finanzierung angewiesen sind. Am deutlichsten ist dieses Wachstum im Bereich der neuen evangelikalen protestantischen Denominationen und weniger bei den traditionelleren religiösen Schulen, die der katholischen, anglikanischen und der Uniting Church (einer nonkonformistischen Allianz) angehören, wobei mehr als 40 Prozent der 200.000 nichtstaatlichen Schüler Konfessionsschulen außerhalb der traditionellen Religionen besuchen. Die steigende Schülerzahl an evangelikalen Schulen, die großzügig vom Staat finanziert werden, ist angesichts der Werte, die diese Religionen fördern, problematisch. Im Bundesstaat New South Wales bietet die Pfingstkirche Hillsong ein Programm für Schulen an, das eine starre Gender-Stereotypisierung für Mädchen schafft (Bibby 2008). Das Programm heißt „Shine“, und den Mädchen wird beigebracht, sich zu schminken, die Haare und Nägel zu machen und mit Büchern auf dem Kopf zu laufen. Es wird in mindestens 20 staatlichen Schulen, zahlreichen kleinen Gemeindeorganisationen und im Justizsystem für junge Menschen durchgeführt. Hillsong beschreibt es als einen „praktischen, fürs Leben rüstenden, auf Werten basierenden Kurs“. Pfingstkirchen und andere religiöse Organisationen wie die Exclusive Brethren, ein Ableger der Plymouth Brethren, setzen sich für die Förderung von Ideen und Praktiken ein, die den Rechten von Frauen, Lesben und Schwulen feindselig gegenüberstehen (Bachelard 2008). Die staatliche Finanzierung solcher Organisationen steht in direktem Widerspruch zu der jahrzehntelangen Arbeit von Feministinnen und Lesben- und Schwulenaktivistinnen zur Verbesserung der Chancengleichheit und der Menschenrechte durch das Bildungssystem.

Schlussfolgerung

Dieser Artikel legt nahe, dass die Politik der Desäkularisierung, die von den Regierungen im Vereinigten Königreich und in Australien implementiert wurde, negative Auswirkungen auf die sexuelle Gleichstellung haben kann. Der Mangel an Forschung zu diesem Thema ist ein Problem für die Beurteilung seiner Schwere, und zum jetzigen Zeitpunkt ist es nur möglich, die Probleme, die entstehen könnten, vorsichtig zu umreißen. Religiöse Organisationen, die von den Regierungen konsultiert werden und an die sie öffentliche Aufträge vergeben, können in Bezug auf ihre Beschäftigungspraktiken und Ideologien gegen die Gleichstellung von Frauen sein. Die Konsultation von Glaubensgemeinschaften ist mit Schwierigkeiten behaftet, denn es ist unwahrscheinlich, dass Frauen konsultiert werden, und in einigen Fällen ist es den Frauen nicht möglich, ihre Häuser zu verlassen oder in gemischte Gesellschaft zu gehen. Es gibt Hinweise darauf, dass die Finanzierung von Glaubensgemeinschaften zum Zweck der Stadterneuerung Fachleute mit guten Absichten in Bezug auf die Gleichstellung gegen Organisationen ausspielt, für die Diskriminierung ein Glaubensgrundsatz ist. Konfessionsschulen sind unter dem Gesichtspunkt der sexuellen Gleichberechtigung der problematischste Aspekt der Desäkularisierung, da einige der religiösen Organisationen, die staatliche Mittel erhalten, sich für Segregation und Sittsamkeitsregeln, für schädliche Vorstellungen über die Bedeutung der Jungfräulichkeit, gegen Verhütung und Abtreibung und gegen Homosexualität einsetzen. Diese Formen der Desäkularisierung stehen in direktem Konflikt mit den beträchtlichen Fortschritten, die in den letzten Jahrzehnten auf dem Weg zur sexuellen Gleichberechtigung im öffentlichen Raum erzielt wurden. Bedauerlicherweise wird den Auswirkungen dieser Politik auf Mädchen und Frauen in Regierungsdokumenten und Forschungsberichten nur wenig Aufmerksamkeit geschenkt. Forschung zu diesem Thema wird dringend benötigt und könnte vernünftigerweise mit dem wichtigen Anliegen beginnen, wie die Gleichstellung von Mädchen durch den Lehrplan und die Praktiken in Konfessionsschulen beeinflusst wird.

Die Erotik der (Un-)Gleichheit

(vorgetragen auf der Konferenz "Man wird nicht als Frau geboren" anlässlich des 50. Jahrestages von Simone de Beauvoirs "Das andere Geschlecht", organisiert vom Frauenmediaturm in Köln, 22. bis 24. Oktober 1999).

Zusammenfassung: In diesem Beitrag werde ich argumentieren, dass ein massives Hindernis für die Gleichberechtigung der Frau in der Art und Weise liegt, wie Sex unter männlicher Vorherrschaft aus der Erotisierung der Unterordnung der Frau und der männlichen Dominanz konstruiert wird. Ich werde untersuchen, wie die Erotik der Ungleichheit von Sexologen, den "Wissenschaftlern" des Sex, und der Sexindustrie, die sie als ihr Vorbild nehmen, konstruiert wird. Ich werde zeigen, wie diese Erotik der Ungleichheit in der queeren und postmodernen Theorie gefeiert und gerechtfertigt wird. Ich werde darlegen, dass nur eine Sexualität der Gleichheit mit der Freiheit der Frauen vereinbar ist. Um dies zu erreichen, muss dem männlichen Verhalten in Bezug auf die Prostitution ein Ende gesetzt werden. Die Verhaltensweisen der männlichen Dominanz und der weiblichen Unterordnung, genannt Gender oder Maskulinität und Femininität, die gegenwärtig die Grundlage der Sexualität der Ungleichheit bilden, müssen durch das Verhalten der Gleichheit ersetzt werden.

Sex und männliche Dominanz

Sex könnte eine simple Quelle der Freude sein. Er hat nicht zwangsläufig etwas mit Gewalt und Herrschaft zu tun. Aber der Sex der männlichen Vorherrschaft wird aus der Unterordnung der Frauen und der männlichen Dominanz geschaffen. Sex ist nicht nur ein einfaches Vergnügen, sondern politisch konstruiert, um die männliche Dominanz aufrechtzuerhalten. Durch sexuelles Vergnügen können Männer, und leider auch Frauen, aus der Unterordnung der Frauen Erregung schöpfen. Der Unterschied, der im Sex der männlichen Vorherrschaft gefeiert wird, ist der Machtunterschied zwischen Männern und Frauen. Es ist der Machtunterschied, der erotisiert wird.

Der sexuelle Gebrauch von Frauen durch Männer ist entscheidend für ihre Vorstellung von sich selbst als männlich, durch Sex wird Männlichkeit geschaffen. Durch Sex wird der Unterschied zwischen Männern und Frauen physisch ausgelebt, aber viel wichtiger ist der Machtunterschied, der politisch ausgelebt wird. Beim Sex unter männlicher Vorherrschaft geht es nicht um biologische Unterschiede, sondern um

Machtunterschiede. Die Unterordnung der Frau und die Dominanz des Mannes werden als das erotisiert, was Sex im Moment ist. Das ist es, was der Pornographie und der Prostitution ihren grausamen Reiz verleiht und zu Vergewaltigungen und anderen Formen sexueller Gewalt gegen Frauen und Kinder führt.

Den Frauen im Westen wird gesagt, dass sie jetzt Gleichberechtigung, oder zumindest Chancengleichheit haben. Aber dass die Gleichheit nicht den Sex beeinflussen darf. Der Sex im Westen hat sich mit den Fortschritten der Frauen in Richtung Gleichberechtigung nicht verändert. Mit der riesigen legalisierten Sexindustrie, die auf der erotisierten Unterordnung von Frauen beruht, hat sich die sexualisierte Ungleichheit in den Volkswirtschaften der Länder überall auf der Welt immer mehr verfestigt und institutionalisiert. Sex, so argumentieren die Pornographen und Queer-Theoretiker, ist gerade und nur deshalb sexy, weil es dabei um die Erregung durch Machtunterschiede geht. Den Feministinnen, die sich gegen Pornografie und Prostitution einsetzen, wird vorgeworfen, den Spaß zu verderben und gegen Sex zu sein. Das zeigt, wie tief die Vorstellung verwurzelt ist, dass es keine gleichberechtigte Sexualität geben kann. Leider ist, so behaupte ich, solange das als Spaß, Sex und sogar Liebe angesehen wird, was aus der Erregung über die Ungleichheit der Frauen entsteht, keine wirkliche Gleichheit oder Freiheit für Frauen möglich. Wenn die Zukunft immer noch Prostitution und Sadomasochismus beinhaltet, dann beinhaltet sie nicht die Freiheit der Frauen.

Die Konstruktion der Erotik der Ungleichheit, Erotisierung der Hausfrau in der Nachkriegszeit

In diesem Jahrhundert haben sich die Frauen gegen den entfremdenden und demütigenden Sex der männlichen Dominanz und der weiblichen Unterordnung gewehrt. Dies taten sie unter anderem dadurch, dass sie versuchten, den Geschlechtsverkehr zu vermeiden oder einfach keinen Enthusiasmus für diese Praxis zeigten. Eine ganze Industrie der Sexologie wurde von männlichen Ärzten geschaffen, um das zu behandeln, was von den Sexualexperten in den 1920er Jahren als politischer Widerstand der Frauen diagnostiziert wurde. Ein großer Teil meiner Arbeit bestand in der Lektüre der Bücher der Sexologen, der Wissenschaftler des Sexes. Die Sexologen sind verantwortlich für die Konstruktion unseres Verständnisses davon was Sex ist, durch Sexualratgeber und Sexualtherapien. Zur Zeit von „Das zweite Geschlecht" waren die Ratschläge der europäischen Sexologen unverhohlen sexistisch. Die Sexualwissenschaftler vertraten die Ansicht, dass Frauen sexuelles Vergnügen suchen sollten, indem sie sich ihren Ehemännern ergeben.

Eustace Chesser populärer Sexologe der 40er und 50er Jahre schreibt, dass viele Mädchen es vielleicht:

> ...unmöglich finden, sich beim Geschlechtsakt völlig hinzugeben. Und die völlige Hingabe ist der einzige Weg, auf dem sie sich selbst und ihrem Mann das höchste Vergnügen bereiten kann. Unterwerfung ist nicht dasselbe wie Hingabe. Manch eine Frau unterwirft sich, behält aber tief in ihrem Inneren einen Bereich, der nicht besiegt ist und der sich der Unterwerfung in der Tat heftig widersetzt.

Die Frauen sollten nur vaginale Orgasmen haben, und die Männer erhielten strenge Anweisungen, um sicherzustellen, dass die Frauen während des Geschlechtsverkehrs nicht herumzappeln, um zu versuchen, die Klitoris zu stimulieren. Die Frauen erhielten strenge Anweisungen, wie sie sich vor und während des Geschlechtsverkehrs verhalten sollten. Sie sollten mit "freudiger Erwartung" an die Sache herangehen, offensichtlich taten viele dies nicht. Sie sollten während des Akts Enthusiasmus zeigen, sich aber nicht zu heftig bewegen, damit der Penis nicht herausrutscht. Es galt als sehr schwierig für Männer, einen Penis wieder hineinzubekommen, wenn ihre Konzentration einmal verloren war.

Die Sexualwissenschaftler waren fest entschlossen, dass alle Frauen sich dem Geschlechtsverkehr unterwerfen sollten, weil man davon ausging, dass die sexuelle Lust an diesem Akt die Unterwerfung der Frau unter ihren Mann in allen Aspekten des Ehelebens sicherstellte. Frauen, die sich dem Geschlechtsverkehr entziehen wollten, wurden beschuldigt, Herrschaft über ihre Männer zu wollen. Einige Frauen griffen zu List, um ihre Pflicht zur sexuellen Lust in der Unterwerfung während des Geschlechtsverkehrs zu umgehen. Ein Sexualwissenschaftler erzählte die seiner Meinung nach schockierende Geschichte, dass Frauen sich beim Geschlechtsverkehr nicht unterwürfig verhielten, die Männer aus dem Takt bringen konnten. Ein Ehemann beklagte sich darüber, dass seine Frau während des Geschlechtsverkehrs weiter in einem Buch las, ein anderer darüber, dass seine Frau währenddessen fortfuhr sich die Fußnägel zu lackieren. Die Sexologen der Nachkriegszeit mussten Lippenbekenntnisse zur "Gleichberechtigung" der Frauen ablegen, obwohl diese, wie einer kommentierte, schlecht für das "Familienleben" gewesen sei. Sie konnten nicht vorschlagen, dass Männer die Gefühle der Frauen einfach ignorieren und ihre Körper als völlig passive Masturbationshilfen benutzen sollten. Die Strategie wurde so geändert, dass die Frauen aktiv ihre Unterwerfung unter den Ehemann durch den Orgasmus beim Geschlechtsverkehr suchen und verherrlichen. Dies wurde "weibliche Sexualität" genannt.

Die sexuelle Revolution in den 1970er Jahren

In den 1960er und 70er Jahren soll im Westen eine sexuelle Revolution stattgefunden haben (die nun in die ganze Welt exportiert wird). Ich habe diese sexuelle Revolution als die Förderung der Männerrechte identifiziert, Frauen sexuell zu benutzen, wie sie wollen, und als die Förderung der Verpflichtung der Frauen, die Begierden der Männer genussvoll zu befriedigen. Die Botschaft dieser "Revolution" wird in dem Buch deutlich, das allgemein als Höhepunkt der sexuellen Revolution angesehen wird, nämlich in Alex Comforts *The Joy of Sex*. In diesem Buch wird den Frauen erklärt, dass die Sexualität der Männer sehr starr und automatisch ist, so als würde man "einen Vierteldollar in einen Automaten stecken", während die Sexualität der Frauen flexibel ist, so dass Frauen gut geeignet sind, den Interessen der Männer dienen, indem sie sich beispielsweise in schwarzes Latex hüllen und sich in eine Kreuzung aus Schlange und Robbe verwandeln oder sich fesseln lassen. Comfort weist die Männer zum Beispiel an, dass der Gesichtsausdruck einer geknebelten Frau, wenn sie feststellt, dass sie "nur miauen" kann, "unwiderstehlich für die Vergewaltigungsinstinkte der meisten Männer" ist.

Der Sex, den die Frauen haben durften, der Sex, zu dem sie von Sexualratgebern, Frauenzeitschriften und Pornografie ermutigt wurden, war Sex, bei dem sie durch "Hingabe" Vergnügen erlangen, während die Männer die Kontrolle behielten und Erregung durch die Erniedrigung der Frauen erlangten. Das Vorbild für den Sex der sexuellen Revolution war die Prostitution. Masters und Johnson beispielsweise basierten ihre Sexualtherapie, die die Erektionsprobleme von Männern heilen sollte, auf Interviews mit Prostituierten darüber, wie sie Männer bedienten. Verheirateten Frauen wurde geraten, das Gleiche zu tun. Alex Comfort riet Frauen, die Tricks der Prostituierten zu lernen, wenn sie ihre Ehen vor dem Scheidungsgericht retten wollten.

Als Reaktion auf dieses Sexualmodell versuchten Feministinnen in den 1960er und 70er Jahren, egal ob sie in Beziehungen mit Männern oder Frauen lebten, ein völlig neues Verständnis von Sex zu entwickeln, das ihrem Verlangen nach Gleichheit und Menschenwürde entsprach. Feministinnen kritisierten das männliche Modell von aggressivem, penisorientiertem, zielgerichtetem, penetrierendem und objektivierendem Sex. In Konferenzworkshops wurde diskutiert, wie eine Sexualität des gegenseitigen Respekts und der Gleichberechtigung praktiziert werden kann. Feministische Kampagnen gegen Pornografie konnten genau das Modell von Sex aufzeigen, das für Frauen erniedrigend oder gewalttätig ist, anhand der zahlreichen Beispiele in Pornos, der Propaganda des Frauenhasses.

Die Sexindustrie als sexuelle Befreiung: die 1980er Jahre

Zum Entsetzen von Anti-Pornografie-Feministinnen, wie mir, begrüßten in den 1980er Jahren einige Frauen die männliche Sexindustrie als würde sie sexuellen Befreiung von Frauen bieten. Sie verteidigten die Pornografie der Männer von und über Frauen als gute Ideen für Frauen, wie sie sexuelles Vergnügen erreichen können. Die feministischen Alternativen, die wir zu uns auszumalen und zu praktizieren begonnen hatten, wurden geradezu überwältigt von den traditionellen maskulinen Vorstellungen darüber, was Sex sein sollte, dieses Mal verkündeten einige Frauen, dass dies das sei, was Frauen wirklich wollten. Zunächst verteidigten einige Frauen die Pornos der Männer gegen feministischen Widerstand, dann gründeten einige dieser Frauen ihre eigenen Pornounternehmen, die genau dieselben Werte wie die Pornos der Männer vertraten. Die neuen Pornos wurden hauptsächlich an Lesben vermarktet und hatten einen stark sadomasochistischen Inhalt.

Sadomasochismus: In den 1980er Jahren wurde der Sadomasochismus von der Sexindustrie, Pornographen, Queer- und postmodernen Theoretikern als die wirklich revolutionäre und progressive Form des Sex beworben. Während der Sex der männlichen Vorherrschaft schon immer männliche Dominanz und weibliche Unterordnung beinhaltete, war brutale Gewalt normalerweise nicht Teil der Mixtur. Das Neue am Beitrag der 80er Jahre zur "sexuellen Revolution" war die Ernennung von Praktiken klarer und offensichtlicher Gewalt zu "Sex". Der Sadomasochismus in der Sexindustrie betrat Neuland. In Melbourne wie auch in anderen Städten der westlichen Welt wurde ein SM-Club mit dem Namen Hellfire Club eröffnet. In diesem Club wurden verletzliche Frauen dafür bezahlt, ausgepeitscht zu werden. Von den Aktivitäten wurden Videos gedreht, die in der ganzen Welt verbreitet wurden. Elegante junge Männer schauten zu und versuchten, ihre Freundinnen zum Mitmachen zu bewegen. Die Praktiken des Bordells wurden zur gewöhnlichen Unterhaltung für junge Menschen. Ich schrieb und sprach mich dagegen aus, indem ich sagte, dass der Sex, den es förderte, genau der Sex war, den Frauen beenden mussten, um irgendeine Freiheit zu haben, der Sex, der der sexuellen Gewalt der Männer gegen Kinder, gegen Frauen am Arbeitsplatz, in Beziehungen, gegen Frauen in der Prostitution zugrunde lag. Der Besitzer des Clubs in Melbourne, der enthusiastisch Korrespondenz mit Serienmördern in US-Gefängnissen führt und in seinem Club Nächte veranstaltet, um sie zu feiern, sowie auch Nazi-Nächte, widmete mir eine Nacht, um mich mit Publicity in der ganzen Stadt lächerlich zu machen.

Die lesbische sexuelle Revolution

In den 1980er Jahren wurden Lesben von den Werten und Praktiken der "sexuellen Revolution" angezogen. In meinem Buch „The Lesbian Heresy“ zeige ich, wie Praktiken des Sadomasochismus und Pornografie bei Lesben als das vermarktet wurden, was aufregender Sex war. Einige Frauen gründeten Pornomagazine und Videofirmen, die Material nach genau der selben Formel produzierten, die auch in den Pornos der Männer zu finden ist. Frauen, die erniedrigt und vergewaltigt oder auch nur leicht unterworfen werden, aber diesmal von anderen Frauen. Die meisten Frauen, die an diesen Unternehmen beteiligt waren, waren prostituierte Frauen, deren Vorstellung von Sex oft durch sexuellen Missbrauch in der Kindheit und dann durch jahrelange sexuelle Ausbeutung geprägt war. Es war kein Sex der Gleichheit. Die Herstellung von Pornografie für Frauen schien etwas weniger erniedrigend zu sein als die Sexindustrie für Männer und bot eine Möglichkeit, den Lebensunterhalt aus ihrer Erfahrung mit Viktimisierung zu bestreiten. Einige, wie Annie Sprinkle, die 20 oder mehr Jahre in der Prostitution der Männer verbracht hatten, vermarkteten sich dann als "Sexualpädagogen", die heterosexuellen und lesbischen Frauen beibringen wollten, wie man Sex hat. Die Akzeptanz, die solche Frauen in einigen Bereichen der lesbischen und feministischen Kultur erlangt haben, zeigt, wie schwer es für viele ist, sich eine Sexualität der Freiheit vorzustellen.

Drei Ideologien wurden zur Rechtfertigung dieser Praktiken und zu ihrer Verteidigung gegen feministische Kritik herangezogen. Diese sind der liberale Individualismus, die Queer-Theorie und der postmoderne Feminismus.

Sexueller Liberalismus

Der liberale Individualismus ist die Ideologie, die die sexuelle Revolution inspiriert hat. Die Praktiken der Prostitution, des Sadomasochismus und sogar der Pädophilie werden mit den Begriffen des Einverständnisses und der Wahlfreiheit gerechtfertigt. Man sagt uns, dass begehrende Erwachsene und sogar Kinder selbst entscheiden können, wie sie sich sexuell verhalten, und dass die Schaffung des sexuellen Objektes "Wahlmöglichkeit" das Ziel einer progressiven Sexualpolitik sein sollte. Das entscheidende Wort ist hier "Objekt". Wie Suzanne Kappeler hervorgehoben hat, ist der sexuell Liberale ein altmodischer privilegierter Gentleman, der eine Vielfalt von Objekten benötigt, um seine Bedürfnisse zu bedienen, und diese erwirbt mittels der Schwachen und Bedürftigen. Beim sexuellen Liberalismus geht es um die Macht der Männer. Unter der männlichen Vorherrschaft werden die "Wahlmöglichkeiten" von Frauen und Kindern durch wirtschaftliche Not, durch die Propaganda des Frauenhasses, durch Gewalt und Viktimisierung stark eingeschränkt. Das "Einverständnis" ist ein Begriff, der die materiellen Realitäten von Machtunterschieden und Ausbeutung verschleiert. „Einverständnis" impliziert ein ebenes Spielfeld, auf dem sich ermächtigte Erwachsene und Kinder tummeln. Dieses ebene Spielfeld gibt es nicht. Was die sexuell Liberalen unter Sex verstehen, ist aus Ungleichheit konstruiert.

Queer-Theorie

All diese Praktiken der Dominanz und Unterwerfung wurden in den 1990er Jahren in der Queer-Theorie und Queer-Politik gerechtfertigt und gefeiert. Queer-Politik ist eine Politik, die von den Anliegen bestimmter Gruppen schwuler Männer konstruiert und dominiert wird. Die Queer-Politik stellt sich selbst als fortschrittliche Bündnispolitik dar, in der sexuell marginalisierte Personengruppen sich für eine Veränderung der Sexualpolitik einsetzen. Die Queer-Standardkoalition ist LGBT, lesbisch, schwul, bisexuell, transsexuell. In der Queer-Theorie werden Praktiken, die aus der Unterdrückung resultieren, als Ausdruck der "queeren" Befreiung gefördert und gefeiert. Prostitution, Sadomasochismus, transsexuelle Operationen, Piercing und Cutting und sogar Pädophilie werden als transgressiv und für eine positive sexuelle Zukunft gerechtfertigt. In einigen Versionen des transgressiven Büdnisses werden alle oben genannten Gruppen zu den LGBT-Gruppen gezählt. Die Queer-Theorie und -Politik blendet Lesben aus. Schon das Wort "queer" ist diskriminierend, denn es ersetzt "lesbisch und schwul" durch einen einzelnen Begriff, "queer", was uns in die Situation zurückversetzt, in der "gay" oder "homosexuell" auch für Frauen gelten sollte, was aber eindeutig nicht der Fall war. Unter dem Deckmantel von "queer" wurden lesbische Interessen unterdrückt und subsumiert. Die große Konstruktion des lesbischen Feminismus, die Theorie, die Praktiken und die Institutionen wie Buchläden, Zentren und reine Frauenräume, die auf egalitären Werten und Frauenliebe basieren, wurden durch die von Männern dominierte Queer-Agenda schwer geschädigt.

Eine Möglichkeit, die Auswirkungen der Unterdrückung auf junge Frauen, Lesben und schwule Männer zu erkennen, ist das Ausmaß, in dem sie ihren eigenen Körper verstümmeln, um den Schmerz zu lindern, den sie erleben. Bei der Selbstverstümmelung schneiden und verbrennen 2½ Millionen junge Amerikaner, überwiegend Frauen, ihre Körper privat und aus Schuldgefühlen, den Schmerz von sexuellem Missbrauch, Vergewaltigung und weiblicher Unterdrückung in ihr Fleisch schneidend. In den 1990er Jahren wurde diese Selbstverstümmelung zur Grundlage eines rasch wachsenden Geschäfts mit Cutting-, Tätowier-

und Piercing-Studios, in denen die Unterdrückung von Frauen, insbesondere von Lesben, und Schwulen, für Profit ausgenutzt wird. Selbstverstümmelung ist, wie die Menschenrechtstheoretikerin Rhoda Howard feststellte, ein Zeichen für einen sozial verachteten Status. Die sozial Verachteten können nun andere dazu bringen, sie so zu verstümmeln, dass die Verstümmelung als sozial akzeptabel gilt. Dies ist Selbstverstümmelung durch Stellvertreter. Piercingstudios sind eine Form, transsexuelle Chirurgie und Sadomasochismus eine andere. Einige Männer führen privat Penisektomien im Rahmen von Selbstverstümmelungspraktiken durch und leiden anerkanntermaßen unter schweren emotionalen Problemen. Wenn Männer Chirurgen für die Durchführung von Penisektomien in der transsexuellen Chirurgie bezahlen, erhalten sie das Imprimatur der Medizin für ihre Praxis. Diese Praktiken bezeichne ich in der Sprache der Vereinten Nationen als "schädliche kulturelle Praktiken", weil sie als von den Unterdrückten selbst "gewählt" wahrgenommen werden, durch soziale Akzeptanz oder Tradition unterstützt werden, der Gesundheit schaden und aus der Unterordnung der Frauen resultieren.

Postmoderner Feminismus

Die Queer-Theorie stützt sich auf die Ideen der Postmoderne. Der postmoderne Feminismus basiert auf den Ideen einiger unbekehrbar sexistischer französischer Männer, insbesondere des schwulen Sadomasochisten Michel Foucault. Der postmoderne Feminismus hat in den 1980er Jahren drei Ideen in die feministische Theorie eingebracht, die das Projekt der Befreiung ernsthaft untergraben und es noch schwieriger machen, sich eine gleichberechtigte Sexualität vorzustellen.

1/ Die eine ist die Vorstellung, dass es so etwas wie eine Frau nicht gibt. Dies unterscheidet sich wesentlich von der Vorstellung, dass man nicht als Frau geboren wird. Postmoderne Feministinnen greifen jede Verwendung des Wortes Frau zur Beschreibung der politischen Kategorie, in die weibliche Kinder hineingeboren werden, als "essenzialisierend" an.

2/ Ein weiterer Beitrag ist die Vorstellung, dass "Gender" flexibel ist. Feministinnen argumentieren seit langem, dass "Gender", d. h. die Verhaltensweisen der männlichen Dominanz und der weiblichen Unterwerfung, zu denen Jungen und Mädchen erzogen werden, sozial konstruiert und nicht biologisch bedingt sind. Postmoderne Feministinnen wie Judith Butler verlieren die materielle Realität der Unterdrückung von Frauen aus den Augen, welche die Grundlage für die Konstruktion von Gender ist, und vertreten die Auffassung, dass Gender wie Kleidung ist, die jeder zum Spaß und um transgressiv zu sein anziehen kann. So werden der traditionelle Transvestismus schwuler Männer und die Nutzung chirurgischer Eingriffe von Transsexuellen oder von Chemikalien von Transgendern als progressiv und revolutionär angesehen, gesehen als würde es der Welt zeigen, dass das Gender nicht auf biologische Männer und Frauen festgelegt ist, sondern unendlich formbar ist. Einige argumentieren sogar, dass es viele Gender gibt, nicht nur die beiden, die durch männliche Dominanz und weibliche Unterordnung entstehen.

Die postmoderne Theorie wird verwendet, um transsexuelle Operationen und das was "Transgender"-Praktiken genannt wird zu unterstützen, bei denen sich einige Männer und Frauen zwar nicht operieren lassen wollen, aber mit ziemlicher Sicherheit einem Regime von Hormonen unterworfen sind, das ihre Gesundheit ernsthaft gefährdet, während es ihre Körper chemisch verstümmelt. Queere und postmoderne Theoretiker geben eine modische Genderflexibilität vor. Während postmoderne "Feministinnen" in Frage stellen, ob es so etwas wie Frauen überhaupt geben kann, loben sie die vermeintliche Flexibilität derjenigen, meist schwuler Männer, welche die Übernahme einiger Aspekte des unterdrückten Status von Frauen praktizieren. Ich bin kein Fan des Wortes "Gender".

Viele queere und postmoderne Theoretiker behandeln das Gender wie ein Sexspielzeug. Die amerikanische lesbische Sadomasochistin Pat Califia argumentiert, dass das Gender, der Unterschied zwischen den Geschlechtern, beibehalten werden muss, weil es die Erregung beim Sex ausmacht. Es ist in der Tat die Dynamik des Sadomasochismus. Aber für das feministische Projekt ist das Gender etwas, das nicht beibehalten werden kann, unsere Freiheit hängt von der Abschaffung des "Genders" ab. Weiblichkeit und Männlichkeit sind nicht nur Arten von Kleidung oder Attitüden, sondern Verhaltensweisen der männlichen Dominanz und der weiblichen Unterordnung. Ohne männliche Dominanz wäre Gender nicht vorstellbar, es sei denn, wir glauben wirklich, dass es eine biologische Grundlage für die Fallstricke von Dominanz und Unterwerfung gibt, die Sadomasochisten und Transgender zu ihrem Vergnügen annehmen.

Catharine MacKinnon argumentiert, dass Weiblichkeit und Männlichkeit aus der Notwendigkeit heraus entstanden sind, die Freuden erotisierter Ungleichheit zu reproduzieren. Im Butch/Femme-Rollenspiel der traditionellen Heterosexualität werden Frauen durch enge, kurze Kleidung und unbequeme Schuhe eingeengt, durch Make-up verdeckt und darauf trainiert, eingeschränkte und feminine Bewegungen auszuführen und dabei fügsam zu lächeln. Männer müssen sich nicht entblößen, sie dürfen bequeme Schuhe tragen, müssen sich nicht schminken und dürfen den Raum einnehmen und ihre Körper nach Belieben ausbreiten, ohne zu lächeln zu müssen. Dies ist ein sorgfältig choreografiertes, zu schaugestelltes Machtgefälle, das sexuelle Erregung hervorrufen soll. Das ist nicht natürlich, aber es ist notwendig, um die Erotik der Ungleichheit aufrechtzuerhalten.

Wenn wir uns die Freiheit der Frauen vorstellen, müssen wir jenseits des Genders denken und dürfen nicht an ihm festhalten. Wir müssen uns eine Welt vorstellen, in der es tatsächlich keine Kleidung für Frauen gibt, das heißt, die teurer, aus schlechtem Material, dünn und durchscheinend und unbequem ist, eine Welt, in der Frauen schreiten können und keine kalten Lücken haben müssen, wo ihre winzigen Blusen ihre hautengen Hosen verlassen.

3/ Eine dritte Idee ist, dass es so etwas wie Wahrheit nicht gibt. So schreibt die postmoderne Theoretikerin der Prostitution Shannon Bell, dass es "keinen inhärenten Sinn von Prostitution" gibt. Natürlich gibt es einen einfachen Sinn von Prostitution, die männliche Dominanz. Es gibt keine Männer, die darauf warten, von Frauen am Straßenrand aufgegabelt zu werden, keine Männer, die dissoziierend in Bordellen auf Betten oder Massagetischen liegen, während Frauen Teile ihrer selbst in ihre Körperöffnungen pressen.

Queere und postmoderne Vorstellungen von "Gender" stehen den Interessen von Frauen feindlich gegenüber und gravieren oft einfach schwule und heterosexuelle männliche Interessen über die Interessen von Frauen ein. Frauen existieren in der Tat als politische Kategorie der Unterdrückten. Woher wissen wir das? Wir können uns zum Beispiel ansehen, wer in der Pornografie vorkommt. Letzte Woche tippte ich den Begriff "sexuelle Sklaverei" in eine Suchmaschine im Internet ein. Ich war dabei, einen Eintrag für eine feministische Enzyklopädie zu schreiben. Die Liste der Seiten, die auftauchten, enthielt einige über die Trostfrauen, die im Zweiten Weltkrieg vom japanischen Militär zu sexueller Sklaverei gezwungen wurden. Alle anderen waren Pornoseiten, die prostituierte Frauen in sexueller Sklaverei zeigten. Am oberen und unteren Rand meines Bildschirms waren bewegte Bilder von nackten Frauen zu sehen. Ich nehme an, dass diese Seiten immer dann auftauchen, wenn eine Suche das Wort Sex enthält. Wir dürfen nicht vergessen, dass die Internettechnologie zum Teil das Ergebnis der Suche der Pornographen nach einem profitableren Medium war. Die Sexsklavereiseiten ermutigten Männer, sich von der sexuellen Versklavung von Frauen erregen zu lassen und dazu zu ejakulieren. Keine der Seiten zeigte Männer, die zum Vergnügen der Männer gefangen gehalten wurden. Frauen existieren, es scheint, ansonsten hätte die Prostitution kein Handelskapital.

Postmoderne Feministinnen argumentieren, dass es so etwas wie "Wahrheit" nicht gibt. Das ist für eine revolutionäre Bewegung, die will, dass die Unterdrückung von Frauen ernst genommen wird, nicht hilfreich. Es ist wichtig, dass wir anerkennen, dass es Wahrheit in Schmerz und Ausbeutung, in Sexismus und Rassismus gibt. Diese Unterdrückungen zeigen sich besonders deutlich in der Pornographie und der Prostitution. Ein gutes Beispiel ist Kambodschas erste pornographische Internetseite, die kürzlich von einem im Ausland lebenden Amerikaner erstellt wurde. Betitelt mit „Welcome to the Rape Camp" zeigt die Website nackte asiatische Frauen in sexueller Fesselung und ermutigt die Benutzer, „diese asiatischen Sexsklaven nach Herzenslust zu demütigen". Der im Ausland lebende amerikanische Erschaffer der Website, Dan Sandler, verteidigt seine Arbeit als legitimes Geschäft, das der Wirtschaft hilft. „Es gibt in den USA einen großen Markt für asiatische Frauen", wurde er zitiert, „und wenn ich anfange, Geld zu verdienen, zahle ich 10 Prozent an Steuern. Wenn ich erfolgreich bin, könnte ich viele andere dazu bringen, es zu tun und eine Menge Steuereinnahmen zu generieren." Feministinnen in Kambodscha wiesen darauf hin, dass dies die Gewalt gegen kambodschanische Frauen fördern könnte. Sandler sagte, es sei eigentlich für den US-Konsum gedacht: "Es könnte die Gewalt gegen Frauen in den Vereinigten Staaten fördern. Aber ich finde das gut", wurde Sandler von der Zeitung zitiert. „Ich mache gerade eine Scheidung durch. Ich hasse amerikanische Frauen." Die drei Frauen auf der Website, die angeblich ethnische Vietnamesinnen sind, erhielten laut Sandler jeweils 20$. Diese Seite ist ein perfektes Beispiel für die Mischung aus Rassen- und Sexualhass, die die Sexindustrie inspiriert. Darin liegt Wahrheit, und es gibt Frauen.

Prostitution ist sexuelle Ungleichheit

Gegenwärtig wird der Sex der Unterordnung der Frau und der Dominanz des Mannes als profitable Industrie überall auf der Welt durch die Legalisierung und Globalisierung der Prostitution etabliert. In Victoria, dem australischen Bundesstaat, in dem ich lebe, gibt es lizenzierte Bordelle. Die Prostitution ist ein riesiger Wirtschaftszweig mit schätzungsweise 60 000 Männern in meiner Stadt mit 3 Millionen Einwohnern, die jede Woche prostituierte Frauen missbrauchen. Auch bedienen Tabletop-Clubs und andere Prostitutionsstätten den Wunsch vieler weiterer Männer, die Macht der sexuellen Dominanz zu erleben. In den Bordellen und Tabletop-Clubs dissoziieren die prostituierten Frauen, um den Angriff auf ihre Person zu überleben. Männer können dafür bezahlen, dass sie Frauen, die lieber woanders wären als dort, die Praktiken aufzwingen, die in jeder anderen Situation als Gewalt angesehen würden: ungewollter Geschlechtsverkehr, sexuelle

Belästigung durch verdrehte Brustwarzen und Finger, die in den Anus der Frauen gesteckt werden. Jeder, der an der Vergewaltigung in der Prostitution zweifelt, sollte prostituierte Frauen nach dem Geruch fragen. Sie werden einem sagen, wie die Penisse der Männer riechen, wie ihr Schweiß riecht und auf ihren Körper tropft, wie ihre Anusse riechen.

Wenn Männer diese Dinge tun, ohne zu bezahlen, werden sie als Gewalt bezeichnet. ex-prostituierte Frauen, Überlebende, fordern nun, dass wir diese schädlichen kulturellen Praktiken, an denen Männer sich beteiligen, als "kommerzielle sexuelle Gewalt" oder "gekaufte Vergewaltigung" anerkennen. In Victoria gibt es mehr illegale als legale Bordelle, die Kinderprostitution nimmt selbst in den "legalen" Bordellen zu, und sowohl in den legalen als auch in den illegalen Bordellen gibt es asiatische und russische Frauen, die in Schuldknechtschaft und unter Zwang gehalten werden. Währenddessen sind Frauen in der Straßenprostitution immer noch schrecklicher Gewalt ausgesetzt. Willkommen in der neuen seriösen Prostitutionsindustrie, die an der Börse notiert ist und den männlichen Sexindustriellen riesige Gewinne beschert. Dies dürfte auch hier in Deutschland geschehen, das eine lange Tradition hat, den Missbrauch von Frauen in der Prostitution durch Männer zu akzeptieren und den Profit aus dieser schädlichen kulturellen Praxis zuzulassen.

Für die Frauen in der Branche ist Prostitution einfach Gewalt, die sie lernen müssen zu überleben. Für Frauen außerhalb der Branche ist der Effekt der Legalisierung ein erheblicher Statusverlust. Frauen, die zu uns in der *Coalition Against Trafficking* in *Women in Melbourne* kommen, berichten, dass ihre Ehen, die sie 24/25 Jahre lang geführt haben, durch den Missbrauch von Frauen in der Prostitution durch ihre männlichen Partner zerstört worden sind. Die Frauen verlassen ihre Partner manchmal sofort, wenn sie davon erfahren, manchmal versuchen sie vergeblich, ihre Männer zu ändern. Aber der Schaden und die Demütigung sind extrem. Sie wissen, dass die vermeintlich gleichberechtigte Ehe eine Täuschung war, weil die Männer ausgingen, um die Erregung zu erleben, andere Frauen in Bordellen zu demütigen. Sie konnten nicht "gleichberechtigt" sein, wenn ihre männlichen Partner dies anderen Frauen antaten, weil sie Frauen sind. Keine Frau kann wirklich frei sein, wenn sie gezwungen ist, mit Männern zusammenzuleben, mit ihnen zu arbeiten oder Kontakte zu knüpfen, die Frauen so missbrauchen und glauben, dass einige Frauen für diesen Missbrauch da sind.

Die Sexindustrie ist ein riesiges und wachsendes Reservoir des Frauenhasses. Sie lehrt eine Generation von Jungen und Männern weltweit, was Frauen sind und was Sex ist. Es ist Sex als die brutale Unterdrückung von Frauen. Es gibt derzeit Bestrebungen, die

Legalisierung der Prostitution in der gesamten EG zu homogenisieren. Es ist wichtig, dass dies gestoppt wird. Wichtig für die Zukunft aller Frauen. Ein gutes Vorbild ist das in diesem Jahr in Schweden verabschiedete Gesetz, das den Kauf von sexuellen Dienstleistungen unter Strafe stellt. Dies ist das genaue Gegenteil der Legalisierung von Prostitution. Nicht einmal ein bisschen Prostitution ist konsistent mit der Freiheit der Frau. Aber es scheint schwer zu sein zu wissen, wie man sich aus der Situation zurückziehen kann, in der sich Frauen derzeit in der Sexindustrie befinden. Der Motor der männlichen Dominanz im Westen wird durch die sexuelle Erregung befeuert, die Männer aus der Beherrschung von Frauen ziehen, durch den sexualisierten Unterschied der Macht. Fortschritte für Frauen im Westen im Kampf gegen die Globalisierung der sexuellen Ausbeutung werden dazu beitragen, die sexuelle Kolonisierung von Frauen zu stoppen, die sich durch Pornografie und Frauenhandel auf die Gemeinschaften der Ureinwohner Australiens, auf Dörfer in Papua-Neuguinea, auf Südafrika, auf Osteuropa und Zentralasien ausgebreitet hat.

Die Freiheit der Frauen von sexueller Gewalt, die Fähigkeit der Frauen gleichberechtigte und respektvolle Beziehungen mit Männern einzugehen, zu Hause und am Arbeitsplatz, hängt von der Schaffung einer Sexualität der Gleichheit ab. In einer Sexualität der Gleichheit wäre Prostitution undenkbar. Es wäre für Männer unmöglich, sich vorzustellen, den Körper einer Frau in der Ehe oder in der Prostitution einfach als Objekt zu seinem Vergnügen zu benutzen, unabhängig von ihrer Person oder ihrem Vergnügen. Wir müssen darüber nachdenken und diskutieren, wie eine solche Sexualität aussehen würde. Bis wir sie uns vorstellen können, ist es schwer, auf sie hinzuarbeiten. In einer gleichberechtigten Sexualität werden Liebe und Leidenschaft nicht von Spitzenhöschen abhängen, sondern von Beziehungen, die von gegenseitigem Respekt geprägt sind.

MÄNNERRECHTSAKTIVISMUS

Anmerkung: In diesem Teil des Buches wird die Männerpolitik der Stärkung ihrer Rechte in Gesetzen, Regierungen und anderen patriarchalen Gebilden, die der männlichen Vorherrschaft entsprechen, sowie die Art und Weise, wie Männer ihre Sexualität im Laufe der Geschichte zur Unterwerfung von Frauen eingesetzt haben, näher beleuchtet. Wir werden auch einen Blick auf die Geschichte der verschiedenen Frauenrechtsbewegungen werfen, wie z. B. den Kampf gegen Pädophilie und Prostitution im Laufe der Geschichte der Frauen. Historisch gesehen haben Frauen Fortschritte in Bezug auf unsere Rechte und Verbesserungen in unserem Leben gemacht, indem sie mit anderen Frauen zusammenarbeiteten.
Dieser Teil des Buches befasst sich mit den Lösungen, die Feministinnen und andere Frauen auf der Grundlage der Abschaffung der Prostitution und des Schutzes von Minderjährigen entwickelt haben.

„Frei von jeder ungebetenen Berührung des Mannes": Frauenkampagnen zum Thema Sexualität, 1880-1914

(1982)

Die Zeit von 1880 bis 1914 war Zeuge einer massiven Kampagne von Frauen zur Veränderung des männlichen Sexualverhaltens und zum Schutz der Frauen vor den Auswirkungen der Ausübung einer männlichen Sexualität, die ihren Interessen schadet. Diese Kampagne wird in der Geschichte der Frauenbewegung in Großbritannien kaum bis gar nicht erwähnt. Andere Aspekte des feministischen Kampfes wie die Kampagne der Suffragetten, die Bewegung zur Verbesserung der Bildungs- und Arbeitsmöglichkeiten von Frauen und zur Erlangung von Änderungen im Eherecht haben alle Aufmerksamkeit erhalten. Wenn Historiker die Arbeit derselben feministischen Aktivistinnen im Bereich der Sexualität erwähnten, stellten sie sie als prüde und puritanisch dar und kritisierten sie dafür, dass sie das Ziel der sexuellen Freiheit oder des sexuellen Vergnügens der Frauen nicht verfolgten und sahen ihre Schriften als Quelle für nützliches humoristisches Material (Rover, 1970; S. 2). Während ihre Aktivitäten und Forderungen in anderen Bereichen als anspruchsvoll und fortschrittlich angesehen wurden, galten die Aktivitäten eben dieser Frauen im Bereich der Sexualität als rückständig und rückschrittlich.

Es ist nicht möglich, in diesem Artikel die gesamte Bandbreite der Aktivitäten und Ideen dieser Aktivistinnen zu behandeln. Es wurden Beispiele ausgewählt, um eine Vorstellung von der Größe und dem Umfang der Kampagne und der Motivation der beteiligten Frauen zu vermitteln. Die Arbeit der Frauen wird in drei Abschnitte unterteilt werden. Zuerst werde ich die Bemühungen einiger Frauen beschreiben, andere Frauen und weibliche Kinder vor den schädlichen Auswirkungen des männlichen Sexualverhaltens in Form des Gebrauchs von Prostituierten und des sexuellen Missbrauchs von Kindern in der Sittlichkeitsbewegung (engl. „social purity movement") der 1880er und 1890er Jahre zu schützen. Diese Frauen versuchten direkt, das männliche Sexualverhalten in Frage zu stellen und ihm Grenzen zu setzen sowie die Opfer zu unterstützen. Zweitens werde ich die Ideen und Aktivitäten einiger Feministinnen der 1890er Jahre beschreiben, die das Problem des Sexualverhaltens innerhalb und außerhalb der Ehe angingen und versuchten, die Ursprünge und die Funktionsweise dessen zu erklären, was sie als Grundlage der Unterdrückung der Frau ansahen, nämlich die sexuelle Versklavung der Frau. Abschließend werde ich mich mit der Arbeit einiger Feministinnen aus der Zeit vor dem Ersten Weltkrieg befassen, die so weit gingen, den völligen Rückzug der Frauen aus sexuellen Beziehungen mit Männern zu verfechten, um die sexuelle Sklaverei zu beseitigen.

Es gibt gewisse Grundannahmen, die der Arbeit von Historikern über die Geschichte der Sexualität zugrunde liegen und die umgestoßen werden müssen, wenn die Bedeutung der Frauenbewegungen verstanden werden soll. Am weitesten verbreitet ist die Annahme, dass die letzten 100 Jahre eine Geschichte des Fortschritts aus der Dunkelheit der viktorianischen Prüderie hin zum Licht der sexuellen Freiheit darstellen (Stone, 1977; S. 658). Diese Sichtweise impliziert die Annahme, dass es eine Essenz der Sexualität gibt, die zwar in der Vergangenheit zeitweise „unterdrückt" wurde, sich aber allmählich von den ihr auferlegten Beschränkungen freikämpft. Bei näherer Betrachtung entpuppt sich dieses „Wesen" als heterosexuell und die primäre, nicht hinterfragte heterosexuelle Praxis als die des Geschlechtsverkehrs. Trotz der zahlreichen Arbeiten von Soziologen und Feministen über die soziale Konstruktion von Sexualität bleibt die Idee bestehen, dass es eine natürliche Essenz der Sexualität gibt (Gagnon und Simon, 1973; Jackson, 1978). Eine weitere Annahme ist, dass es im Bereich der Sexualität eine Einheit der Interessen von Männern und Frauen gibt, trotz der Tatsache, dass Sexualität vor allem einen primären Bereich der Interaktion zwischen zwei Gruppen von Menschen darstellt, Männern und Frauen, die sehr unterschiedlichen Zugang zu sozialer, wirtschaftlicher und politischer Macht haben. Daher können Historiker, die sich damit beschäftigen, die Geschichte der „Regulierung der Sexualität" zu schreiben, ohne ernsthafte Aufmerksamkeit auf die Art und Weise zu richten, in der sich das Machtverhältnis zwischen den Geschlechtern auf dem Gebiet der Sexualität abspielt, gesehen werden, als würden sie die Interessen der Frauen unter die der Männer subsumieren (Weeks, 1981). Eine der grundlegendsten Annahmen ist, dass Sexualität privat und persönlich ist. Es mag klar sein, dass sozialer und politischer Druck das Geschehen im Schlafzimmer beeinflusst, aber es wird nicht anerkannt, dass sexuelles Verhalten eine eigenständige dynamische Wirkung auf die Strukturierung der Machtverhältnisse in der Welt um das Schlafzimmer herum hat. Wenn Sexualität als der persönlichste Bereich des Privatlebens verstanden wird, ist es nicht überraschend, dass Kampagnen von Frauen, die der Ausübung der männlichen Sexualität Grenzen setzen wollen, auf Unverständnis stoßen oder völlig missverstanden werden. Die Ideen und Kampagnen, die sich in der gegenwärtigen Welle des Feminismus entwickeln, geben uns eine ganz andere Grundlage, um die Arbeit unserer Vorschwestern zu betrachten.

Zeitgenössische Feministinnen haben die Auswirkungen der Angst und der Realität von Vergewaltigungen auf Frauen detailliert beschrieben und gezeigt, dass die Ausübung der männlichen Sexualität in Form von Vergewaltigungen als eine Form der sozialen Kontrolle über das Leben von Frauen funktioniert (Brownmiller, 1978). Vergewaltigung als soziale Kontrolle hat den Effekt, Frauen zu beschränken, wohin sie sich begeben und was sie tun dürfen, und dient dazu, „uns an unserem Platz zu halten“, das heißt, den Männern untergeordnet zu sein, und trägt somit dazu bei, die männliche Herrschaft über Frauen aufrechtzuerhalten. Derzeit befassen sich Feministinnen mit den schädlichen Auswirkungen, die die Ausübung anderer Aspekte der männlichen Sexualität auf Frauen hat. Der sexuelle Missbrauch von Kindern, Prostitution, Pornographie und sexuelle Belästigung am Arbeitsplatz werden jetzt dokumentiert und untersucht (Barry, 1979; Dworkin, 1981; Lederer, 1981; Mackinnon, 1979; Rush, 1980). Feministinnen zeigen, dass diese sexuellen Praktiken von Männern Verbrechen gegen Frauen sind, obwohl sie stets als opferlose Formen männlichen Verhaltens hingestellt worden sind. Angesichts der Tatsache, dass die zeitgenössischen Feministinnen einen harten Kampf führen müssen, um zu erreichen, dass männliche Verhaltensweisen, die im Grunde genommen Verbrechen gegen Frauen sind, ernst genommen werden, ist es keineswegs überraschend, dass die Kampagnen der Frauen zu genau denselben Themen in der letzten Welle des Feminismus für die zeitgenössischen Historiker so gut wie unsichtbar sind. Viele der feministischen theoretischen Arbeiten über männliches Sexualverhalten und seine Auswirkungen auf Frauen zielen darauf ab, die Art und Weise aufzuzeigen, wie sexuelle Belästigung in der Kindheit und im Erwachsenenalter, auf der Arbeit, auf der Straße und zu Hause das Leben und die Möglichkeiten von Frauen einschränkt und allgemein unser Selbstvertrauen und unsere Selbstachtung untergräbt. Bislang gibt es noch keine ausreichenden Untersuchungen über die kollektiven Auswirkungen der verschiedenen Formen männlichen Sexualverhaltens auf das Leben der Frauen, um einschätzen zu können, welche Bedeutung die männliche Sexualkontrolle insgesamt für die Aufrechterhaltung der Unterordnung der Frauen hat. Allerdings wurde genug Arbeit geleistet, um darauf hinzuweisen, dass wir den Bereich der Sexualität nicht einfach als eine Sphäre der persönlichen Entfaltung, sondern als ein Schlachtfeld betrachten müssen; eine Arena des Kampfes und der Machtverhältnisse zwischen den Geschlechtern.

Die aktuelle feministische Debatte über Sexualität ist über die Untersuchung der Auswirkungen der männlichen Sexualität auf Frauen außerhalb des Hauses hinausgegangen und hat sich zu einer Kritik der Institution der Heterosexualität und ihrer Rolle bei der Kontrolle und Ausbeutung von Frauen entwickelt. Es werden nun Fragen gestellt, welche Effekte die Erfahrung sexueller Aktivität in allen heterosexuellen

Beziehungen auf Frauen hat, in Bezug auf die Aufrechterhaltung von männlicher Dominanz und weiblicher Unterwerfung (Onlywomen Press, 1981; Rich, 1981). Eine solche Fragestellung ermöglicht es uns, die Feministinnen, die sich in früheren Generationen in den Kämpfen um die Sexualität engagierten, nicht einfach als Opfer einer reaktionären Ideologie zu sehen, sondern als Frauen, die sich bemühten, sowohl mehr Macht und Kontrolle über ihr eigenes Leben zu erlangen als auch die Einschränkungen zu beseitigen, die ihnen durch die Ausübung der männlichen Sexualität innerhalb und außerhalb des Hauses auferlegt wurden.

Sittlichkeit (Social Purity)

Bei der Entwicklung der Sittlichkeitsbewegung der 1880er Jahre spielten feministische Ideen und Personen eine wichtige Rolle. Die gängigste Erklärung für das Phänomen der Sittlichkeitsbewegung, die von denjenigen Historikern gegeben wird, die sich überhaupt ernsthaft damit befasst haben, ist die, dass es sich um eine evangelikale, repressive, Anti-Sex-Bewegung handelte (Bristow, 1977). Ein anderer Ansatz war, dass die Ängste, die durch die soziale Zerrüttung hervorgerufen wurden, auf die Sorge um die Sexualität übertragen wurden, und die Sittlichkeitsbewegung als eine Form der moralischen Panik dargestellt wurde (Weeks, 1981). Solche Erklärungen mögen uns helfen, die Beteiligung von Männern an der Sittlichkeit zu verstehen. Sie erklären jedoch nicht die Beteiligung von Feministinnen. Ferner erklären sie nicht die Beteiligung von Frauen, die nicht bewusst feministisch waren oder sogar in einigen ihrer Haltungen antifeministisch erschienen.[4] Frauen teilen eine gemeinsame Erfahrung in Bezug auf die Ausübung der männlichen Sexualität, und es ist wahrscheinlich, dass die Ängste, die sie in die Sittlichkeit trieben, aus derselben Quelle stammten.

Hinter der Bewegung der 1880er Jahre stand die Aufregung um die „Contagious Diseases Acts" und die religiöse „Erweckung". Die Kampagne für die Aufhebung dieser Gesetze aus den 1860er Jahren, die Zwangsuntersuchungen von Frauen erlaubten, die verdächtigt wurden, in Garnisonsstädten und Häfen als Prostituierte zu arbeiten, gab Frauen die Erfahrung, über zuvor tabuisierte Themen nachzudenken und zu sprechen. Frauen in der Ladies National Association, die von Josephine Butler inspiriert wurde, waren vereint in ihrer Empörung über die Doppelmoral der Sexualmoral, die Nutzung von Prostituierten durch

[4] Einige Frauen, wie z. B. Millicent Fawcett, hatten ein ausgeprägtes feministisches Bewusstsein, das auf einem allgemeinen Verständnis der „Unterwerfung der Frau" beruhte. Andere, wie J. Ellice Hopkins, die sich als Teil der „Bewegung der Frauen" verstand, erkannten, dass die Frauen ein gemeinsames Interesse hatten und sich zusammenschließen mussten, um die sexuelle Ausbeutung von Frauen und Kindern zu beenden, trugen ihr Verständnis der Unterdrückung der Frauen nicht weit über den sexuellen Bereich hinaus.

Männer und den sexuellen Missbrauch von Kindern. Die feministische Opposition gegen die Gesetze stellte klar, dass die Untersuchungen eine Verletzung der Bürgerrechte der Frauen darstellten, und die Feministinnen schimpften über die Doppelmoral der Sexualmoral, die einen solchen Missbrauch von Frauen durchsetzte, um die Gesundheit der Männer zu schützen, die, wie sie betonten, die Prostituierten überhaupt erst infiziert hatten. Die Vorläufer der Sittlichkeitsbewegung der 1880er Jahre waren Männer und Frauen, die an der Abschaffungskampagne beteiligt gewesen waren. Die Social Purity Alliance wurde 1873 von Männern gegründet, die an der Kampagne teilgenommen hatten, um diejenigen ihres Geschlechts zu vereinen, die ihr Verhalten und das anderer Männer ändern wollten, um Selbstbeherrschung zu fördern und die Prostitution überflüssig zu machen. Ab den 1880er Jahren und insbesondere ab 1886, als die Contagious Diseases Acts endgültig aufgehoben wurden, schlossen sich Frauen, die sich an der Abschaffungskampagne beteiligt hatten, und andere, die für dieselben Prinzipien eintraten, in großer Zahl den sich ausbreitenden Organisationen für Sittlichkeit an und brachten einen starken und entschiedenen feministischen Standpunkt mit. Die Feministinnen der Sittlichkeitsbewegung kämpften gegen die Annahme, dass die Prostitution, die sie als Opfer der Frauen für die Männer ansahen, aufgrund der besonderen biologischen Natur der männlichen Sexualität notwendig sei, und erklärten, dass der männliche Sexualtrieb ein soziales und kein biologisches Phänomen sei. Sie waren besonders empört über die Art und Weise, in der die Ausübung der männlichen Sexualität eine Spaltung der Frauen in die „Reinen" und die „Gefallenen" bewirkte und die Einheit der „Schwesternschaft der Frauen" verhinderte. Sie bestanden darauf, dass Männer für die Prostitution verantwortlich waren und dass der Weg zur Beendigung dieses Missbrauchs von Frauen darin bestand, die Nachfrage einzudämmen, indem den Männern Keuschheit auferlegt wurde, anstatt diejenigen zu bestrafen, die das Angebot bereitstellten. Dieselben Argumente verwendeten sie auch im Kampf gegen andere Aspekte des männlichen Sexualverhaltens, die sie als schädlich für Frauen ansahen, wie z. B. den sexuellen Missbrauch von Kindern, Inzest, Vergewaltigung und andere Formen der sexuellen Belästigung. J. Ellice Hopkins 'Name wird im Gegensatz zu dem von Josephine Butler nicht häufig im Zusammenhang mit der Geschichte des Feminismus genannt. Ihre allgemeine Einstellung zum Verhältnis zwischen den Geschlechtern ist eher den Grundsätzen der Ritterlichkeit als denen des Feminismus geschuldet, wie sie in Äußerungen wie „der Mann ist das Haupt der Frau und daher der Diener der Frau" (Hopkins, 1882; S. 56) deutlich macht. Ihr beachtlicher Beitrag zur Entwicklung der Sittlichkeit stellt jedoch in vielerlei Hinsicht eine militantere Haltung dar als diejenige von Frauen, deren feministisches Bekenntnis weniger zweideutig ist. Eine Untersuchung ihrer Arbeit wirft ein Licht auf die Beweggründe aller an der Kampagne für soziale Reinheit beteiligten Frauen, sowohl derjenigen, die ein ausgeprägtes feministisches Bewusstsein hatten, als auch derjenigen, die dies nicht hatten. Hopkins bezeichnete die Prostitution als „Erniedrigung der Frau" und griff den männlichen Gebrauch von Prostituierten an, der zur Schaffung „einer riesigen ausgestoßenen Klasse hilfloser Frauen" führte (Hopkins, 1879; S. 5). 1879 legte Hopkins einem Ausschuss der Einberufung ein „Plädoyer für ein breiteres Vorgehen der Kirche von England bei der Verhinderung der Erniedrigung von Frauen" vor. Das „Plädoyer" ist ein mutiger Angriff auf die Heuchelei der Kirche und ihre Gleichgültigkeit gegenüber der Beseitigung der Prostitution. Es ist ein leidenschaftlicher Aufruf zum Handeln. Ihr Interesse galt nicht der Bestrafung der „gefallenen" Frauen, sondern dem Schutz der Frauen vor dem Schaden, der ihnen durch die Ausübung der Doppelmoral und die sexuellen Praktiken der Männer zugefügt wurde. Sie greift die kirchliche Akzeptanz der Nutzung von Frauen in der Prostitution durch Männer mit lauten Tönen an:

> „... die Mehrheit der Männer, viele von ihnen gute Christen, halten die Existenz dieser ausgestoßenen Klasse in einem zivilisierten Land, in dem die Heirat aufgeschoben wird, für notwendig; die Notwendigkeit dieses groß angelegten Opfers von Frauen an Leib und Seele" (Hopkins, 1879; S. 8).

Sie forderte, dass die Kirche über die Einrichtung von Zuchthäusern für Prostituierte hinausgehen, welche lediglich die Symptome der Krankheit behandelten, und die Krankheit selbst heilen sollte, indem sie Keuschheitsligen für Männer einrichtete. Sie trug den Kampf zum Schutz der Frauen vor sexueller Ausbeutung über die defensiven Aktivitäten der Präventions- und Rettungsarbeit mit Frauen hinaus.[5] Sie richtete ihre Energien auf die Transformation des männlichen Sexualverhaltens aus, durch Gruppen, in denen Männer sich gegenseitig bei der Ausübung von Selbstbeherrschung unterstützen konnten.

Aus Hopkins 'Bemühungen gingen die *White Cross Army* und die *Church of England Purity Society* hervor. Letztere sollte die Präventions- und Rettungsarbeit überwachen. Der Sinn der *White Cross Army*, die nach einem Treffen von Arbeitern in Edinburgh gegründet wurde, auf dem Hopkins sprach, bestand darin, Literatur zu verbreiten und die Unterstützung von Männern zu gewinnen. Im Jahr 1891 schlossen sich die Organisationen zur *White Cross League* zusammen, die sich nach Indien,

---

[5] Rettungsarbeiter richteten Zufluchtsorte für in der Prostitution tätige Frauen ein, um sie zu rehabilitieren. Die Präventionsarbeit beinhaltete die Einrichtung von Heimen für Mädchen, die als gefährdet galten, in die Prostitution abzurutschen, um ihnen zu helfen, andere Wege für ihren Lebensunterhalt zu finden

Kanada, Südafrika, den Vereinigten Staaten, Frankreich, Deutschland, Holland, der Schweiz und vielen anderen Ländern ausbreitete. Die Gelöbniskarten der *White Cross Army* zeigen, wie Hopkins 'Ziel, die Entwürdigung der Frauen zu beseitigen, erreicht werden sollte. Die Verpflichtungen lauteten wie folgt:

> (1) Alle Frauen mit Respekt zu behandeln und sich zu bemühen, sie vor Unrecht zu schützen.
> (2) Sich bemühen, jede unanständige Sprache und grobe Scherze zu unterdrücken.
> (3) Das Gebot der Reinheit, das für Männer und Frauen gleichermaßen gilt, soll gewahrt werden.
> (4) Sich zu bemühen, diese Grundsätze unter meinen Gefährten zu verbreiten und zu versuchen, meinen jüngeren Brüdern zu helfen.
> (5) Alle möglichen Mittel zu nutzen, um das Gebot „Halte dich rein" zu erfüllen"(White Cross League, o.J.).
>
> (engl.:
> (1) To treat all women with respect, and to endeavour to defend them from wrong.
> (2) To endeavour to put down all indecent language and coarse jests.
> (3) To maintain the law of purity as equally binding on men and women.
> (4) To endeavour to spread these principles among my companions and to try to help my younger brothers.
> (5) To use every possible means to fulfil the command, „Keep thyself pure "(White Cross League, n.d.).
>)

Hopkins 'kompromisslose Haltung zur Verantwortung der Männer für die Entwürdigung der Frauen war genauso stark wie, wenn nicht sogar stärker, als die anderer feministischer Aktivistinnen in dieser Frage. In einer Broschüre mit dem Titel *The Ride of Death* (Der Ritt des Todes) beschreibt Hopkins Prostituierte, die „ihren Weg verloren" haben und „Krankheit, Entwürdigung, Flüche, Alkohol, Verzweiflung" nahe sind. Sie fragt:

> „Denn wer hat sie in diese Lage getrieben? Männer, Männer, die sie hätten beschützen sollen, anstatt sie zu entwürdigen; Männer, die die Schwäche einer Frau ausgenutzt haben, um ihr eigenes selbstsüchtiges Vergnügen zu befriedigen, nicht sehend, dass die Schwäche einer Frau gegeben wurde, um die Stärke eines Mannes hervorzurufen. Ay, ich weiß, dass es oft die

> Frau ist, die verführt; diese armen Geschöpfe müssen verführen oder verhungern. Doch das berührt nicht das große Problem, dass es die Männer sind, die die Entwürdigung der Frauen herbeiführen; es sind die Männer, die, indem sie die Nachfrage stellen, das Angebot schaffen. Wenn man das Geld der Männer stoppen würde, wäre die ganze Sache in drei Monaten ausgehungert" (Hopkins, o.J.; S. 5).

Es war üblich, dass Frauen, die sich in der Sittlichkeitsbewegung engagierten, sich mit dem, was sie als Frauenbewegung ansahen, auf einer Linie sahen, insbesondere im Hinblick auf die Arbeit im Bereich der Sexualmoral. Hopkins verstand sich offensichtlich als Teil der Frauenbewegung, wie sie in diesem aufrüttelnden Aufruf an andere Frauen, sich ihr anzuschließen, deutlich macht:

> „Ich appelliere an euch ... nicht länger tatenlos zuzusehen, wie euer eigenes Frausein in Entwürdigung, in unnatürlichen Gebrauch versinkt - in Verbrechen gegen die Natur, die in der tierischen Schöpfung keine Entsprechung haben; sondern, was immer es euch kostet, euch der großen, stillen Frauenbewegung anzuschließen, die in ganz England zur Verteidigung eures eigenen Frauseins entsteht. Ich appelliere an euch ..., die Kinder zu retten" (Hopkins, 1882; S. 7).

Hopkins verließ sich nicht einfach auf den Erfolg der Keuschheitsligen für Männer bei der Beseitigung von Prostitution und der Doppelmoral. Ihr großer Plan zum Schutz der Frauen und zur Transformation des männlichen Sexualverhaltens bestand darin, das Land mit einem Sicherheitsnetz zu überziehen, das drei Arten von spezialisierten Organisationen in jeder Stadt mit ihren eigenen Aufgaben umfassen sollte. Eine dieser Organisationen war die *Ladies National Association for the Care and Protection of Friendless Girls*. Der Zweck dieser Vereinigungen, die nach Gründungsgesprächen von Hopkins in Städten in ganz Großbritannien gegründet wurden, bestand darin, Heime für Mädchen einzurichten, die obdachlos waren, die auf der Suche nach Arbeit in die Stadt gekommen waren oder zwischen zwei Beschäftigungen standen und ansonsten in die Prostitution abdriften könnten. Die Mädchen sollten für die Hauswirtschaft ausgebildet werden, durch Bekleidungsclubs mit Kleidung ausgestattet werden und durch ein kostenloses Meldebüro, das nicht, wie offenbar viele Meldebüros zu dieser Zeit, eine Fassade für die Einschleusung in die Prostitution sein sollte, eine Beschäftigung erhalten. Bis 1879 wurden Ladies Associations in Birmingham, Bristol, Nottingham, London, Edinburgh, Torquay, Cheltenham, Southampton, Winchester, Bedford, Dundee und Perth gegründet, und in den 1880er Jahren entstanden sie in vielen anderen

Städten nach einem Besuch mit einer aufrüttelnden Rede und allgemeinen Ratschlägen von Ellice Hopkins. Hopkins riet den Ladies Associations, in ihren Städten Vigilance Associations zu gründen, sofern sie noch nicht existierten, um sich mit unanständigen Druckerzeugnissen und Veranstaltungen, Bordellbesuchen und der Verfolgung von Sexualstraftätern zu befassen. Die Ladies Associations, die Vigilance Societies und die Keuschheitsligen für Männer bildeten Hopkins' dreifachen Plan zur Beseitigung der sexuellen Ausbeutung von Frauen.

Hopkins 'Arbeit wurde von ihrer Wut über den Missbrauch von Frauen infolge der Nutzung von Prostituierten durch Männer angetrieben. Ihr Beitrag zur Sittlichkeit durch ihre Schriften und ihre unermüdlichen Organisationstouren deckt sich in den meisten Punkten mit den Zielen anderer feministischer Kämpferinnen in der Thematik der Prostitution. Sie wurde jedoch dafür kritisiert, dass sie bei ihren Aktionen die bürgerlichen Freiheiten der Frauen zuweilen weniger gewissenhaft verfolgte - zum Beispiel, indem sie die Kinder von Frauen, die in der Prostitution arbeiteten, in Industrieschulen unterbrachte. Sie brachte immer wieder ihre Unterstützung für diejenigen zum Ausdruck, die sich für die Abschaffung der C.D.-Acts einsetzten, obwohl sie ihre Energien lieber anderweitig einsetzte. Organisationen, die aus Hopkins' besonderer Vision des Frauenschutzes hervorgingen, erfüllten nicht unbedingt ihre Ziele. Die *Church of England Purity Society* stieß wegen ihrer Bereitschaft, Gesetze zu unterstützen, die Frauen einschränkten, auf den Widerstand der streng feministischen *Moral Reform Union*.

Ein Thema, das den Verfechtern der Sittlichkeit, insbesondere den beteiligten Frauen, große Sorgen bereitete, war der sexuelle Missbrauch von Kindern. Die Offenbarungen über die Existenz junger Mädchen, die der Prostitution nachgingen, die sich aus der Kampagne zur Abschaffung der C.D.-Gesetze ergaben, führten dazu, dass das Alter für die Einwilligung zum Geschlechtsverkehr für Mädchen im *Criminal Law Amendment Act* von 1885 auf 16 Jahre angehoben wurde. Auch nach der Verabschiedung dieses Gesetzes gab es weiterhin heftige Auseinandersetzungen über den sexuellen Missbrauch von Kindern. Die Organisation, die in erster Linie an dieser Agitation beteiligt war, war die *National Vigilance Association*, die direkt aus der Empörung heraus gegründet wurde, die W. T. Steads Aufdeckung des „White Slave Traffic" ausgelöst hatte, bei dem es um den Kauf junger Mädchen zum Zwecke der Prostitution ging. Frauen, die an der Abschaffungskampagnebeteiligt waren, schlossen sich der NVA bei ihrer Gründung an, um ihre Arbeit zur Beseitigung der Doppelmoral und zur Bekämpfung der sexuellen Ausbeutung von Frauen und Mädchen fortzusetzen. Die NVA bekämpfte nicht nur den sexuellen Missbrauch von Kindern, sondern auch viele andere Formen der sexuellen Belästigung von Frauen. Die Vereinigung oder ihre Zweige stellten Anwälte zur Verfügung, die in zahllosen Fällen von Vergewaltigung und versuchter Vergewaltigung, sexueller Nötigung oder Exhibitionismus die Strafverfolgung übernahmen, und ergriffen außergerichtliche Maßnahmen in Fällen wie dem Versand obszöner Briefe an junge Mädchen und der sexuellen Belästigung von Frauen auf der Straße (National Vigilance Association, 1886-1905). Die NVA bemühte sich, die Bestimmungen des Gesetzes von 1885 über den sexuellen Missbrauch von Kindern umzusetzen, und wurde schnell besorgt über die Unzulänglichkeiten dieser Gesetzgebung zum Schutz von Mädchen. Ein Großteil der Energien der Organisation floss in eine Kampagne zur Einführung neuer Gesetzgebung, um die Unzulänglichkeiten des früheren Gesetzes zu beheben. Die Kampagne zielte darauf ab, das Schutzalter für unsittliche Übergriffe (das 1885 noch bei 13 Jahren lag) auf 16 Jahre anzuheben, um dem Schutzalter für Geschlechtsverkehr zu entsprechen. Sie strebte eine Verlängerung der Frist für die Strafverfolgung an, die 1885 auf 3 Monate begrenzt war. Außerdem wollte sie die Klausel des „vernünftigen Grundes zur Annahme" abschaffen, wonach es für einen Mann, der der Schändung eines 13- bis 16-jährigen Mädchens angeklagt war, eine ausreichende Verteidigung darstellte, wenn er nachweisen konnte, dass er glaubte, das Mädchen sei 16 oder älter. Diese Klauseln, die rechtlich eher ungewöhnlich sind, wurden, wie die NVA-Frauen betonten, in das Gesetz von 1885 aufgenommen, um vor allem die männlichen Täter zu schützen, damit das Gesetz von 1885 gegen sie nicht wirklich wirksam werden konnte. Die NVA bemühte sich auch um eine Änderung der Bestimmung im Gesetz, wonach alle Beweismittel der Kinder noch einmal bekräftigt werden mussten, was eine erfolgreiche Strafverfolgung unwahrscheinlich machte.

Nachdem die Todesstrafe für Inzest während der Restauration abgeschafft worden war, gab es keine Strafe für Inzest im Gesetz. NVA-Mitglieder, die mit Fällen von Inzest konfrontiert wurden, waren entsetzt darüber, dass Väter, die sich an Mädchen über 16 Jahren vergangen hatten, nicht bestraft werden konnten. Sie wollten eine härtere Bestrafung für den Missbrauch von Autorität und Verantwortung in Inzestfällen. Die feministischen Aktivistinnen sahen im Inzest ein Beispiel für den Missbrauch von Macht. Millicent Fawcett, die den Unterausschuss „Rescue and Preventive" der NVA leitete, gab folgende Erklärung für das Fehlen von Gesetzen zum Inzest:

> „Dies ist sehr wahrscheinlich ein Überbleibsel der alten bösen Doktrin der Unterwerfung der Frauen und der absoluten Vorherrschaft des Familienoberhaupts über alle Mitglieder der Familie. In allen Nationen mit fortschrittlicher Zivilisation bestand die Geschichte ihres Fortschritts in der allmählichen

> Emanzipation von Söhnen, Dienern, Töchtern und Ehefrauen von ihrer früheren Unterwerfung“ (Fawcett, 1892; S. 3).

Sie war der Ansicht, dass die Emanzipation der Söhne und der Bediensteten vollendet sei, nicht aber die der Frauen. Sie sprach sich für die elterliche Autorität aus, aber diese sei mit Verpflichtungen verbunden;

> „... und wenn ein Vater gegenüber einem Kind, ein Vormund gegenüber einem Mündel, ein Herr gegenüber einem Bediensteten die ihm durch das Gesetz verliehene Autorität ausnutzt, um das Kind oder den Bediensteten zu unmoralischen Handlungen zu verleiten, sollte das Vergehen als besonders schwerwiegend anerkannt und bestraft werden“ (Fawcett, 1892; S. 3).

Wie andere NVA-Frauen wollte auch Fawcett den Grundsatz gesetzlich verankern, dass Männer, die eine Position des Vertrauens und des Vorteils bei der Ausbeutung junger Mädchen missbrauchten, härter bestraft werden sollten. Es wurde vorgeschlagen, die Gesetzgebung zum Inzest in ein Gesetz aufzunehmen, das den Missbrauch durch Vormünder, Arbeitgeber, Schulmeister und Betreiber von Spielhallen abdecken sollte. Der *Punishment of Incest Act* (Gesetz zur Bestrafung von Inzest), der schließlich 1908 verabschiedet wurde, erfüllte diese allgemeinen Ziele nicht. Die Anhebung des Schutzalters für unsittliche Übergriffe auf 16 Jahre wurde schließlich 1922 nach einer konzertierten Kampagne einer Vielzahl von Frauenorganisationen erreicht.

Der Kampf für eine Gesetzesreform war nicht die einzige Methode, die die Feministinnen in ihrer Entschlossenheit anwandten, Kinder vor sexueller Ausbeutung zu schützen und die Opfer zu unterstützen. Es gab auch Kampagnen, um Polizistinnen dazu zu bringen, mit Frauen und Mädchen zu arbeiten, die in Fälle von Sexualdelikten verwickelt sind; um sicherzustellen, dass Ärztinnen missbrauchte Kinder untersuchen und Richterinnen die Fälle bearbeiten; um Spielplätze in Parks einzurichten, zu denen erwachsene Männer keinen Zutritt haben, und um in Zügen zum Schutz von Frauen und Mädchen reine Frauenwaggons zu schaffen. Frauen setzten sich auch dafür ein, die öffentliche Meinung zu diesem Thema zu bilden, insbesondere zum Thema der männlichen Voreingenommenheit von Richtern und Geschworenen. Frauen in der NVA und anderen Organisationen, in den Suffragetten und Lady Astor im Unterhaus (nachdem sie die erste weibliche Abgeordnete geworden war) beobachteten die Verurteilung von Straftätern gegenüber Kindern und wiesen darauf hin, dass Richter nicht nur milde Urteile verhängten, sondern auch bereit waren, Opfer im Alter von 7 Jahren der Verführung zu bezichtigen. Ein Richter entschuldigte einen Täter mit der Begründung, dass „dies eine Sache sei, die jedem Mann passieren könne“ (Conference on Criminal Assaults on Children, 1914). Einige Frauen bildeten „Überwachungskomitees“, um jeden Fall, der in ihrer Region vor Gericht kam, zu überwachen, um zu zeigen, dass die Richter unter Beobachtung standen und dass ihre Urteilspolitik öffentlich gemacht wurde (Übergriffe auf Kinder, 1914). Diese Beispiele geben nur einen kleinen Eindruck von der Vielzahl der Aktivitäten, die von Frauen zum Thema sexueller Missbrauch durchgeführt wurden.

Innerhalb der Sittlichkeitsbewegung gab es von Anfang an eine Meinungsrichtung, die derjenigen der Frauenrechtlerinnen genau entgegengesetzt war. Einige Männer und Frauen in der Sittlichkeitsbewegung waren bereit, Frauen für die Abschaffung der Prostitution zu opfern, indem sie sich für Gesetze einsetzten, die Frauen einschränkten oder bestraften und es versäumten, Männer zu bestrafen, die Prostituierte benutzten. Die Feministinnen stellten sich energisch gegen solche Ideen und Praktiken, wo immer sie auftauchten. Eine streng feministische Organisation, die Moral Reform Union (1881-1897), schrieb an die Gesellschaften, die ihrer Ansicht nach ungerechte Gesetze förderten, und nahm an deren Sitzungen teil, um sie aufzufordern, die Ansichten von Frauen zu berücksichtigen. Diese Gesellschaften umfassten das *Central Vigilance Committee* und *die Church of England Purity Society* (Moral Reform Union, 1883; S. 6; 1884; S. 13). Im späten 19. und frühen 20. Jahrhundert änderten viele Feministinnen ihre Taktik und konzentrierten sich auf die Suffragettenbewegung in der Hoffnung, dass das Wahlrecht eine Lösung für das Problem des sexuellen Missbrauchs von Frauen und Mädchen bieten würde. Sie hofften, dass die durch das neue Frauenwahlrecht und durch weibliche Abgeordnete eingeführte Gesetzgebung das Sexualstrafrecht verschärfen und die Löhne der Frauen verbessern würde, so dass die Armut, die Frauen in die Prostitution trieb, nicht mehr so akut sein würde. Andere Feministinnen verzweifelten an der Haltung der Verfechterinnen der Sittlichkeit, die eher das „Laster“ selbst als den Missbrauch von Frauen angriffen, und fühlten sich nicht in der Lage, mit ihnen zusammenzuarbeiten. Als die feministischen Energien abgezogen wurden, gerieten viele Organisationen der Sittlichkeit unter die Vorherrschaft dieser Anti-Laster-Kreuzzügler.

FEMINISTISCHE IDEEN ZUR SEXUALITÄT
Elizabeth Wollstenholme Elmy und Frances Swiney

Zwei Feministinnen, die stark an der Kampagne der Suffragetten sowie an anderen feministischen Themen beteiligt waren, schrieben ausführlich über Sexualität, und ihre Schriften geben uns einen Einblick in die Ideen und Motivationen, die hinter der feministischen Bewegung zu diesem Thema standen. Beide waren sehr besorgt über die Prostitution und den sexuellen Missbrauch von Kindern, aber sie gingen weiter als andere an den Kampagnen beteiligte Frauen, indem sie das Recht der Frau auf Kontrolle über ihren eigenen Körper innerhalb der Ehe einforderten und eine theoretische Analyse der sexuellen Unterdrückung von Frauen entwickelten.

In ihrer feministischen Karriere, die sich über 60 Jahre erstreckte, arbeitete Elizabeth Wollstenholme Elmy an der Seite der Frauen, die die radikalsten Positionen zur Sexualität vertraten, wie Josephine Butler und Christabel Pankhurst. Ihre hauptsächlichen Kampagnenaktivitäten betrafen die höhere Bildung für Frauen, das Frauenwahlrecht, die Reform des Ehe- und Sorgerechts sowie die Abschaffung der *Contagious Diseases Acts*. In der Regel schrieb sie unter dem Pseudonym „Ellis Ethelmer". Von ihren Hauptwerken sind zwei Bücher über Sexualerziehung für Kinder, eines, *Woman Free*, ist ein umfangreiches kommentiertes Gedicht, das sich hauptsächlich mit der Biologie der Frau und den Auswirkungen von sexuellem Missbrauch befasst, und ein anderes, *Phases of Love*, befasst sich mit der idealen Form der sexuellen Beziehung zwischen Männern und Frauen. Viele ihrer Artikel behandeln die gleichen Themen. Ihre Aktivitäten in der *Ladies National Association* und in der Ehereform boten ihr die Möglichkeit, ihre Ansichten praktisch umzusetzen. Die meisten ihrer Schriften stammen aus den 1890er Jahren.

Frances Swiney begann in den 1890er Jahren zu schreiben und veröffentlichte bis zum Ersten Weltkrieg eine große Anzahl von Büchern, Broschüren und Artikeln. Ihre Ideen waren eindeutig einflussreich in der Frauenbewegung, und ihre Bücher wurden in „*The Sufragette*" (herausgegeben von Christabel Pankhurst) und anderen Suffrage-Zeitschriften besprochen und beworben. Zwischen Swiney und Wollstenholme Elmy entwickelte sich aus ihren Aktivitäten in der Kampagne der Suffragetten eine Freundschaft. Beide betrachteten die sexuelle Unterwerfung der Frau als grundlegend für die Unterdrückung der Frau durch den Mann. Sie schlugen ähnliche Lösungen vor, welche die weitestgehende Abschaffung körperlicher sexueller Aktivitäten zwischen Männern und Frauen und die Förderung der sexuellen Selbstkontrolle der Männer beinhalteten. Wollstenholme Elmys Lösung war die psychische Liebe. Swineys Lösung war ihre eigene Theosophie, die sie durch die von ihr organisierte *League of Isis* propagierte.

Wollstenholme Elmy zeigte keine Scheu, die Tatsachen des Sexuallebens anzusprechen, und ging sogar so weit, klare und einfache Beschreibungen des menschlichen Fortpflanzungsprozesses für Kinder zu verfassen, zu einer Zeit, als viele Unwissenheit als tugendhaft für erwachsene Frauen, ganz zu schweigen von Kindern, betrachteten. Das Buch für ältere Kinder, das 1892 erschien, trug den Titel *The Human Flower*. Es beginnt mit einer Beschreibung der Fortpflanzung bei Blumen und beschreibt dann die menschliche Fortpflanzung auf eine Weise, die, wie sie sagte, dazu konzipiert ist, zu verhindern, dass irgendeinem Teil des menschlichen Körpers das Stigma der „Unreinheit" anhaftet. Zu diesem Zweck werden die menschlichen Genitalien als „blumenartige" Organe beschrieben. Das Buch für jüngere Kinder trug passenderweise den Titel *Baby Buds* (Babyknospen).

Das zentrale Thema ihrer Schriften war das Recht der Frauen, ihren eigenen Körper zu kontrollieren. Diese Kontrolle sollte sich auch auf die Entscheidung erstrecken, wann und wie sexuelle Aktivitäten stattfinden sollten und ob man Kinder haben wollte oder nicht. In ihrem Aufklärungsbuch für Jugendliche schreibt sie über den Horror der sexuellen Nötigung der Ehefrau durch den Ehemann, vermutlich um den Gedanken der Gegenseitigkeit und des Rechts der Frau, zu entscheiden, schon in jungen Jahren zu verankern. In *The Human Flower* beklagt sie die Unwissenheit der meisten Frauen beim Eintritt in die Ehe über die „ehelichen Intimitäten, die sich, wenn sie nicht auf Gegenseitigkeit beruhen, als abstoßend und unerträglich für sie erweisen können" (Ethelmer, 1892; S. 43). Wollstenholme Elmy ließ ihre jungen Leser keinen Zweifel daran, wie wichtig die Kontrolle der Frau über ihren eigenen Körper ist:

> „... die Überzeugung wächst von Tag zu Tag, dass es unter keinem Vorwand und keinem Versprechen erlaubt sein kann, die Individualität der Frau, sei es geistig oder körperlich, dem Willen und dem Zwang des Mannes zu unterwerfen; die Funktionen des Frauseins und der Mutterschaft müssen einzig und allein in der eigenen Wahl der Frau bleiben. Der Zwang ist, wie der Exzess, an sich ein Verstoß gegen und eine Vernichtung der psychischen Natur der sexuellen Beziehung; denn keine wahre Zuneigung oder Liebe würde dazu veranlassen oder es zulassen, einer widerstrebenden Partnerin Kummer oder Unrecht zuzufügen, und sie auf diese Weise der Möglichkeit einer unerwünschten Mutterschaft auszusetzen, ist ein gleichermaßen ungerechtfertigtes und unmenschliches Verfahren gegenüber

der Mutter und dem 'unwillkommenen Kind'"(Ethelmer, 1892; S. 43).

Sie brachte ihre Empörung über sexuellen Zwang in der Ehe noch weiter zum Ausdruck, indem sie sich dafür einsetzte, dass das Recht der Frauen, den Geschlechtsverkehr in der Ehe zu verweigern, gesetzlich anerkannt wurde. Ab 1880, als ein Gesetzentwurf für ein Strafgesetz ausgearbeitet wurde, der die Tatsache, dass ein Mann nicht wegen Vergewaltigung seiner Frau angeklagt werden konnte, gesetzlich verankerte, versuchten die Frauen zu zeigen, dass ein solcher Erlass die Frau auf „körperliche Sklaverei" reduzieren würde. Die Kampagne der Frauen war erfolglos: Auch 100 Jahre später ist es für einen Ehemann nicht strafbar, seine Frau zu vergewaltigen.

Wollstenholme Elmy befürwortete die Abschaffung des Geschlechtsverkehrs mit Ausnahme zum Zwecke der Fortpflanzung. In ihrer Aufklärungsliteratur wies sie lediglich auf die Notwendigkeit einer strikten Gegenseitigkeit hin, verbunden mit dem Hinweis, dass manche Paare sich dafür entschieden, den Geschlechtsverkehr nur zur Zeugung zu praktizieren, und dass dies die Notwendigkeit einer Geburtenkontrolle überflüssig mache. *Phases of Love* (Ethelmer, 1897) ist weitaus deutlicher. Das Buch wird als „Geschichte der menschlichen Leidenschaft und des Übergangs vom physischen zum psychischen Charakter und Attribut" beschrieben. Ihr Hauptgedanke ist, dass die Geschichte des Menschen eine Geschichte der Transformation von physischer in psychische Liebe ist. Sie schreibt über frühere und weniger aufgeklärte historische Systeme, dass „in jedes dieser männlichen Schemata mit einzigartiger Einmütigkeit die körperliche Unterwerfung (und damit die Entwürdigung) der Frau eingewoben war!" (Ethelmer, 1897; S. 9). Sie beschreibt, wie die Männer im Laufe der Geschichte die Frauen durch „positive körperliche Unterdrückung und Exzesse" missbraucht hätten, was zu einer Einschränkung der „angeborenen Individualität der geistigen Kraft und des Handelns" der Frau geführt habe (Ethelmer, 1897; S. 25). Ihre Wut darüber, dass die Frau durch die Besessenheit der Männer von der physischen sexuellen Liebe auf eine rein sexuelle Funktion reduziert wurde, hallt in der Entwicklung des feministischen Denkens von der Mitte des neunzehnten Jahrhunderts bis in die 1920er Jahre immer wieder nach. Wollstenholme Elmys Lösung bestand darin, das Ideal der sexuellen Selbstbeherrschung und dessen Gegenstück, die „psychische Liebe", zu propagieren, die ihrer Beschreibung nach nicht ohne körperliche und emotionale Befriedigung gewesen zu sein scheint. Ihr Ziel war es, die Frau von der „Entwürdigung ihres leiblichen Tempels zu ausschließlich tierischen Zwecken" (Ethelmer, 1897; S. 46) zu befreien, damit sie an allen Bereichen des Lebens, die bisher dem Mann vorbehalten waren, uneingeschränkt teilhaben konnte.

Wollstenholme Elmy wird von den Historikern nicht wegen ihrer unverblümten Angriffe auf den sexuellen Zwang in der Ehe oder ihrer mutigen Schilderungen der menschlichen Fortpflanzung für Kinder am meisten zitiert, sondern wegen ihrer Behauptung, die Menstruation sei pathologisch und durch den sexuellen Missbrauch von Frauen durch Männer verursacht - eine Idee, die sie nicht erfunden, sondern direkt aus der Arbeit zeitgenössischer männlicher Ärzte übernommen hat (Maclaren, 1978; S. 198). Ähnlich ist die Behandlung von Frances Swiney durch Historiker eher oberflächlich oder abwertend, sie wird von ihnen entweder als Spinnerin oder als prüde interpretiert (Mitchell, 1977; S. 319).

Swiney war eine leidenschaftliche Feministin, die das Wesen der weiblichen Unterdrückung und die Art und Weise, wie Frauen in einer minderwertigen Position gehalten wurden, sehr detailliert beschrieb. An der Wurzel des Unrechts gegenüber den Frauen sah sie die sexuelle Unterwerfung der Frauen, auf die sie sich in ihren Schriften konzentrierte. Sie war Matriarchalistin und vertrat die Ansicht, dass die Unterdrückung der Frauen begann, als die Männer das Matriarchat zerstörten, um die Frauen zu sexuellen Sklavinnen zu machen, die ihre sexuellen Gelüste befriedigen sollten. Wie Wollstenholme Elmy warf sie den Männern vor, die Frauen auf eine rein sexuelle Funktion reduziert zu haben:

> „Die Männer haben in den Frauen nur einen Körper gesucht. Sie haben diesen Körper in Besitz genommen. Sie haben ihn zum Abfallhaufen der Sexualpathologie gemacht, obwohl sie ihn als den Tempel Gottes, die heilige Fahne des Lebens, die Quelle der Gesundheit für das menschliche Geschlecht hätten verehren sollen“ (Swiney, 1907; S. 43).

Die größte Last dieser sexuellen Unterwerfung bestand darin, dass die Frauen gezwungen waren, sich dem Geschlechtsverkehr zu unterwerfen, wann immer der Mann es wünschte, und dies sogar zu den Zeiten, die nach Swineys Ansicht am heiligsten sein sollten, nämlich während der Schwangerschaft und unmittelbar nach der Entbindung. Sie betrachtete eine derartige Benutzung des Körpers der Frau als Missbrauch und verwendete eine Menge biologischer, medizinischer und anthropologischer Beweise, um ihren Standpunkt zu belegen. Sie war wütend über die Unterwerfung der Frauen unter das ungewollte Kinderkriegen, und ihre Empörung wurde durch die gynäkologischen Entdeckungen noch verstärkt, die in der medizinischen Literatur der damaligen Zeit bekannt wurden. Für Swiney schien es, dass die ständigen Beschwerden, unter denen die Frauen des 19. Jahrhunderts litten, größtenteils auf eine Praxis zurückzuführen waren, die der Frau vom Mann auferlegt wurde und die, außer für die Fortpflanzung, völlig unnötig war: der Geschlechtsverkehr. Sie zählte die Auswirkungen von Geschlechtskrankheiten auf, die gerade erst ans Licht kamen, sowie die vielen vaginalen Infektionen und Beschwerden des Fortpflanzungssystems, unter denen Frauen infolge des Geschlechtsverkehrs litten. Einige dieser Beispiele klingen weit hergeholt. Viele sind einfach die Fakten, mit denen sich die Handbücher zur Frauengesundheit heute beschäftigen. Eine ihrer Erkenntnisse wird heute von der aktuellen medizinischen Meinung unterstützt, nämlich der Zusammenhang zwischen Sperma und Gebärmutterhalskrebs. Das folgende Zitat verdeutlicht die Kraft ihrer Rhetorik und die Vehemenz ihrer Anklage gegen den Menschen:

> „Kirche und Staat, Religion, Gesetz, Vorurteil, Sitte, Tradition, Gier, Lust, Hass, Ungerechtigkeit, Egoismus, Unwissenheit und Arroganz haben sich unter der sexuellen Herrschaft des Mannes gegen sie verschworen. Die Laster kommen jedoch wie Flüche zurück, um sich zu rächen. In seinem eigenen geschwächten Leib, in seinem kranken Gewebe, in seinem schwachen Willen, in seiner brabbelnden Idiotie, seinem rasenden Wahnsinn und seiner abscheulichen Kriminalität erntet er die Früchte einer entehrten Mutterschaft, einer geschändeten Weiblichkeit, einer unnatürlichen, abnormen, stimulierten Geburt und einer ausgehungerten, mit Gift gefütterten Kindheit..." (Swiney, 1907; S. 38).

Swineys Lösung für das Problem, dass Frauen lediglich als Objekte der sexuellen Benutzung durch Männer angesehen werden, sowie für die Widersprüche des Geschlechtsverkehrs in Form von ungewollten Schwangerschaften und Krankheiten, war das „Gesetz der Mäßigung" oder „Naturgesetz". Sie erklärte, dass der Geschlechtsverkehr nur zum Zweck der Fortpflanzung und auf keinen Fall während der Still- oder Schwangerschaftsphase stattfinden sollte. Nach ihrem Plan, der auch sehr lange Stillzeiten vorsah, könnte man annehmen, dass eine Frau in Abständen von 4-5 Jahren Kinder gebären würde. Zur Untermauerung ihres Arguments verweist sie auf die Arbeiten zeitgenössischer Anthropologen, die Gesellschaften beschrieben, in denen Frauen nicht mehr als drei oder vier Kinder bekamen und Männern für Zeiträume von 2 bis 12 Jahren keinen sexuellen Zugang zu ihnen gestatteten.

Swiney kodifizierte das „Naturgesetz" in ein religiöses System für die von ihr geleitete theosophische Gesellschaft, die *League of Isis*. Die sechs Verhaltensregeln der Gesellschaft betreffen alle die Regulierung der sexuellen Aktivität gemäß dem „Naturgesetz". Durch Mäßigung, und nur durch Mäßigung, konnten die spirituellen Ziele der Theosophen durch die Transmutation von körperlicher in geistige Energie verwirklicht werden. Ein solches religiöses System muss für Frauen, die den Geschlechtsverkehr vermeiden wollten, von positivem Nutzen gewesen sein, da sie darauf hinweisen konnten, dass die unerwünschte Aktivität dem „höheren Selbst" schaden könnte. Wahrscheinlich lag die große Anziehungskraft der Theosophie auf Frauen im späten 19. und frühen 20. Jahrhundert darin, dass sie eine Rechtfertigung für die Mäßigung bei Männern und die „psychische Liebe" bei Frauen lieferte. Annie Besant ist die berühmteste Bekehrte zur Theosophie und vielleicht die dramatischste, da sie von einer Verfechterin und Praktikerin der freien Liebe zu einer energischen Befürworterin des Zölibats wurde - zum Erstaunen und Unbehagen ihrer Freunde (Besant, 1877; 1901). Die christliche Sittlichkeit, die zölibatäre Theosophie und die „psychische Liebe" eines Freidenkers wie Wollstenholme Elmy hatten alle den Vorteil, dass sie die sexuelle Selbstkontrolle des Mannes förderten und rechtfertigten.

Sexualität und das Frauenwahlrecht 1906-1914

Der Kampf im Bereich der Sexualität gewann in der Zeit des Frauenwahlrechts vor dem Ersten Weltkrieg an Schwung. Alle Frauenwahlrechtsorganisationen, die *Conservative and Unionist Women's Franchise Association*, die *Women's Freedom League*, die *Men's League for Women's Suffrage*, die *National Union of Women's Suffrage Societies*, die *Church League for Women's Suffrage* und die *Women's Social and Political Union*, gaben Erklärungen zur Doppelmoral und zur Prostitution ab, die praktisch den gleichen Ton hatten. In dieser intensiven Phase des Frauenwahlrechtskampfes wurde das Wahlrecht als Allheilmittel für die Missstände der Frauen dargestellt. Suffragetten aller Überzeugungen verkündeten, dass Frauen, wenn sie das Wahlrecht erhielten, den Männern Keuschheit aufzwingen und den Missbrauch von Frauen in der Prostitution, den sexuellen Missbrauch von Kindern und den Verkauf von Frauen im „weißen Sklavenhandel" beenden würden. Die Suffragetten führten einen Kreuzzug zur Transformation der männlichen Sexualität, wobei die WSPU eine Vorreiterrolle spielte. Lucy Re-Bartlett, eine Bewunderin der WSPU, schrieb, dass nur wenige die „zugrundeliegende Situation" hinter dem großen Kampf für das Frauenwahlrecht und dessen „Größenordnung und Unausweichlichkeit" erkannten:

> „Die Öffentlichkeit scheint grob geteilt zu sein zwischen Leuten, die dem Kampf jegliche sexuelle Bedeutung absprechen, und denen, die diese Bedeutung sehen und ihn mit sexueller Morbidität und Hysterie in Verbindung bringen, während die Wahrheit in Wirklichkeit in keinem dieser Extreme liegt" (Re-Bartlett, 1912; S. 28).

Das Problem der Geschlechtskrankheiten bildete in dieser Phase einen neuen Schwerpunkt für den feministischen Kampf um die Sexualität. Christabel Pankhurst griff das Thema Geschlechtskrankheiten als taktischen Schachzug auf. In einem Artikel in *The Suffragette* aus dem Jahr 1913 erklärte sie, dass die Thematisierung sexueller Laster eine finale, massive Anstrengung sei, um die Frauen mit der Wut und Energie zu inspirieren, die im Kampf um das Wahlrecht zum Erfolg führen würde. Sie schrieb: „Wir haben hier die Sache, die alle Frauen ansprechen und vereinen wird“ (22. April). Sie schreibt zu einer Zeit, in der es in der Öffentlichkeit große Besorgnis über die Verbreitung von Geschlechtskrankheiten gab und die medizinische Forschung endlich die realen und alarmierenden körperlichen Auswirkungen der Krankheiten aufzeigte und die ersten wirklich wirksamen Heilmethoden entwickelte. Ihr standen viele Informationen zur Verfügung. In *The Great Scourge and How to End It* (1913) beschrieb sie detailliert die Auswirkungen von Geschlechtskrankheiten und wies darauf hin, wie sich die Krankheiten auf die Ehefrauen und Kinder der infizierten Männer auswirkten. Sie behauptete, dass 75-80 Prozent der Männer an Gonorrhoe und ein beträchtlicher Teil der übrigen an Syphilis erkrankt seien. Die Lösung lautete: „ Wahlrecht für Frauen: und Keuschheit für Männer“ (Pankhurst, 1913; S. 3). Das Flugblatt enthält eine ausführliche Beschreibung dessen, was ihrer Ansicht nach mit der männlichen Sexualität falsch ist.

Die ernsthafte Kritik an der männlichen Sexualität, die von Feministinnen in dieser Zeit vorgebracht wurde, basierte weiterhin auf der Vorstellung, dass die Frau in „sexueller Sklaverei“ gehalten wurde, indem sie nur im Hinblick auf Sex und keine andere Rolle gesehen wurde. Christabel schrieb, dass sexuelle Krankheiten auf die „Doktrin zurückzuführen seien, dass die Frau Sex sei und darüber hinaus nichts“, und dass das Ergebnis des ungehemmten Ausdrucks männlicher sexueller Begierden war, dass sich die „Beziehung zwischen Mann und Frau auf das Körperliche zentriert hat“ und die Beziehung die von „Herr und Sklave“ geworden war (Pankhurst, 19 13 : S. 20). Diese Auffassung wurde von Cicely Hamilton in ihrem Buch *Marriage as a Trade* (1909/1981) und von Beiträgen zur Debatte über Sexualität in der Zeitschrift *The Freewoman* in den Jahren 1911 und 1912 aufgegriffen.

Die Sexualisierung der Frau wurde unterstützt durch die Vorstellung, die den Sexualreformern und Antifeministen jener Zeit gemeinsam war, dass der männliche Sexualtrieb enorm mächtig, fast unersättlich und schwer, wenn nicht gar unmöglich zu kontrollieren sei. Die Feministinnen argumentierten, wie sie es schon getan hatten seit die Frauenbewegung begann, dass der männliche Trieb konstruiert und nicht eine natürliche

Veranlagung des Menschen sei. Er könne daher umtrainiert und transformiert werden. Diese Zurückweisung der Natürlichkeit des sexuellen Missbrauchs von Frauen durch Männer war in ihrer Auswirkung auf die Beziehungen zwischen den Geschlechtern potenziell revolutionär. Frances Swiney verachtete die „große Mehrheit von Personen, die in Unkenntnis der Physiologie immer noch an den offenkundigen Irrtum glauben, dass der Mann ein Bedürfnis nach körperlichem sexuellem Ausdruck und nach dessen Befriedigung hat" (Swiney, nd.; S. 38). Sie schrieb, dass „die Erlösung der Frau von der sexuellen Sklaverei nur durch die Erlösung des Mannes von der Sexbesessenheit erreicht werden kann" (Swiney, o.J.; S. 38). Christabel widmete ein Kapitel in *The Great Scourge* der Entkräftung des Arguments, dass Geschlechtsverkehr für die Gesundheit des Mannes notwendig sei, und zitierte 15 Ärzte, die erklärten, Kontinenz sei für Männer nicht schädlich und führe nicht zu einer Verkümmerung der Genitalorgane. Emmeline Pankhurst beteiligte sich an der Debatte ebenso vehement wie ihre Tochter. Sie kommentierte die Rede eines Mannes, der sagte, dass es immer Prostitution geben werde:

> „Wenn es wahr ist - und ich glaube nicht einen Augenblick daran -, dass Männer weniger Selbstbeherrschung haben als Frauen oder haben könnten, wenn sie richtig erzogen wären, wenn es einen schrecklichen Unterschied zwischen den physischen und moralischen Standards beider Geschlechter gibt, dann sage ich als Frau, stellvertretend für Tausende von Frauen in der ganzen Welt, dass Männer einen Weg finden müssen, die Bedürfnisse ihres Geschlechts zu befriedigen, der nicht die Entwürdigung unseres Geschlechts beinhaltet" (The Suffragette 29. August 1913).

Viele andere Aspekte des männlichen Sexualverhaltens wurden von den Feministinnen kritisiert, wie z. B. der Mangel an „Sympathie und Zärtlichkeit" und die Praxis, sexuelle Aktivitäten aus dem Kontext emotionaler Beziehungen herauszulösen.

Ihren eigenen Äußerungen, den Reaktionen antifeministischer Schriftsteller und der Aufregung in der Presse nach zu urteilen, entschieden sich einige Feministinnen bereits vor dem Ersten Weltkrieg dafür, keine sexuellen Beziehungen zu Männern zu haben. Nicht mehr nur mit einer Kritik am männlichen Sexualverhalten und einer Kampagne zur Förderung der Keuschheit der Männer zufrieden, verkündeten diese Frauen die Tugend, unverheiratet und zölibatär zu bleiben. Sie fällten diese Entscheidung aus Protest gegen die Form, welche die männlichen Sexualität annahm, gegen die Weise, in der Frauen in Beziehungen zu Männern unterdrückt wurden, und weil einige von ihnen glaubten, dass die Stellung aller Frauen nur in einer Gesellschaft verbessert werden könnte, in der es eine große Klasse zölibatärer Frauen gab. Es ist schwer zu beurteilen, wie groß diese Revolte war und was sie für alle beteiligten Frauen bedeutete, aber die Unruhe, die sie bei Antifeministen und sogar bei einigen Feministinnen auslöste, legt nahe, dass sie eine ernsthafte Untersuchung wert ist. Das Ungleichgewicht zwischen den Geschlechtern in der Bevölkerung erreichte bei dem Zensus von 1901 mit 1068 Frauen auf 1000 Männer einen Höhepunkt und blieb bei dem Zensus von 1911 auf diesem Niveau. Dieses Ungleichgewicht bildete die materielle Grundlage für die Beunruhigung der Antifeministen über den „Frauenüberschuss" und vermittelte einigen feministischen Befürwortern des Zölibats den Eindruck, dass die Natur auf ihrer Seite war. Noch wichtiger ist, dass die Heiratsrate in der Vorkriegszeit niedrig war. Im Jahr 1911 erreichte die Zahl der ledigen Frauen in jeder Altersgruppe ab 25 Jahren einen Höchststand. Bei dem Zensus von 1921 stieg das Verhältnis von Frauen zu Männern in der Bevölkerung, aber auch die Heiratsrate stieg nach dem Krieg in jeder Altersgruppe an. Obwohl 1911 nicht den Höchststand des Verhältnisses von Frauen zu Männern darstellte, scheint es einen Tiefstand in der Beliebtheit der Ehe darzustellen. Christabel Pankhurst erklärte kategorisch, dass die Jungfernschaft eine politische Entscheidung sei, eine bewusste Entscheidung, die als Reaktion auf die Bedingungen der Sexsklaverei getroffen wurde:

> „Es kann keine Paarung zwischen den geistig entwickelten Frauen dieser neuen Zeit und Männern geben, die im Denken und Verhalten in Bezug auf sexuelle Angelegenheiten ihnen unterlegen sind" (Pankhurst, 1913; S. 98).

Es ist davon auszugehen, dass sie mit ihren Ansichten in der WSPU nicht allein war, denn im selben Jahr, 1913, waren 63 % der Mitglieder Jungfern und viele der übrigen Witwen. Cicely Hamiltons Buch *Marriage as a Trade* (1909) ist eine ausführliche Darstellung der Gründe, warum Frauen Jungfern sein wollten, der gegen sie angewandten Tricks und ihres Glaubens an die politische Notwendigkeit von Jungfern für die Frauenrevolution. Die Bedeutung der Jungfer bestand darin, dass nur sie dazu beitragen konnten, die Sache der Frauen voranzubringen, da „jede Verbesserung, die bereits im Status der Ehefrau und Mutter erreicht wurde, ihren Ursprung außerhalb ihrer selbst hat und zu einem großen Teil das Werk der ehemals zufriedenen Jungfer ist" (Hamilton, 1909; S. 252). Während die Jungfer ihre Position verbesserte, zerstörte sie stetig das Prestige der Ehe, und die Bedingungen für die Ehe mussten verbessert werden, wenn es für Frauen eine praktikable Alternative zur Ehe gibt. Wenn die Ehe freiwillig und nicht erzwungen wäre, so dachte sie, müssten die Männer für die Arbeit bezahlen, die sie damals umsonst bekamen, und die Männer müssten sich in Selbstbeherrschung üben, anstatt „die eine Hälfte der Rasse als in die Welt geschickt zu betrachten, um in der anderen Hälfte Begehrlichkeiten zu wecken“ (Hamilton, 1909; S. 278).

Lucy Re-Bartlett verkündete im Laufe ihrer Laudatio auf die militanten Suffragetten, dass das Phänomen des Zölibats unter Feministinnen und anderen Frauen eine positive Entscheidung sei, sich zu weigern, Beziehungen mit Männern einzugehen, bis die animalische Natur des Mannes transformiert und eine neue geistige Form der Beziehung zwischen den Geschlechtern möglich sei. In *Sex and Sanctity* beschreibt sie, nachdem sie von den „Schrecken des weißen Sklavenhandels“ und dem „Ruin kleiner Kinder“ gesprochen hat, das „neue soziale Gewissen“, das in Großbritannien und in anderen Ländern entsteht. Diese Frauen, erklärte sie:

> „...fühlen sich durch ihr Frausein mit jeder leidenden Frau und jedem verletzten Kind verbunden, und wenn sie auf die große Masse der Männer schauen, die ihnen gegenüber gleichgültig zu sein scheinen, wächst in den Herzen einiger dieser Frauen ein großes Gefühl der Distanz... In den Herzen vieler Frauen erhebt sich heute ein Schrei wie dieser: ... Ich werde keinen Mann kennen und kein Kind gebären, bis diese Apathie durchbrochen ist - dieses Unrecht berichtigt ist“ (Re-Bartlett, 1912; S. 125).

Sie schrieb, dass sowohl verheiratete als auch alleinstehende Frauen so fühlten und handelten: „Es ist der ‚stille Streik‘, und er findet auf der ganzen Welt statt“ (Re-Bartlett, 1912; S. 44).

Die Entwicklung einer Klasse von Jungfern, die stolz verkünden, dass sie glücklich und erfüllt sind, eine bewusste Entscheidung getroffen haben und für den politischen Kampf der Frauen unverzichtbar sind, stieß auf ernsthaften Widerstand. Seit den 1890er Jahren hatten sich aus der Arbeit von Edward Carpenter, Havelock Ellis und ihrem Kreis sowie aus der Veröffentlichung des Magazins *The Adult* eine Reihe von Ideen zur Sexualreform entwickelt. Diese Ideen, insbesondere diejenigen, die die körperliche Notwendigkeit des Geschlechtsverkehrs für beide Geschlechter und die Gefahren der „Unterdrückung“ betrafen, waren in der Frauenbewegung vor dem Ersten Weltkrieg vertreten und wurden genutzt, um eine erbitterte Propagandaschlacht gegen die „Jungfer“ zu führen. Das Magazin *The Freewoman* gab der Opposition eine Plattform. Die Zeitschrift wurde 1911 von Dora Marsden gegründet, die zuvor in der militanten Frauenwahlrechtsbewegung aktiv gewesen war. Das Magazin widmete sich der Förderung der Ideen der Sexualreformer und enthielt Artikel über die Beseitigung von Beschränkungen der Freiheit der Frauen, sexuelle Beziehungen zu Männern einzugehen, eine Reform des Eherechts, die Förderung der unverheirateten Liebe und Kritik an der

Monogamie. Die Hetze gegen Jungfern wurde in *The Freewoman* parallel zu einer langwierigen Propagandakampagne gegen die WSPU betrieben. Der Angriff auf Jungfern begann bereits in der ersten Ausgabe. In einem Artikel mit dem Titel „The Spinster" (Die Jungfer), geschrieben „von einer", wird der Klasse der „unverheirateten Frauen" ein destruktiver und verdrehter Charakter verliehen. Die ersten Zeilen geben den allgemeinen Ton an.

> „Ich schreibe von der Hohepriesterin der Gesellschaft. Nicht von der Mutter der Söhne, sondern von ihrer unfruchtbaren Schwester, dem verdorrten Baum, der säuerlichen Vestalin, unter deren bleichem Schatten wir frieren und bleichen, von der Jungfer schreibe ich. Wegen ihrer Macht und Herrschaft. Sie, unauffällig, sanftmütig, weichfüßig, schweigend, schamhaft, blut- und knochenlos, ausgedünnt bis zum Geist, dringt in die geheimen Nischen des Geistes ein, sitzt an den geheimen Quellen des Handelns und formt und modelliert unsere entmannte Gesellschaft. Sie ist unsere soziale Nemesis" (The Freewoman November 23, 1911).

In den folgenden Ausgaben von *The Freewoman* erschienen weitere Artikel, in denen beschrieben wurde, wie verschiedene Arten von Jungfern entstanden sind. In einem Artikel über die Frau mit College-Ausbildung wurde in missbilligendem Ton von ihrem zunehmenden Desinteresse an Kleidung, ihrem Mangel an sexueller Anziehung und ihrer Gleichgültigkeit gegenüber Männern gesprochen. Im Mittelpunkt des ersten Artikels stand das Argument, das den Werken der geschlechtsreformerischen Bruderschaft gemein war, nämlich dass sexuelle Aktivität mit Männern für die Gesundheit der Frau lebenswichtig sei und sie ohne diese entweder verbittert und verdorben oder überschwänglich sentimental werde. Es folgte eine Debatte auf den Leserbriefseiten des Magazins, in der die Jungfern ihre Position zu verteidigen versuchten. Sie argumentierten, dass tatsächlich die Ehe die Gesundheit der Frauen ruiniere und dass sie als Jungfer vollkommen glücklich und gesund seien. Sie argumentierten auch für die politische Notwendigkeit einer Klasse von Jungfern. Es entwickelte sich ein Briefwechsel zwischen Kathryn Oliver, einer Jungfer, und der „New Subscriber", die sich später als Stella Browne zu erkennen gab. Oliver griff die „neue Moral" an und erklärte, sie sei eine „Apostelin der Politik der Selbstbeschränkung in sexuellen Angelegenheiten" (15. Februar 1912). Sie bestritt, dass der Zölibat die Gesundheit der Frauen gefährde. Stella Browne versicherte den Lesern, dass die Gesundheit, das Glück, die soziale Nützlichkeit und die geistigen Fähigkeiten vieler Frauen „durch die unnatürlichen Bedingungen ihrer Lebensweise ernsthaft beeinträchtigt und manchmal völlig ruiniert" würden, wenn sie zölibatär lebten. Sie verkündete, dass „Sex eine Freude ist“ und beklagte die Auswirkungen von Frauen wie Oliver auf die Frauenbewegung!

> „Es wäre eine unaussprechliche Katastrophe, wenn unsere hochkomplexe feministische Bewegung mit ihren Möglichkeiten der Macht und der Freude unter die Herrschaft sexuell unzulänglicher und enttäuschter Frauen geriete, die für Fakten und Logik unempfänglich sind und eine tiefe Unkenntnis des Lebens haben“ (7. März 1912).

Es besteht kein Zweifel, dass Stella Browne und andere sexualreformerische Feministinnen nach ihr, wie Dora Russell, leidenschaftlich daran interessiert waren, das Recht der Frauen auf sexuelles Vergnügen als wesentlichen Bestandteil des Kampfes für die Emanzipation der Frauen zu fördern. Um die Freude am Sex zu propagieren, sahen sie sich gezwungen, all jene kompromisslos anzugreifen, die ihrer Meinung nach diesem Marsch in die sexuelle Freiheit im Wege standen, darunter auch, kurz vor dem Ersten Weltkrieg, die große Mehrheit der Feministinnen und insbesondere die Jungfern in ihren Reihen. In der Zeit unmittelbar vor dem Krieg war die Frauenbewegung in der Frage der Sexualität tief gespalten. Das eine Lager setzte sich für die Freuden und Notwendigkeiten des heterosexuellen Geschlechtsverkehrs in oder außerhalb der Ehe ein, ohne ernsthaft zu versuchen, die Form der männlichen Sexualität und ihre Auswirkungen auf die Frauen zu kritisieren, vermutlich weil eine solche Kritik die Stärke ihrer Kampagne beeinträchtigt hätte. Das andere Lager wies darauf hin, dass viele Frauen keine Befriedigung aus dem Geschlechtsverkehr zögen, legte nahe, dass es in der Frage der Sexualität große Interessensunterschiede zwischen Männern und Frauen gebe, übte heftige Kritik an der Form der männlichen Sexualität und plädierte dafür, mit den sexuellen Wünschen der Männer nicht zu kooperieren.

Die überwiegende Mehrheit der feministischen Aktivistinnen der letzten Welle des Feminismus stellte die Form der männlichen Sexualität in Frage und versuchte, das männliche Sexualverhalten zu transformieren und einzuschränken, um Frauen vor den schädlichen Auswirkungen von Vergewaltigung und sexuellen Übergriffen, Prostitution und sexuellem Missbrauch von Kindern, sexuellem Zwang in der Ehe und ungewolltem Gebären zu schützen. Einige sahen die „Sex-Sklaverei“, die Frauen auf eine rein sexuelle Funktion reduzierte und ihr Leben und ihre Möglichkeiten einschränkte, als Grundlage für die Unterdrückung von Frauen. Die Taktiken, die sie anwandten, umfassten die Gründung von Keuschheitsligen für Männer, die Unterstützung der Opfer, Propagandakampagnen zur Bildung der öffentlichen Meinung, die Entwicklung spiritueller Systeme, die Konzentration auf den Kampf um das Wahlrecht als Allheilmittel und den vollständigen Verzicht auf sexuelle Beziehungen mit Männern. Der schiere Umfang der Aktivitäten der Feministinnen und die Stärke der von ihnen zum Ausdruck gebrachten Wut und Empörung lassen darauf schließen, dass diese Kampagnen ein beherrschendes Thema der Frauenbewegung und eine sehr starke Motivation dafür waren.

Nach dem Ersten Weltkrieg und insbesondere nach der Verabschiedung des Gesetzes von 1922, mit dem das Schutzalter für unsittliche Übergriffe auf 16 Jahre angehoben wurde, erlebte dieser Aspekt der Frauenbewegung einen rapiden Rückgang. Dieser Rückgang ging einher mit dem allgemeinen Niedergang des militanten Feminismus und dem Siegeszug der „Sexualreform" in den 1920er Jahren. Die 1920er Jahre waren geprägt von einer konzertierten Kampagne in Form von Heiratsratgebern und -kliniken sowie von Werken „progressiver" und konservativer Sexualreformer, um Frauen zur Teilnahme am Geschlechtsverkehr mit Männern zu verpflichten, verbunden mit einem anhaltenden Angriff der Sexualreformer auf die „Jungfer", die „frigide" Frau, militante Feministinnen, „Männerhasser" und insbesondere Frauen, die eine Kritik an der männlichen Sexualität übten. Der Zusammenhang zwischen dem Niedergang des militanten Feminismus und der Entwicklung der Sexualreformbewegung ist eine der interessantesten Fragen, die sich aus der Untersuchung der Literatur über die Sexualität der 1920er Jahre ergeben hat, und bildet den Gegenstand meiner weiteren Forschung.

Anmerkung: Der Vorstoß der Frauen in das "öffentliche" Leben ist durch besondere Ereignisse im Kampf um unsere Rechte gekennzeichnet. Gewalt gegen Frauen ist Teil eines Systems, das darauf abzielt, sie untergeordnet zu halten, sie ist Teil der männlichen Sozialisation im patriarchalen System. Männer nutzen diese Gewalt, um die Sozialisierung von Frauen in Angst, Kontrolle und Furcht vor dem, was mit uns geschieht, wenn wir uns ihnen nicht unterordnen, zu prägen.
Um uns vor dieser Gewalt zu schützen, mussten wir Frauen unsere Realität verstehen und handeln. Auf diese Weise waren geschlechtergetrennte Räume eine Errungenschaft, um weniger vergewaltigt und verletzt zu werden, um ein Sozialleben und ein öffentliches Leben führen zu können, um mit dem Vertrag zu brechen, der Frauen in ihren Häusern hielt, isoliert und im Dienst des Haushalts und der Männer. Die Abschaffung geschlechtergetrennter Räume ist ein großer Rückschritt für die Frauen, denn damit sind sie wieder dem gewalttätigen Willen der Männer in den intimsten Bereichen wie Toiletten, Umkleideräumen und Saunas ausgesetzt. In diesem Kapitel geht Sheila Jeffreys auf den Verlust von nach Geschlechtern getrennten Räumen und auf die Kosten für das öffentliche Leben von Frauen und Mädchen ein: Es bedeutet Einschränkung, es bedeutet weniger soziales und öffentliches Leben, es bedeutet einen Rückschlag von 300 Jahren für Frauen.

Die Politik der Toilette: Eine feministische Antwort auf die Kampagne zur „Entgenderung“ eines Frauenraums

(2014)

Zusammenfassung: Dieser Artikel ist eine feministische Antwort auf den Kampagnenaktivismus und die Queer- und Transgender-Theorie, die die „Entgenderung“ öffentlicher Toiletten vorantreibt. Diese Kampagne geht auf die Forderungen von Männern zurück, die transgendern um Damentoiletten zu betreten. Die Aktivisten argumentieren, dass die Geschlechtertrennung auf Toiletten ein Ergebnis des Moralismus des neunzehnten Jahrhunderts ist und eine diskriminierende Praxis darstellt. Sie behaupten, dass entgenderte Toiletten für Frauen sicherer seien, weil die guten Männer die Frauen vor Angreifern schützen würden, und sie zeigen ein bemerkenswertes Maß an Gefühllosigkeit gegenüber den Bedürfnissen und Interessen der Frauen. Die Kampagne zeigt zunehmend Wirkung, so dass Schulen in den USA und Gemeinderäte im Vereinigten Königreich als Reaktion darauf zu entgenderten Toiletten übergehen. In diesem Artikel wird argumentiert, dass die Sicherheit von Frauen als Gruppe es erfordert, dass Toiletten weiterhin nach Geschlechtern getrennt oder in Form von Einzelkabinen eingerichtet werden sollten, die allen Benutzern Privatsphäre und Sicherheit bieten.

Gegenwärtig gibt es immer mehr Literatur und Kampagnenaktivismus, welche erstreben öffentliche Toiletten zu entgendern (Case, 2010; Cavanagh, 2010; Kogan, 2010; Transgender Law Centre, 2005). Der Aktivismus männlicher Transgender, anstreben die Zugang zu Damentoiletten zu erlangen, war der Auslöser für diese Kampagne, die nun aber von queeren und vermeintlich progressiven Theoretikern unterstützt wird, die argumentieren, dass die Idee der Abtrennung von Damentoiletten reaktionär und das Ergebnis des Moralismus des 19 Jahrhunderts ist. Nach dieser Auffassung gibt es einen guten Grund, gemischte Einrichtungen zu schaffen, die, so argumentieren einige, Urinale, Kabinen, eine Wickelkommode und Stillen in einem großen Raum umfassen können (Serlin, 2010). In diesem Artikel werde ich diesen Ansatz in Frage stellen. Ich werde argumentieren, dass das „Recht auf Gender“ und das „Recht auf Genderausdruck“, die von Transgender Aktivisten propagiert werden, an sich problematisch sind und keinen guten Grund für eine Entgenderung der Toilette darstellen. Ich werde Gründe dafür anführen, warum Frauen sowohl in der Vergangenheit als auch in der Gegenwart gute, umfangreiche und getrennte Einrichtungen brauchten, die ihren Bedürfnissen entsprechen. Es gibt derzeit kaum feministische Forschung oder Theorie zu diesem Thema, nur Queer- und Transgender-Theorie, die dazu neigt, die Belange von Frauen und die Auswirkungen, die eine Entgenderung auf die Rechte von Frauen haben könnte, zu verdrängen. Es hat keine Untersuchungen über die Meinungen von Frauen, der Gruppe, für die die Frauentoiletten eingerichtet wurden, gegeben oder über ihre möglichen Beweggründe für die Beibehaltung getrennter Toiletten. Queer-Theoretiker, die die Idee, dass Frauen getrennte Toiletten brauchen könnten oder wollen, abtun, sind die einzigen Stimmen, die angehört werden und ihre Argumente führen zu signifikanten Veränderungen in der Politik.

Das Thema ist jetzt wichtig, weil die Kampagne von Transgender-Aktivisten und ihren queeren Verbündeten um Toiletten zu entgendern beachtliche Erfolge erzielt hat. So hat das Bildungsministerium des US-Bundesstaates Massachusetts 2013 entschieden, dass transsexuelle Schüler unabhängig von ihrer physischen Anatomie die Umkleideräume und Umkleidemöglichkeiten benutzen dürfen, die ihrer „Genderidentität" entsprechen (Brydon, 2013). Wie die US-amerikanische Schwulenzeitung *The Advocate* es ausdrückte: „Die Direktive stellt klar, dass die Sicherheit und der Zugang von Trans-Schülern zu den grundlegenden Einrichtungen wichtiger sind als das mögliche Unbehagen von Nicht-Transgender-Schülern bei der gemeinsamen Nutzung dieser Einrichtungen". Das Bedürfnis von Mädchen nach einem Raum nur für Frauen, getrennt von denen, die biologisch männlich geboren und aufgewachsen sind, wird in dem Dokument abschätzig beiseite gewischt, in dem es heißt: „Unbehagen ist kein Grund, einem transsexuellen Schüler den Zugang zu verweigern" (Brydon, 2013). Im Jahr 2013 verkündete der Stadtrat von Brighton und Hove im Vereinigten Königreich seine die Absicht, ihre öffentlichen Toiletten zu entgendern (Ward, 2013). Die Stadtverwaltung erklärt, sie wolle „Genderneutralität" fördern und „Einrichtungen bauen, die für alle offen sind, unabhängig vom Geschlecht" (Ward, 2013). Die Begriffe „Gender" und „Geschlecht" werden in der Toilettenpolitik austauschbar und verwirrend verwendet.

Definition von Transgender

In diesem Artikel verwende ich den Begriff „Transgender" in dem weiteren Sinne, in dem er von Aktivisten und Theoretikern heutzutage in der Regel verwendet wird. Es ist ein weiter gefasster Begriff als „transsexuell", der in den letzten Jahrzehnten ohnehin zugunsten von Transgenderismus aus dem Sprachgebrauch verschwunden ist, und er bezieht sich auf Personen, die eine „Genderidentität", oder Glauben an ein Geschlechtsstereotyp, haben, das in der Regel nicht mit ihrem biologischen Geschlecht assoziert ist. *International Panel of Experts* (2007) bietet eine maßgebende Definition des Begriffs, da sie von prominenten Menschenrechtsexperten verfasst wurden und die Grundlage für internationale Kampagnen zu den Themen Schwulenrechte und „Genderidentität“ bilden. Die Definition in den Prinzipien ist weit gefasst und vage und spiegelt die Queer- und Transgender-Theorie sowie essenzialistische Vorstellungen von Gender wider: „Unter Genderidentität versteht man das tief empfundene innere und individuelle Erleben des Genders einer Person, das mit dem bei der Geburt zugewiesenen Geschlecht übereinstimmen kann oder auch nicht, einschließlich des persönlichen Körpergefühls (das, wenn frei gewählt, eine Veränderung des körperlichen Aussehens oder der Funktion durch medizinische, chirurgische oder andere Mittel beinhalten kann) und anderer Ausdrucksformen des Genders, einschließlich Kleidung, Sprache und Verhaltensweisen“ (International Panel of Experts, 2007: 6). Diese Definition umfasst Cross-Dresser, männliche Personen, die durch das Tragen von Kleidung, die sie mit der untergeordneten Geschlechterkaste der Frauen assoziieren, sexuell erregt werden (Jeffreys, 2014), sowie männliche Personen, die zwar Hormone einnehmen, aber keine Operationen vornehmen lassen, so dass sie ihre männlichen Genitalien behalten. Das Transgender Law Centre in Kalifornien hat in einer von ihm durchgeführten Umfrage festgestellt, dass nur 15 % der Transgender eine Operation zur Verstümmelung ihrer Genitalien beabsichtigen (Transgender Law Centre, 2005). Die Frage der Ermöglichung von Zugang von Männern die transgendern zu Damentoiletten sollte daher als eine Frage der Zulassung von Personen gesehen werden, die wahrscheinlich eine intakte männliche Anatomie haben, möglicherweise aber werden sie sich gelegentlich oder dauerhaft mit dem Geschlechtsstereotyp identifizieren wollen, der normalerweise mit Frauen assoziiert wird. Ich werde die allgemein verwendeten Abkürzungen MTF und FTM, d. h. „male-to-female“ (von Mann zu Frau) bzw. „female-to-male“ (von Frau zu Mann), hier nicht für Transgender-Personen verwenden, weil sie implizieren, dass eine Umwandlung des Geschlechts stattfindet, obwohl dies nicht der Fall ist. Ich werde die Begriffe „Männer, die transgendern“ und „Frauen, die transgendern“ oder „männliche Personen“ und „weibliche Personen“ verwenden, um darauf hinzuweisen, dass keine Veränderung der Biologie stattfindet.

‚Gender ’lässt das Geschlecht verschwinden.

Die Art und Weise, in der Queer- und Transgender-Aktivisten den Begriff „Gender“ verwenden, ist problematisch, weil er die Existenz von Personen, Frauen, die biologisch weiblich sind, verschleiert ebenso wie ihre besonderen Interessen. Er blendet auch die männliche Dominanz aus (Thompson, 2001), die in der Literatur zum Entgendern der Toilette herausretuschiert wird. Die Verwendung des Begriffs „Gender“ zur Beschreibung der Unterordnung von Frauen in der feministischen

Theorie und Forschung hat leider eine Grundlage für die Queer- und Transgender-Verwendung des Begriffs bereitgestellt (Jeffreys, 2014). Die Verwendung des Begriffs „Gender" durch Transgender bezieht sich auf das, was Feministinnen traditionell als Geschlechts- oder „Gender"-Stereotypen bezeichnen, d. h. auf die Vorstellung, dass Männer und Frauen von Natur aus oder grundsätzlich unterschiedliche Eigenschaften haben. Die Art und Weise, wie der Begriff „Gender" in *Peeing in Peace*, einem Kampagnenleitfaden des Transgender Law Centre in San Francisco, verwendet wird, zeigt die Schwierigkeiten aus feministischer Sicht (Transgender Law Centre, 2005). In dem Definitions-Kapitel des Leitfadens heißt es, dass eine „genderspezifische oder gendergetrennte Toilette" „eine Toilette ist, die für Menschen bestimmt ist, die sich mit einem bestimmten Gender identifizieren (z. B. eine Damentoilette oder eine Herrentoilette)" (Transgender Law Centre, 2005: 2). Das biologische Geschlecht spielt bei diesem gegenderten Ansatz keine Rolle, obwohl Frauen auf Grund ihres biologischen Geschlechts untergeordnet werden. So werden weibliche Föten in einigen Ländern und Gemeinschaften abgetrieben, nicht weil sie ein Gender haben, sondern auf Grund ihres Geschlechts, während das Gender eine soziale Konstruktion ist, die erst nach der Geburt entstehen kann. In der Transgender-Theorie wird das Gender als eine „Identität" essenzialisiert, wird von jedem Menschen besessen, tritt an die Stelle des Geschlechts und wird eher als eine Vorliebe denn als ein Produkt der Unterdrückung von Frauen angesehen. Die Betonung der Identität und nicht der Biologie oder der gelebten Erfahrung könnte man als Gender-Libertarismus bezeichnen. Frauen nehmen nicht die Identität an, eine Frau zu sein, sondern besitzen eine weibliche Biologie und werden auf dieser Grundlage in einem untergeordneten Verhältnis zu Männern erzogen. Der identitätslibertäre Ansatz zu „Gender" ist entscheidend für die Kampagne zur „Entgenderung" von Toiletten. Würde man die Unterdrückung von Frauen auf Grund ihres Geschlechts anerkennen, dann würde die Öffnung von Damentoiletten für männliche Personen, die sich als Frauen „identifizieren", vielleicht nicht so progressiv erscheinen. Die Kampagne zur Entgenderung lässt die Biologie verschwinden und verbannt sie in die Geschichte, wie einer der Befürworter der Entgenderung, Harvey Molotch, demonstiert: „Die biologischen Unterschiede, einst die Grundlage für die Zuweisung von Frauen zu bestimmten Rollen und physischen Plätzen, sind obsolet und rückblickend lächerlich geworden" (Molotch, 2010: 255).

Gender ist in der radikalfeministischen Theorie das Ordnungssystem männlicher Vorherrschaft und besteht aus stereotypen Erscheinungsbildern und Verhaltensweisen, die von Personen verlangt werden, die entweder der männlichen oder der weiblichen Geschlechterkaste angehören, wie z. B. die Forderung, dass Frauen schädliche Schönheitspraktiken ausüben, wie ich in meinem Buch *Beauty and Misogyny* (Jeffreys, 2005, siehe Kapitel 1) erläutere. In diesem Artikel wird „Gender" verstanden die Geschlechtsstereotypen zu umfassen, die das Ergebnis der Unterdrückung von Frauen sind und dazu dienen, diese zu rechtfertigen, und nicht eine essenzielle Eigenschaft oder Identität darstellen. Um den Unterschied zwischen der Art und Weise, wie „Gender" in der Transgender- und Queer-Politik verwendet wird, und der Unterordnung von Frauen zu verdeutlichen, werde ich den Begriff „Geschlechterkaste" verwenden, um die Situation von Frauen zu beschreiben. Ich argumentiere, dass die Unterdrückung von Frauen auf Grund ihres Geschlechts dazu geführt hat, dass sie geschlechtergetrennte Toiletten benötigen. Aufgrund ihres Geschlechts werden Frauen von den Mitgliedern der männlichen Geschlechterkaste für Gewalt bestimmt werden, und auf Grund ihres Geschlechts benötigen sie Einrichtungen, in denen sie sich den biologischen Aspekten ihres Lebens widmen können, wie der Menstruation. Ihr Bedürfnis nach Damentoiletten beruht nicht auf ihrem Gender, das ist das Ausleben gesellschaftlich konstruierter Geschlechterrollen. Der Begriff der Geschlechterkaste eignet sich am besten zur Veranschaulichung des problematischen Charakters der Transgender-Politik, die ein Ende der dem weiblichen Geschlecht Zugehörigen vorbehaltenen Räume fordert. Andererseits wird der Begriff Geschlechterkaste hier verwendet, um darauf hinzuweisen, dass Frauen auf Grund ihres Geschlechts und nicht auf Grund ihres Genders untergeordnet sind. Transgender-Personen können ihr biologisches Geschlecht nicht ändern, weshalb Transgender-Theoretiker und -Aktivisten den Begriff „Geschlecht" im Allgemeinen als unfreundlich gegenüber ihren Interessen betrachten. Ohne das Konzept der Unterdrückung auf Grund des Geschlechts wird jedoch die Interessengemeinschaft des Feminismus, die aus Frauen besteht, vage und undefinierbar. In der Transgender-Theorie haben alle, Frauen und Männer, einfach eine „Genderidentität" und werden gleichermaßen durch Diskriminierung nicht auf Grund ihres „Geschlechts", sondern auf Grund ihres „Gender" unterdrückt.

Das „Recht" auf Gender und der Angriff auf reine Frauenräume

Der Anstoß für die Kampagne für Unisex-Toiletten ist die Forderung von Transgendern mit männlichem Körper, die Frauentoiletten benutzen zu können, als Teil ihres „Rechts auf Genderausdruck". Die Ideen des „Rechts auf Genderidentität" und des „Rechts auf Genderausdruck" wurden als politische Ideen in den 1990er Jahren in den USA von Männern wie Joanne Roberts oder Phyllis Frye entwickelt, die Cross-Dresser waren oder transgendert waren (Jeffreys, 2014). Sie wurden 1995 in einem Dokument mit dem großspurigen Namen *International Bill of Gender Rights* (Internationale Charta der Geschlechterrechte) ins Leben gerufen, in dem das erste Recht das „Recht auf die Definition der Genderidentität" ist, das folgendermaßen erklärt wird: „Alle Menschen tragen in sich eine sich ständig weiterentwickelnde Vorstellung davon, wer sie sind... Das Selbstverständnis des Einzelnen wird nicht durch das chromosomale Geschlecht, die Genitalien, das zugewiesene Geburtsgeschlecht oder die ursprüngliche Geschlechterrolle bestimmt" (Frye, 2000: 212). Ein weiteres „Recht" in der Charta ist das „Recht auf freien Ausdruck der Genderidentität", und ein weiteres ist das Recht, Räume zu betreten, die von oder für Frauen reserviert sind, das „Recht auf Zugang zu genderspezifischen Räumen und Teilnahme an genderspezifischen Aktivitäten", und es ist dieses „Recht", auf das sich männliche Personen berufen, die anstreben, Frauentoiletten zu betreten (Frye, 2000: 213).

Obwohl sie anstreben Frauenräume zu betreten, können die Männer, die diese Forderung erheben, ganz anders als Frauen sein, wenn man von der fixen Idee absieht, die sie im Kopf haben. Der Mann, der laut seiner Website die ursprüngliche *Bill of Gender Rights* im Jahr 1990 „verfasst" hat, aus der die *International Bill of Gender Rights* wurde, ist Joanne Roberts (Roberts, 2012). Joanne Roberts sagt nicht, dass er eine Frau ist, sondern ein Crossdresser: „Ich bin ein Crossdresser, geschieden und wieder verheiratet mit zwei erwachsenen Kindern". Er organisiert eine Veranstaltung für Crossdresser namens Beauty and the Beach, „Crossdresser's Getaway Weekend" (sic) (Roberts, 2013). Eine weitere wichtige Figur bei der Schaffung der Charta war Phyllis Frye, der in einem Zeitschriftenartikel über die Charta versucht, den Nachweis zu erbringen, dass er ein äußerst erfolgreicher und wahrhaft männlicher Mann war, bevor er sich entschied zu transgendern. Er listet seine männlichen Leistungen in seiner Jugend auf und sagt: „Wie aus den oben genannten Leistungen ersichtlich ist, wurde ich nicht zur Frau, weil ich es als Mann nicht schaffte. Ich war als Mann sehr erfolgreich, aber es passte nicht zu meinem unerschütterlichen instinktivem Selbstbild, wer ich wirklich war". Diese Herkunftstafel dient dazu Frye von Frauen zu unterscheiden, bei denen es sehr unwahrscheinlich ist, dass sie jemals auf diese Weise männliche Männer waren.

Das im Gesetzentwurf über die Rechte der Geschlechter behauptete „Recht", Räume zu betreten, die von oder für Frauen eingerichtet wurden, steht in direktem Widerspruch zur Aufrechterhaltung von reinen Frauenräumen. reine Frauen Räume werden entweder mit der Begründung eingerichtet, dass Frauen die Sicherheit von Orten brauchen, an denen keine Männer anwesend sind, oder mit der Begründung, dass Frauen als untergeordnete Gruppe in der Lage sein müssen, sich zu treffen und zu organisieren, ohne dass Mitglieder der herrschenden Gruppe anwesend sind, und bis vor kurzem haben die Gleichstellungsgesetze versucht, diesem Verständnis Rechnung zu tragen, indem sie sagten, dass Frauen in bestimmten Situationen tatsächlich Männer von Dienstleistungen und Veranstaltungen ausschließen (Women's Resource Centre, 2011). In Rechtschartas und Gleichstellungsgesetzgebung werden Frauen regelmäßig Ausnahmen vom Diskriminierungsverbot gewährt, mit der Begründung, dass sie als schutzbedürftige Gruppe, auch wenn sie in der Mehrheit ist, möglicherweise in reinen Frauengruppen zusammenkommen müssen und Räume wie reine Frauentoiletten benötigen (Victorian Equal Opportunity and Human Rights Commission, 2013: 107). Dies zeigt Anerkennung von Frauen als eine Gruppe, die einer besonderen Behandlung benötigt. Leider zielen die Forderungen von männlichen Transgendern und männlichen Crossdressern, die behaupten „Frauen" und nicht Männer zu sein, darauf ab, diese anerkannte Ausnahmeregelung zum Schutz von Frauenräumen aufzuheben.

Transgender-Aktivisten argumentieren, dass Transgender-Personen auf Männertoiletten unsicher sind und wahrscheinlich angegriffen werden, und dass dies ihr Recht auf Teilnahme am öffentlichen Leben untergräbt: „Ohne sicheren Zugang zu öffentlichen Toiletten wird Transgender-Personen die volle Teilnahme am öffentlichen Leben verwehrt. So kann es sein, dass Transgender-Jugendliche die Schule nicht abschließen können, weil sie keinen sicheren Zugang zu Toiletten haben" (Transgender Law Centre, 2005: 3). Queer-Studentenvereinigungen stehen an vorderster Front der Kampagne und beginnen in der Regel mit der Forderung nach der Einrichtung genderneutraler Toiletten auf dem Campus. Der Hauptgrund, den sie für solche Einrichtungen anführen, ist, dass „Trans"-Personal und -Studierende, laut der Queer Society am Portland Community College in den USA, in geschlechtergetrennten Toiletten „Einschüchterungen, Belästigungen, Zusammenstöße mit dem Sicherheitspersonal und/oder Gewalt" ausgesetzt sind (QRC, n.d.). Das Ziel von Transgender-Toiletten-Aktivismus ist nicht immer eindeutig und kann die Aufhebung der Trennung von Einrichtungen und/oder die Zulassung von Transgendern zu Einrichtungen umfassen, die dem „Gender" zugehörig sind, mit dem sie sich identifizieren, oder die Schaffung „genderneutraler" Toiletten genauso wie geschlechtergetrennter Toiletten, beinhaltet aber immer die Forderung, dass es keine „Frauentoiletten" geben sollte, die Transgender-Männer ausschließen. Im Leitfaden des Transgender Law Centre für Toilettenaktivismus heißt es, dass ein Beispiel für ein „langfristiges Ziel" die Aufhebung der Geschlechtertrennung sein könnte, „um sicherzustellen, dass jedes der zehn städtischen Heime über genderneutrale Toiletten verfügt" (Transgender Law Centre, 2005). Ich behaupte, dass der Zutritt von männlichen Transgendern in Frauentoiletten oder die Abschaffung von Frauentoiletten zugunsten von „geschlechtsneutralen" Toiletten die Sicherheit von Frauen gefährden kann. Im nächsten Abschnitt werde ich versuchen, die von Queer-Theoretikern vorgebrachten Argumente für eine Entgenderung der Toilette zu entkräften und dann die Auswirkungen einer solchen Entgenderung auf die Sicherheit von Frauen zu untersuchen.

Das Argument der Queer-Theorie für die Entgenderung der Toilette

Die Rhetorik derjenigen, die sich für die Abschaffung von reinen Frauentoiletten einsetzen, kann ziemlich extrem sein. Olga Gershenson versucht, die Bereitstellung geschlechtergetrennter Toiletten zu verbannen, indem sie diese Praxis mit „Sklaverei" vergleicht: „Die Kontroverse über Unisex-Toiletten offenbart tiefe kulturelle Ängste über die Folgen einer langsam erodierenden Genderbinarität. Wie bei früheren ausgrenzenden Praktiken macht die bloße Tatsache, dass die kulturelle Praxis weit verbreitet oder typisch ist (wie Krieg oder Sklaverei), sie nicht gerecht oder wünschenswert" (Gershenson, 2010: 206). Sie argumentiert, dass die Trennung von Toiletten eine patriarchale Praxis ist: „Dasselbe patriarchale System, das Geschlecht als eine entscheidende binäre Kategorie ansieht, besteht auf der geschlechtlichen Trennung von Toiletten" (Gershenson, 2010: 207). Leider ist dieses „binäre Gender" ist nicht nur eine imaginäre Trennung oder ein sprachliches Mittel, das weggewünscht werden kann, sondern die Grundlage eines politischen Systems männlicher Vorherrschaft, das real existiert.

Die Queer-Theorie, die für die Entgenderung öffentlicher Toiletten plädiert, leugnet die Realität der männlichen Vorherrschaft, und dies wird besonders deutlich in der Arbeit von Sheila Cavanagh (2010, 2011). Cavanagh argumentiert, dass jeder, der Einwände gegen Entgenderung hat, „Angst" vor „Unterschied" hat (Cavanagh, 2010). Die Einwender sind engstirnige und voreingenommene Menschen, die an das traditionelle Gender und die „normative Heterosexualität" glauben (Cavanagh, 2010: 4). Sie behandelt es geringschätzig, dass es „irgendwelche Beweise für eine tatsächliche Verletzung der bürgerlichen Freiheiten von Menschen" geben könnte, „die konventionell gegendert und cis-sexuell (nicht trans) sind", aber „solche Personen sind nichtsdestotrotz territorial und defensiv, was den genderten Aufbau der Toilette angeht" (Cavanagh, 2010: 4). Der Begriff „cis" ist ein Neologismus, der von Transgender-Aktivisten geschaffen wurde, um diejenigen Personen zu beschreiben, die das Gefühl haben, dass ihr „Gender" zu ihrem biologischen Geschlecht passt (Serano, 2007). Er wird von Feministinnen, die dem Transgenderismus kritisch gegenüberstehen, aus mehreren Gründen abgelehnt. Transkritische Radikalfeministinnen möchten nicht von männlichen Personen so benannt und kategorisiert werden, als seien sie nur eine Variante von Frauen, die gegenüber der anderen Variante, den männlichen Transgendern oder „Transfrauen", privilegiert ist. Sie lehnen auch die Implikation ab, dass diejenigen, die nicht „trans“ sind, wie Transgender glauben, dass sie und alle anderen Personen ein essenzielles Etwas namens Gender besitzen (Jeffreys, 2014). Sie macht die Einwender so herunter: „Es gibt nichts Rationales oder Legitimes an der Gender-Panik in modernen Einrichtungen“ (Cavanagh, 2010: 4). Die Schaffung „genderneutraler“ Toiletten sei „ein dringendes und wichtiges politisches Projekt, um den Zugang für alle zu gewährleisten, die von der konventionellen Geschlechts-/Genderkörperpolitik abweichen“ (Cavanagh, 2010: 5). Sie sagt, „Gendergetrennte“ Einrichtungen sind sehr schädlich für Personen die transgendert sind: „dass die eigene Geschlechtsidentität in Frage gestellt und abgefragt wird bedeutet, dass der eigene Wunsch nach Anerkennung vorläufig ausgeschlossen wird“ (Cavanagh, 2010: 53). Darüber hinaus ist ihrer Ansicht nach das Nichtwillkommenheißen von Männern die transgendern in Frauentoiletten ein Akt der Gewalt gegen sie: „Indem man die Geschlechtsidentität eines anderen für ungültig erklärt, begeht man einen psychischen Akt der Gewalt, indem man das Subjekt, dessen Geschlechtsidentität falsch verstanden wird, ausschließt“ (Cavanagh, 2010: 54). Einer von Cavanaghs Gesprächspartnern zeigt große Empörung, als Mann, der transgendert, über den Ausschluss von Fraueneinrichtungen: „Ich habe Tausende von Dollar für die Umwandlung meines Körpers durch verschiedene Verfahren ausgegeben... Ich werde verdammt noch mal die Frauentoilette benutzen. Ich habe mir viel auf mich genommen, das zu benutzen. Es gibt für mich wirklich keine andere Option“ (Cavanagh, 2010: 59). Frauen benutzen die Damentoiletten natürlich nicht wegen der Verfahren, denen sie sich unterzogen haben, sondern weil sie weiblich sind und in der weiblichen Geschlechterkaste aufgezogen worden sind. Wenn Männer die trangendert sind auf den Frauentoiletten nicht als Frauen anerkannt werden, so Cavanagh, könnten sie „ihr Gesicht verlieren“ (Cavanagh, 2010: 59). Das Problem für Frauen kann jedoch viel schwerwiegender sein, und zwar nicht so sehr, dass sie ihr Gesicht verlieren, sondern vielmehr, dass sie von Männern belästigt werden oder Gewalt erfahren.

Cavanagh zufolge ist es „sexistisch“, auf die Tatsache hinzuweisen, dass Männer gegenüber Frauen gewalttätig sind. Sie argumentiert: „Es gibt eine antiquierte und heterosexistische Konstruktion von Männlichkeit, die den cissexuellen Sicherheitsnarrativen zugrunde liegt. Ein Transgender-Befragter stellt zum Beispiel fest, dass ‚es eine ganze Idee gibt in dieser Gesellschaft, dass ... wenn ein Mann eine Frau sieht, nur einen flüchtigen Blick, er nicht kontrolliert werden kann.’Männer werden als impulsiv und räuberisch konstruiert, während Frauen als potenzielle Opfer konstruiert werden“ (Cavanagh, 2010: 74). Leider ist es nicht „sexistisch“ zu sagen, dass Männer gegenüber Frauen gewalttätig sind, sondern faktisch richtig, wie Patrizia Romitos detaillierte Darstellung der Arten und des Ausmaßes der Gewalt von Männern gegenüber Frauen deutlich macht (Romito, 2008).

Ein Grund den Männer, die transgendern, vorschieben um Zugang zu Frauentoiletten zu erhalten, ist die Tatsache, dass Männer ihnen gegenüber gewalttätig werden, wenn sie die für Angehörige ihrer Geschlechtskaste vorgesehenen Toiletten benutzen. Einer von Cavanaghs Befragten erklärt: „Wenn ich auf eine Frauentoilette gehe, ist das Schlimmste, was mir passiert, dass ich jemanden erschrecke und... dieser peinliche Moment (folgt)... Aber wenn ich auf eine Männertoilette gehe und nicht passing bin, kann ich verprügelt oder vergewaltigt werden oder so sonst etwas" (Cavanagh, 2010: 77). Die Bedenken von Frauen werden hier nicht als relevant angesehen, vielmehr ist es am wichtigsten, wie sich der männliche Transgender fühlt, und sich zu schämen, weil sich Frauen unwohl fühlen, ist weniger besorgniserregend als mögliche männliche Gewalt auf der „Männertoilette". Es ist rätselhaft, warum es „sexistisch" ist zu sagen, dass Männer gegenüber Frauen gewalttätig sind, während es für diesen männlichen Transgender nicht sexistisch ist, zu sagen, dass Männer gegenüber Transgendern gewalttätig sind. Transgender-Toiletten-Aktivisten scheinen die Ängste von Männern, die transgendern, als begründet ansehen zu können, während die Sorgen von Frauen über die ungeheuerliche Gewalt, die ihnen angetan wird, unbegründet sind. Harvey Molotch argumentiert in ähnlicher Weise, dass die Bedrohung durch männliche Gewalt gegen Frauen unbedeutend sei (Molotch, 2010). Er sagt, dass Frauen keine „Angst vor Männern" haben sollten, da diese „in der Regel nicht gewalttätig" seien (Molotch, 2010: 270). Zweifellos ist sein Ratschlag freundlich gemeint, aber das Bewusstsein der Frauen, dass nicht alle Männer gewalttätig sind, ist keine große Beruhigung angesichts der Tatsache, dass viele es sind, und die einzelnen Frauen sind nicht in der Position, herauszufinden, vor welchen sie besonders wachsam sein müssen, während sie einen sicheren Raum zum Urinieren suchen.

Cavanagh räumt nicht ein, dass Männer gegenüber Frauen gewalttätig sind, aber sie räumt ein, dass sie einige unangenehme und spezifisch geenderte Gewohnheiten auf Toiletten haben, die Frauen benachteiligen könnten, wenn die reinen Frauenbereiche abgeschafft werden. Sie sagt, dass Männer gerne Fäkalien in den Toiletten verteilen, um ihr Territorium zu markieren, was Frauen nicht tun: „Es gibt eine nicht allzu subtile Korrelation zwischen heteronormativen Männlichkeiten und der Territorialisierung öffentlicher Einrichtungen durch das Verteilen von Kot" (Cavanagh, 2010: 163). Männer, so scheint es, verteilen ihren „Kot" gerne an den Wänden und Türen von öffentlichen Toiletten. Ein weiterer Unterschied zwischen der Art und Weise, wie Männer und Frauen

Toiletten nutzen, ist die Neigung einiger Männer, die Männertoiletten für Sex zu nutzen.

Öffentlicher Sex

In einigen Bereichen der schwulen und queeren männlichen Kultur wird der Toilettensex als traditionelle und charakteristische Praxis des schwulen „öffentlichen Sex" angesehen. Einige schwule Theoretiker haben argumentiert, dass öffentlicher Sex ein revolutionärer Beitrag schwuler Männer zur Verbesserung der Sexualkultur im Allgemeinen ist (Hocquenghem, 1978; Hodges & Hutter, 1999; Rechy, 1981). Sex in öffentlichen Toiletten wird romantisiert und als besonders aufregend dargestellt, gerade weil er an einem Ort stattfindet, der oft unterirdisch und schmutzig ist. Sheila Cavanagh ist begeistert von dieser schwulen männlichen Praxis und erklärt: „Es ist vielleicht nicht überraschend, dass Leute in öffentlichen Einrichtungen Sex haben" (Cavanagh, 2011: 19). Es ist eine spezifisch schwule männliche Praxis, die sie unterstützt, und sie zitiert einen der Männer, die sie im Rahmen ihrer Recherchen über Toiletten interviewt hat, mit den Worten: „Es ist schmutzig, es ist lustvoll, es ist aufregend... wie ein Porno der 1970er Jahre. Es hat etwas Düsteres an sich, eine Rohheit... die aufregend ist" (Cavanagh, 2011: 19). Sie kommentiert: „Viele derjenigen, die auf Toiletten Sex haben, betonen, wie sehr sie die Homoerotik der Toilette genießen: Männer, die zum Beispiel Seite an Seite vor dem Urinal stehen" (Cavanagh, 2011: 20). Einer von Cavanaghs Befragten sagt, dass „Sex in der Öffentlichkeit im Allgemeinen ... ist wichtig, egal ob es sich um eine Toilette, einen Park oder eine Videospielhalle handelt ... Ich denke, es ist politischer Aktivismus" (Cavanagh, 2010: 198). Die Schmutzigkeit ist sexuell erregend, wie ein anderer Befragter erklärt: „Wenn zwei Männer, die sich als Männer identifizieren, in einer Toilette Sex haben, dann hat das wohl eine subversive Kraft, weil es als schmutziger Raum angesehen wird und sie diesen Schmutz als ihren eigenen zurückbeanspruchen. Das finde ich großartig" (Cavanagh, 2010: 204).
In diesem Zusammenhang könnte das Verschmieren von „Kot" durch männliche Toilettenbenutzer als vorteilhaft angesehen werden. Es ist hingegen sehr unwahrscheinlich, dass Frauen die Praxis der Männer, Toiletten als Sexualräume zu nutzen, genauso aufregend finden. Die schwulen Männer, die diese Praxis genießen, könnten engenderte Toiletten auch als abschreckend empfinden, da die Anwesenheit von Frauen ihre Begeisterung dämpfen könnte. In der Tat erklärt Cavanagh: „Der vielleicht am häufigsten genannte Grund für die Beibehaltung gendergetrennter Toiletten hat mit den Möglichkeiten zu tun, die sie schwulen Männern für öffentlichen Sex bieten" (Cavanagh, 2010: 212). Einer ihrer Befragten sagt: „Was einige schwule Männer verlieren würden... der männliche Raum für Spiele in einer männerspezifischen

Toilette... Er würde (möglicherweise) nicht verschwinden, aber er würde sich verändern" (Cavanagh, 2010: 212). Harvey Molotch bringt die wichtige Verbindung zwischen den sexuellen Vorrechten schwuler Männer und öffentlichen Toiletten folgendermaßen zum Ausdruck: „Männer haben nicht einfach Sex ‚in 'Toiletten; die Einrichtung und die erotischen Handlungen sind einander immanent" (Molotch, 2010: 11).

Die Tatsache, dass Männer und Frauen die Toiletten auf sehr unterschiedliche Weise benutzen, wird von den Toilettenaktivisten und -theoretikern anerkannt. Das Transgender Law Centre zum Beispiel rät denen die transgendern, sich nach dem zu verhalten, was der Leitfaden als „Stereotypen" bezeichnet, damit sie auf den Toiletten nicht so leicht erkannt werden. Frauen, so erklärt das Zentrum, sind auf den Toiletten freundlich zueinander und haben „keine Angst, sich anzuschauen und zu lächeln oder zu plaudern", während Männer sich ganz anders verhalten: „Dies ist kein sozialer Raum. Niemand redet oder nimmt Blickkontakt mit jemand anderem auf" (Transgender Law Centre, 2005: 6). Es scheint, dass eine „Genderidentität" eine Person nicht in die unterschiedlichen gegenderten Verhaltensweisen, die Männern und Frauen annehmen, einweiht; dies muss erlernt werden. Der wichtigste Aspekt dieses gegenderten Verhaltens für Frauen ist jedoch die Tatsache, dass trotz der Leugnung von Queer-Theoretikern einige Männer darauf abzielen, sexuelle Befriedigung aus der Beobachtung, dem Abhören und dem Übergriff auf Frauen und Mädchen auf der Toilette zu ziehen, wie später in diesem Artikel gezeigt wird. Weder in der wissenschaftlichen Literatur noch in Zeitungsberichten gibt es Belege für ein vergleichbares Verhalten von Frauen gegenüber Männern und Jungen.

Die Geschichte und Politik der Frauentoiletten

Die queeren Befürworterinnen und Befürworter entgenderter Toiletten zeigen kein Bewusstsein dafür, dass die Frauentoiletten aus der Erkenntnis heraus entstanden sind, dass sie für die Gleichberechtigung der Frauen unerlässlich sind. Die Unterordnung der Frauen auf Grund ihres Geschlechts wurde historisch dadurch organisiert, dass Frauen in den privaten Bereich verwiesen und aus dem öffentlichen Raum ausgeschlossen wurden. Dies wurde mit der Vorstellung gerechtfertigt, dass Frauen ein angeborenes „Gender" haben, das sie eher für die Gefangenschaft im Hause als beispielsweise für die Rolle der Premierministerin geeignet macht. Das Fehlen angemessener Toiletten für Frauen hat ihren Zugang zur öffentlichen Welt behindert. Der Gedanke, dass Frauen ein Recht auf eigene Toiletten haben, wurde erst vor relativ kurzer Zeit im Westen errungen und es wird in vielen Teilen der Welt, wie z.B. auf dem indischen Subkontinent, immer noch erkämpft, wie wir weiter unten sehen werden (Yardley, 2012). Im neunzehnten

Jahrhundert gab es im Vereinigten Königreich beispielsweise keine Toiletten für Frauen am Arbeitsplatz oder im öffentlichen Raum. Dies bedeutete, dass Frauen stark benachteiligt waren und ihre Fähigkeit, am Arbeitsleben teilzunehmen oder die Stadt und ihre Einkaufsmöglichkeiten zu nutzen, die sich im späten neunzehnten Jahrhundert rasant entwickelten, beeinträchtigt war (Penner, 2001). In der Forschung zu Toiletten herrscht Uneinigkeit darüber, ob die Einrichtung getrennter Toiletten für Frauen zu dieser Zeit das Ergebnis einer feministischen Kampagne für die Rechte der Frauen oder das Ergebnis einer moralischen Entschlossenheit war, die Körper der Frauen den Blicken der Männer zu entziehen. Theoretiker, die die Idee vertreten, dass geschlechtergetrennte Toiletten unnötig sind, führen die Einrichtung von Frauentoiletten auf Moralismus und Ängste vor dem Zugang von Frauen zum öffentlichen Raum zurück. Terry Kogan argumentiert zum Beispiel, dass „die politischen Entscheidungsträger motiviert waren, Gesetze zur Trennung der Toiletten in Fabriken zu erlassen, als Resultat von tiefgreifenden sozialen Ängsten hatten, dass Frauen ihr Zuhause - ihre angemessene „getrennte Sphäre" - verlassen, um in die Arbeitswelt einzutreten" (Kogan, 2010: 145). Sie waren motiviert durch „viktorianische Bedenken in Bezug auf Privatsphäre und Bescheidenheit" und durch die „diskreditierte Ideologie des neunzehnten Jahrhunderts von reiner Weiblichkeit und getrennten Sphären" (Kogan, 2010: 164).

Eine etwas andere Darstellung der Geschichte der Frauentoiletten gibt es von feministischen Wissenschaftlerinnen. Barbara Penner zum Beispiel schreibt faszinierend über die Kampagne zur Einrichtung von Frauentoiletten in Camden Town in London im ersten Jahrzehnt des 20. Jahrhunderts (Penner, 2001). Sie erklärt, dass solche Toiletten nicht auf Grund der Ängste von Männern eingerichtet wurden, sondern dass sich die Ladies Sanitary Association ab den 1850er Jahren dafür einsetzte, indem sie in den folgenden Jahrzehnten Vorträge organisierte und Traktate zu diesem Thema veröffentlichte. Frauentoiletten wurden in einer Reihe britischer Städte eingerichtet, bevor sich die Kampagne nach Camden in London verlagerte, wo sich eine andere Gruppe, die Union of Women's Liberal and Radical Associations, für den Zugang von arbeitenden Frauen zu Toiletten einsetzte. In einem Schreiben an die Gemeinde Camden Town forderten sie 1898 die Einrichtung eines Wasserklosetts in jedem der bereits für Männer bestehenden Klosetts. Tatsächlich wurde der Plan, eine Frauentoilette einzurichten, wegen des entschiedenen Widerstands der Männer für mehrere Jahre aufgehalten. Als ein Modell der geplanten Toilette auf dem Bürgersteig in der Camden High Street aufgestellt wurde, fuhren Droschkenkutscher absichtlich dagegen, um zu beweisen, dass die Toilette an einer ungünstigen Stelle stand und nicht gebaut werden sollte. Die Einrichtung von

Frauentoiletten einige Jahre später legitimierte nach Ansicht von Penner die Existenz von Frauen in Camdens Straßen (Penner, 2001). Bei der Kampagne für Toiletten ging es um das, was heute als Menschenrecht der Frauen auf Existenz und Bewegung im öffentlichen Raum verstanden werden würde. Eine ähnliche Kampagne für Frauentoiletten wurde in Melbourne, Australien, durchgeführt. Das erste Urinal für Männer wurde 1859 eröffnet, die erste Toilette für Frauen 1902 (Brown-May & Fraser, 2009).

Die heutige Kampagne in Indien für Frauentoiletten weist Ähnlichkeiten mit den Kampagnen des neunzehnten Jahrhunderts im Westen auf, und es geht eher um Gleichberechtigung als um Prüderie. Die Kampagnen von Organisationen wie „Right to Pee", die ein Netzwerk von gemeinnützigen Organisationen repräsentieren (Brady, 2013), setzen sich für geschlechtergetrennte Toiletten ein, weil Frauen und Mädchen in gemischten Anlagen nicht sicher sind und keinen gleichberechtigten Zugang zu Arbeit, Bildung oder öffentlichem Raum haben, solange es keine Frauentoiletten gibt. In einer Gegend von Delhi beispielsweise besuchen die Frauen die Gemeinschaftslatrinen in Gruppen, um mehr Sicherheit zu schaffen, und mindestens einmal im Monat kommt es zu einem Vorfall, bei dem junge Mädchen, die die Toiletten besuchen, entführt und vergewaltigt werden (Sugden, 2013). Das Fehlen von reinen Frauentoiletten in Schulen ist ein besonderer Schwerpunkt der Kampagnen von Organisationen wie „Child Rights and You" (CRY) in Indien, die dies als einen wichtigen Grund ansehen. warum Mädchen die Schule abbrechen (Tankhar, 2013). Eine Umfrage von CRY ergab, dass nur 13 % der Schulen über spezielle Mädchentoiletten verfügen. In Delhi schwänzen Mädchen während ihrer Menstruation die Schule (The Telegraph, 2014). Die Haltung von zivilgesellschaftlichen Gruppen und Sozialreformern in Indien zur Frage der geschlechtergetrennten Toiletten, nämlich dass sie für die Rechte der Frauen unerlässlich sind, unterscheidet sich stark von der Haltung von Queer-Theoretikern im Westen, die für eine Entgenderung plädieren. Jairam Ramesh, der Minister für ländliche Entwicklung, wird auf der Website One India News mit den Worten in Bezug auf die Wichtigkeit von Toiletten für Frauen, zitiert: „Toiletten sind ein Grundrecht der Frauen, für ihre Privatsphäre und ihre Würde" (Aswathy, 2013). In dem Nachrichtenartikel heißt es: „Eine Gesellschaft, in der Männer und Frauen getrennte Toiletten haben, die alle gut gewartet und gut zugänglich sind, ist bei weitem fortschrittlicher als eine Gesellschaft, in der jeder ein Mobiltelefon besitzt" (Aswathy, 2013).

Die Bedeutung geschlechtergetrennter Toiletten wird durch die Tatsache untermauert, dass die Bereitstellung von Toiletten für Frauen im Vergleich zu denen für Männer immer unzureichend war. Clara Greed, eine britische Professorin für Stadtplanung, die signifikanteste Figur war, welche sich für mehr und bessere Toiletten für Frauen eingesetzt hat, argumentiert, dass dies das Ergebnis von Sexismus ist (Greed, 2010). Trotz der besonderen Bedürfnisse von Frauen in Bezug auf eine gute Toilettenversorgung wurden und werden weitaus mehr Toiletten für Männer zur Verfügung gestellt: „Es ist üblich, ein öffentliches Toilettenhaus oder ein Straßenpissoir für Männer zu finden, aber nichts für Frauen. In Bürogebäuden, Fabriken und anderen Arbeitsstätten gibt es „normalerweise" mehr Toiletten für männliche Angestellte als für Frauen, insbesondere in ehemals männerdominierten Berufen" (Greed, 2010: 118). In den Toiletten haben Männer selbst bei gleichem Platzangebot „doppelt so viele Plätze zum Pinkeln", da sie über Kabinen und eine Reihe von Pissoirs verfügen. Das bedeutet, dass Frauen häufig Schlange stehen müssen, um die Toilette zu benutzen, während Männer dies nicht müssen. Und das, obwohl Frauen „aus biologischen Gründen und auf Grund ihrer Weise sich zu kleiden" doppelt so lange zum Pinkeln brauchen wie Männer, zusätzliche „biologische Gründe" haben, warum sie öffentliche Toiletten benötigen, wie „Schwangerschaft, Menstruation und ein höheres Maß an Inkontinenz im Alter", und außerdem häufiger von „Babys, kleinen Kindern oder älteren Verwandten" begleitet werden (Greed, 2010: 118). Doch trotz des größeren Bedarfs von Frauen an angemessener Toilettenversorgung gab es historisch gesehen keine Anerkennung des „Rechts von Frauen auf Urinieren", und dies war „kein Versehen, sondern Teil der systematischen Einschränkung der Rechte von Frauen auf Zugang zur Stadt des Mannes" (Greed, 2010: 120). Wie Greed hervorhebt, sieht sogar die britische Norm BS64465 für „Sanitärinstallationen" vor, dass Männer ein Drittel bis die Hälfte mehr Versorgung haben als Frauen.

Greeds Arbeit über die mangelnde Ernsthaftigkeit, mit der die Belange von Frauen in Bezug auf Toiletten behandelt wurden, kann als nützliche Ermahnung für diejenigen dienen, die heute daran interessiert sind, Toiletten zu entgendern. Sie erklärt: „Die Belange von Frauen wurden in den von Männern dominierten Subkulturen der Sanitärtechnik, Medizin, Architektur, Stadtplanung und des Produktdesigns marginalisiert. Aber was „gut für Männer" ist, ist nicht unbedingt „gut für Frauen" (Greed, 2009: 43). Frauenbelange wurden auch innerhalb der Queer- und Transgender-Theorie und -Aktivismus marginalisiert, die sich, wie in diesem Artikel dargelegt wird, darauf konzentriert haben, was für eine bestimmte Gruppe von Männern, die transgendern, „gut" ist, und nicht, was für Frauen gut ist.

Die Sicherheit von Frauen

Der Hauptgrund Vorsicht in Bezug auf die Entgenderung-Toiletten walten zu lassen, ist meiner Meinung nach das Risiko, das dies für die Sicherheit der Frauen darstellt. Männer, die transgendern, ändern ihr Geschlecht nicht und haben die Erfahrung eines ganzen Lebens gemacht, der männlichen Geschlechterkaste anzugehören. Infolgedessen ähnelt das Verhalten von Männern, die transgendern, eher dem anderer männlicher Personen als dem von Frauen, und das Verhalten von Männern auf Frauentoiletten kann sehr übergriffig sein. Die Befürworter genderneutraler Toiletten zeigen Entschlossenheit, in ihrer Argumentation die Risiken, denen Frauen und Kinder durch Männer ausgesetzt sind, zu ignorieren, was sie auch müssen, wenn sie ihre Logik gegen diesen ziemlich offensichtlichen Fehler aufrechterhalten wollen. Diese Lücke wird in den Argumenten in *Peeing in Peace* deutlich, das vom San Francisco Transgender Law Centre herausgegeben wurde und eine Schritt-für-Schritt-Anleitung zur Gründung einer Gruppe und zur Durchführung von Kampagnen gegen „gender"- getrennte Toiletten bereitstellt (Transgender Law Centre, 2005). Der Schwerpunkt des Leitfadens liegt auf der „Sicherheit" von Personen, die transgendern, insbesondere von Männern, die transgendern, die auf Männertoiletten von anderen Männern belästigt werden, so dass die Sicherheit von Frauen und Kindern nur angesprochen wird, um sie als Argument gegen das Hauptziel, die Damentoilette zu entgendern, zu neutralisieren. In dem Leitfaden wird argumentiert, dass ein Haupteinwand gegen „genderneutrale" Toiletten die Verlegenheit ist, da die Menschen es nicht gewohnt sind, in der intimen Gegenwart des anderen Geschlechts (oder „Genders", wie sie es ausdrücken) natürliche Funktionen auszuüben. Dieser Verlegenheit darf es jedoch nicht erlaubt werden mit dem Ziel der „Genderneutralität" kollidieren: „Veränderungen sind oft unangenehm, selbst wenn sie zum Besseren sind, aber wenn Toiletten für alle Menschen sicher gemacht werden sollen, sind kleinere Unannehmlichkeiten ein geringer Preis, den man dafür zahlt." (Transgender Law Centre, 2005: 5).

In dem Leitfaden heißt es, dass die Toiletten zu verändern, um Männer mit Genderidentitätsproblemen auf Damentoiletten zuzulassen, oder die Einrichtung „genderneutraler" Toiletten „die Sicherheit von Frauen und Kindern nicht gefährdet", denn „wir leben in einer Gesellschaft, in der sowohl Frauen als auch Jugendliche sich regelmäßig Diskriminierung und Unterdrückung gegenübersehen, dennoch ist es wichtig, diese Frage ernst zu nehmen". Dies ist eine rätselhafte Antwort auf die Frage, denn die Tatsache, dass es außerhalb von Toiletten zu sexuellen Übergriffen auf Frauen und Kinder durch Männer kommt, ist kein offensichtlicher Grund, alle Bereiche für sie gleich gefährlich zu machen. In dem Leitfaden heißt es, es sei falsch anzunehmen, dass „Toiletten für

Frauen, Kinder und transgender Menschen nicht sicher sein können" (Transgender Law Centre, 2005: 5). Aber die Bei den „Transgender"-Personen, die wahrscheinlich die Damentoiletten betreten wollen, handelt es sich um Personen mit männlichen Körpern, in der Regel mit intaktem Penis, in anderen Worten um Angehörige der männlichen Geschlechterkaste, der Personengruppe, aus der die Aggressoren gegen Frauen und Kinder stammen. Es bezeichnet das Argument, dass die Sicherheit von Frauen durch den Zutritt dieser männlichen Personen gefährdet werden könnte, wird als „Ausspielen" von Minderheitengruppen gegeneinander und behauptet, dass die Anbringung von Schildern an den Toilettentüren, auf denen angegeben ist, für welches Geschlecht sie bestimmt sind, „die Sicherheit von Frauen nicht angemessen gewährleistet", sondern Frauen unsicher macht, denn „wenn jemand die Absicht hätte, eine Frau in einer Toilette anzugreifen, wüsste er mit Sicherheit, wo er suchen müsste", d. h. Frauen sind leichte Beute für Übergriffe (Transgender Law Centre, 2005: 5). Eine genderneutrale Toilette, so die Logik, würde Frauen vor Übergriffen durch Männer sicherer machen, weil Männer anwesend sind.

Mary Anne Case (2010) räumt in ihrer Argumentation für Unisex-Toiletten ein, dass Männer auf öffentlichen Toiletten gegenüber Frauen gewalttätig sind, was sie aber nicht zum Einlenken bringt. Sie sagt, dass ihre „Durchsicht von Quellen, die von Zeitungen bis hin zu Justizberichten reichen, darauf hinweist, dass Raub, Körperverletzung, Belästigung, Vergewaltigung und sogar Mord nicht selten von Männern begangen werden, die Frauen und Mädchen auf der Toilette gefolgt sind oder auf sie gewartet haben" (Case, 2010: 220). Vielmehr sieht sie, dass die Zulassung von Männern zu Damentoiletten eine Lösung bietet, da die nicht-gewalttätigen Männer die Frauen vor den gewalttätigen Männern schützen werden: „Die potenziell zu erwartende Anwesenheit beider Geschlechter in einer integrierten Toilette könnte gelegentlich auch abschreckend wirken, indem sie die Wahrscheinlichkeit verringert, dass ein Täter mit seinem beabsichtigten Opfer allein ist, und die Wahrscheinlichkeit erhöht, dass ein Unbeteiligter, der in der Lage und bereit ist, Hilfe zu leisten, anwesend ist" (Case, 2010: 220). Leider deuten Forschungsergebnisse darauf hin, dass Unbeteiligte in Fällen von sexueller Belästigung und Übergriffen nur sehr selten eingreifen (Burn, 2009). Selbst wenn man davon ausgeht, dass Männer durch andere ihrer Art davon abgehalten werden könnten, Frauen in der Öffentlichkeit anzugreifen, kann die Anwesenheit einer großen Anzahl von Männern den alltäglichen Voyeurismus oder die auditive Erregung, die manche Männer verspüren, wenn sie eine Frau in der Kabine nebenan urinieren hören, nicht wirksam verhindern. Dies sind Verhaltensweisen, die sowohl von Männern ohne als auch von Männern mit „Frauen"-Kleidung häufig praktiziert werden, wie Beispiele weiter unten in diesem Artikel zeigen werden.

Sexuelle Übergriffe auf Mädchen in Toiletten

Die Befürworter „genderneutraler“ Toiletten argumentieren, dass die Anwesenheit von Männern, auch von solchen, die Konflikte mit ihrer „Genderidentität“ haben, auf Frauentoiletten die Sicherheit von Frauen und Kindern nicht gefährdet oder sogar hilft sie sicher zu stellen. Und das, obwohl es zahlreiche Belege dafür gibt, dass Frauen und Mädchen durch männliche Personen, die geschlechtergetrennte Toiletten betreten, erheblich gefährdet sind. Das Problem ist für Schulmädchen besonders akut und kann zu Schulverweigerung, gesundheitlichen Problemen und einer entschlossenen Meidung der Toiletten durch Kinder führen. In einem Bericht der australischen Zeitung *Queensland Courier Mail* aus dem Jahr 2013, in dem das Geschlecht der Opfer oder Täter nicht genannt wird, wird das Problem beschrieben und darauf hingewiesen, dass „Kinder ab dem Alter von vier Jahren in den letzten zwei Jahren Opfer von fast 400 Sexualdelikten an Schulen in Queensland wurden oder dessen beschuldigt wurden“ und dass etwa 100 mutmaßliche Täter jedes Jahr „vor Gericht stehen“ (Andersen, 2013). Um das Problem zu bekämpfen, wurden die Schulkinder zu zweit oder zu dritt auf die Toilette geschickt. Mehr als die Hälfte der Vorfälle ereignete sich in Grundschulen und 42 betrafen Vergewaltigungen oder versuchte Vergewaltigungen.

Berichte über sexuelle Übergriffe auf Schulkinder auf den Toiletten durch vielfältige männliche Täter sind auch in Bezug auf die USA zahlreich (Lowrey & Shin, 2013; Owens, 2012), aber trotzdem führen die Bundesstaaten in den USA auf Grund von Kampagnen von Transgender-Aktivisten zunehmend Regularien oder Gesetze ein, die von den Schulen verlangen, dass Jungen die Mädchentoiletten benutzen dürfen. Dazu gehören der Bundesstaat Massachusetts (Andersen, 2013) und der Bundesstaat Kalifornien, der 2013 vorschrieb, dass „ein Schüler an geschlechtergetrennten Schulprogrammen und -aktivitäten, einschließlich Sportteams und -wettbewerben, teilnehmen und Einrichtungen nutzen darf, die seiner Genderidentität entsprechen, ungeachtet des Genders, das in den Unterlagen des Schülers aufgeführt ist“ (California Legislature, 2013).

Die Prävalenz sexueller Übergriffe durch männliche Schüler in Schultoiletten hat die feministische Geografin Claudia Mitchell zu der Forderung veranlasst, Toiletten zu sicheren Orten für Mädchen zu machen. In einem Bericht über die Situation in den afrikanischen Ländern südlich der Sahara argumentiert sie, dass Schulen und Schultoiletten aus der Sicht der Mädchen völlig neu überdacht werden müssen. Darauf hinweisend, dass Mädchen in Schulen häufiger Gewalt von Männern ausgesetzt sind, sagt sie, dass eine '„feministische Geografie der Schule 'benötigt wird, die ‚das Auge des Mädchens 'oder eben den Körper des Mädchens in den Mittelpunkt stellt" (Mitchell, 2009: 72). Die Schultoiletten, so argumentiert sie, „müssen als sichere Räume für Mädchen umgestaltet werden" (Mitchell, 2009: 72). Im Gegensatz zu queeren Toiletten-Aktivisten, die dem Bedürfnis männlicher Personen, ihre „Genderidentität" auf Damentoiletten auszudrücken, priorisieren, stellt sie die Körper von Mädchen an die erste Stelle, und zwar nicht nur im Hinblick auf den Schutz vor Gewalt, sondern auch wegen anderer mädchenspezifischer Probleme, die Privatsphäre und gute, abgetrennte und sichere Einrichtungen erfordern. Ein Thema ist die Menstruation, mit der Mädchen vielleicht nicht wünschen sich vor Männern auseinanderzusetzen, in einer männlich dominierten Gesellschaft, die diese Körperfunktion stigmatisiert. (Laws, 1990).

Reine Frauentoiletten und das Recht auf Würde und Sicherheit

Auch die sexuelle Gewalt von Männern gegen erwachsene Frauen ist ein dringender Grund, den Zutritt von Männern zu geschlechtergetrennten Frauentoiletten abzulehnen. Das Problem bei der Schaffung eines „Rechts" für Männer, Frauentoiletten zu betreten, besteht darin, dass einige Männer ein eindeutiges Interesse an den sexuellen Erregungen haben, die sie sich verschaffen können, indem sie das Recht der Frauen auf Menschenwürde an solchen Orten verletzen. Im Internet ist eine beträchtliche Menge an Pornografie frei zugänglich, in der Männer Fotos zeigen und austauschen, die sie heimlich mit versteckten Kameras von Frauen in Toiletten und Umkleideräumen, beim Stuhlgang und Urinieren oder nackt in Duschen aufgenommen haben. Dieses Material ist eine Untergruppe der Pornografie, die üblicherweise als „Upskirts" bezeichnet wird. Eine Google-Suche nach „Upskirts Badezimmer" ergibt zum Beispiel 6.630.000 Ergebnisse. „Upskirts" ist der Name, den männliche Pornoproduzenten und -konsumenten der Praxis geben, Frauen ohne ihr Wissen unter den Rock zu fotografieren. Männer tun dies mit Kameras an ihren Schuhspitzen (Japan Today, 2010; Komo News, 2012), mit Kameras in Taschen, die sie neben den Frauen auf den Boden stellen, und vor allem mit versteckten Kameras in Damentoiletten und Duschräumen.

Das Upskirting-Phänomen wurde als ein Ableger der Mobiltelefontechnologie erkannt, die eine neue Form der sexuellen Belästigung und Gewalt gegenüber Frauen ermöglicht und die Besorgnis darüber hat in mehreren Ländern zur Einführung neuer Gesetze geführt, um dieses Problem anzugehen (Powell, 2009). Bei den Männern, die Upskirting betreiben, handelt es sich um eine vielfältige Gruppe, darunter männliche Tennisfans bei den Australian Open (Powell,

2009), männliche Schüler, die Videos von einer Lehrerin ins Internet hochgeladen haben (Epstein, 2012), und sogar ein männlicher Urologe. In einem Fall in New York wurde im August 2012 ein angesehener Urologe verhaftet, weil er auf einem Bahnsteig eine Frau unter dem Rock gefilmt hatte (Newcomb, 2012). Diese Form des Voyeurismus beinhaltet das direkte Anvisieren der Ausscheidungsfunktionen von Frauen zur Beobachtung, zum Filmen und zur Tonaufnahme. In einem Beispiel, in dem dieses sexuelle Interesse von Männern auf die Spitze getrieben wurde, wurde Luke Chrisco 2011 verhaftet, nachdem er sich auf einem Yogafestival in den Vereinigten Staaten im Fäkalientank einer mobilen Toilette versteckt hatte, um die Hintern von Frauen anzugucken (Sky News, 2013). Chrisco gab gegenüber der Polizei zu, dass er viele andere Frauen auf Toiletten in den USA und Europa ausspioniert hatte.

Zu den Tätern, die es auf Frauen abgesehen haben, um sich an der Verletzung ihrer Würde zu erregen, gehören auch Männer in Frauenkleidung, von denen in den letzten Jahren mehrere wegen sexueller Belästigung auf Damentoiletten festgenommen wurden. Der transkritische Blog *Gendertrender* hat eine nützliche Auflistung von Festnahmen männlicher Personen, die in den letzten Jahren Frauen in Frauentoiletten belästigt oder angegriffen haben, während sie Kleidung trugen, die sie mit Frauen assoziieren (GenderTrender, 2011). Zu den Handlungen, die sie begehen, gehören das heimliche Fotografieren von Frauen, welche die Toiletten benutzen und von Frauen beim Duschen, das Ausspähen von Frauen aus benachbarten Kabinen oder unter Kabinenabtrennungen, das Verlangen, dass Frauen sie als Frauen anerkennen und aggressiv werden, wenn sie dies nicht tun, das Locken von Kindern in Frauentoiletten, um übergriffig zu werden, und sexuelle Übergriffe. In einem Fall aus dem Jahr 2014 in den USA nutzte ein als Frau verkleideter Mann sein Mobiltelefon, um eine Frau in einer Toilettenkabine zu fotografieren: „Das Telefon war in der Nähe einer Halterung an der Tür, die die beiden Kabinen trennt, etwa einen halben Meter über dem Boden verkeilt" (Cohen, 2014). Es lässt sich nicht feststellen, ob es sich um Männer handelt, die sich für transsexuell oder transgender halten, oder nur um Männer, die Frauenkleidung tragen, um ihren Zugang zu Frauen und Kindern zu erleichtern, aber das Problem, dass männliche Personen die Damentoiletten betreten dürfen, besteht in beiden Fällen weiter.

Die Probleme, die dadurch entstehen männlichen Personen rechtlich das Recht zuzusichern, Frauentoiletten zu betreten, werden durch das Verhalten von Colleen Francis in den USA im Oktober 2012 gut illustriert. In diesem Fall hat Francis, eine 45-jährige Person, die als Mann geboren wurde, dreimal verheiratet war, Vater von fünf Kindern ist, im Besitz intakter männliche Genitalien ist und bis 2009 als Mann gelebt hat, das

Recht auf Benutzung der Sauna in der Frauenumkleide des Evergreen State College durchgesetzt (Golgowski, 2012). Die Umkleidekabine wird von den Mädchen zweier benachbarter High Schools genutzt, und einige Eltern beschwerten sich darüber, dass diese Person mit männlichem Körper in der Umkleidekabine in Anwesenheit ihrer Mädchen nackt war. Das College erklärte, es müsse Colleens Recht auf Nacktheit in der Frauenumkleide rechtlich schützen, verwies die Mädchen in eine kleinere, weniger geeignete Einrichtung und hängte dann einen Vorhang in der Hauptumkleide auf, sagend, dass die Mädchen sich hinter diesem umziehen könnten. Francis 'Recht auf „Genderidentität" übertrumpfte die Rechte derjenigen, die als Frauen geboren und aufgewachsen sind, und hatte damit zur Folge, dass das, was früher als Exhibitionismus verstanden worden wäre, zu einem geschützten Verhalten wurde.

Das Problem Männer, die transgendern, zu Damentoiletten und Umkleideräumen zuzulassen, wurde in einer Nachricht deutlich, die 2014 an eine Ratgeberkolumne in der Toronto's Star Zeitung geschickt wurde. Eine Frau beschrieb ihre Begegnung so: „Ich bin eine ältere Frau. Kürzlich wurde einem „Mann", der behauptete, ein transgender zu sein, und der noch keine körperlichen Behandlungen begonnen hatte, von unserem örtlichen Jugendzentrum gestattet, die Frauenumkleide zu benutzen. Dort gibt es keine sicheren Umkleideräume. Die Person, die hineingelassen wurde, war unhöflich und starrte mich an, während ich mich aus meinem nassen Badeanzug herauskämpfte. Er war nackt, hatte eine Erektion und fragte spielerisch: „Kommst du oft hierher?" (Gallinger, 2014). Ken Gallinger, der „ethisch denkende Kolumnist" des Star, riet ihr, dass „Transgender-Frauen, unabhängig von ihrem Status in Bezug auf einen chirurgischen Eingriff, das absolute Recht haben, die Umkleidekabine für Frauen zu benutzen", obwohl er zustimmte, dass dieses Verhalten inakzeptabel war, weil niemand, auch nicht Transgender, ein „Vollidiot" sein sollte. In diesem Fall wie auch in dem von Colleen Francis oben wurde das Verhalten eines Mannes, das in der Vergangenheit wahrscheinlich als Exhibitionismus angesehen und strafrechtlich geahndet worden wäre, in das Recht eines Mannes umgewandelt, Frauen seinen Penis zu zeigen, solange er behauptet, seine Genderidentität zum Ausdruck zu bringen.

Transgender-Empfehlungen für den Wandel

Die beste Möglichkeit, den Sicherheitsbedürfnissen von Mädchen und Frauen sowie den Interessen der männlichen Transgender, die Belästigungen befürchten, gerecht zu werden, ist die Einrichtung von Einzeltoiletten mit Waschbecken, die durch eine einzelne, vollständig hohe Tür von einem Korridor oder einem öffentlichen Raum aus zugänglich sind. Sie bieten allen Nutzern Würde, Sicherheit und Respekt und erfordern keine Kennzeichnung als männlich oder weiblich. Einzelne Toiletten würden jedoch nicht die Form der Befriedigung bieten, die einige männliche Transgender laut sexologischer Forschung durch die Reaktionen von Frauen als Bestätigung ihrer Genderperformance suchen. Die Sexualwissenschaftler Bailey und Triea argumentieren, dass dies ein weit verbreiteter Wunsch von Männern ist, die in der Vergangenheit Cross-Dressing betrieben haben und einen zunehmenden Prozentsatz der Transgender ausmachen (Jeffreys, 2014), und sie beschreiben es als „die erotische Fantasie, in der weiblichen Persona von einer anderen Person bewundert zu werden" (Bailey & Triea, 2007: 523). Der Sexualwissenschaftler Ray Blanchard erklärt, dass ein signifikanter Unterschied zwischen solchen Männern, die er als „Autogynäkophile" bezeichnet, und Homosexuellen, mit denen sie oft verglichen werden, darin besteht, dass Homosexuelle für ihre sexuelle Befriedigung keine Reaktion von Unbeteiligten suchen, während die heterosexuellen Männer, die vom Crossdressing zum Transgenderismus übergehen, so tun, als befänden sie sich in einem ständigen „Film", in den andere Personen, wie z. B. Ehefrauen, hineingezogen werden, um - wenn auch widerwillig - die Rolle des Publikums zu spielen (Cameron, 2013).

In Anbetracht dieser Beobachtung ist es interessant festzustellen, dass die Toilettenaktivisten entweder „entgenderte" Toiletten fordern, die von Personen beiderlei Geschlechts betreten werden können, und/oder dass Personen in der Lage sein sollten, die Toilette ihrer Wahl zu betreten, so dass z. B. männliche Personen die Frauentoiletten betreten können. Sie lehnen die Einrichtung von Toiletten speziell für Transgender ab, da dies den Eindruck erweckt, Transgender seien Bürger zweiter Klasse, deren „Identität" nicht ernst genommen wird. Sie bevorzugen den Zugang zu Frauentoiletten, in denen es mehrere Kabinen gibt, und nicht zu Einzeltoiletten. Ruth Barcan bringt diesen Standpunkt wie folgt zum Ausdruck: „Während die Bereitstellung von Einzelkabinen zwar praktische Probleme für viele Transgender-Personen lösen würde, würde es aber nicht die primäre Trennung von Menschen in zwei Geschlechter aufheben - im Gegensatz etwa zu Unisex-Toiletten (d.h. nicht geschlechtergetrennte Toiletten), die eine radikalere, politischere Provokation für die Gesetze zur Urinsegregation darstellen" (Barcan, 2010: 34).

Schlussfolgerung

Männer, die transgendern, basieren ihre Kampagne für den Zugang zu Frauentoiletten mit dem Problem der Gewalt durch andere Männer in den Herrentoiletten. Ihre Befürchtungen, so begründet sie auch sein mögen, sind kein Grund, ihnen den Zugang zu Frauentoiletten zu ermöglichen, denn Frauen haben wohlbegründete Ängste, von männlichen Personen sexuell angegriffen zu werden. Die spezifischen Bedürfnisse und Interessen von Frauen, die zur Einrichtung von Frauentoiletten geführt haben und nach wie vor berechtigte Anliegen sind, werden von Theoretikern und Aktivisten, die versuchen, die Toilette zu „entgendern", ignoriert oder lächerlich gemacht. „Frauen" werden von der Ideologie des „Gender" aufgelöst, die sich diese Aktivisten zu eigen gemacht haben, die, inspiriert von der Queer-Theorie und poststrukturalistischen Ideen über das Gender, dieses so essentialisieren, dass es an die Stelle des biologischen Unterschieds des „Geschlechts" tritt. Frauentoiletten wurden eingerichtet, damit Frauen und Mädchen in Systemen männlicher Vorherrschaft, in denen die weibliche Geschlechterkaste unterdrückt und auf Grund ihres Geschlechts sexuellen Übergriffen und Belästigungen ausgesetzt ist, den öffentlichen Raum sicher betreten können. Die unangenehme Realität der Gewalt gegen Frauen lässt sich nicht durch eine Änderung der Sprache vollständig eliminieren. *Peeing in Peace* definiert eine „genderspezifische oder gendergetrennte Toilette" als eine Toilette „für Menschen, die sich mit einem bestimmten Gender identifizieren" (Transgender Law Centre, 2005: 2). Diejenigen, die sich weltweit weiterhin für Frauentoiletten einsetzen, wie diejenigen welche dies im 19. Jahrhundert im Westen getan habe, sehen Frauen nicht als Personen, die sich „mit einem bestimmten Gender identifizieren", sondern als Personen des weiblichen Geschlechts, diejenigen die unter männlicher Vorherrschaft Gewalt und sexuellen Übergriffen von Personen des männlichen Geschlechts ausgesetzt sind. Der Verlust sicherer Toiletten für Frauen zu diesem Zeitpunkt im Westen als Ergebnis von Kampagnen zum Schutz des Rechts auf „Genderidentität" wäre ein ernsthafter Rückschritt bei der Gleichstellung von Frauen.

FTM-Transsexualismus und Trauer

(In *Rain and Thunder Summer Solstice* 2002)

In „Pornography and Grief" schreibt Andrea Dworkin sehr eindringlich über die Auswirkungen, die es auf sie hatte, sich so viel Pornographie ansehen zu müssen, um darüber zu schreiben. Der Schrecken des Schmerzes, der Zerstörung und des reinen, alltäglichen Frauenhasses löste in ihr Trauer aus (Dworkin, Letters from a War Zone, 1988). Ich habe mir die Websites angesehen, die von weiblichen und männlichen Transsexuellen (heute modischerweise Transgender genannt) erschaffen wurden und auf sie abzielen. Ich habe durch das Beobachten der Zerstörung weiblicher Körperteile, des Schmerzes, des Blutes und der Zerstückelung, die derzeit Frauen widerfährt, die sich - oft nach eigenem Bekunden - vor einigen Jahren noch als einfache Lesben betrachtet hätten, die nun aber „transitionieren" (um den Fachjargon zu verwenden), erhebliches Leid erfahren. Als lesbische Feministin hatte ich geglaubt, dass die Unterdrückung von Lesben, der Hass und die Schikanen, die Einweisung in psychiatrische Kliniken und die Selbstmordversuche, die die Erfahrungen so vieler Lesben so lange geprägt haben, in Zukunft gelindert werden würden. Die Entdeckung dieser neuen, sehr schwerwiegenden Form der Unterdrückung ist ein Grund für große Trauer.

Meine Antwort unterscheidet sich sehr von der der meisten Queer-Theoretiker, liberalen Politiker und Juristen, die eifrig daran arbeiten, die Wahl und die Handlungsfähigkeit von Transsexuellen zu „respektieren" oder zu „feiern", indem sie Gesetze und Politik ändern. Diese Leute fragen nicht nach dem Warum. In der Tat wird eine solche Frage als unangebracht, als respektlos gegenüber Unterschieden und Vielfalt angesehen. Weil ich sie gestellt habe, wurde ich als „transphob" bezeichnet.

Als lesbische Feministinnen zum ersten Mal besorgt wegen dem Thema Transsexualität wurden, war klar, dass die überwiegende Mehrheit derjenigen, die „umoperiert" wurden, Männer waren. Viermal so viele Männer wie Frauen ließen sich operieren. Transsexualismus wurde als eine Form der sozialen Kontrolle analysiert, d.h. um Unzufriedene wieder in eine der Kategorien des zweigeschlechtlichen, zwei Gender Systems der männlichen Dominanz einzuordnen, und als eine Frage des Profits eines medizinischen Imperiums, aber nicht als Zerstörung von Lesben (siehe Janice G. Raymonds wunderbares The Transsexual Empire). Das Bild hat sich geändert. In den späten 1980er und 90er Jahren begannen Lesben, sich zu transitionieren, und die Zahl steigt rapide an, den

Websites, Konferenzen und Organisationen nach zu urteilen, die jetzt eingerichtet werden. Stephen Whittle, die Gründerin des FTM Network im Vereinigten Königreich, einer 1990 gegründeten Selbsthilfegruppe für „Transmänner", zählt heute 700 Mitglieder im Vereinigten Königreich und Mitglieder aus weiteren 20 Ländern in ihrer Organisation.

Loree Cook-Daniels stellte fest, dass FTM-Transsexualismus in ihrem lesbischen Freundeskreis in den USA überraschend häufig vorkommt, nachdem sie sich nach der Entscheidung ihrer Partnerin, „Transmann" zu werden, umgehört hatte. In den 3 Jahren vor 1998, so sagt sie, gab es 5 nationale Konferenzen, die FTMs gewidmet waren. Sie schreibt, wie schwierig es für die Partnerinnen von FTMs ist, die ihre Energien dem Bestreben ihrer Freundin ein Mann zu sein widmen müssen, während dieses Bestreben ihr eigenes Lesbischsein in Frage stellt, was zu einer schmerzhaften Suche in ihren Herzen nach ihrer verlorenen Identität führt. Der FTM-Transsexualismus zerstört nicht nur das Lesbischsein der Frau, die „transitioniert", sondern auch das ihrer Partnerin. Leider beging Cook-Daniels' FTM-Partnerin im Jahr 2000 Selbstmord.

In letzter Zeit haben Lesben transitioniert um „schwule Männer" zu werden. Dies scheint eine neue Entwicklung zu sein und ist besonders unter Lesben verbreitet, die jahrelang Sadomasochismus praktiziert haben, oft mit schwulen Männern. Pat Califia, die berühmteste US-amerikanische Verfechterin des lesbischen SM, wurde Patrick und ihre Partnerin (die ein Kind gebar, bevor sie „transitionierte") war ebenfalls in SM involviert und ist jetzt ein „schwuler Mann". Linnea Due, Mitherausgeberin der Anthologie Dagger: On Butch Women (1994), stellt fest, dass auf einer Konferenz für FTM im Jahr 1995 etwa die Hälfte der Teilnehmer „schwul-identifiziert" waren.

Ich verstehe die Transition um „schwule Männer" zu werden, als Veranschaulichung der fast vollständigen Dominanz der schwulen männlichen Kultur und der schwulen männlichen Versionen von Männlichkeit innerhalb der „queeren" Gemeinschaften. In den Drag King-Shows, die jetzt Australien ebenso wie die USA und das Vereinigte Königreich überschwemmen, neigen Lesben dazu, sich speziell als maskuline schwule Männer zu verkleiden und versuchen, sich gegenseitig in der Nachahmung zu übertreffen. Schwule Männlichkeit ist zum höchsten Gut geworden und spiegelt den überlegenen finanziellen Status und andere Ressourcen und den Glamour schwuler Männer wider. „Butch"-Lesben, die sich entscheiden, schwule Männer zu sein, haben keine funktionierenden Penisse, Phalloplastiken sind sehr teuer, enorm schmerzhaft und können nicht erigieren, so dass sie in der schwulen männlichen Sexualpraxis zu „Bottoms" werden.

Die gegenwärtige Epidemie oder der Kult des Frau-zu-Mann-Transsexualismus muss in den historischen und politischen Kontext der Unterdrückung von Lesben gestellt werden. Die große Mehrheit der Frauen, die „transitionieren", haben sich als Lesben identifiziert oder zumindest in der lesbischen Gemeinschaft gelebt und Beziehungen mit Lesben geführt. Die Zuschreibung von Männlichkeit an Lesben war in der Vergangenheit ein wichtiges Instrument der Kontrolle. Lesbische Feministinnen entwickelten in den 1970er Jahren eine diffenzierte Kritik an der Art und Weise, wie männliche Wissenschaft und Kultur versuchten, Lesben zu verunglimpfen oder verschwinden zu lassen, indem sie sie als maskulin darstellten oder als solche, die eigentlich Männer sein wollten. Viele Lesben der 1980er/90er Jahre lehnten die Erkenntnisse des Feminismus ab und erschlossen modischen Sadomasochismus und Butch/Femme-Rollenspiele, aus denen das Phänomen des FTM-Transsexualismus hervorging. Diejenigen, die „transitionieren", neigen dazu, sich klar von Lesben abzugrenzen, trotz einer Vergangenheit des Lesbianismus und eifrigen Deklarationen nur ein paar Jahre zuvor, in einigen Fällen, dass sie stolze Lesben seien und Transitionen niemals in Betracht ziehen würden. Dies ist wichtig, weil sie sich selbst als „Männer" sehen wollen und jede Verbindung mit ihrem früheren Lesbischsein dieses Verständnis untergraben würde. Daher betonen FTM-Aktivisten, dass „es keinen Zusammenhang zwischen sexueller Orientierung und Genderidentität gibt".

Jedoch argumentiert C. Jacob Hale, die sich als FTM identifiziert, dass es nur einen Unterschied in der Selbstidentifikation zwischen denjenigen gibt, die sich als Butch bezeichnen, und denjenigen, die sich als FTM bezeichnen. Sie (ich bezeichne FTMs und MTFs der Klarheit halber mit den Pronomen, die ihre geschlechts Klasse der Herkunft verdeutlichen) sagt, dass „zeitgleich die Selbstidentifikation als Butch oder FTM das einzige Merkmal ist, das einige Butches von einigen FTMs unterscheidet" (Hale. In GLQ Vol 14 No 2 1998 p325). Sie erklärt, dass eine Hierarchie geschaffen wurde, in der Lesben, sowohl Butch als auch diejenigen, die entscheiden FTM zu sein, darum wetteifern, maskuliner zu sein als die anderen: „Der Typ mit dem größten Schwanz gewinnt" (Hale S. 327).

Die Lesben von für ihre Entscheidung zur „Transition" in Büchern wie Holly Devors FTM. Female-to-Male Transsexuals in Society (1999), Loren Camerons Body Alchemy (1996) und der Sammlung Sissies and Tomboys (Rottnek (Hrsg.) 1999) angeführten Gründe, sind ganz klar auf ihre Unterdrückung als Lesben und als Frauen zurückzuführen. Einige FTMs erklären, dass sie keine Frauen im Körper von Frauen lieben konnten. Andere erklären, dass sie den Körper des Unterdrückers annehmen mussten, um sich vor einer Wiederholung des Missbrauchs zu schützen, den sie in ihrer Kindheit von Männern erfahren haben. Es gibt diejenigen, die sagen, dass sie Männer sein wollen, weil sie schon immer mit den Beschränkungen, die Mädchen auferlegt werden, in Konflikt standen, z.B., dass sie sich bei gesellschaftlichen Anlässen weiblich kleiden müssen oder dass sie keine Bar-Mizwa feiern dürfen, bei der sie stolz sagen könnten: „Heute bin ich ein Mann". Manche wollen die Freiheit haben die Straße „entlang zu stolzieren", wie es Männer tun und sich den Respekt der Frauen und anderer Männer zu verschaffen. Die Männlichkeit ist attraktiv, weil sie einen höheren sozialen Status und einen individuellen Ausweg aus der Unterdrückung von Lesben und Frauen bedeutet, ohne irgendeinen sozialen Wandel. Männlichkeit ist jedoch ein soziales Konstrukt, das die fortgesetzte Schaffung von Weiblichkeit und die Unterdrückung der großen Mehrheit der Frauen voraussetzt, um eine Bedeutung zu haben.

FTM-Transsexualismus ist also ein Problem für alle Frauen, die die Machtverhältnisse der männlichen Dominanz ändern wollen, anstatt sich auf einen chirurgischen sozialen Aufstieg einzulassen. Aber es ist höchsterstaunlicher Weise vor allem ein Problem für Lesben, denn es sind Lesben, die unter den Qualen und den Kosten leiden. Die Operationen, die für eine vollständige FTM-Umwandlung über sechs Monate erforderlich sind, kosten 77.000 US-Dollar. Sie sind mit schrecklichen Schmerzen und möglichen Komplikationen verbunden. Wenn die „Männlichkeit" nicht verschwinden soll, müssen starke Medikamente mit besorgniserregenden Nebenwirkungen ein Leben lang eingenommen werden. Die Depression, die dem Wunsch nach einer Umwandlung zugrunde liegt, wird dadurch nicht unbedingt gemildert. Sie kann sich mit dieser Erkenntnis verstärken und zum Selbstmord führen.

Die lesbische Gemeinschaft muss sich mit der dringenden politischen Aufgabe befassen, Lesben zu ermöglichen, ihre lesbischen Körper zu behalten und zu lieben. Wenn dem Leiden und der Zerstörung von Lesben Einhalt geboten werden soll, müssen wir den Männlichkeitskult in Frage stellen, der sich in Aktivitäten wie Drag-King-Shows zeigt. Wir müssen die Formen der Selbstverletzung in Frage stellen, die derzeit als progressiv und befreiend angepriesen werden, wie z. B. Butch/Femme-Rollenspiele, sadomasochistische Selbstverstümmelung und die Instrumente, Drogen und Operationen, die jetzt eingesetzt werden, um Lesben eine „Transition" zu ermöglichen. Obwohl viele Lesben dazu tendiert haben diesen Praktiken mit einer liberalen Toleranz zu begegnen, die es ihnen ermöglicht hat aufzublühen, ist der Zeitpunkt gekommen, an dem die sehr ernsten Folgen dieser nie wirklich „spielerischen" Verhaltensweisen verstanden werden müssen. Es besteht die Notwendigkeit, die starke, separate, frauenliebende lesbische

Gemeinschaft wiederherzustellen, die Lesben brauchen, um stolz zu sein und zu gedeihen.

Eine erweiterte Fassung dieses Beitrags bildet ein Kapitel von „Unpacking Queer Politics: A lesbian feminist perspective", das im November 2002 erscheinen wird.

Eine frühere Version dieses Artikels wurde in Lesbian Network in Australia, April 2001, veröffentlicht.

Durchsetzung der sexuellen Rechte von Männern in den internationalen Menschenrechtsnormen

(2018)

Warum international?

Ich werde heute darüber sprechen, warum es wichtig ist, international zu denken, wenn man sich mit der Bedrohung beschäftigt, welche der männliche Crossdressing-Aktivismus (gemeinhin als Transgender-Bewegung bezeichnet) für die Menschenrechte der Frauen darstellt. Im Vereinigten Königreich ist der feministische Widerstand im letzten Jahr exponentiell gewachsen und mit ausgezeichneten Ergebnissen. Wir haben uns jedoch auf die britische Manifestation der Crossdressing-Rechte konzentriert. Wir haben nur die Spitze des Eisbergs betrachtet und die wachsende, mächtige internationale Bewegung für die sexuellen Rechte von Männern übersehen, die die Forderungen der Trans-Rechte-Aktivisten in diesem Land unterstützt. Es gibt eine riesige internationale Menschenrechtskampagne, die diesen lokalen Trans-Rechts-Aktivismus unterstützt, mit mächtigen Einzel- und Unternehmensspendern, einer Reihe sehr einflussreicher Menschenrechtsorganisationen, von denen sich viele ausschließlich den Trans-Rechten auf internationaler Ebene widmen, und einer Vielzahl wichtiger Dokumente, die Aussagen über Trans-Rechte machen, die zwar noch keine Gesetzeskraft haben, aber international zunehmend als bewährte Menschenrechtspraxis anerkannt werden

Um zu zeigen, wie weit die Agenda für Geschlechterrechte gediehen ist: Das EU-Parlament hat im März dieses Jahres einen Bericht über die Grundrechte in der EU gebilligt, in dem Staaten verurteilt werden, die irgendeine Art von medizinischem Nachweis zur Unterstützung der Änderung des „Genders“ verlangen, was als „psychiatrisches Einverständnis“ bezeichnet wird, und der für eine Entpathologisierung von Transgenderismus und Selbstidentifizierung plädiert (Europäisches Parlament, 2018). Mit anderen Worten: Es verurteilt den britischen Gender Recognotion Act aus dem Jahr 2004 und fordert eine Änderung, um selbstidentifizierungs Gesetzgebung zu ermöglichen. Es behauptet, dass die, welche es "Transgender-Personen" nennt, nicht an einer psychischen Krankheit leiden, fordert aber, dass diese Menschen einfachen Zugang zu medizinischen Behandlungen wie Operationen haben sollten. Dies hat noch keine rechtliche Grundlage, es wurde nicht in eine Direktive gewandelt, aber das könnte sehr schnell geschehen, und wir werden nichts davon wissen, weil wir im Vereinigten Königreich keine Informationen über solche Änderungen erhalten, keine Konsultation, nur fait accompli.

Solche Entwicklungen, die sich rasend schnell und meist ohne das Wissen oder die Kontrolle von Feministinnen vollziehen, basieren auf den Yogyakarta-Prinzipien. Die Yogyakarta-Prinzipien aus dem Jahr 2007, die 2017 durch zehn zusätzliche Prinzipien aktualisiert wurden, die sogenannten Plus, wurden bei einem Treffen in Indonesien verkündet. Sie wurden von einer Reihe hochrangiger Menschenrechtsaktivisten, Anwälte und Funktionäre unterzeichnet. Zu den Unterzeichnern gehören einige bedeutende feministische Menschenrechtsaktivistinnen, und ich vermute, dass diese Frauen unterschrieben haben, weil die Grundsätze eine Menschenrechtscharta für Lesben und Schwule darstellen. Es ist unwahrscheinlich, dass sie die Implikationen der gesamten Hälfte der Grundsätze, die sich auf die Genderidentität bezieht, kannten oder, wie viele Menschen, annahmen, dass dies etwas mit dem Schwulsein zu tun hat und keine besonderen Implikationen für Frauen hat.

Der Abschnitt der Grundsätze, der sich auf die Rechte von Homosexuellen bezieht, ist eine sehr wichtige und notwendige Entwicklung, die von Lesben- und Schwulenrechtsaktivisten und anderen in der Menschenrechtsgemeinschaft sehr gelobt wird. Das Problem mit den Grundsätzen besteht jedoch darin, dass sie die Rechte von Lesben und Schwulen mit dem Recht auf Schutz und Ausdruck einer so genannten "Genderidentität" verknüpfen und den Schutz der Genderrechte fordern. Gender ist das Gegenteil von Geschlecht. Geschlecht ist Biologie, und auf der Grundlage der Biologie werden Frauen unterdrückt, und auf der Grundlage der Biologie haben Frauen Rechte erlangt und sind in einigen Gerichtsbarkeiten zu einer geschützten Kategorie geworden. Der Begriff der "Genderidentität" zerfetzt all dies und gefährdet den Begriff der Frauenrechte als Menschenrechte. "Geschlechteridentitäts"-Rechte sind der Triumph einer jahrzehntelangen Kampagne von Männern, die aus sexueller Erregung crossdressen und es geschafft haben, ihre sexuellen Interessen auf die Rechte von Lesben und Schwulen zu kleben.

Die Idee des "Gender" ist aus der Unterdrückung der Frauen entstanden. Das Gender umfasst die Verhaltens- und Aussehensnormen, welche von Männern und Frauen gefordert werden. Weiblichkeit ist das erzwungene Verhalten der Unterdrückten, d. h. Frauen, und umfasst demütigende Bekleidungsnormen wie hohe Absätze, Enthaarung und Entblößung oder Bedeckung des Körpers, die Einschränkung der Körperbewegung und wenig Raum einzunehmen. Es wir begründet mit der falschen Vorstellung, dass das Gehirn von Frauen auf irgendeine Weise anders sei als das der Männer, so dass sie für ein solches Aussehen und Verhalten geeignet sind und sie so zu Recht untergeordnet und besser für die Hausarbeit geeignet macht. Männlichkeit ist das Verhalten der Mächtigen und umfasst das Einnehmen von Raum, den Ausdruck von Selbstvertrauen und die Kontrolle von Grenzen in Form von Schreiten, das Tragen würdevoller Kleidung und das Nichtputzen der Toilette. Gender umfasst das Verhalten von zwei Gruppen von Menschen in einer Hierarchie der Unterdrückung, den Untergeordneten, den Frauen, und den Dominierenden, den Männern. Der Begriff der "Genderidentität" macht "Gender", d. h. die Verhaltensweisen eines Unterdrückungssystems, zu etwas Natürlichem und Unvermeidlichem. Es löscht den fünf Jahrzehnte währenden Kampf der Feministinnen zur Auslöschung des "Genders" aus, das früher - und ich denke, klarer - "Geschlechterrollen" genannt wurde und bedeutete, wer die Hausarbeit macht, wer ritterlich ist usw.

Die Yogyakarta-Prinzipien haben zwar noch keine Macht im Recht, aber sie und ihr Begriff des "Genders" gewinnen im internationalen Recht zunehmend an Einfluss, obwohl die meisten Feministinnen wahrscheinlich keine Ahnung haben, dass sie existieren. Sie erwachsen aus einer Kampagne von crossdressenden Männern um ihre masochistische sexuelle Obsession zu schützen und zu fördern.

Transgender-Rechte

Ich habe diesen Vortrag den Schutz der sexuellen Rechte von Männern im internationalen Recht genannt, weil die Idee dessen, was heute als Transgender- oder Genderidentitätsrechte bezeichnet wird, von Männern mit einem sexuellen Interesse am Crossdressing stammt. Crossdressing, das auch als Transvestismus bezeichnet wurde, wird in der Sexologie, der so genannten Wissenschaft vom Sex, als Paraphilie bezeichnet. Paraphilien werden üblicherweise als sexuelle Perversionen bezeichnet, wenn sie nicht "wissenschaftlich" diskutiert werden. Männer, die crossdressen, sind Masochisten, die sexuell erregt sind, wenn sie diejenigen nachahmen, die sie als die untergeordnete Klasse betrachten, d. h. Frauen. Ihre umfangreiche Pornografie und ihre Support-Seiten online machen dies deutlich. Einige mutige Sexualwissenschaftler, die bereit sind, sich für ihre wissenschaftliche Analyse bösartigen Übergriffen auszusetzen, sagen dies ebenfalls und liefern zahlreiche Beweise aus ihrer jahrelangen klinischen Arbeit mit diesen Männern.

Es gibt zahlreiche Belege für die sexuelle Motivation des Crossdressing-Verhaltens von Männern. Zehn Prozent der Pornos sind Transgender-Erotika, die alle darauf abzielen, das sexuelle Verlangen von Crossdressern zu befriedigen, die die Demütigung erleben wollen, feminisiert zu werden, meist mit Gewalt oder als Unfall, wie zum Beispiel in der Geschichte mit dem Titel "Gender Swapped by Aliens"(dt. Gendertausch durch Aliens). Es finden sich auch Belege, auf den Websites, welche Männern Lycra-Frauenkörperanzüge oder Frauenkörperteile, zum Hineinmasturbieren, verkaufen. Die fetischistischen Aspekte des Crossdressing sind offensichtlich bei dem Interesse, das diese Männer daran haben, so zu tun, als würden sie menstruieren. TG-Diskussionsforen befassen sich damit, ob Binden oder Tampons besser sind. Einige Männer geben rote Substanzen auf die Binden, die sie tragen, damit es realistischer ist. Dies ist die "Genderidentität", d. h. die Erotisierung der Unterordnung der Frau, deren Schutz heute als bewährte Menschenrechtspraxis propagiert wird. Es sind die männlichen Crossdresser, die sich für Genderrechte eingesetzt haben. Die Lesben, und die Frauen, die transgendert sind, sind fast ausschließlich Lesben, die durch die brutalen Drogenverordnungen und Operationen des Transgenderismus zurechtgestutzt werden, und die Kinder, die schwer geschädigt werden, von denen die überwiegende Mehrheit Mädchen sind, die, wie die Sexologen sagen, "gleichgeschlechtlich angezogen" sind, sind Kollateralschäden einer Bewegung, die in erster Linie auf die sexuellen Rechte von Männern ausgerichtet ist.

Geschichte des Crossdressing

Das Crossdressing von Männern zur sexuellen Erregung hat eine lange Geschichte, aber vor der zweiten Hälfte des zwanzigsten Jahrhunderts sagten diese Männer nicht, dass sie eigentlich Frauen seien. Meistens crossdressten sie auf besonderen Partys, an Crossdressing-Wochenenden oder im Geheimen. Die Entwicklung von Hormonen und chirurgischen Techniken sowie die von Psychiatern, Endokrinologen und Chirurgen propagierte Vorstellung, dass das Geschlecht tatsächlich verändert werden könne, ermutigte einige Männer zu der Annahme, sie könnten Frauen werden. Die Mediziner entwickelten die Idee der Geschlechtsumwandlung vor allem, um Homosexualität zu heilen, denn die Psychiater glaubten, dass homosexuelle Männer irgendwie in Wirklichkeit Frauen sein müssten und das Gehirn einer Frau in einem Männerkörper hätten. Der erste Mann, der sich in den USA der vollständigen Behandlung unterzog, war ein Homosexueller, der sich Christine Jorgensen nannte. In den 1960er und 1970er Jahren begannen Crossdressing-Aktivisten, sich in Support-Organisationen zu organisieren, z. B. in der Beaumont Society in London. In den 1990er Jahren ermöglichte die Entwicklung des Internets die Entstehung einer politischen Bewegung von Crossdressern, die eine Charta von Rechten aufstellten, ihr Recht einfordernd, rechtlich als Frauen anerkannt zu werden und Zugang zu allen Räumen und Ressourcen zu erhalten, die Frauen zustehen.

"International Bill of Transgender Rights"

Die Wünsche dieser Crossdresser wurden 1995 von einer Gruppe von Männern in den USA unter dem Titel "International Bill of Transgender Rights" formuliert. Es war nur eine Wunschliste wie sie ihre sexuellen Fantasien vom Staat gerne berücksichtigt und geschützt haben würden. Sie hatte natürlich keinen Rückhalt im Gesetz und mag zu der Zeit verschroben gewirkt haben, aber die Forderungen dieser Männer wurden nun in vielen Ländern in das innerstaatliche Recht aufgenommen und für sie wird in internationalen Gremien durch das Vehikel der Yogyakarta-Prinzipien mit beträchtlichem Erfolg gekämpft.

Der Mann, der behauptet, die ursprüngliche Bill of Gender Rights von 1990 "verfasst" zu haben, die die Grundlage der internationalen bildete, nennt sich JoAnn Roberts. Er ist ein gelegentlicher Crossdresser und behauptet nicht, eine Frau zu sein: "Ich bin ein Crossdresser, geschieden und wieder verheiratet mit zwei erwachsenen Kindern" (Jeffreys, 2014): 143). Er organisiert Wochenendausflüge für Crossdresser. Eine weitere Hauptfigur bei der Erschaffung von der Charta ist der sehr maskuline Mann, der vorgibt, eine Frau zu sein und sich Phyllis Frye nennt. Er war als Mann sehr erfolgreich und zählt gerne seine Leistungen im Kadettenkorps und in der US-Armee auf (ebd.).

Das erste "Recht" in der Charta besagt, dass "alle Menschen das Recht haben, ihre eigene Geschlechtsidentität zu definieren, unabhängig vom chromosomalen Geschlecht, den Genitalien, dem zugewiesenen Geburtsgeschlecht oder der ursprünglichen Geschlechterrolle". Die anderen Rechte betreffen das Auftreten dieser Männer als Frauen im öffentlichen Raum und in Frauenräumen sowie ihr Recht auf kosmetische Chirurgie, um die Körperform zu erhalten, nach der es sie verlangt. Die „International Bill of Transgender Rights“ lieferte die Vorlage für das, was 10 Jahre später der Abschnitt über die Rechte der Genderidentität in den Yogyakarta-Prinzipien wurde. Der Coup, der den Crossdressern in den letzten Jahren gelang, bestand darin, die Rechte ihres sexuellen Fetisches auf den Rücken der Rechte von Lesben und Schwulen zu schnallen, so dass die Rechte von Crossdressern als den Rechten von Lesben und Schwulen ähnlich und untrennbar von ihnen angesehen wurden.

Wie die Yogyakarta-Prinzipien eine Kollision mit den Frauenrechten verursachen

Die Definition von "Geschlechtsidentität" in den YPs reproduziert die Vorlage, welche die amerikanischen Crossdresser in den 1990er Jahren geschaffen haben. Sie beruht auf der Vorstellung, dass etwas, das "Gender" genannt wird, keine unterdrückende soziale Konstruktion ist, die als Grundlage männlicher Vorherrschaft aufgezwungen wird, sondern eine Art natürlicher oder angeborener Zustand:

> [2] Unter Genderidentität versteht man das tief empfundene innere und individuelle Erleben des Genders einer Person, welches mit dem bei der Geburt zugewiesenen Geschlecht übereinstimmen kann oder auch nicht, einschließlich des persönlichen Körpergefühls (das, wenn frei gewählt, eine Veränderung des Aussehens oder der Funktion des Körpers durch medizinische, chirurgische oder andere Mittel beinhalten kann) und anderer Ausdrucksformen des Geschlechts, einschließlich Kleidung, Sprache und Verhaltensweisen (Yogyakarta-Prinzipien).

Indem die Definition Kleidung, Sprache und Verhaltensweisen einschließt, beinhaltet sie dann auch offensichtlich Dinge wie Haareschnippen, gezierte Schritte, Camp-Sprache und -Verhalten. Auf der Web-Site Ask Men habe ich erfahren, dass Frauen mit dem Schnippen der Haare ihr sexuelles Interesse an Männern bekunden. Das habe ich nie gewusst, selbst als Heterosexuelle und mit langen Haaren. Wie ist irgendwas davon im Interesse der Frauen? Hände hoch, wer im Publikum denkt, dass sie ein Gender hat oder in ihrem Ausdruck davon geschützt werden will? Mache ich zum Beispiel geschlechtsspezifische Verhaltensweisen, wenn ich meine Hände in die Taschen stecke und keine Handtasche trage, vertrete ich dann eine männliche Genderidentität? Es ist schockierend, dass etwas so Vages, etwas so Beleidigendes für Frauen, Teil eines vermeintlich seriösen Menschenrechtsdokumentes sein soll. Aber es gibt keine Kritiker der YPs. Alle Kommentare erheben sie und sind voll des Lobes. Sie werden als ein Triumph angesehen.

Das Recht auf Schutz und Ausdruck der Genderidentität schließt auch Männer ein, die mit gezierten Schritten die vermeintliche Gangart von Frauen imitieren, mit hoher Stimme sprechen, mit den Haaren schnippen und andere vermeintlich feminine Verhaltensweisen . Diese Genderausdrücke bestehen aus genau den Geschlechterstereotypen, die Frauen und Feministinnen abschaffen wollen. Die YPs streben den

Schutz dieser Stereotypen, wie sie von Männern zu sexuellen Zwecken gelebt werden, in internationalen und nationalen Rechtssystemen an.

Wir befinden uns in der misslichen Lage, dass Lesben- und Schwulenrechte mit den "Genderidentitäts"-rechten in einem Dokument untrennbar miteinander verwoben sind, das äußerst einflussreich ist und von Regierungen und anderen Vereinigungen zunehmend als bewährte Praxis angesehen wird. Die YPs und alle daraus resultierenden Instrumente führen aus, dass die "Genderidentität" selbst definiert werden sollte. Während viele Staaten, wie z. B. das Vereinigte Königreich, rechtlich das Recht von Personen anerkannt haben, ihr "Gender" zu ändern, was auch immer das sein mag, und zwar auf der Grundlage bestimmter Kriterien, wie z. B. Empfehlungen von Ärzten und einem "Praxistest", bei dem eine Zeit lang in dem gewählten "Geschlecht" gelebt wird, fordern die YPs, dass die Staaten noch weiter gehen und den Antragstellern erlauben, sich selbst zu identifizieren. Das bedeutet, dass jeder Mann, der sich zum Beispiel am Wochenende crossdressed oder keine Veränderungen an seiner Erscheinung macht und sowohl Penis als auch Bart behält, rechtlich als Frau anerkannt wird, wenn er dies verlangt. Zum Beispiel werden in der geplanten neuen Gesetzgebung in Schottland angeführt, die es Männern erlauben wird, sich selbst als Frau zu identifizieren, als Rechtfertigung. Das Dokument der schottischen Regierung über ihre Vorschläge zur Änderung des Erfordernisses von Zertifikaten zur Anerkennung des "Genders" erklärt spezifisch:

Die schottische Regierung ist der Ansicht, dass die Anforderungen des Gesetzes von 2004 unnötig einschneidend sind und nicht die bewährte Praxis widerspiegeln, die jetzt in den Yogyakarta-Grundsätzen und der Resolution 2048 (schottische Regierung, 2017) enthalten sind.

Das Ausmaß, in dem die YP inzwischen im internationalen Recht verankert sind, zeigt sich in der Verabschiedung des anderen Dokuments, auf das sich die schottische Regierung in ihrer Unterstützung bezieht, der Resolution 2048, die 2015 von der Parlamentarischen Versammlung des Europarats angenommen wurde. Resolutionen der Parlamentarischen Versammlung des Europarats haben in der EU keine Gesetzeskraft, werden aber in der Regel mit der Zeit von der EU übernommen. In der Resolution geht es speziell um den Schutz von so genannten "Transgender-Personen" vor Verletzungen ihrer Rechte, aber auch darum, dass "die Versammlung in diesem Zusammenhang die Entstehung eines Rechts auf Genderidentität begrüßt" und die Selbstidentifizierung des "Genders" ohne komplexe Verfahren unterstützt.

Der Einfluss der YPs bei den Vereinten Nationen wird in einer Resolution des Menschenrechtsrats von 2016 deutlich (Vereinte Nationen, 2016). Die Resolution mit dem Titel: Schutz vor Gewalt und Diskriminierung aufgrund von sexueller Orientierung und Geschlechtsidentität („Protection against violence and discrimination based on sexual orientation and gender identity", angenommen am 30. Juni 2016). Mit dieser wurde für einen Zeitraum von 3 Jahren die Position eines Unabhängigen Experten für den Schutz vor Gewalt und Diskriminierung aufgrund von sexueller Orientierung und Geschlechtsidentität geschaffen. Es gibt keine Definitionen in der Resolution, so dass es schwer ist zu wissen, was sie unter Genderidentität verstanden, und natürlich gibt keine Anerkennung, dass es eine Kontroverse über diesen Begriff gibt.

Lesbenrechte und Gender

Als lesbische Feministin bin ich mir der Notwendigkeit des internationalen Schutzes der Lesben- und Schwulenrechte sehr bewusst. Die Lesben- und Schwulenrechte müssen von den Rechten heterosexueller männlicher Crossdresser separiert werden, wenn die Rechte von Lesben und allen anderen Frauen geschützt werden sollen. Die YP sind, soweit sie die Rechte von Lesben und Schwulen betreffen, werden dringend nötig, und es ist sehr bedauerlich, dass sie durch die Schaffung von Rechten für hauptsächlich heterosexuelle Männer, die crossdressen, gefährdet und untergraben werden.

Aber die Definition, die sie von der Lesbe geben, ist äußerst problematisch und eine, der sehr viele Lesben grundsätzlich nicht einverstanden wären. Lesben werden definiert als: „Frauen, die sich sexuell, körperlich und romantisch zu Personen desselben Genders hingezogen fühlen". Das Gender ist eine soziale Konstruktion, die die männliche Dominanz untermauert. Lesben fühlen sich nicht zu Frauen hingezogen, weil sie "feminin" sind, d. h. Make-up tragen und mit kleinen Schritten gehen, sondern weil sie Frauen sind. Die YP-Definition der Lesbe ist für den lesbischen Stolz und die Lesbenrechte äußerst destruktiv. Sie unterstützt die Vorstellung, dass ein Mann, der sagt, er habe die Genderidentität einer Frau, behaupten kann, er sei lesbisch und könne Sex von Lesben verlangen.

Die YPs sind völlig widersprüchlich und verwirrend in der Art und Weise, wie sie das Wort "Gender" verwenden. Wenn es vor dem Wort "Identität" steht, bedeutet es die Überzeugung einer Person, dass sie einige wesentliche Persönlichkeitsmerkmale besitzt, die normalerweise beim anderen Geschlecht zu finden sind. Wenn es zur Beschreibung von Lesben verwendet wird, bedeutet es wahrscheinlich "Geschlecht", aber das ist absurd unklar. Nichtsdestotrotz ist diese Absurdität nun die Definition einer Lesbe, die im internationalen Recht verwendet wird.

Lesben-und Schwulenrechte und die UN

Die Yogyakarta-Prinzipien waren das Ergebnis jahrzehntelanger Bemühungen um die Anerkennung der Lesben- und Schwulenrechte im internationalen Recht. Es bestand keine Chance, dass unsere Rechte in eine Konvention der Vereinten Nationen aufgenommen würden, da mächtige Blöcke von Staaten wie die muslimischen und streng katholischen Länder dies niemals zulassen würden. Im Jahr 2000 nahm ich an der Konferenz der CEDAW-Konvention über die Rechte der Frau in New York teil. Sie wurde Beijing Plus 10 genannt, weil sie 10 Jahre nach der bahnbrechenden vierten Weltfrauenkonferenz in Beijing stattfand, aus der die Erklärung von Beijing und der Aktionsplan von Beijing hervorgingen. Dies war der Höhepunkt des feministischen Menschenrechtsaktivismus. Auf der CEDAW-Konferenz im Jahr 2000 führten die christlichen Kirchen und islamischen Organisationen eine entschlossene Gegenoffensive und machten deutlich, dass sie jeden Fortschritt der Frauenrechte verhindern würden. Deshalb haben die Themen, gegen die sie sich am meisten stellten, Abtreibungsrechte und Homosexuellenrechte, nie Einzug in irgendwelche Konventionen gehalten und hätten es auch nie getan.

Außerdem waren diese Organisationen unerbittlich gegen jede Verwendung des Begriffs "Gender". Katholische Schuljungen wurden von Klerikern in mittelalterlichen Kostümen in den Gängen des UN-Gebäudes mobilisiert, um Mitglieder einer jungen Lesben- und Schwulengruppe zu verfolgen und zu stören, die sich treffen wollten. Ich nahm an einer Tagung über die Lesben- und Schwulenrechte teil und saß im Publikum, das von entsetzten Schuljungen mit blank geputzten Schuhen umgeben war, die ihre Rosenkränze beteten, während über die Rechte von Homosexuellen diskutiert wurde. Die Religiösen übernahmen eine Konferenz, an der in den Jahren zuvor kaum Männer oder Jungen teilgenommen hatten. Um an UN-Veranstaltungen teilnehmen zu können, müssen Organisationen vom ECOSOC, dem Wirtschafts- und Sozialrat der Vereinten Nationen, akkreditiert werden. Lesben- und Schwulenrechtsorganisationen wurden Akkreditierung verwehrt. Dies änderte sich im Dezember 2007, als der ECOSOC die Akkreditierung von Lesben- und Schwulenorganisationen zuließ, damit diese an der CEDAW teilnehmen konnten. Dies hätte ein Grund zum Feiern sein sollen, wenn nicht alle die für die Lesben- und Schwulenrechte kämpfen nun auch die Rechte von Männern einschließen würden, die crossdressen und vorgeben Frauen zu sein, d. h. Männer, die durch ihre Personifikation direkt gegen die Menschenrechte von Frauen verstoßen.

Der Widerstand innerhalb des ECOSOC und der UN-Gremien führte dazu, dass Lesben- und Schwulenorganisationen außerhalb der UN-Gremien Kampagnen durchführten, um ein Instrument zu schaffen, das genutzt werden könnte um auf internationaler Ebene in und zwischen den Ländern Druck auszuüben und das eine gewisse moralische Kraft hätte, auch wenn es nicht die Kraft einer Konvention hätte. Die Schaffung der YPs war politisch sehr klug, was die Lesben- und Schwulenrechte betrifft. Das Problem entstand, als die "Genderidentität" ohne jede Erklärung auf die Rechte von Homosexuellen übertragen wurde. Es ist so, als ob es offensichtlich wäre, warum die beiden Themen miteinander verbunden werden sollten, so dass kein Kommentar dazu abgegeben werden muss. Es ist heute nicht mehr möglich, sich für die Lesben- und Schwulenrechte einzusetzen, ohne gleichzeitig den Begriff und die Praxis der "Genderidentität" und die Rechte von fetischistischen Crossdressern zu fördern. Wir müssen verstehen, wie es zu dieser äußerst problematischen Verknüpfung gekommen ist.

Welcher Zusammenhang besteht zwischen sexueller Orientierung und Genderidentität?

Die YPs und die vielen Dokumente, die aus ihnen hervorgegangen sind, verflechten die sexuelle Orientierung und die Genderidentität so eng miteinander, dass ein kurzes Akronym entwickelt wurde, das beide umfasst und heute in Menschenrechtskampagnen verwendet wird: SOGI. SOGI bedeutet "sexuelle Orientierung und Genderidentität" und wird manchmal in der Pluralform SOGIES verwendet. Es ist heute nicht mehr möglich, sich für Lesben- und Schwulenrechte einzusetzen, ohne dass dies automatisch die Förderung der Rechte der "Genderidentität" auslöst. Wie der International Service for Human Rights, eine der wichtigsten NGOs, die sich für Genderrechte einsetzt, erklärt:

> Der Begriff "SOGI" geht heute ganz leicht über die Lippen. Doch bevor die Yogyakarta-Prinzipien formuliert wurden, konzentrierte sich die Sprache im internationalen Recht ausschließlich auf die sexuelle Orientierung (International Service for Human Rights, 2016).

Dies ist ein enormer Schlag für Lesben, die dringend auf den Schutz durch die Menschenrechte angewiesen sind. Um nur ein Beispiel zu nennen: In Südafrika werden Lesben unablässig vergewaltigt und ermordet, und das von einem Staat, der jede Verantwortung ignoriert. Im Moment können wir uns nicht für sie einsetzen, ohne gleichzeitig die Rechte heterosexueller Crossdresser zu fördern, die sich die Räume und Chancen von Frauen aneignen, die sich als "Lesben" ausgeben und Lesben unter Druck setzen, Zugang durch Penisse zu erlauben.

Nicht die Lesben haben die Kampagnen für die Homosexuellenrechte dominiert, sondern die schwulen Männer. Es stellt sich also die Frage, warum Schwulsein und Genderidentität auf diese äußerst unglückliche Weise miteinander verwoben wurden. Historisch gesehen wurden schwule Männer kulturell und von den Sexologen, den Wissenschaftlern des Sex, seit dem 19.th Jahrhundert so verstanden, als hätten sie die Gehirne von Frauen im Körper von Männern. Sie wurden als sozial untergeordnet und für die sexuelle Nutzung durch andere Männer da seiend angesehen, so wie Frauen. Schwule Männer geben seit Jahrzehnten vor Frauen zu sein, um ihre Kumpels in Schwulenclubs und -bars zu unterhalten. Drag ist ein beständiges Merkmal der männlichen Schwulenkultur. In der lesbischen Kultur gibt es keine derartige Tradition, obwohl einige Lesben in den 1990er Jahren versuchten, das so genannte Dragkinging zu erfinden. Diese historische Verbindung könnte dazu geführt haben, dass schwule Männer selbst oder die Öffentlichkeit eine Verbindung zwischen "Weiblichkeit" und Homosexualität herstellen.

Die alte Ente, Homosexualität sei das Ergebnis oder die Manifestation von Männern und Frauen, denen auf mysteriöse Weise das Gehirn des anderen Geschlechts in ihren Körper verpflanzt wurde, wurde von der Gay-Liberation-Bewegung und dem lesbischen Feminismus vehement zurückgewiesen. Aber diese Bewegungen haben nachgelassen, Drag nicht. In Ländern auf der ganzen Welt wurde die Idee, dass schwule Männer irgendwie weiblich oder feminin sind, nie in Frage gestellt. Ich vermute, dass die Männer, die sich für die Homosexuellenrechte einsetzen, sich aus diesen Gründen den Transsexuellenrechten verschrieben haben. Diese schwulen Männer erkennen, dass sich viele aus ihrer Gemeinschaft als gescheiterte Männer sehen, auf den Status von Frauen reduziert, und wollen sie unterstützen.

Der International Service for Human Rights hat erklärt, warum "sexuelle Orientierung und Genderidentität auf die gleiche Ebene gestellt" wurden. Das liegt an den "LGBT-Verteidigern aus dem globalen Süden, für die eine solche Einbeziehung nicht verhandelbar war" (International Service for Human Rights, 2016). Der Schutz der Schwulen- und Lesbenrechte in Ländern, in denen schwule Männer stark schikaniert werden und kein Konzept für Gay Pride existiert, könnte so gesehen werden, dass der Schutz von Crossdressing erforderlich ist, weil so viele schwule Männer, insbesondere diejenigen, die sich prostituieren, dies tun. Die Auswirkungen der Förderung der Rechte der Genderidentität auf die Frauenrechte wurden nicht berücksichtigt. Frauen waren einfach nicht in ihrem Blickfeld, nur Drag Queens.

Amerikanischer Imperialismus

Seit den 1990er Jahren wurde das Konzept des Transgenderismus international durch NGOs gefördert, die sich mit Themen wie HIV/AIDS und den Rechten von Homosexuellen befassen. Er wurde sowohl in den USA als auch in anderen Ländern für verwendet um sich auf Männer zu beziehen, die sich von anderen Männern prostituieren lassen. In vielen Ländern, in denen sich Männer, die Sex mit Männern haben wollen, gerne als heterosexuell bezeichnen, werden Männer und Jungen feminisiert für ihre sexuelle Nutzung in der Prostitution. Dazu gehören Drag Queens in NY City, Hijras in Indien und Lady Boys in Thailand. Bis in die 1990er Jahre und in einigen Fällen bis heute sahen sich diese Männer nicht als Frauen, sie wussten, dass sie schwul waren und hatten nicht den Wunsch, sich ihres Penis zu entledigen. Das westliche und insbesondere das amerikanische Konzept des Transgenderismus wurde inzwischen zum international akzeptierten Duktus und hat den Effekt Personen, darunter jetzt auch einige Lesben, die zuvor nie auf die Idee gekommen waren, dass sie eigentlich dem anderen Geschlecht angehören, zu Operationen und schrecklichen medizinischen Eingriffen nötigen. NGOs, die sich mit Homosexuellenfragen befassen, müssen nun für Transgenderismus werben, um Zugang zu Finanzmitteln von westlichen Gebern zu erhalten.

Wer setzt sich für die Rechte der Geschlechtsidentität ein?

Die vielen NGOs, die sich für die Rechte der Genderidentität einsetzen, sind einflussreich und finanziell gut ausgestattet und verfügen über beeindruckende und professionelle Websites. Zu den Gruppen, die sich ursprünglich für die YPs einsetzten, gehörte neben der ISHR auch die Harry Benjamin International Gender Dysphoria Association (HBIGDA). Diese Gruppe traf sich ab 1979 regelmäßig und setzte sich aus Psychologen, Ärzten und anderen Pflegenden zusammen, die größtenteils von der Johns Hopkins University in den USA stammten und mit ihr verbunden waren, die 1979 die Durchführung von Operationen zur Geschlechtsumwandlung aufgab, weil sie als nicht wirksam angesehen wurde. Andere schließen ILGA mit ein, die International Lesbian and Gay Rights Association, und ARC International, die in Kanada begann, jetzt ein Büro in Genf hat und speziell für die Rechte von Lesben und Schwulen und die Genderidentität arbeitet. ARC war maßgeblich an der Erschaffung der YPs beteiligt und rühmt sich ihres Einflusses bei der UN und jetzt bei CEDAW, wo sie die Sprache und das Verständnis für den Schutz der Menschenrechte von Frauen ändern wird, um die sexuellen Rechte von Männern zu ermöglichen. Diese Organisationen verfügen über Mittel und Einfluss, die Frauen- oder feministischen Gruppen einfach nicht zur Verfügung stehen. Die meisten Lesben- und Schwulenorganisationen konzentrieren sich heute intensiv auf die

Transrechte, weil sie dafür Finanzmittel erhalten können, obwohl das Transgendering von schwulen Männern und lesbischen Mädchen und Frauen eine tiefgreifende und entsetzliche Form der Gewalt darstellt.

Die Unterdrückung des Sprechens von Frauen und Feministinnen

Die YPs fordern die Unterdrückung des Sprechens von Frauen und Feministinnen. Sie fordern die Vertragsstaaten auf, "alle geeigneten Maßnahmen zu ergreifen", um "die Beseitigung von vorurteilsbehafteten oder diskriminierenden Einstellungen oder Verhaltensweisen zu erreichen, die mit der Vorstellung von der Unterlegenheit oder Überlegenheit einer sexuellen Orientierung oder Genderidentität oder eines Genderausdrucks verbunden sind". Damit würde die Äußerung der Meinung einer Frau, sie sei mehr Frau als ein Mann in einem Kleid, zu einer Form von potenziell verklagbarem Vorurteil werden. Das verheißt nichts Gutes für die Art der freien Meinungsäußerung, die wir als Feministinnen zum Beispiel auf dieser Tagung fordern und zum Ausdruck bringen.

Plus 10

Die YPs waren prägend bei der Erschaffung einer neuen Sprache und damit einer neuen Art des Denkens über Menschenrechte. Die Menschenrechte der Frauen beruhen auf der Anerkennung der Kategorie "Geschlecht". Dies ist die conditio sine qua non der so genannten Frauenkonvention CEDAW. In der Einleitung der Konvention heißt es zum Beispiel:

Insgesamt bietet das Übereinkommen einen umfassenden Rahmen für die Bekämpfung der verschiedenen Kräfte, welche die Diskriminierung aufgrund des Geschlechts hervorgebracht und aufrechterhalten haben.

Die YPs ersetzen den Begriff "Geschlecht " durch "Gender", welches das männliche fetischistische Verständnis dessen ist, was Frauen sind und beseitigen damit jeglichen Schutz für Frauen als unterdrückte Klasse von Personen basierend des biologischen Geschlechts. Als sie 2017 mit etwas aktualisiert wurden, dass die Plus 10 genannt wurden, wurde die Sprache noch sonderbarer und ausgrenzender gegenüber Frauen und Frauenrechten. Diese neuen Grundsätze zeigen, dass die Forderungen von Männern, die crossdressen, in der Zwischenzeit noch extremer geworden waren. Die "Plus 10" enthalten zum Beispiel die Forderung, dass das Geschlecht, die biologische Grundlage für die Unterdrückung der Frau, für offizielle Dokumente abgeschafft wird. Sie fordern ein Ende der "Eintragung von Geschlecht und Gender der Person in Identitätsdokumenten wie Geburtsurkunden, Personalausweisen,

Pässen und Führerscheinen und als Teil ihrer Rechtspersönlichkeit" (31) (Yogyakarta-Prinzipien, 2017). Damit das eliminiert die Geschlechtsklasse der Frauen und die Möglichkeit, Informationen über die Diskriminierung von Frauen und Gewalt gegen uns zu erfassen. Wenn das Geschlecht nicht erwähnt werden kann, dann ist die Frau als Kategorie verschwunden und der Feminismus und die Idee der Frauenrechte können nicht existieren.

Geschlechtsmerkmale (engl. sex characteristics)

Obwohl die Plus 10 die Bedeutung des biologischen Geschlechts abschaffen wollen, hielt man es für notwendig, ein weiteres sonderbares Konzept einzuführen, das die Vorstellung stützt, dass die Biologie zwar unbequemer Weise existiert, aber nichts damit zu tun hat, Menschen zu Männern oder Frauen zu machen. Sie fügen einen neuen Begriff "Geschlechtsmerkmale" ein, der durchgängig verwendet wird und in den ursprünglichen Prinzipien von 2007 nicht vorkommt. Dieser Begriff wird zu den anderen Kategorien hinzugefügt, die durch die YP geschützt werden sollen, insbesondere "sexuelle Orientierung, Genderidentität und -ausdruck und Geschlechtsmerkmale". Diese sind definiert als:

Geschlechtsmerkmale - Dazu gehören primäre Geschlechtsmerkmale (z. B. innere und äußere Genitalien und/oder die chromosomale und hormonelle Struktur) und sekundäre Geschlechtsmerkmale (z. B. Muskelmasse, Haarverteilung und Statur).

Der Grund für diese Einbindung wird nicht erläutert, aber sie hat nichts mit den Lesben- und Schwulenrechten zu tun und muss daher den Interessen der männlichen Crossdresser dienen. Es würde zum Beispiel Männer schützen, die sich als Frauen oder Lesben ausgeben, obwohl ihr Körper physisch unverändert bleibt. So können Penisse von Männern, wie in Transgender-Pornos, zu "Lady-Sticks" werden. Die Einbindung dieses Begriffs hindert Frauen daran die unbequeme Beschwerde vorzubringen, dass die weiblichen Imitatoren in ihren Toiletten oder Umkleideräumen Penisse haben. Der altmodische Begriff "Geschlecht" war die Grundlage für die Frauenrechte, der Begriff "Geschlechtsmerkmale" ist notwendig, um Crossdressing-Männer in ihrer Vorliebe zu schützen.

Die Plus-10-Richtlinie ging auch über die ursprünglichen Grundsätze hinaus, indem sie die Forderungen der männlichen Crossdresser, die Räume und Möglichkeiten der Frauen zu übernehmen, stärker betonte und ausführlicher darlegte. So wird beispielsweise ausführlicher dargelegt, auf welche Weise Männer in den Frauensport einbezogen werden müssen. Bei dieser Forderung geht es speziell um Männerrechte.

Es gibt keine Forderung von Frauen die transgendern, in Männersport mitzumachen, da sie dadurch keinen materiellen Vorteil bekämen und wahrscheinlich verlieren würden. Männer, die Frauensportarten betreiben, haben eine männliche Physiologie, die sie enorm stärker und größer macht. Mittelmäßige Männer oder solche, die ihre beste Zeit hinter sich haben, haben eine reelle Chance, erfolgreich gegen Frauen anzutreten, und sie sind entschlossen, diesen Vorteil zu erlangen.

Ein weiterer Weg, auf dem die Plus 10 weiter gehen, ist die Einbeziehung der ‚Leihmutterschaft' in das "Recht auf Familiengründung". Das Recht, mit Babys zu handeln und Frauen für die reproduktive Prostitution zu nutzen, hat immer mehr an Akzeptanz gewonnen, durch schwule Männer, welche diesen kommerziellen Babymarkt annahmen und förderten. Die Aufnahme der "Leihmutterschaft" macht deutlicher, dass es in den Prinzipien um die Männerrechte und gegen die Frauenrechte geht

Schlussfolgerung

Die Frauenrechte werden derzeit in so rasantem Tempo und auf so bedeutsame Weise umgestürzt oder angefochten, dass wir dringend ausarbeiten müssen, wie wir uns dagegen wehren können. Wie kann man diese internationale Übernahme der Menschenrechtssphäre durch die sexuellen Rechte der Männer anfechten? Die Trans-Rechts-Organisationen nehmen derzeit an CEDAW teil, um für ihre Sprache und ihre Interessen zu kämpfen. Eine Sache, die Frauen tun müssen, ist dort zu sein. Das bedeutet, einer Frauenorganisation beizutreten, die bereits Trans-Rechte in Frage stellen, und das tun nicht viele, und eine anerkannte NGO ist, die Vertreterinnen zur CEDAW schicken kann, oder unsere eigenen Organisationen zu gründen, damit wir einen Antrag auf Anerkennung stellen können und dort hingehen können um gegen den Trans-Push anzugehen. Das ist teuer. Reise und Unterkunft in NY kosten viel Geld, und für alle gut finanzierten Trans- und Schwulenorganisationen ist das kein Problem. Für uns wird es ein Problem sein, aber wir müssen dorthin gehen. In Europa, so schlage ich vor, müssen wir die Mitglieder des Europäischen Parlaments lobbyieren und die Frauengruppe im Europäischen Parlament und die Europäischen Frauenlobby.

TRANSGENDERISMUS

Anmerkung: Der Transaktivismus ist das maskierte neue Patriarchat, das sich in der Welt ausbreitet. Maskiert als Fortschritt, maskiert als "Inklusion", es sind Männer, die durchsetzen wollen, dass Frauen in Gesetz und Definition ihre "Erfindung" sind. Für Frauen bedeutet der Transaktivismus die Auslöschung des politischen Subjekts der Bewegung für unsere Befreiung und einen Rückschlag von 300 Jahren an Rechten, die wir dem Patriarchat entrissen haben.

Transgender-Aktivismus: Eine lesbisch-feministische Perspektive

(*Journal of Lesbian Studies* 1997)

Es ist wichtig, dass lesbische Theoretikerinnen und Aktivistinnen die Politik des Transgender-Aktivismus kritisch analysieren. Die 1980er und 90er Jahre haben etwas gesehen, das von ihren Befürwortern als Transgender-Befreiungsbewegung bezeichnet wurde(1). Dies hat erhebliche Auswirkungen auf die einzelnen Lesben, die sich Hormonbehandlungen und Operationen unterziehen, vielleicht in größerer Zahl als zuvor, auf lesbische Feministinnen, die aufgefordert werden, männlich-zu-konstruiert-weibliche „Lesben" in lesbischen Räumen und bei lesbischen Veranstaltungen zuzulassen, und auf eine lesbisch-feministische Politik, die sich für die Beseitigung von Gender einsetzt, anstatt „mit ihm zu spielen". Transgenderismus ist ein politisches Thema, das nicht auf individualistische Erklärungen und Lösungen reduziert werden sollte, wie sie von Therapeuten und Ärzten angeboten werden. In diesem Artikel möchte ich die Auswirkungen des Transgender-Aktivismus auf die Politik von Lesben und Schwulen mit Hilfe eines Menschenrechtsansatzes untersuchen.

In den 1970er Jahren übte die feministische Wissenschaftsphilosophin Janice Raymond in ihrem Werk The Transsexual Empire (2) eine massive Kritik an der medizinischen Konstruktion des Transsexualismus. Sie argumentierte, dass die transsexuelle Chirurgie eine politische Manipulation des unzufriedenen Geschlechts durch die Pharmakratie darstellt, eine Regierung, die von der Medizin aufrechterhalten wird, wie sie einst von der Religion aufrechterhalten wurde. Viele Feministinnen erwarteten, dass diese feministische Sichtweise allmählich angenommen würde und dass der Feminismus zum Zusammenbruch von Gender-Stereotypisierungen und damit zur sozial konstruierten „Notwendigkeit" des Transsexualismus führen würde. Dies erwies sich jedoch nicht als der Fall. Der Transsexualismus hat in den neunziger Jahren mit dem „Transgenderismus" ein neues Gesicht bekommen, der sich queerer und postmoderner Theorien und Politiken bedient, um den Transsexualismus progressiv erscheinen zu lassen. Diese queere, postmoderne Politik verlangt zu akzeptieren, dass „Transgenderismus" ein Teil der Lesben- und Schwulenbewegung ist und dass die politischen Interessen von Lesben und Schwulen untrennbar mit der Legitimierung von Transsexualismus verbunden sind. Ich werde hier argumentieren, dass Transsexualismus eher als eine Verletzung der Menschenrechte angesehen werden sollte und sicherlich nicht unkritisch als eine sozial transformative Kraft akzeptiert werden sollte, die der Gay Liberation entspricht.

Transgenderismus - Was ist daran neu?

Der Transgenderismus gibt vor, politisch fortschrittlicher zu sein als der Transsexualismus. Theoretisch, wie Janice Raymond es definiert, umfasst Transgender „prä- und postoperative Transsexuelle, Transvestiten, Drag Queens, Crossdresser, Schwule und Lesben, Bisexuelle und Heterosexuelle, die irgendeine Art von Kleidung und/oder Verhalten an den Tag legen, das als „Transgression" der Geschlechterrollen interpretiert wird." (3) Einige Transgender-Theoretiker schließen Lesben und Schwule in das Transgender-Phänomen ein, mit der Begründung, dass „jeder, der sich in heterosexuellen Geschlechterrollen nicht wohlfühlt, eine Transe ist".(4) In Wirklichkeit sind die öffentlichen Vertreter meist postoperative Transsexuelle.

Bei dem altmodischen Phänomen des Transsexualismus streben Männer, in geringer Zahl aber auch Frauen, danach, durch eine Operation ihr „Geschlecht zu ändern". Sie wollen „echte" Frauen werden. Janice Raymond hat dargelegt, dass der Transsexualismus eine Konstruktion der medizinischen Wissenschaft ist, mit der drei Ziele verfolgt werden. Zum einen geht es um den einfachen Profit aus den teuren Operationen. Ein anderer ist das Experimentieren mit dem Ziel der Beherrschung der Konstruktion von Körperteilen. Der politische Zweck besteht darin, diejenigen Gender-Rebellen akzeptablen Geschlechtskategorien zuzuordnen, die das zweigeschlechtliche System der männlichen Vorherrschaft stören.

Der Transsexualismus ist nach dieser Analyse zutiefst reaktionär, ein Mittel, um die Störung und Beseitigung der Geschlechterrollen, die dem feministischen Projekt zugrunde liegen, zu verhindern. Transsexualismus richtet sich gegen den Feminismus, indem er falsche und konstruierte Vorstellungen von richtiger Weiblichkeit und Männlichkeit aufrechterhält und verstärkt. Die überwiegende Mehrheit der Transsexuellen ist immer noch dem traditionellen Frauenbild verschrieben und strebt danach, „echte" weibliche Frauen zu werden. (5) Wie konservativ ihre und die Vorstellungen der Mediziner darüber sind, was eine Frau ausmacht, wird in den Biographien von Transsexuellen deutlich. Darin wird erklärt, dass die Fähigkeiten und Persönlichkeiten der Anwärterinnen nach den Operationen und Hormonbehandlungen transformiert sind. Ein Rennfahrer stellte fest, dass er nicht mehr gut fahren konnte, sobald er eine „Frau" war. Ein Times-Journalist stellte fest, dass er sich nur noch um die kleinen Dinge des Lebens kümmerte und eine weibliche Intuition entwickelte. (6) Was Feministinnen an diesem Phänomen stört, ist die

Tatsache, dass Männer eine konservative Vorstellung von dem konstruieren, was Frauen sein sollten. Sie erfinden eine Essenz des Frauseins, die zutiefst beleidigend und restriktiv ist.

Die neue Generation der Transgenderisten hat sich einige dieser Kritikpunkte zu eigen gemacht. Sie lassen sich auch von der postmodernen Analyse inspirieren, die jede Vorstellung eines festen oder biologischen Gender in Frage stellt. Die meisten von ihnen haben sich operieren lassen, als sie noch glaubten, sie würden „echte" Frauen werden, und stellten diesen Ansatz dann in Frage, als sie fortschrittlichere politische Theorien zum Thema Gender entdeckten oder als sie feststellten, dass sie gar nicht wirklich „Frauen" waren. Sie versuchten daher, für sich eine dritte Kategorie zu schaffen, die es ihnen ermöglichen sollte, die politische Oberhand zu gewinnen und die Feministinnen für ihren politischen Konservatismus zu kritisieren. Die Entwicklung des „Transgenderismus" könnte auf die Art hinweisen, in der transsexuelle Aspiranten versuchen, die Norm für das Frausein in ihrer Zeit zu emulieren. In einer Zeit, in der der Feminismus einige Erfolge damit erzielt hat, die Starrheit der Geschlechterrollen in Frage zu stellen, war ein neues Modell erforderlich, wenn der Transsexualismus nicht hoffnungslos rückschrittlich erscheinen sollte.

Transgender-Theoretikerinnen wie Kate Bornstein in den USA, eine männlich-zu-konstruiert-weibliche „SM-Dyke", und Jane Langley und Julie Peters, zwei männlich-zu-konstruiert-weibliche „ Lesben" in Melbourne, argumentieren mit dem neuen und progressiven Charakter des Transgenderismus im Vergleich zum altmodischen Transsexualismus, der ein sexistisches Stereotyp des Frauseins anstrebte. (7) Der Transgenderismus wird jedoch als besonders fortschrittlich dargestellt, weil Transgenderisten nicht glauben, dass ein Transsexueller eine Frau wird. Sie glauben nicht, dass eine Operation notwendig ist, damit eine Person transgender wird, obwohl sie selbst solche Operationen hatten. Sie übernehmen die postmoderne Theorie über die Flexibilität des Genders, halten das Gender für eine soziale Konstruktion und behaupten, anti-essenzialistisch zu sein. In ihrer Analyse stellen sich Transgenderisten als Missionare des Anti-Essenzialismus dar, deren Kreuzzug darin besteht, allen anderen beizubringen, dass das Gender flexibel ist.

Sie argumentieren, dass Transgender ein drittes Geschlecht darstellen, das die Kräfte der Schamanen der amerikanischen Ureinwohner besitzt, die Macht zu heilen, insbesondere die Gender-Kluft zwischen Männern und Frauen, und Visionen zu haben. Dieses neue Modell hat jedoch keinen großen Einfluss auf den traditionellen Transsexualismus gehabt. Frank Lewins weist in einem neuen Buch über Transsexualität in der australischen Gesellschaft die Vorstellung zurück, dass Transsexuelle als „drittes Geschlecht" betrachtet werden können. Seine Interviews mit 55 Transsexuellen „sagen uns, dass sie kein drittes Geschlecht sind, sondern sich an die bestehenden Erwartungen an feminine Frauen anpassen." (8) Unter den von ihm Befragten gab es, wie er sagt, „keine sexuellen Revolutionäre. Ob heterosexuell oder lesbisch, sie alle sahen sich als Frauen..." (9) Interessanterweise sind selbst die „fortschrittlichsten" Transgenderisten wie Bornstein fest entschlossen, mit dem weiblichen Pronomen angesprochen zu werden, und sind verärgert, dass einige Feministinnen ihnen dieses Recht verweigern. Wenn diese Transgender-Revolutionäre wirklich an der transformativen Auflösung von Kategorien interessiert sind, könnte man erwarten, dass ihr Anliegen, ein drittes Geschlecht zu erfinden, von dem Wunsch nach einem „dritten" Begriff begleitet wird, der weder männlich noch weiblich bedeutet.

Aus feministischer Sicht ist es fraglich, ob Transgenderisten wirklich Gender-Stereotypen in Frage stellen. Ihr ganzes Leben und ihre Identität, die in der Regel so weit geht, dass sie sich selbst verstümmeln, sind von einem Glauben an das Gender geprägt. Es sind die Frauen und Männer, die ein feministisches Verständnis vertreten und Gender völlig ablehnen, die „Gender" wirklich in Frage stellen. Um transgender zu sein, muss man glauben, dass es etwas gibt, das „trans" ist. Feministinnen, die die Beschränkungen von „Gender" abgelehnt haben, neigen dazu, Männern gegenüber gleichgültig zu sein, die noch immer davon besessen zu sein scheinen. Bücher von „Transgenderisten" sind genauso beliebt wie die von „Transsexuellen", und zwar in einer Weise, wie es feministische Arbeiten, die die Abkehr vom Gender fordern, nicht sind. Für Transgender wäre es schwierig, das Gender aufzugeben, weil ihr Lebensprojekt dann jeden Sinn verlieren würde.

Wie Janice Raymond vorschlägt, können Männer, die sich für die Abschaffung von Gender-Kategorien einsetzen, dies tun, indem sie sich zusammenschließen, um profeministisch zu sein und die soziale Konstruktion von Männlichkeit anzugreifen. Sie können einen direkten politischen Kurs einschlagen. Transgenderisten sind ihrer eigenen „Performance" von Gender verpflichtet, nicht der Abschaffung von Gender. Aber nicht alle postoperativen männlich-zu-konstruiert-weiblichen Transsexuellen bleiben dem „Gender" verpflichtet. Terri Webb, der in der neuen Routledge-Reihe Blending Genders schreibt, ist jemand, der den Fehler erkannt hat, seinen Transgenderismus/Transsexualismus in einer Weise als progressiv anzusehen.

> Viele Transsexuelle behaupten, Frauen zu sein, obwohl wir in Wirklichkeit Männer sind. Während ich vor ein paar Jahren nur für mich selbst sprechen konnte, wenn ich diese Ansicht vertrat,

> fühle ich mich jetzt in der Lage, für alle Mann-zu-Frau-Transsexuellen zu sprechen, wenn ich sage, dass wir ohne Zweifel Männer sind, wenn auch Männer mit dem verzweifelten Bedürfnis, Frauen zu sein. (10)

Terri Webb ist der Ansicht, dass sein zehnjähriger Transgender-Aktivismus „ein erfolgloser Versuch war, andere dazu zu bringen, meine Fantasie zu legitimieren". Seine Ablehnung der Praxis und Politik des Transsexualismus ist tiefgreifend.

> Ich habe einen Psychiater sagen hören, dass er, wenn ein Mann zu ihm kommt und behauptet, er sei Napoleon, nicht versucht, ihn durch Amputation eines Arms zu heilen. Die Frage, die wir uns jetzt stellen sollten, ist, ob wir das Recht haben, so zu tun, als wären wir Frauen, und nicht, welche „Rechte" der Rest der Welt uns zugestehen sollte, um unsere Fantasie zu bedienen. (11)

Webb führt sein Verlangen auf einen grundlegenden Neid auf die reproduktiven Fähigkeiten von Frauen zurück, kombiniert mit einer „Kindheitserfahrung von sadistischem homosexuellem Missbrauch. Ich glaube, das hat mich zu einer Abscheu vor allem männlichen geführt." (12) In der Literatur gibt es weitere Berichte von und über Transsexuelle zum Thema homosexueller Kindesmissbrauch. Die Sammlung Male Order über männliche Straßenprostitution in London enthält Berichte von männlichen Prostituierten, darunter auch von Transsexuellen, deren Missbrauch durch Männer dazu führt, dass sie nicht in der Lage sind, zu Männern irgendeine Beziehung auf Basis von Vertrauen aufzubauen oder vielleicht sogar dazu in einem männlichen Körper zu bleiben. (13) Eine Betrachtung der Art und Weise, wie Gewalt und Missbrauch in der Kindheit und in der Sexindustrie zum Phänomen des Transsexualismus beitragen, sollte lesbische und schwule politische Aktivisten davor warnen, an dessen Progressivität zu glauben.

Menschenrechtsverletzung

In den letzten Jahren sind mehrere beeindruckende Bände über Frauenrechte als Menschenrechte veröffentlicht worden. (14) Feministische Menschenrechtstheoretikerinnen bemühen sich, Praktiken der Gewalt gegen Frauen durch Männer in die Menschenrechtstheorie aufzunehmen. Sie erweitern das traditionelle männliche Verständnis von Menschenrechten um die Gewalt, die von einzelnen männlichen Akteuren ausgeübt wird, sowie um die Gewalt, die vom Staat oder seinen Vertretern ausgeht. Ich plädiere dafür, dass transsexuelle Operationen und Hormonbehandlungen als staatlich sanktionierte Gewalt angesehen werden sollten.

Es dürfte heute allgemein anerkannt sein, dass die Lobotomie, wie sie in den fünfziger und sechziger Jahren an Lesben und Schwulen in psychiatrischen Kliniken durchgeführt wurde, um sie zu „heilen", inakzeptabel ist. Die Lobotomie dürfte, zumindest von Schwulen-Aktivisten, als staatlich sanktionierte und finanzierte politische Operation zur Heilung eines politischen Problems betrachtet werden. Sie ist vergleichbar mit der politischen Psychiatrie in der Sowjetunion. Ich schlage vor, dass Transsexualismus am besten in diesem Licht gesehen werden sollte, als direkter politischer, medizinischer Missbrauch von Menschenrechten. Die Verstümmelung gesunder Körper und die Unterwerfung solcher Körper unter gefährliche und lebensbedrohliche fortlaufende Behandlungen verletzen das Recht dieser Menschen, in Würde in dem Körper zu leben, in den sie hineingeboren wurden, was Janice Raymond als ihren „nativen" Körper bezeichnet. Es stellt einen Angriff auf den Körper dar, um einen politischen Zustand zu korrigieren, durch die „Gender"-Unzufriedenheit in einer männlich dominierten Gesellschaft, die auf einer falschen und politisch konstruierten Vorstellung von Gender-Differenz beruht.

Es war immer ein Grundverständnis des Feminismus, dass der Körper der Frau nicht das Problem ist. Feministinnen lehnten die Charakterisierung von Frauenkörpern durch die Ärzteschaft als krank und zutiefst problematisch ab und tun dies auch weiterhin. Feministische Theoretikerinnen haben die Zusammenhänge zwischen der Art, in der Ärzte im 19. Jahrhundert die Unzufriedenheit von Frauen als „Hysterie" erklärten, die aus dem Besitz einer Gebärmutter oder Klitoris resultierte, und den Handlungen zeitgenössischer Ärzte, die versuchen, die Menopause zu pathologisieren, aufgezeigt. (15) Die Women's Health Movement (Frauengesundheitsbewegung) verstand, dass unsere Körper sehr wichtig sind, da wir sie bewohnen und sie unsere Erfahrungen beeinflussen. Die Ablehnung und Pathologisierung unserer Körper bedeutet eine Ablehnung von uns selbst als Frauen. Dieser Gedanke wird durch den Titel des sehr erfolgreichen Frauengesundheitsbuches Our Bodies, Ourselves veranschaulicht, das immer noch regelmäßig auf Nachfrage neu aufgelegt wird. Frühe feministische Consciousness-Raising-Gruppen (Bewusstseinsbildungsgruppen) begannen in der Regel mit dem Körper und der schädlichen Art und Weise, in der Frauen dazu gedrängt wurden, ihren Körper als unzureichend oder unrein zu betrachten und Verstümmelungen an ihm vorzunehmen. Zu diesen Verstümmelungen der Weiblichkeit, die durch die Bewusstseinsbildung gelindert werden sollten, gehörten Diäten, Korsetts und hochhackige Schuhe - alles ganz direkte Angriffe auf den Körper, um ein politisches Ziel der weiblichen Unterordnung zu erreichen.

Einen nützlichen Beitrag zum Verständnis der Bedeutung dieser weiblichen Selbstverstümmelung liefert Rhoda Howard in einem Aufsatz mit dem Titel „Health Costs of Social Degradation and Female Self-Mutilation in North America“, der in einem Sammelband über Menschenrechte erschien. Sie definiert soziale Entwürdigung als „... die Behandlung von Gruppen von Personen als minderwertig, die einen geringeren Respekt als andere oder gar keinen Respekt verdienen“. (16) Sie definiert Verstümmelung als „eine Veränderung der körperlichen Beschaffenheit oder eine Art, den Körper zu schmücken oder zu bekleiden, die gesundheitsschädliche Folgen hat“. (17) Sie erklärt, dass weibliche Selbstverstümmelung drei Aspekte hat: „Verstümmelungen, die Frauen direkt an sich selbst vornehmen, die freiwillige Unterwerfung unter andere zu Verstümmelungszwecken und Sozialisierungspraktiken, bei denen ältere Frauen junge Mädchen entweder direkt verstümmeln oder ihnen beibringen, sich selbst zu verstümmeln.“ Sie legt nahe, dass Frauen in der nordamerikanischen Gesellschaft in dem Moment, in dem sie eine gewisse wirtschaftliche und politische Befreiung erlangt haben, „noch stärker Opfer der Ideologie ihrer eigenen körperlichen Unwürdigkeit geworden sind.“ (18) Frauen „verachten“ ihren eigenen Körper und wenden enorme Mengen an Zeit, Energie und Geld für den Versuch auf, ihren Körper umzugestalten, zu reinigen oder zu vermindern. Die Ärzteschaft ist häufig der Akteur dieser Selbstverstümmelung durch „kosmetische“ Operationen. (19)

Howard wirft das Konzept der Selbstverstümmelung in einem Buch über Menschenrechte auf, weil sie der Ansicht ist, dass die kulturelle Unterordnung von Frauen und anderen entwürdigten Personengruppen in den aktuellen internationalen Menschenrechtsdebatten und insbesondere in den Debatten über den kulturellen Relativismus und über Gruppen- und Kollektivrechte routinemäßig außer Acht gelassen wird. Die Selbstverstümmelung zeigt ihrer Meinung nach, wie beschränkt und unzureichend es ist, nur formale Aspekte der Ungleichheit, wie z. B. die wirtschaftlichen Möglichkeiten, zu berücksichtigen, wenn man die Ungleichheit von Frauen definieren will. Frauen, wie auch andere entwürdigte soziale Kategorien wie Homosexuelle, Schwarze und Juden, erfahren „Abwertung im täglichen Leben“. (20) Besonders kritisch ist sie gegenüber kommunitaristischen Theoretikern, die das Konzept der individuellen Rechte zugunsten einer holistischen, unitären und egalitären Gruppe oder Gemeinschaft kritisieren.

> Der Kommunitarismus von oben, der oft von männlichen Eliten verteidigt wird, deren männlicher Status allein schon akkumuliertes Prestige bedeutet, wenn sie Familien erlangen und Oberhäupter von Haushalten werden, vernachlässigt die Auswirkungen der Gemeinschaft auf die Untergeordneten. (21)

Die Philosophie des Kommunitarismus muss „innergemeinschaftliche Gewalt gegen bestimmte entwürdigte statusbezogene Kategorien berücksichtigen, einschließlich Sozialisierungspraktiken, die entwürdigte Individuen dazu bringen, Gewalt - Selbstverstümmelung - gegen sich selbst zu begehen".

Die Männer, die die Selbstverstümmelung des Transsexualismus wählen, gehören zwei entwürdigten Kategorien an: denjenigen, die sich nicht in der Lage fühlen, Männer im Körper eines Mannes zu lieben und „transsexen" um „heterosexuelle" Männer zu werden, und denjenigen, die weiterhin Frauen lieben und sich nach der Operation „lesbisch" nennen. Letztere tragen nicht die Scham und den Statusverlust der Homosexualität, sondern die Scham, die männlich dominante Geschlechterrolle nicht aufrechterhalten zu können. Der niedrige Status der Homosexualität für Männer zeigt sich in anderen Formen der Selbstverstümmelung, die mittlerweile untrennbar mit der homosexuellen Identität verbunden sind, wie sie in den schwulen und heterosexuellen Medien propagiert werden. Zu diesen anderen Formen der Selbstverstümmelung gehören Piercings, Tätowierungen, Branding und viele Praktiken des Sadomasochismus. Die neuere Literatur über Transsexualismus in der lesbischen Gemeinschaft stellt Verbindungen zur Praxis des Sadomasochismus her. Lesben, die SM praktizieren, scheinen häufiger zu „transsexen" als andere. (22) Es ist interessant, dass die Verstümmelungspraktiken genau zu dem Zeitpunkt zum öffentlichen Erscheinungsbild der Homosexualität geworden sind, an dem Lesben und Schwule mehr Sichtbarkeit und formale Rechte erlangt haben. Rhoda Howard erklärt die größere Vorliebe von Frauen für die Selbstverstümmelung als Reaktion auf die größere formale Gleichberechtigung. Die Selbstverstümmelung stellt eine Zurücknahme der Selbstachtung dar.

> Die vor kurzem eingeführte politische und rechtliche Gleichstellung der beiden Geschlechter bedroht die soziale Ehre der Männer und treibt die Frauen dazu an, sie zu beruhigen, indem sie ihre eigene symbolische Akzeptanz ihres korrekten, entwürdigten sozialen Status verstärken. (23)

Diese Analyse könnte mit Gewinn auf Schwule und Lesben angewandt werden. Offensichtlich ist die größere Akzeptanz in der Öffentlichkeit mit dem Phänomen der massenhaften Selbstverstümmelung durch diese Gruppen verbunden, und zwar genau zu dem Zeitpunkt, an dem man erwarten könnte, dass politischer Stolz zu einer stolzen Geltendmachung der körperlichen Integrität führt. Die „Transgender"-Praktiken, die nicht notwendigerweise mit chemischen und chirurgischen

Verstümmelungen einhergehen, wie z. B. Drag, könnten vielleicht als symbolische Verstümmelung verstanden werden, als eine Möglichkeit, die potenzielle Bedrohung der traditionellen Männlichkeit durch Homosexualität zu untergraben. Sicherlich würde die Begeisterung für Drag und alle Transgender-Performances in den populären Medien, die sich in der Begeisterung für den Film Priscilla, Königin der Wüste zeigt, darauf hindeuten, dass die heterosexuelle Öffentlichkeit durch homosexuelle Selbstverstümmelung beruhigt wird.

Die Praxis des Transsexualismus hat, wie einige der anderen selbstverstümmelnden Praktiken, die von Frauen und Männern ausgeübt werden, langfristige gesundheitliche Folgen. Die Einnahme sehr hoher Dosen weiblicher Hormone bringt das Risiko von Brustkrebs und anderen Krebsarten mit sich. (24) Brustimplantate bergen für Männer die gleiche ernste Gefahr wie für Frauen, nämlich die einer Autoimmunerkrankung. Die Selbstverabreichung von Silikon in Brüste, Oberschenkel und Gesäß wird in einigen Teilen der Welt praktiziert, um heterosexuelle Männer mit nicht bedrohlichen männlichen Sexualpartnern zu versorgen. In solchen Fällen kann der Transsexualismus als Ermöglichung des Überlebens der machohaften Heterosexualität angesehen werden. In Ländern wie Thailand und Brasilien befeuert die Sexindustrie den Transsexualismus. „Heterosexuelle" Männer benötigen Zugang zu prostituierten Männern, wünschen aber, dass diese Männer Frauen ähnlich sehen, damit sie ihre heterosexuelle Identität beibehalten können. (25) Das Ergebnis in solchen Fällen ist oft eine sehr schwere und lebensbedrohliche Verstümmelung. Als Reaktion auf die feministische Kritik an den gesundheitlichen Risiken des Transsexualismus hat die neue, feierliche Transgender-Literatur eine eher unzureichende Antwort. Zachary Nataf argumentiert in Lesbians Talk Transgender, dass Transsexuelle die Risiken verstehen und sie freudig wählen, um ihre Verwandlung zu erreichen.

> Radfems glauben in ihrer Arroganz, sie wüssten am besten, was für andere Menschen gut ist. Sie scheinen nicht zuzuhören, wenn transgenderte Menschen sagen, dass sie sich selbst heilen und die besten Optionen wählen, um ihr dysfunktionales Leben umzuwandeln, wobei sie die gesundheitlichen Risiken der Operation (die radikal und einschneidend ist) und der Hormone (die unter anderem die Wahrscheinlichkeit von Brustkrebs bei MTFs und Leberkrebs bei FTMs erhöhen) in Kauf nehmen. Es ist die Risiken wert, dass sie ihr Leben als sie selbst leben und so leben können, wie sie es wählen... (26)

Die Frauengesundheitsbewegung hat sich jedoch im Allgemeinen nicht davon abhalten lassen, dass einige Frauen gefährliche und unnötige

Praktiken wie hohe Kaiserschnittraten, Brustimplantate, Reproduktionstechnologie und Verhütungsmethoden verteidigen. Es bestand immer das Verständnis, dass es die männliche Vorherrschaft ist, die das „Problem“ schafft, und die Bedingungen der „Wahl“ und der männlichen Vorherrschaft in der Medizin, die die Illusion einer Lösung bietet.

Die sozialen Folgen der transsexuellen Chirurgie sind gravierend. Raymond sagt in ihrer neuen (1994) Einleitung zu The Transsexual Empire, dass eine der angesehensten Einrichtungen in den USA, die transsexuelle Operationen durchführt, Johns Hopkins, diese Arbeit eingestellt hat, nachdem sie herausgefunden hatte, dass die Resultate für diejenigen, die sich der Operation unterzogen, nicht besser waren als für diejenigen, die sie nicht durchführten. (27) Roberta Perkins stellte in seiner Studie über 157 Transsexuelle in Sydney fest, dass sie stark unter Arbeitslosigkeit, Vergewaltigung und Misshandlung sowie dem Verlust von Freunden und Familie litten. (28) Andere Studien legen nahe, dass Selbstmord auch nach den Operationen eine ebenso häufige Gefahr darstellt wie vorher. Transsexuelle haben große Schwierigkeiten, stabile und dauerhafte sexuelle Beziehungen einzugehen, insbesondere mit anderen Männern. (29) Es gibt jedoch nur sehr wenige Folgestudien über Transsexuelle.

Postmoderne Legitimation

Transgender-Aktivisten neigen dazu, sich auf die postmoderne Theorie zu stützen, um den progressiven Charakter ihres Projekts zu untermauern. Abgesehen vom Anti-Essentialismus der postmodernen Theorie - eine Idee, die von solchen Gender-Loyalisten, wie es Transgender-Aktivisten zu sein scheinen, eher unangemessen übernommen wurde - gibt es noch andere postmoderne Ideen, die zur Rechtfertigung des Transgenderismus herangezogen werden und die feministische Theoretikerinnen beunruhigen. Einige der angesehensten Vertreter der postmodernen Lesben- und Schwulentheorie vertreten Transgender-Praktiken als politisch progressiv. (30) Sie stellen diese Praktiken, in der Regel die traditionellen Praktiken schwuler Männer, die von Feministinnen ernsthaft kritisiert wurden, als zentral für das feministische Projekt der Überwindung des Heteropatriarchats dar. Indem sie zeigen, dass das Gender flexibel ist und nicht an die Biologie gebunden sein muss, werden Transgenderisten gesehen, als würden sie das Gender-System, auf dem die Organisation der männlichen Macht beruht, destabilisieren. Es heißt, die Transgenderisten „spielen“ mit dem Gender und zeigen, dass es nicht ernst zu nehmen ist, sondern einfach nur eine Quelle des Spaßes und eine Frage der „Performance“ sein kann.

Zachary Nataf, ein „FTM", bemerkt in der jüngsten britischen Sammlung von Äußerungen von Männern, die sich selbst als „Lesben" betrachten, und Frauen, die sich als heterosexuelle und schwule Männer betrachten, Lesbians Talk Transgender, nachdem er Jean Baudrillard und Judith Butler zitiert hat, dass „jeder sein Gender wie selbstverständlich performt". (31) Aber das „Gender", das aufgeführt wird, hat die politische Bedeutung, die es in der feministischen Theorie hat, völlig verloren. Nataf, wie auch andere queere/postmoderne Theoretiker der Gender-Schule, sieht Gender als eine nützliche Art und Weise, sexuelle und modische Erregung zu erzeugen, die weiterbestehen wird, weil sie Spaß macht.

> Brauchen wir Gender? Für einige ist Gender nur ein Werkzeug der Erotik, eine Möglichkeit, das Verlangen zu fokussieren und andere anzuziehen. Vielleicht könnten die Gender/Geschlechter eher wie Sprache funktionieren, motivierte, aber willkürliche Zeichen, die das Begehren transportieren, so wie Worte eine Bedeutung haben, aber nur Zeichen für unsere Manipulation bleiben, nicht wesentliche Realitäten an sich. (32)

Lesbisch-feministische Kritikerinnen haben diese Überzeugung, dass das „Spiel" mit dem Gender transformativ ist, angefochten und argumentiert, dass das gesamte Konzept von „Gender", das diesem Ansatz zugrunde liegt, ernsthaft fehlerhaft ist. (33) Die postmoderne Auffassung von Gender als einfache Zusammenstellung von Kleidungsstücken und Haltungen, die nach Belieben ausgetauscht oder kombiniert werden können, verträgt sich nicht mit der materialistischen feministischen Definition, die Männlichkeit und Weiblichkeit als Verhaltensweisen von Unterdrückern und Unterdrückten betrachtet.

Wie die französische radikalfeministische Theoretikerin Christine Delph feststellte, wird „Gender" keinen Platz mehr haben, wenn die Frauen frei sind. (34) Anstatt einfach zeitlose menschliche Qualitäten zu repräsentieren, die in der Androgynität kombiniert werden müssen und ungerecht zwischen den Geschlechtern verteilt wurden, sind die Qualitäten von Männlichkeit und Weiblichkeit die Verhaltensweisen von männlicher Dominanz und weiblicher Unterwerfung und werden keinen Platz mehr haben, wenn dieses System beendet ist. Dee Graham hat ein ähnliches und ebenfalls sehr nützliches Verständnis von „Weiblichkeit" entwickelt. In ihrem wunderbaren Buch Loving to Survive charakterisiert sie Weiblichkeit als das Verhalten von Geisel zu Geiselnehmer, das heute als Teil des Stockholm-Syndroms verstanden wird, einer Situation, in der die Geisel um ihr Leben fürchtet, sich aber an den Geiselnehmer bindet, weil sie auf ihn angewiesen ist, um zu überleben, und er ein wenig Freundlichkeit zeigt. Graham hat die Idee des gesellschaftlichen Stockholm-Syndroms entwickelt, um die Bindung von Frauen an Männer unter einem Regime des sexuellen Terrorismus in Form von Heterosexualität, Weiblichkeit und der Ablehnung des Feminismus durch so viele Frauen zu erklären. (35)

Das postmoderne Projekt des „Spiels" mit dem Gender hat den schwulen Männern, die den Praktiken des Drag und des Camps anhängen und sie gegen feministische Kritik zu verteidigen suchen, einen guten Schutz geboten. Nach dieser Vorstellung von Gender als bloßer „Idee" und nicht als materielle politische Realität wird das Publikum, das der Performance beiwohnt, vermutlich das unwissende Publikum, das dachte, dass Gender durch die Biologie festgelegt sei, einen Geistesblitz der Anerkennung der Flexibilität von Gender erleiden und erkennen, dass sie nicht nach Gender-Regeln handeln müssen. Es scheint nicht viel dafür zu sprechen, dass das heterosexuelle Drag-Publikum auf diese Weise aufgeklärt wird. Männlichkeit und Weiblichkeit werden nicht einfach als Ergebnis eines falschen Bewusstseins angenommen. Tatsächlich kann die rituelle männliche Zelebrierung der Weiblichkeit von Frauen als beleidigend empfunden werden, die unter ihren Beschränkungen gelitten haben und für die sie alles andere als freiwillig ist, sondern ein Verhalten der Unterordnung darstellt. „Gender" ist viel mehr als eine „Idee" im Leben der meisten Frauen, die nicht in der Position sind, damit zu „spielen". Das wirtschaftliche und sogar das physische Überleben kann sowohl vom Anlegen der weiblichen Kleidung als auch von der Verrichtung der damit verbundenen realen materiellen Arbeit, der Hausarbeit, der Sexualarbeit und der Kinderbetreuung abhängen. Wenn „Gender" bedeutet, wie ein Sexobjekt auszusehen und trotzdem die Hausarbeit zu erledigen, oft unter den Bedingungen von Gewalt und Missbrauch, ist die Bewunderung schwuler Männer für Drag schwer zu verstehen.

Die andere Idee, die feministische Theoretikerinnen in Frage gestellt haben, ist die Tendenz der postmodernen Theorie, den Körper als „Text" und irgendwie nicht ganz real zu betrachten. Für Feministinnen, die ihre Ideen auf die materielle Realität des weiblichen Körpers stützen und die Unterdrückung der Frauen als sehr stark durch die Kontrolle und Erfahrung ihres Körpers ausgelebt sehen, scheint diese Vorstellung nicht angemessen. Somer Brodribb hat in ihrer scharfen Kritik an der Übernahme der postmodernen Meister durch einige feministische Theoretikerinnen argumentiert, dass die großen postmodernen Theoretiker sich an einer ernsthaften Version der Spaltung von Geist und Körper beteiligen, jenem großen Fehler der männlichen Vorherrschaft, den Feministinnen auszutreiben sich verpflichtet haben. (36) Die Idee des Körpers als Text scheint dem Transsexualismus besonders unangemessen zu sein, dennoch wird sie von Verteidigern wie Judith Halberstam und Anwendern wie Sandy Stone, einer männlich-zu-konstruiert-weiblich-Persönlichkeit, als ein Weg zum Verständnis des Transsexualismus benutzt. (37) Nach einer solchen Analyse schreiben Transsexuelle einfach den „Text“ ihres Körpers neu. Aber Transsexualismus ist dauerhaft und brutal in seinen Auswirkungen auf Gesundheit und Wohlbefinden. Nach einer transsexuellen Operation ist eine weitere spielerische Neueinschreibung nicht möglich. Die postmoderne Tendenz, die Bedeutung des Körpers herunterzuspielen, verkennt gewissermaßen die Bedeutung der Operation für transsexuelle Menschen. Sie hat nichts Spielerisches an sich. Raymond Thompson beschreibt hier das Intermezzo zwischen zwei der komplizierten Operationen, durch die ihr „Penis“ entstand. Er wurde aus der Haut und dem Fleisch ihres Beins hergestellt und mit ihrer Hüfte verbunden, um die Blutversorgung herzustellen.

> ...Ich musste immer noch sechs Monate lang Eiter aus der offenen Wunde säubern, die für immer roh zu bleiben schien... Die ganze Zeit über hatte ich einen langen, flexiblen Schlauch, der in meine Hüfte führte, direkt unter dem Einschnitt, der sich in meinem Unterleib herumschlängelte, um das schlechte Blut abzuleiten. (38)

Feministische Theoretikerinnen sind zu Recht besorgt, dass die postmoderne Theorie ungeeignet ist, diese Art von Erfahrungen zu behandeln. Renate Klein hat überzeugend über die Unzulänglichkeiten des aufkeimenden Feldes der „feministischen“ postmodernen Theorie des Körpers geschrieben, wenn es darum geht, die Wege zu verstehen, auf denen sich Unterdrückung auf die Verkörperung auswirkt. (40)

Können Transsexuelle lesbisch sein?

In Lewins' Studie waren 47 % der männlich-zu-konstruiert-weiblichen Transsexuellen nach der Operation mit Männern liiert, „ein Drittel (31 Prozent) war eindeutig lesbisch in seiner sexuellen Orientierung und etwa ein Fünftel (22 Prozent) asexuell.“ (40) Männlich-zu-konstruiert-weiblich-Transsexuelle, die sich schon immer sexuell auf Frauen bezogen haben und dies auch nach der transsexuellen Operation weiterhin tun, redefinieren sich als „Lesben“. Infolge dieser Redefinition fordern einige von ihnen Zugang zu frauen- und lesbenexklusiven Räumen und Veranstaltungen. Feministisches Engagement für reine Frauenräume basiert auf einer Definition von „Frau“ als einer politischen Kategorie, die durch Unterdrückung entstanden ist. „Frau“ ist das Ergebnis der Erfahrung, als Frau unter männlicher Vorherrschaft zu leben. Dazu gehört die Erfahrung, in einem und als ein weiblicher Körper zu leben und die Art und Weise, wie die tatsächlichen oder potenziellen Aktivitäten dieses Körpers, die Menstruation und das Gebären von Kindern in der männlich dominierten Gesellschaft konstruiert sind. Es bedeutet, ein Leben lang die Erfahrung zu machen, wie die Politik der Körpersprache und des Raums die Freiheit der Frauen schmälert und einschränkt. Reine Frauenräume und reine Frauenveranstaltungen wurden geschaffen, um Frauen die Freiheit von den Zwängen der Unterdrückung der Frauen zu ermöglichen, in denen eine andere Vision entstehen und andere Möglichkeiten verwirklicht werden können. Jemand, der als Mann aufgewachsen ist und im Körper eines Mannes die Vorstellung entwickelt, dass er die Essenz der Weiblichkeit oder des weiblichen Genders in sich trägt, wird von vielen feministischen Theoretikern als jemand angesehen, der an einer Fantasie leidet, die genau aus den männlich dominierten Vorstellungen darüber entstanden ist, was eine Frau sein sollte, denen Feministinnen zu entkommen suchen. Sein Verlangen nach einem reinen Frauenraum unterscheidet sich wahrscheinlich stark von dem der Feministinnen. Er möchte den reinen Frauenraum betreten, damit er als „echte" Frau akzeptiert werden kann, während Feministinnen den reinen Frauenraum betreten wollen, um radikal zu dekonstruieren und neu zu erschaffen, was „Frau" jenseits der männlichen Definitionen bedeuten könnte. Einige Transgenderisten unterstützen diese Art des Entrismus nicht. Insbesondere Kate Bornstein ist der Meinung, dass Frauen ein eigener Raum zugestanden werden sollte. (41) Aber die Forderung nach einem Zugang hat zu sehr ernsten politischen Meinungsverschiedenheiten zwischen Frauen und zum Auseinanderbrechen vieler Frauengruppen geführt, als sich einige für die Sache der Transsexuellen einsetzten und andere dagegen waren.

Lesbische Feministinnen haben noch größere Schwierigkeiten zu akzeptieren, dass chirurgisch konstruierte „Lesben" an reinen Lesben-Aktivitäten teilnehmen und reinen Lesben-Raum betreten sollten. Es waren lesbische Feministinnen, die den Begriff „lesbisch" von einem Begriff der Verachtung zu einem Abzeichen des Stolzes aufgewertet haben, und zwar in einem Maße, dass er heute für viele, die sich selbst nie als Feministinnen bezeichnen würden, ein akzeptabler Begriff ist. Die lesbischen Feministinnen, die den Begriff zurückeroberten, meinten damit etwas Bestimmtes. Er stand für die Rebellion gegen die männliche Vorherrschaft. Die Lesbe wurde in der lesbisch-feministischen Theorie als „die bis zur Rebellion verdichtete Wut aller Frauen" oder „ein Akt des Widerstands" definiert. (42) Lesbianismus wurde als stolzer Entschluss gesehen, Frauen, die Bürger zweiter Klasse der männlichen Vorherrschaft, gegen alle Widerstände zu lieben und zu schätzen. Lesben haben den Hass und die Bestrafung ertragen, die die männliche Vorherrschaft denjenigen zuteilwerden lässt, die die untergeordnete Rolle der Frau übertreten. Lesben waren stolz darauf, sich als „dreiste" Frauen zu sehen. Die reinen Frauen- und Lesbenräume, die lesbische Feministinnen in den ersten Tagen der späten sechziger und frühen siebziger Jahre einrichteten, waren Orte und Organisationen, in denen sie eine rebellische und frauenliebende Kultur des Widerstands und des Stolzes aufbauen konnten.

Der männlich-zu-konstruiert-weibliche Transsexuelle, der sich selbst als „lesbisch“ bezeichnet, hat eine ganz andere Vorstellung von diesem Wort. Er hat seine sexuelle Orientierung nicht geändert oder eine rebellische Orientierung entwickelt. Seine Liebe zu Frauen war schon vor der Operation gesellschaftlich anerkannt, und er liebte Frauen aus der Sicht eines Mannes, eines Mitglieds der herrschenden Klasse. Er hat den Hass der Gesellschaft auf Lesben und Frauen nicht überwunden, um jemand anderen wie er selbst zu lieben. Er ist nach wie vor „heterosexuell“, hat aber seinen Körper verändert und fühlt das Bedürfnis, seine Identifikation passend zu ändern. Er hat Frauen nicht aus der Erfahrung heraus geliebt, eine Frau zu sein. Terri Webb, der MTF-transsexuelle Aktivist, der die Praxis und Politik des Transsexualismus abgelehnt hat und sich als Mann identifiziert, ist auch ehrlich genug, sich als „schwul“ zu bezeichnen, weil er sich sexuell zu Männern hingezogen fühlt. (43) Es würde einen gewissen Respekt vor der lesbischen Gemeinschaft zeigen, wenn diejenigen MTF, die Sex mit Frauen haben wollen, ehrlich genug wären, sich als „heterosexuell“ zu identifizieren, aber es scheint wenig Begeisterung für diesen Kurs zu geben. Viele Lesben haben viel Sympathie für konstruierte „Lesben“, da sie erkennen, dass es sich um sehr unglückliche Männer handelt, die mit schwerwiegenden persönlichen und politischen Problemen zu kämpfen haben, aber ihr Kampf ist ein anderer als der von Lesben.

Warum transsexen Lesben?

Die Zahl der Frau-zu-Mann-Transsexuellen war immer deutlich geringer als die der Mann-zu-Frau-Transsexuellen. In der jüngsten Studie von Frank Lewins in Australien veranlasste ihn die geringe Zahl von Frau-zu-Mann, nämlich 5 von 60, zu dem Schluss, dass er nichts über die Bedeutung des Transsexualismus für weibliche Anwärterinnen sagen kann. (44) Die Frage von Lesben, die transexen um Männer zu werden, ob heterosexuell oder schwul, hat in der Lesbentheorie und -politik keine große Beachtung gefunden. Frau-zu-Mann-Transsexuelle haben den Zugang zum lesbischen Raum oder die lesbische Aufmerksamkeit nicht in der Weise verlangt, wie es Mann-zu-Frau-"Lesben" getan haben. Feministinnen, die davon ausgingen, dass ihre Politik darauf abzielt, die Vorstellung davon, was es heißt, ein „Mann“ zu sein, zu zerstören, anstatt Männer zu werden, haben den Transsexualismus innerhalb der lesbischen Gemeinschaft nicht als ihr Thema betrachtet. Doch jetzt ist es für die lesbischen Gemeinschaften unerlässlich, aufmerksam zu werden. In den letzten Jahren wurden Transgender-Praktiken, von der Einnahme männlicher Hormone bis hin zu umfassenden chirurgischen Eingriffen, von der Queer-Theorie, Frauenzeitschriften und der Zeitung Guardian als modern propagiert. Das Schauspiel von Lesben als Freaks, die in Wirklichkeit Männer sein wollen, ist mit neuem Schwung aus der sexologischen Literatur der 1950er Jahre zurückgekehrt, um heutige populäre Frauenzeitschriften und lesbische Literatur heimzusuchen. Da die Identität des „Transsexuellen" offenbar aus solchen Quellen gelernt wird, ist mit einer Verbreitung dieser sehr schädlichen Praktiken unter Lesben zu rechnen.

Bis vor kurzem wurde in der Literatur über Frau-zu-Mann-Transsexualismus die Ansicht vertreten, dass diejenigen, die eine Operation anstrebten, sich zuvor auf Frauen bezogen und sich nicht in der Lage fühlten, dies im Körper einer Frau zu tun. (45) Statt „Männer" sein zu wollen, wollten sie all die Körperteile beseitigen, die sie daran erinnerten, dass sie Frauen waren. Wie Mark Rees in dem neuen Routledge-Sammelband Blending Gender bemerkt: „Natürlich verachte ich meinen weiblichen Körper". (46) Es war ein Hass auf die Weiblichkeit, der in einer frauenhassenden Kultur nicht überrascht, und weniger eine Sehnsucht nach Männlichkeit, die ihre Bestrebungen anregte. Der Transsexualismus ist für die Frauen das Ergebnis ihrer Unterdrückung als Frauen und als Lesben. Aber in letzter Zeit scheint es ein neues Phänomen zu geben, das zwar statistisch nicht signifikant sein mag, aber Anlass zu ernster Besorgnis gibt. Einige Lesben, und es scheint vor allem diejenigen zu betreffen, die in der Sexindustrie tätig waren, lassen sich operieren, um „schwule" Männer zu werden. (47)

Lesbians Talk Transgender zeigt die neue, queere/postmoderne Begeisterung für transsexuelle Verstümmelung unter Lesben. Zachary Nataf, die die Kommentare von Frau-zu-Mann- und Mann-zu-Frau-"Lesben" zusammengestellt hat, die dieses Buch ausmachen, „lebte 20 Jahre lang als Butch-Lesbe, eine sehr effektive Strategie, um mit meiner Gender-Dysphorie fertig zu werden, bevor ich glauben konnte, dass ich als transsexuelle Person leben könnte, ohne von der gesellschaftlichen Landkarte dessen, was erlaubt ist, zu fallen. „(48) Diese Bemerkung könnte dahingehend interpretiert werden, dass die neue Modernität des Transsexualismus und seine politische Akzeptanz innerhalb der postmodernen Queer-Theorie, in der Nataf schreibt, Nataf dazu inspiriert hat, sich operieren zu lassen, während sie vorher vielleicht weiterhin als Lesbe gelebt hätte. Sie erwartet, dass mehr Öffentlichkeit über die Freuden des Transsexualismus andere zu einer Operation ermutigen wird, da sie nur durch das Fehlen von Vorbildern zurückgehalten wurde: „Was mir all die Jahre gefehlt hat, war, Darstellungen von Transgender-Menschen zu sehen, insbesondere von FTMs, und ihre Geschichten zu hören." (49)

Der Wunsch einiger Lesben, ihrem weiblichen Körper zu entkommen, nimmt die Form eines Kults der chemischen Selbstverstümmelung durch die Einnahme von Testosteron an. Das australische HQ-Magazin, Ausgabe Juli/August 1995, enthält einen Artikel über junge amerikanische Lesben, „When girls will be boys", wiederum mit Verbindungen zur Sexindustrie, die sich gegenseitig hohe Dosen Testosteron injizieren.(50) Der Arzt, der das Medikament liefert, gibt zu, dass die gesundheitlichen Risiken unbekannt und potenziell schwerwiegend sind, aber er liefert es, weil er diese Lesben als eine unterdrückte Minderheit von transgenderten Frauen betrachtet, die das Medikament sonst anderswo bekommen würden. Unter den Lesben nehmen die Praktiken der chemischen Hormoneinnahme und der chirurgischen Eingriffe einen Platz unter den sich ausbreitenden Formen der Selbstverstümmelung ein, die im letzten Jahrzehnt gefördert wurden. Sadomasochismus, Piercing und Tätowierung sowie andere Formen der Selbstverstümmelung, die normalerweise nicht als „freiwillig" angesehen werden, wie das Ritzen der Handgelenke und „nicht-entspannende" Formen der Selbstschädigung, scheinen der chemischen und chirurgischen Selbstverstümmelung vorausgegangen zu sein. Man könnte annehmen, dass Lesben, die als Frauen und als Lesben unter Unterdrückung leiden, sich wie andere unterdrückte Gruppen selbst verstümmeln. Das Interessante an Lesben ist, dass sie dort, wo sie traditionellere Formen der „weiblichen" Selbstverstümmelung wie hochhackige Schuhe oder Bauchbinden vermieden haben, weitere lesbenspezifische Formen der Verstümmelung erfunden haben. Selbstverstümmelung wird in der Literatur über sexuellen Kindesmissbrauch als eine ziemlich häufige Folge dieses Missbrauchs erklärt. (51) Es beginnt sich abzuzeichnen, dass der Missbrauch von Frauen durch Männer in der Sexindustrie ähnliche Folgen hat.

Queer-Politik

Anders als die Schwulenbewegung oder der lesbische Feminismus schließt die Queer-Politik ausdrücklich die Vertreter von Transgender-Praktiken sowie andere, angeblich freiwillige Formen der Selbstverstümmelung wie Sadomasochismus in ihre Anhängerschaft ein. Die Akzeptanz und das Zelebrieren von Transgenderismus in dieser Politik schaffen besondere Schwierigkeiten für jede kritische Analyse. „Queer"-Veranstaltungen werden üblicherweise als Veranstaltungen für Lesben, Schwule, Bisexuelle und Transgender beworben. Im Juli 1995 fand in Melbourne eine Konferenz mit dem Titel „Have Your Say" über Jugend und Sexualität statt. Eine der Organisatoren kam zu mir und fragte mich, ob ich dort sprechen würde. Ich war überrascht und erfreut, denn die Konferenz schien eine „queere" Perspektive zu haben, da sie sich an lesbische, schwule, bisexuelle und transsexuelle Jugendliche richtete, und „queere“ Politik ist normalerweise nicht sehr empfänglich für radikalen lesbischen Feminismus. Ich sagte, dass ich gerne sprechen würde, aber ich müsste etwas über Transsexualität als Menschenrechtsverletzung sagen, da dies meine Verantwortung gegenüber allen anwesenden jungen Lesben und Schwulen sei, die Transsexualität in Betracht ziehen könnten. Sie sagte sofort, dass ich dann nicht sprechen könne, da keine politische Kritik am Transgenderismus erlaubt sei. Kritik wurde als nicht unterstützend für die möglicherweise anwesenden „Transgender“ angesehen, und dies sollte eine sehr „unterstützende“ Konferenz sein. Sich gegen die medizinische und politische Konstruktion des Transsexualismus auszusprechen, gilt inzwischen als altmodisch, zensorisch und puritanisch.

Was ist zu tun?

Ich habe argumentiert, dass Transsexualismus gefährlich für die Gesundheit und das soziale Überleben derjenigen ist, an denen er praktiziert wird, und als Menschenrechtsverletzung angesehen werden könnte. Er ist auch politisch gefährlich für die Chancen der Frauen auf Freiheit, da er die Idee der Gender-Dichotomie aufrechterhält, die die Grundlage der männlichen Vorherrschaft bildet. Da der Transsexualismus sozial konstruiert ist, ist es wichtig zu überlegen, wie man der Förderung dieser Praxis entgegenwirken kann. Frank Lewins weist darauf hin, dass es die Werbung für Transsexualität ist, die es Männern ermöglicht, diese „Identität“ zu entwickeln.

> Obwohl ein Drittel der Transsexuellen von ihrer Identität als Frau überzeugt war, bevor sie sich selbst als „Transsexuelle“ sahen, entdeckte die Hälfte ihre Transsexualität zur gleichen Zeit oder nachdem sie zum ersten Mal Zugang zu Informationen über Transsexualismus hatten, was im Durchschnitt im Alter von etwa achtzehn Jahren war. (52)

Die Ärzteschaft sollte die mit dem Gender unzufriedenen Menschen nicht direkt zu einer Operation schicken. Eine Beratung kann die Klienten ermutigen, ihre Situation politischer anzugehen und zu erkennen, dass sie sich gegen die Zwänge einer vorgeschriebenen Geschlechterrolle auflehnen und in ihrem eigenen Körper zu ihrem eigenen Geschlecht stehen können. Leider sind viele Ärzte von der Existenz eines Phänomens, das sie als Transsexualismus definieren, so überzeugt, dass sie außer Selbstverstümmelung keinen anderen Ansatz anbieten.

Raymond Williams beschreibt ihren ersten Besuch in der Charing Cross Hospital Gender Identity Clinic in London. Der Arzt fragte sie nach ihren frühesten Erinnerungen und sie erzählte ihm, dass sie im Alter von fünf Jahren wusste, dass sie ein Junge war. Dies überzeugte den Arzt sofort, dass Raymond eine echte und biologische Transsexuelle war, die eine Operation verdient.

> Dies schien bedeutsam zu sein, und er sagte, dass ich vielleicht denke, dass dies meine frühesten Erinnerungen waren, aber in Wirklichkeit war ich schon immer so gewesen, sogar zwischen null und fünf Jahren. (53)

Der Arzt verabreichte dem sechzehnjährigen Mädchen dann selbstbewusst Hormone und sagte ihr, sie müsse mit der Operation warten, bis sie 21 sei. Tatsächlich hatte Raymond vor diesem Zeitpunkt eine Hysterektomie und eine doppelte Mastektomie. Dr. D.H. Montgomery, der das Nachwort zu Raymond Thompsons Geschichte schreibt, erklärt, dass es zwei Typen von Transsexualismus gibt, den primären oder „Kern" und den sekundären. Er geht davon aus, dass 80 % der Frau-zu-Mann-Transsexuellen primär sind und dass diese Proportionen bei Mann-zu-Frau-Transsexuellen umgekehrt sind. Ohne Beweise für seine Überzeugung zu haben, scheint er davon überzeugt zu sein, dass primäre Transsexuelle biologisch konstruiert sind, und zwar durch einen vermeintlichen Anstieg unangemessener Hormone im Mutterleib, der das Gehirn des Fötus vermännlicht oder verweiblicht.

Wenn es für Menschen, die mit ihrem Gender unzufrieden sind, eine andere Lösung als Selbstverstümmelung geben soll, dann ist es wichtig, die selbstbewusste Förderung chemischer und chirurgischer Lösungen sogar bei sehr jungen Menschen durch die Ärzteschaft, die populären Medien und die modische Queer-Politik zu unterbrechen. Janice Raymond ist nicht der Ansicht, dass ein gesetzliches Verbot von Operationen der richtige Weg ist. Ich bin mir da nicht so sicher, und die Einstufung von Transsexualismus als Menschenrechtsverletzung wäre ein Schritt in Richtung eines Verbots von Operationen. Terri Webb, der MTF-Kämpfer für die Rechte von Transsexuellen, der sein Handeln inzwischen für falsch hält, fragt, ob Transsexuelle, die zu ähnlichen Schlussfolgerungen gelangt sind, „sich für die Beendigung von Hormonbehandlungen und geschlechtsangleichenden Operationen einsetzen sollten"? (54) Wenn selbst manche Transsexuelle diese Frage jetzt stellen, dann scheint es vernünftig, dass sie auch auf der Tagesordnung lesbischer Feministinnen steht. Feministische Menschenrechtstheoretikerinnen haben angeregt, dass der Staat für seine Akzeptanz oder Förderung von gewalttätigen Praktiken gegen Frauen verantwortlich gemacht werden kann. Die Unterstützung des Staates für die Qualen des Transsexualismus durch die Finanzierung der Operationen und die Akzeptanz der Förderung chemischer und chirurgischer Lösungen in seinen Krankenhäusern könnte durch die Anerkennung des Transsexualismus als eine Form der Gewalt gegen die Person und damit als eine Menschenrechtsverletzung angegangen werden. Es scheint, dass der Transsexualismus als eine Form der gewaltsamen Zerstörung lesbischer Körper an Bedeutung gewinnt, die nicht nur von der Pharmakratie, sondern auch von der queeren, postmodernen Theorie und der popkulturellen Ausbeutung von Lesben als Freaks unterstützt wird. Es ist an der Zeit, eine ernsthafte Diskussion darüber zu eröffnen, wie die politische Antwort von lesbischen Aktivistinnen und Theoretikerinnen auf diese alte, aber erneut kraftvolle Form der lesbischen Unterdrückung aussehen sollte.

Sie wissen es, wenn sie es sehen: Der UK Gender Recognition Act 2004

(2008)

Der Gender Recognition Act (GRA) von 2004 im Vereinigten Königreich ist eine radikale Gesetzgebung. Viele Länder und Staaten in der westlichen Welt, wie Südaustralien, Österreich, Deutschland, die Niederlande und Spanien, haben Mechanismen eingeführt, die es Transgender-Personen, die sich einer chirurgischen Behandlung unterzogen haben, ermöglichen, neue Geburtsurkunden und die Rechte und Privilegien ihres, wie es im GRA heißt, „angenommenen Gender" zu erhalten (Press for Change n.d.). Das britische Gesetz geht noch weiter. Es ist insofern ungewöhnlich, als es Transgendern, die sich weder einer chirurgischen noch einer hormonellen Behandlung unterzogen haben, die Anerkennung ihres neuen Genders ermöglicht. Es bewirkt auch einen wichtigen Wandel in der Sprache und im Verständnis von „Transsexualismus". In der Gesetzgebung wird der Begriff „Gender" anstelle von „Sex" (dt."Geschlecht") verwendet. Die Argumente der Regierung für die Gesetzgebung deuten darauf hin, dass sie nicht glaubt, dass das „Geschlecht" geändert werden kann, und sich darauf zubewegt, die Änderung des „Geschlechts" als eine Art Lifestyle-Option anzuerkennen. Dies könnte als ein Triumph für das feministische Verständnis von Gender als sozial konstruiert angesehen werden. Obwohl es in dem Gesetz offensichtlich um „Gender" geht, ein Thema, das Feministinnen in der Regel als ihr eigenes politisches Betätigungsfeld verstanden haben, haben keine Frauen- oder feministischen Gruppen im Vorlauf zu diesem Gesetz Eingaben gemacht. Eine ganze Diskussion darüber, was Sex und Gender ausmacht und was zum Beispiel eine Frau ist, einschließlich der Schaffung von Gesetzgebung mit beträchtlichen sozialen und politischen Auswirkungen, fand hinter den Kulissen statt, als ob es nicht das Anliegen von Frauen oder Feministinnen wäre, an der Diskussion dieser Fragen beteiligt zu sein. In diesem Artikel werde ich die Argumente über Sex und Gender analysieren, die in den Debatten und Diskussionen um diese Gesetzgebung vorgebracht wurden, und einige Vorschläge machen, wie diese für die Interessen von Frauen und Feminismus relevant sein könnten.

Die Ursprünge der Gesetzgebung

Das Gesetz ist das Ergebnis einer internationalen Bewegung von Transgender-Aktivisten, die im Vereinigten Königreich durch Organisationen wie Press for Change (PFC), den Gender Trust und das

FTM Network vertreten sind. Die beiden Hauptaktivisten von PFC, Chrisine Burns und Stephen Whittle, erhielten für ihre Kampagnenarbeit für die Rechte von Transgendern und für das GRA jeweils einen MBE und einen OBE. Solche Organisationen im Vereinigten Königreich sind Teil einer internationalen Bewegung von Transgender-Aktivisten, die sich für Gesetzesänderungen zur Anerkennung der Rechte von Transgendern einsetzen und über Internet-Websites und Diskussionslisten Ideen und Taktiken austauschen. Diese Kampfmaßnahmen haben zu mehr als nur einer Gesetzesänderung geführt, die eine Änderung des „Geschlechts" oder „Gender" ermöglicht. In einigen Ländern sind Transgender-Aktivisten so weit gegangen, dass sie fordern, dass Kinder, die auf die Idee kommen, „transgender" zu sein, die Möglichkeit haben sollten, sich behandeln zu lassen, um die Pubertät zu verhindern, damit sie nicht die körperliche Form ihres verachteten biologischen Geschlechts entwickeln (Jeffreys 2005). In einem wichtigen Testfall zu diesem Thema in Australien erhielt ein 13-jähriges Mädchen das Recht, in der Schule als Junge identifiziert zu werden und eine Hormonbehandlung zur Unterdrückung der Menstruation zu erhalten sowie ab 16 Jahren mit männlichen Hormonen behandelt zu werden (Jeffreys 2005). Signifikante Änderungen in Gesetz und Politik finden als Reaktion auf eine Bewegung statt, die nach Ansicht einiger feministischer Kommentatoren (Raymond 1994; Hausman 1995) aus einer sozial konstruierten medizinischen Diagnose, der Genderidentitätsstörung, entstanden ist und von ihr abhängt.

Der „Transsexualismus" ist eine Erfindung des letzten halben Jahrhunderts, da die Hormone und chirurgischen Eingriffe, die es Personen ermöglichen, das zu tun, was bis vor kurzem als „Geschlechtsumwandlung" angesehen wurde, neuere medizinische Entwicklungen sind. Die Akzeptanz, dass eine Operation eine geeignete Therapie für etwas ist, das als psychologischer Zustand verstanden wurde, wurde noch in den 1950er Jahren von der Mehrheit der Ärzteschaft in den USA abgelehnt und wird von einigen immer noch abgelehnt (Hausman 1995; Meyerowitz 2002). Die Anerkennung des Transsexualismus als medizinische Erkrankung in der Sexologie bildete die Grundlage für die Entwicklung einer Transgender-Bewegung, die durch die Erfolge der Frauen- und der Lesben- und Schwulenbewegung bei der Erlangung von mehr Gleichberechtigung für ihre Angehörigen inspiriert wurde. Sie profitierte von zwei Entwicklungen der letzten Jahrzehnte. Die eine war die Entwicklung des Internets, das die Verbreitung und das beträchtliche Wachstum einer Vielzahl von „Communities" ermöglicht hat, die um bestimmte Interessen herum entstanden sind. Die andere ist das Aufkommen der Queer-Theorie in den lesbischen, schwulen und feministischen Communities. Die Queer-Theorie, die insbesondere auf das Werk von Judith Butler zurückgeht, hat die „Transgression" der Gender-Grenzen als progressive politische Praxis propagiert (Butler 1990).

Die Transgender-Gemeinschaft ist sich nicht einig darüber, wie die Krankheit genannt werden sollte, welche Ursachen sie hat und wie sie behandelt werden sollte. In diesem Artikel unterscheide ich zwischen denen, die ich als „traditionelle" Transsexuelle identifiziere, die sich wohl eher dem Verständnis des Transsexualismus in der Sexualwissenschaft anschließen, das auf die Arbeit von Harry Benjamin zurückgeht, der als Vater der medizinischen Erforschung des Transsexualismus gilt, und denjenigen, die einen „queeren" Ansatz verfolgen (Benjamin 1966). Der traditionelle Ansatz geht davon aus, dass das Phänomen seinen Ursprung in einer biologischen Anomalie hat und einer chirurgischen und hormonellen Behandlung bedarf. Diese Sichtweise wird am deutlichsten im International Journal of Transgenderism verbreitet. Traditionelle Transsexuelle können Aktivisten sein, wenn es um Themen wie das Recht auf eine vom Staat bezahlte Operation oder das Recht auf Heirat geht, aber die meisten versuchen, sich reibungslos in die Mainstream-Gesellschaft als ihr neues „Geschlecht" einzufügen (Lewins 1995). Diejenigen, die sich selbst als „Transgender" bezeichnen (Bornstein 1994), sind wahrscheinlich von der Queer-Theorie informiert und sehen sich selbst eher als Herausforderer traditioneller Geschlechterrollen, als dass sie sich integrieren würden. Queer-Theoretiker wie Butler (Butler 1990) vertraten die Ansicht, dass das Gender nicht nur eine soziale Konstruktion sei, was eine Orthodoxie der feministischen Theorie im Allgemeinen darstellte, sondern dass Personen eines physiologischen Geschlechts, die die Praktiken des „Genders", das üblicherweise mit dem anderen Geschlecht assoziiert wird, „performen", sich in einer Weise verhielten, die transgressiv sei. Eine solche „Performance" demonstrierte, dass Gender in der Tat eine soziale Konstruktion ist und eine störende Wirkung auf das Sex/Gender-System haben kann, auf dem die männliche Dominanz beruht. Diejenigen, die diese transgressiven Handlungen vollzogen, waren nicht nur traditionelle Transsexuelle, sondern auch Drag Queens, Transvestiten und sogar Butch-Lesben und feminine schwule Männer.

Wie unterschiedlich sich Transgender selbst verstehen, zeigt die Forschung von Sally Hines. Sie reicht von einigen, die sich vollständig mit ihrem neuen „Geschlecht" oder „Gender" identifizieren, bis hin zu denen, die sich als Teil einer neuen Transgender Gemeinschaft sehen, in der niemand vollständig männlich oder weiblich ist (Hines 2006). Allmählich hat sich jedoch die neue Sprache des „Gender" im Gegensatz zum „Geschlecht" durchgesetzt, so dass der Begriff „Transsexualismus" als ziemlich altmodisch angesehen wurde und der neue Begriff „Transgenderismus" den früheren in vielen Theorien und selbst in der Gesetzgebung und Politik wie dem Gender Recognition Act verdrängt hat. Diejenigen, die sich dem Begriff Gender verschrieben haben, wie er in der Queer-Politik verwendet wird, d. h. als eine fluide und sozial konstruierte soziale Kategorie, halten eine physische Rekonstruktion nicht für notwendig. Diese unterschiedlichen Ansätze spiegeln sich in den Reaktionen auf den GRA wider, dessen Bestimmungen, die den Nachweis einer Genderidentitätsstörung, einer diagnostischen Kategorie, die aus der Sexologie stammt, verlangen, aber keinen chirurgischen Eingriff vorschreiben, unbeholfen an der Schwelle zwischen diesen verschiedenen Interpretationen des Phänomens stehen.

Feministische Theoretikerinnen in der Anfangsphase der jüngsten Welle des Feminismus tendierten dazu, dem Transgenderismus kritisch gegenüberzustehen, indem sie darauf hinwiesen, dass die Sexologie und ihre Vertreter ein veraltetes, sexistisches Verständnis von „Gender" und den Beziehungen zwischen den Geschlechtern vertreten (Daly 1979; Raymond 1994 [1979]). Sie verstanden den Transsexualismus als Reproduktion archaischer Geschlechterrollen, die ein Hindernis für die Gleichberechtigung der Frauen darstellten, und nicht als revolutionären Weg zur „Transgression des Gender". Diese frühen Autorinnen sahen die Aufgabe des Feminismus, wie viele radikalfeministische Theoretikerinnen heute (Hausman 1995 und 2001; Jeffreys 1997, 2003 und 2005), in der Beseitigung von „Gender". In dem Maße, in dem „Gender" das Verhalten der männlichen herrschenden Klasse (Maskulinität) und der untergeordneten Klasse der Frauen (Femininität) konstituierte, konnte es keinen Platz in der egalitären Zukunft haben, die der Feminismus anstrebte (Delphy 1993).

Dieses klare Verständnis wurde durch das Aufkommen der Queer-Theorie erheblich untergraben, welche sowohl innerhalb als auch außerhalb der Wissenschaft einen starken Einfluss auf die Art hatte, wie Transgenderismus und andere Formen der „Transgression" wie Butch-Femme-Rollenspiele, Transvestismus und Camp von vielen Feministinnen und Lesben gesehen wurden. Die frühere Kritik von Radikalfeministinnen wurde von vielen feministischen und schwulen Theoretikerinnen und Aktivistinnen zugunsten der Idee zurückgewiesen, dass „Gender" nicht abgeschafft werden muss, weil damit gespielt und es transformiert werden kann, so dass ein Mann, der in seinem Auftreten die weibliche Geschlechterrolle spielt, oder umgekehrt, als eine revolutionäre Praxis angesehen werden kann, die Gender „destabilisiert" (Halberstam 1998; More und Whittle 2004). Dieser Queer-Ansatz herrscht in der akademischen Welt der Lesben-, Schwulen- und Transgender-Studien vor. Er hat jedoch auch seine Kritiker, die argumentieren, dass Queer-Theorie und -Politik eher im Widerspruch zu den revolutionären Forderungen und Praktiken des Feminismus des späten 20. Jahrhunderts stehen als eine nützliche Ergänzung dieser Politik darzustellen (Walters 1996; Wilkinson und Kitzinger 2006; Faderman 1997; Jeffreys 1994 und 2003).

In diesem Artikel wird die GRA aus der Perspektive der radikalfeministischen Kritik der Gender-Rollen analysiert, d.h. als Verhaltensformen, die aus den ungleichen Machtverhältnissen zwischen den Geschlechtern resultieren und diese aufrechterhalten und die es zu beseitigen gilt. Aus dieser Sicht ist die GRA eine rückschrittliche Gesetzgebung, welche die traditionellen Gender-Rollen gesetzlich festschreibt, damit sie identifiziert und staatlich reguliert werden können. Zu den Quellen, die ich hier betrachten werde, gehören die parlamentarischen Debatten rund um die Gesetzgebung, die Untersuchungsakten, die zur Ausarbeitung des Gesetzes führten, und die Schriften von Transgender- und feministischen Aktivisten und Theoretikern in Bezug auf die GRA und Transgenderismus im Allgemeinen.

Geschlecht, Gender und Transgenderismus im Gender Recognition Act

Die Regierung erklärt, dass die Einführung des Gesetzes notwendig war, um das Vereinigte Königreich in Einklang mit der Europäischen Menschenrechtskonvention zu bringen, wie Lord Filkin, Parlamentarischer Staatssekretär im Ministerium für Verfassungsangelegenheiten, im Oberhaus erklärte: „Wir haben die Verpflichtung - und damit sind wir durchaus einverstanden - unser innerstaatliches Recht anzupassen, um mit der EMRK konform zu sein" (Hansard, Spalte 364, 13. Januar 2004). In der Entscheidung in der Rechtssache Goodwin gegen das Vereinigte Königreich stellte der Europäische Gerichtshof für Menschenrechte fest, dass das britische Recht in Bezug auf Transsexualität gegen zwei Artikel der Europäischen Menschenrechtskonvention verstößt, die das Vereinigte Königreich unterzeichnet hat. Dabei handelt es sich um Artikel 8 über die Achtung des Privatlebens und Artikel 12 über das Recht auf Eheschließung (Sohrab 2004). Das Gesetz von 2004 soll „Vorkehrungen für und im Zusammenhang mit dem Wechsel des Geschlechts treffen" (GRA 2004, Präambel). Das Gesetz definiert „angenommenes Gender" als „das Gender, zu dem die Person gewechselt hat" oder „das Gender, in dem die Person lebt" (ebd., Artikel 1). Gemäß dem Gesetz müssen Personen, die die „Anerkennung" ihres „angenommenen Gender" beantragen, vor einem Gremium erscheinen, das darüber entscheidet, ob sie „anerkannt" werden oder nicht. Das Gremium muss dem Antrag stattgeben, wenn der Antragsteller die folgenden Bedingungen erfüllt. Der Antragsteller muss eine „Genderdysphorie" haben oder gehabt haben, den so genannten „Real Life"-Test bestanden haben, d. h. während eines Zeitraums von zwei Jahren, der mit dem Datum der Antragstellung endet, in dem angenommenen Gender gelebt haben und beabsichtigen, „bis zum Tod in dem angenommenen Gender zu leben" (ebd., Artikel 2).

Der Antragsteller muss sein „angenommenes Gender" nachweisen, und zwar entweder durch „einen Befund eines zugelassenen Arztes, der auf dem Gebiet der Genderdysphorie praktiziert, und einen Befund eines anderen zugelassenen Arztes" oder durch „einen Befund eines zugelassenen Psychologen, der auf diesem Gebiet praktiziert, und einen Befund eines zugelassenen Arztes" (ebd., Artikel 3). Im Gegensatz zu Rechtsvorschriften dieser Art in anderen Ländern wird nicht verlangt, dass sich die Antragsteller einer medizinischen Behandlung in Form von Hormonen oder Operationen unterzogen haben müssen. Wie der Rechtstheoretiker Ralph Sandland hervorhebt, befinden sich diejenigen, die eine Bescheinigung erhalten, immer noch in einem Zustand, der im traditionellen medizinischen Verständnis von Transsexualität als „Transition" verstanden wird (Sandland 2005). Die klassische Diagnose einer Genderidentitätsstörung führt in der Regel zu einem zweijährigen Praxistest, bei dem das „angenommene Gender" gelebt wird, bevor eine hormonelle und chirurgische Behandlung erfolgt.

Die Grundlage für die Anerkennung vor dem Gremium ist das medizinische Modell in Form der Diagnose „Genderdysphorie", allgemeiner „Genderidentitätsstörung" (GID) genannt. Ein Nachweis von medizinischem Fachpersonal ist erforderlich, um vor dem Gremium zu bestätigen, dass der Bewerber an diesem Zustand leidet. GID ist die Diagnose, die die Grundlage für die Behandlung von Transgenderismus durch Operationen oder Hormone bildet. Dem Begriff GID liegt die Vorstellung zugrunde, dass „Gender" biologisch ist, aber die Position der Regierung in den parlamentarischen Debatten über die Gesetzgebung deutet nicht auf einen Glauben an biologische Ursachen hin.

Die Diagnose von GID in der Kindheit folgt altmodischen Vorstellungen darüber, was ein angemessenes Verhalten für diejenigen darstellt, die den Geschlechtsklassen männlich und weiblich zugeordnet sind. Es sind genau diese Vorstellungen, dass bestimmte unterschiedliche Verhaltensweisen für Männer und Frauen angemessen sind, die der feministischen Kritik am Phänomen des „Transgenderismus" zugrunde liegen (Raymond 1994). Die Kriterien für die Diagnose von GID sind im US-amerikanischen Diagnostic and Statistical Manual (DSM) festgelegt. Dazu gehören:

> der wiederholt geäußerte Wunsch, das andere Geschlecht zu sein, oder das Beharren darauf, das andere Geschlecht zu sein; bei Jungen die Vorliebe, für Cross-Dressing oder weibliche Kleidung zu simulieren; bei Mädchen das Beharren darauf, nur

stereotype männliche Kleidung zu tragen; eine starke und anhaltende Vorliebe für gegengeschlechtliche Rollen in Phantasiespielen oder anhaltende Phantasien, das andere Geschlecht zu sein; der intensive Wunsch, an stereotypen Spielen und Zeitvertreib des anderen Geschlechts teilzunehmen; eine starke Vorliebe für Spielkameraden des anderen Geschlechts (Psychology Today n.d.).

Das Gremium für die Anerkennung des Gender wird vermutlich seine eigenen Vorstellungen von korrektem Genderverhalten sowie die Argumente der medizinischen Fachleute heranziehen, um zu entscheiden, wer „anerkannt" wird. Männer, die transitionieren, lernen oft, wie man sich als „Frau" verhält, indem sie die Gesten, die Mimik, die Kleidung, das Make-up und sogar die Position ihrer Frauen im Bett bei Nacht imitieren, so Diana Aitchison von der britischen Supportgruppe für Ehefrauen der Transvestiten-/Transsexuellenorganisation Beaumont Society (Aitchison 1998). Das Gremium wird in der Lage sein, darüber zu urteilen, wie erfolgreich sie waren.

Die Frage, ob Transgenderismus biologisch bedingt ist oder nicht, war Gegenstand zahlreicher Diskussionen in der Konsultation, die der Gesetzgebung vorausging und von der Interdepartmental Working Group des Home Office organisiert wurde (Home Office 2000). Die Arbeitsgruppe erhielt Kommentare von 99 Einzelpersonen, fast alle von transsexuellen Personen und deren Freunden und Familien, sowie von Mitgliedern des Parlaments. Die Gruppe traf sich auch mit Vertretern von sieben Organisationen, die sich für die Rechte von Transsexuellen einsetzen (Press for Change, Change, das FTM Network, die Gender and Sexuality Alliance, Gires, Liberty und der Gender Trust). Anhänge zum Bericht der Arbeitsgruppe von einigen dieser Gruppen unterstützen die Idee, dass GID eine biologische Grundlage hat. Der erste Anhang zum Bericht stammt von Professor Louis Gooren, der erklärt, dass GID ein „medizinischer Zustand" und eine „Störung der sexuellen Differenzierung" ist. Die Beweise für sein Argument, dass GID eine biologische Grundlage hat, sind Forschungen, die er und andere durchgeführt haben und die herausgefunden haben, dass:

> in einer der Strukturen des menschlichen Gehirns, die sich zwischen Männern und Frauen unterscheidet, bei sechs male-to-female Transsexuellen ein völlig weibliches Muster vorgefunden wurde. Sie konnten nachweisen, dass dies nicht auf die vorangegangene geschlechtsübergreifende Hormonbehandlung der Transsexuellen zurückzuführen war. Diese Ergebnisse zeigten, dass eine biologische Struktur im

> Gehirn male-to-female Transsexuellen von Männern unterscheidet (Home Office 2000, Appendix A).

Diese Studie konnte nicht repliziert werden.

Einige Verfechter einer biologischen Grundlage für GID argumentieren jetzt, dass Transgenderismus als eine Form der Intersexualität verstanden werden sollte und in ähnlicher Weise biologisch begründet ist. In einem weiteren Anhang zu dem Bericht erklärt Dr. Zoe-Jane Playdon: „Ich würde der Regierung raten, Transsexualismus so zu behandeln, als wäre er ein intersexuelles Krankheitsbild", auch wenn er es nicht ist. Sie versucht nicht zu argumentieren, dass es Beweise für die Annahme gibt, dass es eine biologische Grundlage für GID gibt. Sie sagt, dass es keine „schlüssigen Beweise" gibt. Stattdessen führt sie das überraschende Argument an, dass der Sexologe Harry Benjamin einen „somatischen" Ursprung für den Zustand vorschlug und „solange eine Theorie nicht widerlegt ist, muss sie für wahr gehalten werden" (Home Office 2000, Appendix B).

Dieser Beweis für eine biologische Grundlage scheint die Arbeitsgruppe jedoch nicht überzeugt zu haben. Hinter der Gesetzgebung verbirgt sich ein viel vageres und weiter gefasstes Verständnis von Transsexualismus, trotz der Anforderung, dass bei den Antragstellern eine GID diagnostiziert werden muss. Der Bericht der interministeriellen Arbeitsgruppe ist vorsichtig, was die Feststellung einer biologischen Grundlage anbelangt, und definiert das Thema folgendermaßen:

> Menschen mit Genderdysphorie oder Genderidentitätsstörung leben mit der Überzeugung, dass ihre körperliche Anatomie nicht mit ihrer wahren Geschlechterrolle vereinbar ist. Sie haben den überwältigenden Wunsch, im anderen biologischen Geschlecht zu leben und zu funktionieren. Manche Menschen werden sich ihres Transsexualismus schon als Kind bewusst, während andere ihre Gefühle erst später im Leben entdecken. Einmal erlebt, ist es unwahrscheinlich, dass diese Gefühle verschwinden (Home Office 2000, Abschnitt 1.1).

In dem Bericht heißt es: „Die Ursache der Störung bleibt unklar". In dem Bericht heißt es sinngemäß: „Die Geschlechtsangleichung wird gemeinhin als Geschlechtsumwandlung bezeichnet, aber in Wirklichkeit handelt es sich nur um eine Änderung der körperlichen Merkmale einer Person. Das biologische Geschlecht einer Person wird durch ihre Chromosomen bestimmt, die nicht verändert werden können" (Home Office 2000, Abschnitt 1.4).

Das Ergebnis dieser Konsultation ist eine Gesetzgebung, welche verstrickt ist in eine tiefe Verwirrung über den Unterschied zwischen Geschlecht und Gender. Das Gesetz spricht von einer Änderung des „Gender" und nicht von einer Änderung des Geschlechts. Lord Filkin, der für die Verabschiedung des Gesetzentwurfs im Oberhaus verantwortlich ist, erklärt dazu:

> Der Gesetzentwurf sieht vor, dass transsexuelle Menschen unabhängig von ihrem chromosomalen Geschlecht auf der Grundlage ihres Genders rechtlich anerkannt werden. Wenn das angenommene Gender das männliche Gender ist, wird das Geschlecht der Person das eines Mannes, und wenn es das weibliche Gender ist, wird das Geschlecht der Person das einer Frau (Hansard, GC6, 13. Januar 2004).

Er fährt in einer Weise fort, die darauf hindeutet, dass sich die Regierung bewusst ist, dass sie die Idee einführt, dass „Gender" als eine Entscheidung des Lebensstils geändert werden könnte: „Es gibt den Menschen das Recht, ihr Leben so zu leben, wie sie es für wichtig halten" (Hansard, GC7, 13. Januar 2004).

Die Gegner der Gesetzgebung in den Parlamentsdebatten zeigten ein ausgeprägtes Niveau der Analyse der Unterscheidung zwischen Geschlecht und Gender und der ernsthaften Vermischung dieser Begriffe, die dem Gesetz zugrunde liegt. Es ist eine Ironie, dass es die konservativen Abgeordneten im Oberhaus waren, die Argumente über die Unterschiede zwischen Geschlecht und Gender vorbrachten, die man von den feministischen Kritikern des Gesetzes hätte erwarten können. Einige halten die Prämisse des Gesetzes, dass Frauen zu Männern werden können und umgekehrt, einfach für absurd. So kommentiert Earl Ferrers: „Die wahre Antwort ist, dass das Gesetz so schlecht ist, weil es auf einer Irreführung beruht ... „Hier ist eine Person, die als Frau geboren wurde", und dann sagt man: „Wir haben 40 Jahre später entschieden, dass er als Mann geboren wurde". Das ist eine Irreführung" (Hansard, col. 649, 14. Januar 2004). Einige jedoch zeigen ein gutes Verständnis dafür, wie sich Gender und Geschlecht unterscheiden. Lord Tebbit, einst Minister in der Thatcher-Regierung, stellt ganz vernünftig fest: „Ein großer Fehler des Gesetzentwurfs besteht in der Vermischung von Geschlecht und Gender. Geht es in dem Gesetzentwurf um eine Änderung des Geschlechts oder um eine Änderung des Gender?" (Hansard, Spalte 357, 13. Januar 2004). Lord Lucas sagt: „Ich glaube nicht, dass es einen vernünftigen Weg gibt, Gender als biologisches Phänomen zu definieren" (Hansard, col. 620, 14. Januar 2004).

Das Ausmaß der Verwirrung über Geschlecht und Gender auf Seiten der Regierung wird in den Beiträgen von Lord Filkin deutlich. Er sagt vage: „Das Wort ‚Geschlecht' hat heute eine stärkere soziale und psychologische Konnotation als noch vor 20 oder 30 Jahren" (Hansard, col. 365, 13. Januar 2004). Dann vergrößert er die Verwirrung noch, indem er sagt: „Bei dem Gesetzentwurf geht es um die rechtliche Anerkennung, und er wird das Geschlecht einer Person gesetzlich definieren. Wir halten die Argumente über die Bedeutung der Worte „Geschlecht" und „Gender" für nebensächlich. Es gibt keine krasse Dichotomie zwischen der Bedeutung der Wörter" (Hansard, Spalte 365, 13. Januar 2004). Lord Tebbit greift diese Kasuistik schnell auf und bemerkt, dass hier offenbar ein neues Konzept des „sprachlichen Relativismus" vorgeschlagen wird, das „ihn zu der Schlussfolgerung geführt zu haben scheint, dass wir Gesetze unter Verwendung von Wörtern erlassen sollten, deren Bedeutungen wir nicht verstehen und die für verschiedene Menschen unterschiedliche Dinge bedeuten" (Hansard, Spalte 367, 13. Januar 2004). Tebbit brachte eine Reihe von erfolglosen Änderungsanträgen zum Gesetzesentwurf ein, in denen das Wort „Gender" einfach durch das Wort „Geschlecht" ersetzt wurde, um „in irgendeiner Weise herauszufinden, wie die Regierung den Unterschied zwischen diesen Wörtern sieht oder ob sie glaubt, dass es einen Unterschied zwischen ihnen gibt" (Hansard, GC1, 13. Januar 2004). Die Debatte über den Gesetzentwurf, so erklärt er, findet statt zwischen:

> denjenigen von uns, die der Meinung sind, dass Geschlecht keine Entscheidung des Lebensstils ist, die wir für uns selbst treffen, sondern eine Entscheidung, die jenseits von uns getroffen wird und unserer biologischen Natur inhärent ist. Geschlecht, so denken einige von uns, ist kein psychologisches Phänomen. Ich vermute, dass Gender, zumindest in der Vorstellung der Befürworter des Gesetzentwurfs, ein psychologisches, mentales und modisches Phänomen ist (Hansard, GC22, 13. Januar 2004).

Die Biologie wird in den Argumenten der Regierungsseite für den GRA nicht erwähnt. Die Gesetzgebung verleiht dem „Gender" jedoch eine essenzielle Qualität, indem sie versucht, die Veränderung, die sie anerkennt, in Aspik zu fassen. Eine der Voraussetzungen für die Anerkennung eines neuen Genders ist die Zusicherung, dass der Anwärter sein Leben lang in seinem neuen „Gender" bleibt und nicht zu dem Gender zurückkehrt, in dem er aufgewachsen ist. Verhaltensweisen, die der Wahl und nicht der Biologie unterliegen, können nicht auf diese Weise diktiert werden. In der Tat ist die Frage der „Umkehrung", die mehrmals hin und her erfolgen kann (The Guardian, 31. Juli 2004), ein wachsendes Problem für diejenigen, die versuchen, bei der Diagnose von GID „eindeutig" zu sein. Das Problem wird zunehmend von einzelnen

Transgendern selbst aufgeworfen, die Kliniken für Genderidentität wegen der ihrer Meinung nach falschen Diagnose verklagen, und von Organisationen von Überlebenden, die rekonstruktive Operationen und sogar ein Ende der Praxis fordern, Transgendern physische Behandlungen wie Operationen oder Hormone zu geben (The Guardian, 31. Juli 2004; Jeffreys 2006). Da die Gegner des Gesetzentwurfs im Parlament nicht akzeptierten, dass es sich bei GID um eine gesicherte Diagnose handelt, die garantiert, dass eine Person ihr Leben lang in ihrem neuen Geschlecht zu bleiben wünscht, brachten sie in den Debatten das heikle Thema der Umkehrung zur Sprache. Baroness O'Cathain wies darauf hin, dass es allgemein bekannt sei, dass Personen eine GID-Diagnose erhalten könnten, ohne die üblichen Voraussetzungen zu erfüllen. Sie könnten Abkürzungen nehmen und lernen, was sie sagen müssen,

> Indem sie den richtigen medizinischen Experten auswählen und lernen, das Richtige zur richtigen Zeit zu sagen, könnten Transsexuelle den Test, den der Gesetzentwurf derzeit vorsieht, recht einfach bestehen ... Kürzlich habe ich gelesen, dass es Websites gibt, die Transsexuelle lehren, das Richtige zu sagen, wenn sie von medizinischen Fachleuten befragt werden. Sie raten ihnen im Grunde, wie sie betrügen können (Hansard, Spalte 371, 13. Januar 2004).

Sie weist darauf hin, dass es Belege dafür gibt, dass Menschen eine Geschlechtsumwandlung bereuen, und führt als Beispiel den Fall Alan Finch in Melbourne an. Alan Finch, der australische Mann-zu-Frau (MTF), der seine Meinung geändert hat und wieder als Mann lebt, hat die Gender Identity Awareness Organisation gegründet, um gegen die Operation zu kämpfen und denjenigen Unterstützung anzubieten, die „Probleme mit der Genderidentität haben oder hatten", sowie deren Familien und Freunden (Gendermenders, n.d.). Die Website der Organisation listet die schädlichen gesundheitlichen Folgen von Operationen und Hormonbehandlungen, die Statistiken über Selbstmorde nach Operationen und die Zahl derer auf, die ihre Meinung ändern. Gendermenders will nicht-chirurgische Behandlungen für Menschen mit „Problemen der Genderidentität ... mit dem Schwerpunkt, die Genderidentität mit dem biologischen Geschlecht in Einklang zu bringen" fördern und warnt „diese Personen vor den Fallstricken und oft tragischen Folgen von geschlechtsverändernden chirurgischen Eingriffen und Hormonbehandlungen". Die Organisation fordert, dass denjenigen, die unzufrieden sind, eine „rekonstruktive Umkehroperation" angeboten wird. Alan Finch sagt, dass der Transsexualismus von Psychiatern erfunden wurde, und er kämpft gegen das, was er „die Geschlechtsumwandlungsindustrie" nennt (Australian Story 2003)

Das Problem der „Fehldiagnosen“ oder der Umkehrung zeigt die Fallstricke der Gesetzgebung auf, die versucht, eine sozial konstruierte Form menschlichen Verhaltens zu essenzialisieren und zu regulieren. In den Parlamentsdebatten kritisiert Baroness O'Cathain die Art , wie GID diagnostiziert wird, und verweist auf den Fall des bekannten, auf transsexuelle Fragen spezialisierten Psychiaters Dr. Russell Reid, der vom General Medical Council untersucht wurde, weil er Männern nach einer einstündigen Konsultation in seiner Privatklinik Hormone verschrieben hat, was den üblichen Behandlungsstandards widerspricht. Einige der von ihm behandelten Männer sind der Ansicht, dass sie falsch diagnostiziert wurden, und haben Beschwerden eingereicht. Als Ergebnis der Untersuchung verkaufte Reid seine Klinik an eine Frau-zu-Mann-Transsexuelle, Dr. Richard Curtis, die 2005 von einer Frau zu einem männlichen Allgemeinmediziner transitionierte. Wie O'Cathain hervorhebt, hat Dr. Reid durch seine Beteiligung an der Behandlung der Körperintegritäts-Identitätsstörung (BIID) negative Aufmerksamkeit auf sich gezogen. Reid überwies Patienten, die sich ihre gesunden Beine entfernen lassen wollten, an den Chirurgen Robert Smith im Falkirk General Hospital. Smith wurde vom Krankenhaus daran gehindert, die Operationen durchzuführen, nachdem er zwei Männern die Beine entfernt hatte (BBC 2000). O'Cathain ist der wohl begründeten Ansicht, dass die Entwicklung einer Diagnose der Körperintegritäts-Identitätsstörung durch Psychiater, die sich mit der Diagnose und Behandlung von Transsexuellen befassen, die Diagnose und Behandlung von GID in Frage stellen sollte.

Im Home Office Interdepartmental Report heißt es, dass „die Möglichkeit einer Umkehr zum Geburtsgeschlecht nicht ausgeschlossen werden kann, auch wenn sie unwahrscheinlich ist“ (Home Office 2000, Abschnitt 4.10). Die Gegner des Gesetzentwurfs bemühten sich um Änderungen, die es Personen, die ihre Meinung geändert haben, ermöglichen sollten, das Gremium erneut anzurufen und sich erneut zertifizieren zu lassen. Sie fragten auch, was mit Personen geschehen würde, die ihre Meinung mehr als einmal änderten, und ob die Gesetzgebung in der Lage wäre, sie zu berücksichtigen. Die Regierung wies diese Argumente als nicht ernsthaft zurück, aber die Frage der Umkehr der Geschlechtszugehörigkeit wirft Probleme für die Korrektheit der GID-Diagnosen auf. Wenn „Gender“ eine flexible Eigenschaft ist, oder was Butler als „übertragbare Eigenschaft“ bezeichnet, dann wird die Grundlage der Gesetzgebung selbst in Frage gestellt.

Der GRA erkennt somit das „Gender“ als eine Frage der Wahl und nicht der Biologie an, eine Wahl, die jedoch nur einmal getroffen werden kann. Dennoch hat die Biologie, auch wenn sie ignoriert wird, einige wichtige

Auswirkungen auf das, was nach der „Anerkennung" geschieht, wobei die wichtigste die Reproduktion ist. Die Frage der Reproduktion durch Transgender war ein weiteres Problem, das sowohl im Konsultationspapier als auch in den Debatten angesprochen wurde. Da weder eine Hormonbehandlung noch ein chirurgischer Eingriff für eine Änderung des Genders erforderlich ist, mit der Begründung, die von Press for Change vorgebracht wurde, dass die Gesundheit mancher Personen dies nicht zulässt, ist es für Personen mit Zertifikaten durchaus möglich, sich auf die übliche Weise fortzupflanzen, d. h. durch Penis-in-Vagina-Sex oder durch einen Samenspender. Der Bericht besagt, dass die Argumente gegen die Sterilisation gegen die Bedenken der „Allgemeinheit" abzuwägen sind, „wenn jemand, der rechtlich ein Mann war, ein Kind zur Welt bringt oder jemand, der rechtlich eine Frau ist, der Vater eines Kindes wird" (Home Office 2000, Abschnitt 4.14). Surya Monro erklärt, dass dies im Vereinigten Königreich bereits vor der Verabschiedung des Gesetzes geschah: „Einige Transgender-Männer stellen die Hormoneinnahme für eine gewisse Zeit ein, um ein Kind zu bekommen, und kehren dann zu ihrer männlichen Identität zurück, sobald das Kind geboren wurde" (Monro 2003, 443-444). Die Gesetzgebung schafft eine neue Situation, in der jemand, der rechtlich gesehen männlich ist, ein Kind als „Vater" gebären und aufziehen kann, obwohl laut der Gesetzgebung in der Geburtsurkunde angegeben werden sollte, dass die Person, die das Kind geboren hat, die „Mutter" und nicht der „Vater" ist.

Die Gesetzgebung hat auch signifikante Auswirkungen auf die Ehe. Die Gesetzgebung sieht vor, dass Antragsteller sich von ihren derzeitigen Ehepartnern scheiden lassen müssen, um die Anerkennung ihres neuen Genders zu erhalten, damit keine „gleichgeschlechtliche" Ehe zustande kommt. Gegner des Gesetzentwurfs wie Baroness O'Cathain kritisierten diese Forderung in den Parlamentsdebatten vehement mit der Begründung, dass diejenigen, die der Herr zusammengeführt hat, nicht vom Staat getrennt werden sollten (Hansard, Spalte 396, 13. Januar 2004). Lord Tebbit wies darauf hin, dass es wenig Sinn mache, ein Verbot der gleichgeschlechtlichen Ehe aufrechtzuerhalten, wenn zwei Personen mit identischen Genitalien verheiratet werden könnten und jeder von ihnen Kinder aus biologisch vollständigen Körpern zeugen könne, solange einer von ihnen ein Zertifikat besitze (Hansard, Spalte 397, 13. Januar 2004).

Aktivisten für die gleichgeschlechtliche Ehe wie Sue Wilkinson und Celia Kitzinger, die erfolglos versucht haben, ihre kanadische gleichgeschlechtliche Ehe im Vereinigten Königreich anerkennen zu lassen, waren äußerst kritisch gegenüber den seltsamen Verrenkungen, die die Gesetzgebung vornimmt, um die Ehe nur denjenigen vorzubehalten, die vom Staat als unterschiedlichen Gendern zugehörig identifiziert werden (Wilkinson und Kitzinger 2006). Sie kritisieren auch das Scheidungserfordernis. Die Regierung verabschiedete im selben Jahr das Gesetz über die zivile Lebenspartnerschaft, das Lesben und Schwulen die rechtliche Anerkennung ihrer Beziehungen ermöglicht, und es wird erwartet, dass diejenigen, die widerwillig „entzweit" werden mussten, den Initiatoren des Gesetzes zufolge sofort eine zivile Lebenspartnerschaft eingehen (Wilkinson und Kitzinger 2006). Leider können diese Regelungen als zweitklassig erscheinen und verlangen zum Beispiel von einer geschiedenen Ehefrau, zu akzeptieren, dass sie in Bezug auf ihren jahrzehntelangen Ehemann lesbisch ist, und sie könnte starke Einwände gegen eine solche Einstufung haben. Es ist bereits eine rechtliche Anfechtung im Gange. Ein (aus rechtlichen Gründen) ungenannter 31-jähriger Finanzmanager aus Edinburgh, der sich 2004 einer Geschlechtsumwandlung unterzog, hat beim Europäischen Gerichtshof eine Petition gestellt, in der er vorbringt, das britische Gesetz verstoße gegen die Menschenrechte. Die Person, welche die Petition erstellte, möchte ihre Ehe nicht beenden müssen (The Sunday Times, Schottland, 30. Oktober 2005; Kitzinger und Wilkinson 2006).

Feminismus und der Gender Recognition Act

Trotz der vielen Fragen, die für Frauen und Feministinnen von Interesse sind und die das Gesetz aufwirft, gibt es nur wenige feministische Kommentare zu diesem Gesetz. Die Kommentare, die bisher veröffentlicht wurden, stammen von feministischen Wissenschaftlerinnen, die eine postmoderne/queere Perspektive einnehmen, und sie stehen dem Gesetz positiv gegenüber, obwohl sie seine Grenzen anerkennen. Die Rechtstheoretiker Sharon Cowan und Ralph Sandland beispielsweise sind begeistert, dass die Gesetzgebung die binäre Unterscheidung zwischen den Geschlechtern oder Gender aufbricht, die im britischen Recht bisher heilig war (Cowan 2005; Sandland 2005). Die Gesetzgebung tut dies auf zwei Arten. Es verwendet den Begriff „Gender", der eine soziale Konstruktion impliziert, und trennt die Praktiken der „Gender-Anerkennung" von jeder Verbindung zum biologischen Geschlecht. Aber auch dadurch, dass es keine Operation vorschreibt, wird die Vorstellung durchbrochen, dass irgendeine Art von Binarität notwendig ist, einfach weil es jetzt viel mehr Abstufungen von Transgenderismus geben wird, die zertifizierte Frauen mit Penissen und Männer mit Vaginas einschließen werden. Ralph Sandland ist der Meinung, dass das Gesetz einen Ausblick auf „ einen Horizont gibt, in dem Gender entweder in sozialer oder psychologischer Hinsicht bedeutungslos ist oder als Wahlmöglichkeit und nicht als Gefängnis, als Selbstausdruck und nicht als Verordnung angesehen wird „ (Sandland 2005, 64). Er rät Feministinnen, „diese Entwicklungen zu analysieren und daraus Kapital zu schlagen" (ebd., 64).

Aber Cowan und Sandland kritisieren das Gesetz auch, weil es, obwohl es potenziell transformativ ist, immer noch auf der binären Vorstellung beruht, dass es nur zwei verschiedene „Gender" gibt, in die Menschen eingeteilt werden können. Sally Hines hält das Gesetz zwar für einen positiven Schritt nach vorn, übt aber in ihrer interessanten Untersuchung über das Selbstverständnis von Transgendern ähnliche Kritik. Sie sagt, dass einige Transgender „von diesen neuen Bürgerrechten ausgeschlossen sind, während andere nicht anerkannt werden". Sie erklärt, dass „normative binäre Auffassungen von Gender der Gesetzgebung zugrunde liegen" (Hines 2007, 4). Diejenigen Transgender, die „an eine medizinische Perspektive gebunden bleiben", können von dem Gesetz profitieren, aber diejenigen, die „transgressiv sind", wie sie es ausdrückt, „verheiratete Transmenschen, die sich nicht scheiden lassen wollen, und diejenigen, die Genderidentitäten außerhalb des binären Genders konstruieren -bleiben am Rande der Staatsbürgerschaft" (ebd., 11). Ihre Interviewpartner sahen sich nicht unbedingt als Männer oder Frauen. Einige hatten eine „Trans"- oder „Queer"-Identitäten. Einer identifizierte sich als „Gender-Terrorist" (Hines 2006, 62). Karen erklärt, dass sie zunächst „weit zur weiblichen Seite hinüberging und wirklich mädchenhaft wurde", aber „jetzt habe ich ein bisschen männlich und ein bisschen weiblich in mir" (ebd., 60). Nur drei der dreißig Befragten „bezeichnen sich selbst ausschließlich als „weiblich" oder „männlich" oder verwenden die Substantive „Frau" oder „Mann"" (ebd., 60). Bei den von Hines befragten Personen handelt es sich wahrscheinlich um eine ungewöhnliche Stichprobe, und sie räumt ein, dass andere Untersuchungen ergeben haben, dass sich Transgender in ihrer überwältigenden Mehrheit der Mainstream-Kultur als das „Gender" ihrer Wahl angleichen wollen. Aber wie untypisch sie auch sein mögen, sie sind auf jeden Fall von der GRA ausgeschlossen, die an einer streng nach Gender differenzierten Welt festhält und so dazu beiträgt, diese zu schaffen.

Ich stimme der postmodernen/queeren Kritik an dem GRA wegen seiner Abhängigkeit von binären Vorstellungen von Gender ausdrücklich zu, teile aber nicht die Begeisterung von Cowan und Sandland für die potenziell revolutionären Möglichkeiten, die das Gesetz bietet. Wo sich ein radikalfeministischer Ansatz in Bezug auf Transgenderismus von der postmodernen/queeren Analyse unterscheidet, ist die Tatsache, dass das Problem mit Gender nicht nur darin gesehen wird, dass Gender zu starr reglementiert ist und flexibler sein sollte, oder sogar damit gespielt werden sollte, sondern im Konzept von Gender selbst. Die radikalfeministische Theorie lehnt den Begriff des Transgenderismus ab, da dieser die Akzeptanz von „Gender" als nützliche Kategorie voraussetzt. Wenn der Begriff „Gender" abgelehnt wird, macht Transgenderismus keinen Sinn. Es ist nützlich, die Ansichten von Transgender-Aktivisten über die Verbindungen zwischen Feminismus und Transgenderismus zu untersuchen, um den Unterschied zwischen diesen Ansätzen zu verstehen.

Die Theoretiker des Transgenderismus, die von der Queer-Theorie beeinflusst sind, verstehen den Transgender-Aktivismus, dessen Produkt der GRA ist, als eine Sache, die Feministinnen offensichtlich unterstützen sollten, da sie den Triumph des feministischen Projekts darstellt. So sagt Arlene Lev in Transgender Emergence: „In vielerlei Hinsicht hat die Transgender-Gemeinschaft die theoretische Analyse fortgesetzt, die innerhalb der feministischen Bewegung begonnen wurde" (Lev 2004, 130). Sie zitiert die Frau-zu-Mann (FTM) Jamison Green mit den Worten: „Die Gender-Theorie ist der Triumph des Feminismus" (ebd., 130). Sie erklärt:

> Die Fragen, die der Feminismus in die öffentliche Debatte über die Bedeutung von „Mannsein" und „Frausein" und die Grenzen der Schaffung eines sozialen Kastensystems auf der Grundlage biologischer Körper eingebracht hat, sind genau die Art von Fragen, die in der Transgender-Bewegung wieder aufgeworfen werden (ebd., 130).

Gordene Mackenzie fasst das vermeintlich revolutionäre Potenzial der Transgender-Bewegung in der Aussage zusammen, dass „Transgender-Theorie und -Praxis die Membranen traditioneller Geschlechts- und Gender-Kategorien einreißen und neue Galaxien von Gender schaffen" (Mackenzie 1999, 194).

Die Zuversicht der Queer- und Transgender-Theoretikerinnen hinsichtlich des revolutionären Potenzials dieser Bewegung führt dazu, dass die wenigen feministischen Theoretikerinnen, die die Ansicht vertreten, dass das Transgender-Projekt möglicherweise nicht revolutionär ist, auf ziemlich extreme Weise denunziert werden. Die bekannteste von ihnen, Janice Raymond, wird als essenzialistisch und transphob kritisiert. Lev nennt Raymonds The Transsexual Empire (1994) „zutiefst transphob" (Lev 2004, 128). Kate More fragte die Queer-Theoretikerin Judith Butler, was sie von der Arbeit von Janice Raymond und einem anderen Buch halte, das sich kritisch mit Transgenderismus befasst. Butler antwortete: „Ich finde sie schrecklich!" (More 2004b, 294). Butler führt weiter aus, dass die Bücher „genauso schädlich und hasserfüllt sind wie offen frauenfeindliche und rassistische Texte" und dass Raymonds Buch „Teil eines homophoben radikalen Feminismus" ist (More 2004b, 294).

Radikalfeministische Theoretikerinnen und einige männliche Kritiker der Queer-Theorie und -Politik (Murray 1997; Kirsch 2000) argumentieren, dass die in Queer-Ansätzen so gepriesene „Transgression“ keine ernstzunehmende Strategie zur sozialen Transformation ist. Das vermeintlich transgressive Verhalten des Transvestismus beispielsweise ist eine traditionelle Praxis von Männern, die historisch gesehen sowohl in der homosexuellen als auch in der angeblich heterosexuellen Männergemeinschaft verbreitet ist. Er wird von Drag Queens in Drag-Shows praktiziert, die die Widerstandsfähigkeit des Gender-Systems über die vielen Jahrzehnte ihrer Aufführung nicht durchbrochen zu haben scheinen. Sie wird von Männern der Oberschicht in Colleges und Universitäten in den USA praktiziert. Marjorie Garber weist in ihrer Untersuchung dieser westlichen kulturellen Praxis darauf hin, dass das Verkleiden als Frau, das sogar so weit geht, dass Prothesen zur Nachahmung weiblicher Körperteile verwendet werden, in solchen rein männlichen Bastionen der amerikanischen Oberschicht wie dem Tavern Club in Boston und dem Bohemian Club in San Francisco stattfindet, wo, wie sie betont, „männliche Cross-Dressing-Rituale die Macht der herrschenden Elite keineswegs untergraben, sondern oft als Bestätigung und Ausdruck dieser Macht zu dienen scheinen“ (Garber 1992, 66). Transsexualismus unterscheidet sich nicht notwendigerweise von diesem Cross-Dressing. Tatsächlich sind sowohl der Transsexualismus-Experte Blanchard als auch einige MTFs selbst der Ansicht, dass sich das eine aus dem anderen entwickelt (Blanchard 1989 und 1991; Jeffreys 2005).

Feministische Wissenschaftlerinnen wie Janice Raymond (1994), Bernice Hausman (1995 und 2001) und Sheila Jeffreys (Jeffreys 1997, 2003 und 2005), die argumentieren, dass Transgenderismus politisch nicht progressiv ist, werden von Transgender-Theoretikern beschuldigt, Essentialsten zu sein, die die binäre Natur von Gender gegen die Bedrohung dieses Systems durch Transgenderisten bewahren wollen. Weiter heißt es:

Diese Feministinnen haben wie Patriarchen ein Engagement in ihrem Gender, das völlig unhinterfragt ist; Transsexuelle haben die Gender-Annahmen ihres biologisch determinierten Geschlechts in Frage gestellt, sie für falsch befunden und dann gehandelt, aber nicht, indem sie eine bipolare Opposition schufen, sondern indem sie die Konstruiertheit des gesamten Systems in den Vordergrund stellten (More 2004a, 255).

Dies ist ein überraschender Vorwurf, denn genau das Gegenteil ist der Fall. Feministische Kritikerinnen des Transgenderismus wollen das Gender abschaffen, das sie als eine Konstruktion männlicher Dominanz betrachten. Sie sind der Ansicht, dass, wie die radikalfeministische Rechtstheoretikerin Catharine MacKinnon es ausdrückt, "Gender ... eine soziale Hierarchie (männlich und weiblich) ist, die von Stereotypen durchzogen ist und durch Sozialisierung zur Unterordnung ... sowie durch physische Gewalt durchgesetzt wird. Gesellschaftlich ist sie weitgehend mit dem Geschlecht (männlich und weiblich) verschmolzen" (MacKinnon 2005, 247). In diesem Verständnis ist Männlichkeit das Verhalten und der Status der herrschenden Klasse der Männer und Weiblichkeit ist das Verhalten und der Status der untergeordneten Klasse der Frauen. Es wäre daher nicht sinnvoll, sie zu erhalten.

Die Theoretiker des Transgenderismus vertreten einen ganz anderen Standpunkt. Wichtige Queer-Theoretikerinnen wie Butler und die hier zitierten Theoretikerinnen des Transgenderismus wollen Gender nicht abschaffen. Vielmehr sind es gerade die Reize, die „Gender" in der sexuellen Praxis bieten kann, die sie oft zu fördern suchen. Lesben sollten zum Beispiel in der Lage sein, Butch zu sein und weibliche Männlichkeit anzunehmen, wenn sie das erregt, und umgekehrt (Halberstam 1998). Butler identifiziert sich als „Butch". In einem Interview sagt sie, dass sie sich in ihren frühen Zwanzigern „in Bezug auf Butchness" „positioniert" hat und „wahrscheinlich seit fast 20 Jahren eine aktive und komplizierte Beziehung sowohl zum Butch-Femme-Diskurs als auch zum S/M-Diskurs" hat (Green 1999, 286). In Undoing Gender erklärt sie, dass „es Frauen geben kann, die Frauen lieben", dies aber nicht „durch die Kategorie Frau" tun können, und dass „sie/wir" „zutiefst ... vom Weiblichen angezogen" sind (Butler 2004, 197). Sie fragt: „Warum sollte man vor der Tatsache zurückschrecken, dass es Wege geben kann, auf denen Männlichkeit in Frauen hervortritt" (ebd.). MacKinnon akzeptiert nicht, dass der Gendertausch „Gender" irgendwie unschädlich macht. Über die Sexualisierung von Dominanz und Unterwerfung, die das „Ziel oder Objekt" der Sexualität „untergeordnet" und „gewöhnlich weiblich" macht, schreibt sie: „Hierarchie wird immer auf irgendeine Art und Weise durch Gender ausgeübt, selbst wenn mit Gender gespielt wird oder das Gender umgekehrt oder gleichgeschlechtlich ist, wird immer noch Gender für Geschlecht benutzt. Mit der Gender-Hierarchie wird entweder gespielt oder sie wird ausgespielt" (MacKinnon 2005, 273).

Der Begriff „Gender" wurde in den 1990er Jahren von vielen feministischen Wissenschaftlerinnen übernommen, um das zu beschreiben, was zuvor „Geschlechterrollen" genannt wurde. Inzwischen hat er das Wort „Geschlecht" weitgehend abgelöst und ist damit essenzialisiert worden. So ist es z. B. wahrscheinlich, dass auf den Bewerbungsformularen für einen Studienplatz das Kästchen „Gender" angekreuzt werden muss, was für diejenigen, die mit Gender nichts zu tun haben wollen, schwierig ist. Der Begriff wurde von denjenigen vereinnahmt, die eine ganz andere Politik verfolgen als die Feministinnen ab den 1970er Jahren, die Gender kritisiert haben, und dies zeigt sich deutlich in der Art in der er gegenwärtig von denjenigen verwendet wird, die sich der Queer- oder Transgender-Politik verschrieben haben. Er wird häufig in einer Weise verwendet, die überhaupt nichts mit Frauen zu tun hat, und bezieht sich speziell auf die Art und Weise, wie die Praktiken von Weiblichkeit und Männlichkeit von denjenigen „ausgeführt“ werden, für die sie nach dem traditionellen Sex/Gender-System als unpassend gelten würden. So wird in dem 2005 erschienenen Buch Gender Politics von Surya Monro kaum erwähnt, was Monro als „Nicht-Trans-Frauen“ bezeichnet (Monro 2005). Hier ist ein Adjektiv vor dem Wort „Frauen“ erforderlich, wegen der Schaffung einer ganz anderen Kategorie von Personen, die biologisch männlich sind und als solche erzogen wurden, sich aber als Frauen betrachten. Auch Butler beteiligt sich an diesem Manöver, indem sie dem Begriff „Frau“ ein Adjektiv voranstellt, um diejenigen, die als Frauen geboren und aufgewachsen sind, von Transgendern zu unterscheiden. Sie nennt Frauen, die nicht transgender sind, „Bio-Frauen“ und spricht von „wahrgenommenem Bio-Gender“, um das Gender, das aus dem Geburtsgeschlecht zu „folgen“ scheint, von dem Gender zu unterscheiden, das ein Transgender anstreben könnte (Butler 2004, 94). Der Begriff, den einige Feministinnen für nützlich hielten, hat sich als nützlich für diejenigen erwiesen, die Frauen gänzlich beiseiteschieben und eine Konversation führen, in der Frauen der abwesende Referent sind (siehe Adams 1990 darüber, wie Tiere zum abwesenden Referenten in der Politik des Fleisches gemacht werden).

In der Arbeit einiger Transgender-Theoretiker ist Gender zu einem positiven Gut geworden, solange man es austauschen und damit spielen kann. Einige derjenigen, die an der Transgender-Bewegung beteiligt und für die Gesetzesänderung verantwortlich sind, sind jedoch alles andere als spielerisch. So erklärt Karen Gurney, eine traditionelle Mann-zu-Frau-Transsexuelle, die an der Gesetzesänderung in meinem Bundesstaat Victoria, Australien, beteiligt war und Transsexualismus als biologisch identifiziert, dass es bei Transsexualismus darum geht, „Gender-Normen anzuerkennen, nicht sie in Frage zu stellen“ (Gurney 2006, 36). Ein weiterer Transgender-Aktivist, der FTM Jamison Green, ist weit entfernt von einem spielerischen Ansatz (Green 1999). Greens Herangehensweise an Gender ist nicht sehr transgressiv oder revolutionär: „Seit meiner Transition bin ich einfach ein weißer Mann aus der Mittelschicht, scheinbar männlich, der zufällig heterosexuell ist (in meiner sexuellen Intimität) und versucht, seinen Weg in der Welt zu finden“ (ebd., 129). Green ist nicht bereit, die Notwendigkeit von Gender in Frage zu stellen, da es die notwendige Grundlage der menschlichen Interaktion ist: „Jeder benutzt Gender, um zu kommunizieren“ (ebd., 126). In einem eher überraschenden Beispiel für das, was die radikalfeministische Theoretikerin Mary Daly (1979) eine „patriarchale Umkehrung“ nennt, beschuldigt Green „Raymonds Art von Feminismus“, nicht in der Lage zu sein, „ohne starre Gender-Rollen zu überleben" (Green 1999, 125). Aber es ist Green, die in der Tat dem Gender verhaftet ist und dies zeigt, indem sie Hausman vorwirft, das Gender wegzunehmen: „Sie nimmt das Gender sogar den Homosexuellen weg, indem sie behauptet, dass 'Gender ein Konzept ist, das nur innerhalb der Heterosexualität und bei der Befürwortung der Heterosexualität sinnvoll ist'" (ebd.). Robyn Wiegmans Artikel über die zentrale Bedeutung des „Verlangens nach Gender" für queere Politik und Praxis ist ein weiteres Beispiel für die Stärke der Gefühle, die einige queere Theoretiker gegen radikalfeministische Perspektiven auf Gender äußern können. Weigmans Beitrag versteht sich als „Rebellion gegen den selbstgerechten Einsatz eines singulären Feminismus als Freibrief, um zu bestimmen, wen man ungeniert hassen darf", und wendet sich gegen das Argument von Jeffreys (1996), dass Gender für feministische, lesbische und schwule Politik eher ein Problem als etwas Positives ist (Wiegman 2006). Wenn ein Argument in der feministischen Theorie so viel Aufsehen erregt, dass es in einer feministischen Zeitschrift als eine Übung in „Hass" bezeichnet wird, scheint es wahrscheinlich, dass ein Thema von einiger Wichtigkeit erörtert wird.

Selbst die bekannteste Verfechterin der Idee, dass Gender flexibel ist, Butler, bekennt sich in Undoing Gender (2004) leidenschaftlich zu gerade dieser inflexiblen Praxis, der Transgender-Chirurgie. Sie schreibt, dass der Staat den Aspiranten eine Operation anbieten sollte, und sagt: „Diejenigen, die behaupten, dass Transsexualität eine Frage der Wahl ist und sein sollte, eine Ausübung der Freiheit, haben sicherlich Recht ... eine grundlegende menschliche Freiheit wird unterdrückt" (Butler 2004, 88). Sie schreibt auch, dass es bei den Bestrebungen von Transgendern um „die Fähigkeit zu leben und zu atmen und sich zu bewegen geht, und sie gehört zweifellos irgendwo in das, was man eine Philosophie der Freiheit nennt" (ebd.). Es ist nichts Flexibles daran, dem Körper durch Operationen und Hormonbehandlungen ein „Gender" einzuritzen, wie diejenigen entdecken, die ihre „Entscheidungen" bereuen.

Ein weiterer wichtiger Unterschied zwischen der Queer- und Transgender-Theorie und der feministischen Theorie besteht darin, dass sich erstere in der Regel nicht um die Auswirkungen ihrer Ideen über Transgenderismus auf das Wohlergehen von „biologischen" oder „genetischen" Frauen kümmert. Für Feministinnen hingegen stehen die Interessen der Frauen im Mittelpunkt. Der GRA hat erhebliche Auswirkungen auf das tägliche Leben von Frauen, Ehefrauen, Familien und Partnerinnen von Transgender-Personen. Diana Aitchison von Women of the Beaumont Society erklärt zum Beispiel, dass das transvestitische/transsexuelle Verhalten von Männern sehr schädliche Auswirkungen auf ihre Ehefrauen haben kann, bis hin zu schweren psychischen Zusammenbrüchen (Aitchison 1998). Auch Frauenorganisationen und -dienste werden wahrscheinlich davon betroffen sein. Männer, die ihr Gender geändert und eine entsprechende Bescheinigung erhalten haben, werden unabhängig davon, ob sie über vollständige Genitalien verfügen oder nicht, Zugang zu Diensten haben, die Frauen vorbehalten sind, wie z. B. Zufluchtsstätten für häusliche Gewalt, Schulungen für Vergewaltigungstelefone und geschützte Unterkünfte. Dies geschieht bereits in vielen Bereichen, doch wird dieser Zugang durch den GRA erheblich erleichtert (Sweeney 2004). Die Reservierung dieser sicheren Orte für Frauen ist das Ergebnis der Erkenntnis, dass Frauen unter der Gewalt von Männern leiden und Orte brauchen, an denen sie der Möglichkeit dieser Gewalt entzogen werden können. Es gibt auch reine Frauenräume, wie z. B. feministische und lesbische Veranstaltungen, die für Frauen als unterdrückte Minderheit offen sind, die berechtigterweise die Gesellschaft anderer und die Stärke in dieser Gemeinschaft ohne die Anwesenheit von Männern suchen könnten (Kline 2006). Diese Räume haben erfolgreiche Angriffe von MTFs erlebt, die zur Absage von Veranstaltungen und zur Schließung von Räumen geführt haben. In einem bedeutenden Fall, der Vancouver Rape Relief betraf und in dem ein MTF gerichtlich gegen den Ausschluss vom Training für die Vergewaltigungsberatungs-Telefonhotline vorging, wurde schließlich in der Berufung von Rape Relief vor dem Supreme Court of British Columbia entschieden, dass der Ausschluss gültig war (ebd.). Die Tatsache, dass einige MTFs als „Frauen" anerkannt werden können, obwohl sie ihren Penis behalten und keine Hormonbehandlung erhalten, stellt für solche Frauenräume ein spezielles Problem dar, da diejenigen, die den nur für Frauen reservierten und geschützten Raum nutzen, möglicherweise nicht in der Lage sind, einen Unterschied zwischen biologischen Männern, denen ein neuer Status zugewiesen wurde, und denen, die ihn nicht haben, zu erkennen.

Ich argumentiere hier, dass die Transgender-Bewegung sowohl in Form von „traditionellen" Transsexuellen, die an die Biologie und patriarchale Geschlechterrollen glauben, als auch in Form von Queer-Theoretikern, die es versäumen, diesen biologischen Determinismus zu kritisieren und sich für den Transgenderismus einsetzen, vernünftigerweise als eine Bewegung zur Erhaltung des Genders kategorisiert werden kann. Für Feministinnen wie Raymond, Hausman und MacKinnon hingegen, die das Gender als eine Hierarchie betrachten, die zerstört werden muss, bevor Frauen frei sein können, ist der Feminismus eine Bewegung zur Beseitigung des Gender.

Schlussfolgerung

Der Gender Recognition Act sollte feministischen Wissenschaftlerinnen Anlass zur Sorge geben, weil er patriarchale Vorstellungen von korrekten Geschlechterrollen in das Gesetz und die staatliche Regulierung durch ein Gremium festschreibt, das „es erkennt, wenn es es es sieht". Es bekräftigt den Glauben, dass „Gender" existiert und eine vernünftige Grundlage für die soziale Organisation ist und nicht eine soziale Konstruktion, die die Unterordnung von Frauen begründet. In diesem Sinne ist es ein zutiefst rückschrittlicher Rechtsakt. Das Gesetz beruht auf einer falschen Grundlage, nämlich der, dass „Gender" eine essenzielle Eigenschaft ist, die sich irgendwie im „falschen" Körper manifestieren kann und vom Staat anerkannt werden sollte. Diejenigen Frauen und Männer, die das Gender derzeit aus guten Gründen meiden und glücklich ohne es leben, sollten es vielleicht als bedrohlich empfinden, dass ein Staatsapparat nun befugt ist, Gender „anzuerkennen". „Gender" ist nicht nur das Eigentum derjenigen, die es ändern wollen, sondern eine Hierarchie, die alle betrifft, auch diejenigen, die das Gremium nicht einordnen kann. Es stellt sich die Frage, ob die Regulierung eines solchen Verhaltens Aufgabe der Staaten sein sollte. Die fehlende Kritik von Feministinnen und anderen Gesellschaftskritikern an dieser Gesetzgebung zeigt, wie tief der Glaube an Gender verwurzelt ist. Selbst wenn „Gender" vertauscht oder umgekehrt wird, kann ihm, wie hier, ein angesehener Platz in Gesetz und Politik eingeräumt werden. Der GRA kann von Feministinnen, die die „Gender" von Weiblichkeit und Männlichkeit als Verhaltensweisen zweier Klassen in einer Hierarchie sehen, der herrschenden Klasse der Männer und der untergeordneten Klasse der Frauen, nicht gutgeheißen werden. Es verfestigt das „Gender" und wird es erschweren, den Griff der sozialen Hierarchie zu lockern, die es repräsentiert und aufrechterhält.

KINDESMISSHANDLUNG

Gerichtliche Kindesmisshandlung: Das australische Familiengericht, Genderidentitätsstörungen und der Fall „Alex“

(2005)

Im Jahr 2004 traf der Oberste Richter Nicholson des australischen Familiengerichts die Entscheidung, dass die Behandlung einer Genderidentitätsstörung im Fall eines 13-jährigen Mädchens, „Alex“, das ein „Junge“ sein wollte, beginnen sollte. Obwohl das Gericht eindeutig der Meinung war, eine progressive Entscheidung zu treffen, und einige Kommentatoren zustimmten, war die Entscheidung aus mehreren Gründen umstritten. Dieser Artikel bietet eine feministische Kritik an dem Urteil und argumentiert, dass die Diagnose Genderidentitätsstörung ideologisches Konstrukt ist, das den Bedürfnissen der männlichen Dominanz dient. Die Diagnose der GID stützt sich auf traditionelle Vorstellungen über angemessene Gender-Rollen und ist in historischen Vorstellungen verstrickt, wonach Homosexuelle in Wirklichkeit Personen mit dem Gehirn eines Geschlechts im Körper eines anderen sind. Diese Vorstellungen sind im Fall „Alex“ deutlich erkennbar. Ich werde darlegen, dass das Urteil eine gerichtliche Kindesmisshandlung darstellt, da die Diagnose und Behandlung nicht zu ihrem Besten ist, sondern zu irreversiblen Veränderungen im Körper des Mädchens führen wird, die ihre körperliche und geistige Gesundheit schädigen und wahrscheinlich zu sozialer und emotionaler Isolation führen werden.

Genderidentitätsstörung

Die medizinische Diagnose, die die Grundlage für die Ausweitung der medikamentösen und chirurgischen Behandlung auf immer jüngere Patienten bildet, ist die der Genderidentitätsstörung (GID). Im Fall „Alex“ ist nicht ganz klar, ob sich das Gericht mit GID in der Kindheit oder GID im Erwachsenenalter befasste. Nicholson zog es vor, das Wort „Dysphorie“ anstelle von „Störung“ zu verwenden, wenn er sich auf GID bezog. GID im Kindesalter wird von Medizinern diagnostiziert, wenn Kinder von besorgten Eltern zu ihnen gebracht werden. Das Ziel der Ärzte besteht in der Regel darin, das Kind wieder auf den Gender-Pfad zu bringen, der als der richtige angesehen wird. Prävention ist die bevorzugte Behandlung gegenüber geschlechtsangleichenden Hormonen und Operationen. Bei GID bei Erwachsenen ist die Situation anders. Die Erwachsenen stellen in der Regel eine Selbstdiagnose und fordern von den Ärzten eine hormonelle und chirurgische Behandlung. Der Fall „Alex“ liegt an der Schwelle zwischen diesen beiden Formen. Es handelt sich um ein Kind, das jedoch alt genug ist, um vom Gericht als fähig angesehen zu werden, eine Entscheidung über ihre eigene Behandlung zu treffen, und das, wie ein erwachsener GID-Kandidat, eine Geschlechtsumwandlung verlangt. Dies ist bezeichnend für die jüngste Tendenz in Ländern wie den Niederlanden, die Behandlung zur Geschlechtsumwandlung bei jungen Menschen bereits in frühen Stadien ihrer Adoleszenz zu beginnen (Cohen-Kettenis & van Goozen, 1997).

Die Diagnose von GID in der Kindheit folgt altmodischen Vorstellungen darüber, was ein angemessenes Verhalten für diejenigen darstellt, die den Geschlechterklassen männlich und weiblich zugeordnet sind. Die vom Gericht herangezogenen Kriterien um festzustellen, dass „Alex" an GID leidet, sind im US-amerikanischen Diagnostic and Statistical Manual (DSM) festgelegt. Diese werden in der Niederschrift wie folgt zitiert:

> ...wiederholt geäußerter Wunsch, das andere Geschlecht zu sein, oder Beharren darauf, das andere Geschlecht zu sein; bei Jungen eine starke Vorliebe für Cross-Dressing oder weibliche Aufmachung zu simulieren; bei Mädchen eine starke Vorliebe nur typisch männliche Kleidung zu tragen; eine starke Vorliebe für Rollen des anderen Geschlechts in Fantasiespielen oder anhaltende Fantasien das andere Geschlecht zu sein; eine starke Vorliebe für Spiele oder Aktivitäten, die für das andere Geschlecht typisch sind; eine starke Vorliebe für Spielkameraden des anderen Geschlechts (Family Court of Australia, 2004, S. 27)

Feministische Kritiker solcher Vorstellungen von traditionell genderspezifischen Verhaltensweisen argumentieren seit langem, dass sie sozial konstruiert sind und dem politischen Zweck dienen, einen sexuellen Unterschied zu schaffen und aufrechtzuerhalten, der für die männliche Vorherrschaft und die weibliche Unterordnung essenziell ist (z. B. Kaplan & Rogers, 2003; Wittig, 1996).

Schwule und lesbische Kritiker des Konzepts der GID weisen darauf hin, dass es als neue Methode zur gezielten Bekämpfung und Kontrolle von Homosexualität eingesetzt werden kann. Daher sagt Shannon Minter: „Die große Mehrheit der Kinder, die wegen GID behandelt werden, entwickeln sich zu Lesben, Schwulen oder Bisexuellen" (kursiv im Original) (Minter, 1999, S. 10). Ein kleiner Prozentsatz entwickelt sich zu Transsexuellen. Solche Kritiker argumentieren, dass die Diagnose GID nun als Ersatz dient, nachdem Lesben- und Schwulenaktivisten 1973 die Streichung von Homosexualität als Form der psychischen Störung aus dem US-amerikanischen Diagnostic and Statistical Manual erzwungen hatten. 1980 wurde der Begriff „Genderidentitätsstörung" hinzugefügt.

Im späten 19. Jahrhundert proklamierten Sexualwissenschaftler, dass Homosexuelle biologische Fehler seien, die von Natur aus Merkmale des einen Geschlechts im Körper des anderen enthielten. Havelock Ellis' Fallstudien in Sexual Inversion beschreiben beispielsweise Männer, die in ihrer Kindheit Frauenkleider mochten und sich selbst als Menschen mit weiblichen Gehirnen in männlichen Körpern betrachten (Ellis, 1913). Diese negativen Darstellungen der Homosexualität als biologischer Fehler wurden in den 1970er Jahren von schwulen Liberationisten und feministischen Wissenschaftlern und Aktivisten zurückgewiesen (Gay Revolutionary Party Women's Caucus, 1992 (1. Veröffentlichung 1972); Walter, 1980). Lesbische Feministinnen waren vehement kritisch gegenüber der Vorstellung, dass Lesben „ Männer" essentiell seien oder sein wollten, und lehnten alle Formen von Butch/Femme-Rollenspielen ab (Abbott & Love, 1972). Die sexologischen Argumente und Auffassungen aus dem 19. Jahrhundert über weibliche Gehirne in männlichen Körpern und umgekehrt sind jedoch in der heutigen medizinischen Literatur über Transgenderismus lebendig.

Hintergrund des Falles und Grundlagen der Entscheidung

Die im Fall „Alex" vorgelegten Beweise zeigen, dass sie sich als Junge identifiziert und unter der Tatsache, dass dies von ihrem Umfeld nicht akzeptiert wurde, erheblich gelitten hat. Diese Belastung bildet die Grundlage für die Entscheidung, dass „Alex" als Junge behandelt werden sollte. Sie wurde in Übersee geboren und ist ein Einzelkind. Am bedeutsamsten ist, dass sie in ihren ersten Lebensjahren von ihrem Vater als Junge erzogen wurde. In einem Maße, in dem eine solche Behandlung zu dem Ausmaß an schwerem Leid führen kann, unter dem „Alex" litt, dies sollte vielleicht als eine Form der elterlichen Kindesmisshandlung verstanden werden. Damit soll nicht gesagt werden, dass Kinder, die von aufgeklärten Eltern erzogen werden, die Gender-Stereotypen ablehnen, als Opfer von Misshandlung angesehen werden sollten. Es ist wahrscheinlich, dass die Ablehnung solcher Stereotypen Mädchen stärkt. Aber die Erziehung von Kindern in einem stereotypen Gender, das kulturell einem anderen Körper als dem eigenen zugeschrieben wird und sie dazu bringen kann, sich selbst zu verletzen und den Wunsch zu haben, Körperteile zu verlieren, ist von ganz anderer Tragweite.

„Alex erzählte, dass ihre Eltern sich stritten und dass sie sich von ihrer Mutter schon in jungen Jahren abgelehnt fühlte. Ein Onkel lebte im Haus der Familie und „Alex" beschrieb ihn so: „Verrückt, er hat mit mir gestritten". Ein Onkel, vielleicht derselbe, soll laut „Alex" versucht haben, sie sexuell zu „berühren", was er aber nicht weiterführte. Ihr Vater starb, als sie 5 oder 6 Jahre alt war, und dies war ein verheerender Verlust für „Alex", die „fast die gesamte Wach- und Schlafzeit mit ihrem Vater verbracht hatte" (Family Court of Australia, 2004, S. 14). Sie schliefen im selben Bett und badeten und duschten zusammen, obwohl „keiner der Beweise auf sexuelle Annäherungsversuche des Vaters gegenüber Alex hinweist". Ihr Vater brachte ihr „Karate und zu Schlagen und Treten und Selbstschutz" bei. Er brachte ihr bei, „wie ein Junge zu pinkeln" (Family Court of Australia, 2004, S. 24). Ihr Cousin sagte, dass „Alex'" Mutter ihr Jungenkleidung angezogen hatte, als sie klein war, und „Alex" sagte, dass ihr Vater „versucht hatte, [ihn] wie einen Jungen zu machen, seit [er] sich erinnern kann" (Family Court of Australia, 2004, S. 22).

Einige Jahre nach dem Tod des Vaters heiratete die Mutter von „Alex" einen Mann, der sie nach Australien brachte. Als „Alex" 10 Jahre alt war, wurde eine Kinderschutzmeldung aufgegeben. Zu diesem Zeitpunkt erklärte die Mutter, sie wolle „Alex" nicht wiedersehen. Die Gründe für die Schutzmeldung waren u. a. die Tatsache, dass die Mutter und der Stiefvater 6 Monate gebraucht hatten, um „Alex" in einer Englisch-Sprachschule anzumelden, dass „Alex" sehr aggressiv gegenüber anderen Schülern war, dass sie versucht hatte, ihren Stiefbruder zu töten und ein jüngeres Kind zu verletzen, und dass sie in ihrem eigenen Schlafzimmer schlief, während die Mutter und die jüngeren Stiefkinder in einem verschlossenen Schlafzimmer schliefen, um zu verhindern, dass „Alex" das Zimmer betrat. In einem ärztlichen Bericht hieß es damals, dass Alex' Identifizierung als Junge, die sich unter anderem darin äußerte, dass sie in der Schule nur die Jungen-Toiletten benutzte, auf die unvollständige Trauer um ihren Vater und die Ablehnung durch ihre Mutter zurückzuführen war. „Alex" wurde bei ihrer Tante untergebracht. Im Jahr 2002 hatte sie nach Angaben des Grundschuldirektors Selbstmordgedanken. Die Sozialarbeiterin, Frau R., sagte, dass „Alex" damit drohte, sich umzubringen, weil sie „kein Mädchen war und kein Mädchen sein wollte" (Family Court of Australia, 2004, S. 21).

Im Fall von „Alex" war die Genehmigung des Familiengerichts erforderlich, weil die Geschlechtsumwandlung „nicht als Behandlung einer 'Fehlfunktion' oder einer 'Krankheit' angesehen wurde" und ein irreversibles Element und ein „erhebliches Risiko" beinhaltete (Spriggs, 2004, S. 319). Aus diesen Gründen fiel sie in die rechtliche Kategorie der „besonderen medizinischen Verfahren", die eine gerichtliche Genehmigung erfordern, wenn sie an Kindern durchgeführt werden. Im Fall „Alex" stellt Nicholson fest, dass gemäß der UN-Konvention über die Rechte des Kindes Entscheidungen, die Kinder betreffen, auf der Grundlage dessen getroffen werden müssen, was im Interesse des Kindes als am besten angesehen wird. Er erklärt, dass die Konvention auch vorschreibt, dass „Alex" angehört und ihre Wünsche berücksichtigt werden müssen. Nicholson stellte fest, dass die von den Sachverständigen vor Gericht vorgelegten Beweise „nicht belegen, dass

Alex in der Lage ist, selbst zu entscheiden, ob er in die vorgeschlagene Behandlung einwilligt", aber er hat „unwiderlegbare Beweise" dafür, dass die vorgeschlagene Prozedur „völlig mit Alex' Wünschen übereinstimmt" und dass die Sachverständigenaussagen „hinsichtlich des besten Wohls von Alex mit diesen Wünschen übereinstimmen" (Family Court of Australia, 2004, S. 46). Er sagt, dass „die Beweise mit einer Stimme sprechen, was das Leid betrifft, das Alex tatsächlich in einem Körper erleidet, der sich für ihn fremd anfühlt und vor dem er sich ekelt, insbesondere wegen der Menstruation" (Family Court of Australia, 2004, S. 57). Die Entscheidung, dass Alex fortan wie ein Junge behandelt werden sollte und mit einer Behandlung begonnen werden sollte, die zu irreversiblen Folgen führen würde, bevor sie 18 Jahre alt ist, löste in den Medien beträchtliche, meist negative Reaktionen aus.

Reaktionen auf den Fall

Es gab eine beträchtliche unmittelbare Medienreaktion auf die Entscheidung. Nur wenige Reaktionen unterstützten die Entscheidung, und die, die es taten, stammten von medizinischen Experten und Supportgruppen für Transgender, die die Entscheidung als eine aufgeklärte betrachteten. Merle Spriggs erörterte im Medical Journal of Australia einige der ethischen Fragen, die durch den Fall aufgeworfen wurden, und kam zu dem Schluss, dass „der Nettonutzen die Bedenken hinsichtlich der Kompetenz, der Autonomie und der Angemessenheit des Verfahrens in den Hintergrund treten lässt" (Spriggs, 2004, S. 319). Der Mann-zu-Frau- Anwalt (MTF) und Aktivist für die Rechte von Transsexuellen, Rachael Wallbank, schrieb in den Australian Children's Rights News, dass die Alex-Entscheidung nicht weit genug ging (Wallbank, 2004). Der Fall wäre insofern mangelhaft, als er sogar den Gedanken zuließ, dass Transsexualismus (Wallbanks bevorzugter Begriff) eine Form von psychischer Krankheit ist, wie sie im Konzept der GID zum Ausdruck kommt, und nicht ein biologischer Zustand und eine Form von Intersex. Wallbank ist der Ansicht, dass der Fall „Alex" und die Eingaben der Human Rights and Equal Opportunities Commission (Kommission für Menschenrechte und Chancengleichheit) an das Gericht insofern gescheitert sind, als sie keine Anerkennung des „wesentlichen Bedürfnisses einer Person, die unter Transsexualismus leidet, ihr inhärentes (sic) Geschlecht zu affirmieren, indem sie sich schlüssigen Verfahren zur Affirmierung des Geschlechts (einschließlich einer Operation) unterzieht" (Wallbank, 2004, S. 31), erkennen lässt. Die Operation müsse „vom Staat finanziert werden".

Die meisten Antworten waren jedoch kritisch. Der Bioethiker Nicholas Tonti-Filippini verurteilte die Entscheidung aufs Schärfste und argumentierte, dass GID als eine Form der psychischen Krankheit angesehen und nicht mit Operationen und Medikamenten behandelt werden sollte (Kelly, 2004, S. 3; Gough, 2004, S. 1). Zwei Experten für Kindesmisshandlungen meinten, dass Alex' Probleme auf Kindesmisshandlung zurückgingen und die vorgeschlagene Behandlung daher nicht angemessen sei (Goddard & Tucci, 2004). Die Hauptbedenken der Kritiker betrafen die Frage, ob das Kind mit 13 Jahren in der Lage sei, seine Meinung zu bilden (Child gender change takes the law too far, 2004). Feministische Stimmen waren in der öffentlichen Debatte jedoch abwesend. Mein Meinungsbeitrag in The Australian war eine Ausnahme, denn er verurteilte diese Entscheidung aus einer feministischen Perspektive, die sowohl die Diagnose selbst als auch die traditionellen männlich-dominanten und weiblich-untergeordneten Vorstellungen von korrektem Gender-Verhalten, die ihr zugrunde lagen, in Frage stellte (Jeffreys, 2004, S. 9).

Die anschließende Diskussion in juristischen Fachzeitschriften konzentrierte sich auf verschiedene Fragen im Zusammenhang mit dem Fall, welche die feministischen Belange nicht berühren, insbesondere die Frage der Geschäftsfähigkeit (Tilbury, 2004; Donaldson, 2004). Verschiedene Autoren diskutieren frühere Entscheidungen, in denen Kinder von den Gerichten als nicht kompetent angesehen wurden und das Kind, das Elternteil oder ein anderer Erwachsener die Erlaubnis des Familiengerichts einholen musste, um die Entscheidung zu treffen. Parlett und Weston-Scheuber äußern in der Deakin Law Review eine implizite Kritik an der Entscheidung Re Alex, indem sie sagen, dass ein Kind möglicherweise nicht über „ausreichende Lebenserfahrung oder ein Bewusstsein für die verschiedenen Möglichkeiten, ein transgender oder intersexuelles Leben zu führen, verfügt, um einer irreversiblen Behandlung zuzustimmen“ (Parlett & Weston-Scheuber, 2005, S. 397). Diese Antworten berücksichtigen jedoch nicht die Sexualpolitik der Entscheidung. Selbst die Rechtstheoretikerin Jenni Millbank von der Universität Sydney, von der man eine feministische Kritik hätte erwarten können, da sie sich auf „Gender-Fragen“ spezialisiert hat, tut dies nicht (Radiointerview mit Millbank, siehe Carrick, 2004). Sie macht deutlich, dass sie die Entscheidung für richtig hält, weil das Kind wusste, was es wollte: „Alle Beweise in diesem Fall ... waren, dass er (sic) von einem sehr frühen Alter an wusste, dass es das ist, was er (sic) wollte ... diesen Wunsch zu leugnen hieße, das Kind jahrelang in verzweifeltes Unglück zu stürzen“ (Carrick, 2004). Weder in Jenni Millbanks Reaktion noch in der eines anderen Kommentators wird die Frage gestellt, woher der Begriff GID politisch kommt und welche Auswirkungen er auf die Konstruktion von Gender und auf Homosexualität hat. Die Konstruktion des Begriffs GID wird als fait accompli behandelt, und die Diskussion streift lediglich die Angemessenheit bestimmter Behandlungsarten und das richtige Alter, in dem man von einem Mädchen erwarten kann, dass es seine eigene Meinung zu diesem Thema vertritt.

Die Politik der Diagnose: Biologie oder soziale Konstruktion

Eine Überlegung darüber, woher die Idee von GID kommt, sollte bei der Diskussion über die Angemessenheit der Entscheidung des Familiengerichts zentral sein. Wenn es sich bei GID um eine sozial konstruierte Diagnose und Erkrankung handelt und nicht um eine biologische, dann könnte ein sozialer Wandel eine wirksamere Lösung darstellen als irreversible hormonelle und chirurgische Behandlungen. Wie der Hintergrund des Falles „Alex" zeigt, gibt es eine Reihe von sozialen Faktoren, die das Bedürfnis von „Alex", ein Junge zu sein, beeinflusst haben könnten. Befürworter von GID argumentieren jedoch, dass die Störung eine essenzielle Ursache hat. Die meisten berufen sich auf biologische Erklärungen, obwohl es kaum Beweise dafür gibt, dass die Biologie eine Rolle spielt. Personen, die sich einer geschlechtsangleichenden Operation unterziehen, sind keine Intersexuellen, d. h. Personen, bei denen es aufgrund von Genen oder körperlichen Anomalien eine gewisse Unklarheit darüber gibt, welchem Geschlecht das Kind zuzuordnen ist. Diejenigen, die wie „Alex" als an GID leidend identifiziert werden, haben eindeutig ein bestimmtes biologisches Geschlecht, das sich aus dem physischen Erscheinungsbild, den Genen und den Hormonen ergibt. Dies wird in der Tat im Familiengerichtsfall über „Alex" betont.

Im Fall „Alex" wurde die Arbeit von Professor Louis Gooren vom Universitätskrankenhaus der Vrije Universiteit in Amsterdam vom Sachverständigen Dr. C. als Beweis für die Rolle der Biologie bei Transgenderismus angeführt, aber er achtet darauf, darauf hinzuweisen, dass Goorens Studie nicht repliziert worden ist. Goorens Studie ist die einzige Arbeit, die üblicherweise von Transgender-Aktivisten angeführt wird, um ihren Glauben an die Biologie zu untermauern. Gooren behauptet, dass er bei der Untersuchung der Gehirne einer Handvoll Mann-zu-Frau (MTF) Transsexueller ein bestimmtes Hirnareal gefunden hat, das kleiner als normal für Männer und ähnlich groß wie das von Frauen ist (Gooren, 1999). Dies weist Ähnlichkeiten mit den Forschungen von Simon LeVay auf, die in den 1990er Jahren durchgeführt wurden, um eine biologische Grundlage für männliches homosexuelles Verhalten zu finden (LeVay, 1993). Von lesbischen und schwulen Wissenschaftlern wurde stark kritisiert, die Homosexualität als eine Form des Verhaltens und weniger als einen biologischen Zustand betrachten (Rogers, 1999, S. 68-69).

Ein weiterer Sachverständiger in dem Gerichtsverfahren, Professor W, sagt, dass er glaubt, dass GID eine „biologische Störung ist, weil sie so früh im Leben festgestellt werden kann". Er gibt jedoch zu, dass „es keine direkten Beweise gibt" (Family Court of Australia, 2004, S. 53). Der Glaube der Sachverständigen an die Biologie ist, wie ich meine, eine Frage der Ideologie. Es wird aus den medizinischen Beweisen, die im Fall „Alex" gehört wurden, deutlich, dass die Sachverständigen übereinstimmend der Meinung waren, dass die Diagnose GID angemessen sei, und sich nur in Fragen wie dem besten Zeitpunkt für den Beginn der Behandlung uneinig waren. Das Verfahren fand eher auf „inquisitorische" als auf „adversarische" Weise statt. Das bedeutet, dass Nicholson Zeugen auswählte und von ihnen Beweise aufnahm, die er als Experten auf dem Gebiet der GID ansah. Obwohl es innerhalb der Ärzteschaft bedeutende Kritiker des Begriffs GID gibt, sind sie nicht zahlreich und wurden nicht vorgeladen. Einer von ihnen ist beispielsweise Dr. Meyer von der Johns Hopkins University Gender Identity Clinic, die 1979 die Geschlechtsumwandlung eingestellt hat. Er erklärt: „Mein persönliches Gefühl ist, dass eine Operation keine angemessene Behandlung für eine psychiatrische Störung ist, und es ist mir klar, dass diese Patienten schwere psychologische Probleme haben, die nach einer Operation nicht verschwinden" (zitiert in Fleming, Steinman & Bocknek, 1998, S. 451).

Feministische Theoretikerinnen, die sich kritisch mit dem Transgenderismus auseinandergesetzt haben, vertreten eine sozialkonstruktivistische Perspektive. Janice G. Raymond argumentiert beispielsweise, dass die Genderidentitätsstörung ein Ausdruck der Unzufriedenheit mit den beiden hierarchischen Gender-Kategorien, männlich und weiblich, in männlich dominierten westlichen Gesellschaften ist. Diagnosen von GID dienen dazu, die Infragestellung dessen, was sie als „Geschlechterrollen" bezeichnet, zu verhindern: „Der Transsexualismus stellt an diesem Punkt ein 'soziopolitisches Programm' dar, das die Bewegung zur Beseitigung von Geschlechterrollenstereotypen und Unterdrückung in dieser Kultur untergräbt" (Raymond, 1994, S. 5). Raymond, eine Wissenschaftsphilosophin, stellt fest, dass es das medizinische Imperium war, das die Idee des Transsexualismus schuf, die Definition gemäß den konservativen Vorstellungen der 1950er Jahre darüber, was korrektes männliches und weibliches Verhalten ist, kontrollierte und die Operationen bereitstellte. Der Begriff der GID schafft also ein Sicherheitsventil, das dazu dient, das politische System der westlichen männlichen Dominanz vor den Umwälzungen zu schützen, die durch die feministischen und schwulen Befreiungsbewegungen des späten 20 Jahrhunderts ausgelöst wurden.

Es ist wichtig, bei der Betrachtung von GID eine historische Perspektive zu wahren. Bernice Hausmann erklärt, dass das Konzept in den 1950er Jahren als Ergebnis von Veränderungen in der Medizintechnik entstand (Hausman, 1995). Das Phänomen, dass Menschen sich selbst als „wirklich" und essenziell dem anderen Geschlecht zugehörig betrachten, entstand als Reaktion auf die Fortschritte in der Wissenschaft der Endokrinologie in der ersten Hälfte des 20. Jahrhunderts. Die Möglichkeit, durch Hormone den Körper zu verändern, bot in Verbindung mit verbesserten chirurgischen Techniken die Möglichkeit, dass Männer „wirklich" Frauen werden konnten. Das Phänomen des Transsexualismus war überwiegend eines von männlich-zu-konstruiert-weiblich Transsexuellen, bis in der letzten Dekade die Nachfrage von Seiten lesbischer Frauen zunahm (siehe Jeffreys, 2003, S. 122-143). Frauen, die im 19. Jahrhundert Männerkleider trugen, und die Männer in Ellis' Fallstudien in den 1880er Jahren hatten keine chirurgischen Eingriffe oder Hormone zur Verfügung, die es ihnen ermöglicht hätten, zu dem anderen Geschlecht zu „transitionieren". Im 20. Jahrhundert jedoch entwickelten Sexualwissenschaftler mit ähnlichen biologistischen Vorstellungen von Gender und Sexualität wie Havelock Ellis sowohl den Begriff des Transsexualismus als auch körperliche Behandlungen. Wie Hausman erklärt, „ Das öffentliche Wissen über medizinische Fortschritte und technologische Möglichkeiten schafft eine Situation, in der Individuen sich selbst als die geeigneten Subjekte bestimmter medizinischer Interventionen benennen und dadurch an der Konstruktion ihrer selbst als Patienten teilnehmen können" (Hausman, 1995, S. 23). Sie vergleicht die Konstruktion des Transsexualismus mit der Konstruktion anderer Formen der kosmetischen Chirurgie, „bei denen die Nachfrage nach medizinischer Behandlung durch das öffentliche Wissen um deren Existenz und wahrscheinlichen Erfolg ermöglicht wird" (Hausman, 1995, S. 23). Die berühmteste Figur in der Geschichte der Konstruktion des Transsexualismus war der Sexualwissenschaftler Dr. Harry Benjamin, der in Deutschland zu Beginn des 20. Jahrhunderts ausgebildet wurde und sich für die Durchführung von Geschlechtsumwandlungen für diejenigen einsetzte, die dies wünschten. Die nach ihm und seiner Praxis benannte Organisation, die Harry Benjamin Gender Dysphoria Association, gibt die Fachzeitschrift The International Journal of Transgenderism heraus.

Grenzen setzen: GID und Körperintegritäts-Identitätsstörung (body integrity identity disorder -BIID)

Die problematische Natur der Praxis der Geschlechtsumwandlungsoperationen wird durch das Auftauchen einer neuen diagnostischen Kategorie in den 1990er Jahren, der AID oder Amputee Identity Disorder, verdeutlicht. AID steht für den Wunsch, Gliedmaßen amputieren zu lassen, und folgt in vielen Aspekten der Entwicklung des Konzepts der GID (Furth & Smith, 2002). Der US-amerikanische Medizinethiker Carl Elliott vertritt die Auffassung, dass sowohl GID als auch AID als „transitorische psychische Krankheiten" verstanden werden sollten, die in 50 Jahren keinen Sinn mehr machen werden (Elliott, 2000). Bei AID gehen die Aspiranten, bei denen es sich in der Regel um Männer handelt, zu Ärzten und verlangen die Amputation eines oder mehrerer Gliedmaßen, weil sie mehr haben, als für sie erträglich ist. Bei dieser Störung fordern manche die Amputation aller vier Gliedmaßen, um „ Quads „ zu werden. Die Verfechter von AID führen ähnliche Argumente an wie die Aspiranten für Geschlechtsumwandlungsoperationen. Sie sagen, dass sie schon immer das Gefühl hatten, ein oder mehrere Gliedmaßen zu viel zu haben, zumindest seit ihrer frühen Kindheit. Die Befürworter von AID haben den Namen der Störung inzwischen in BIID oder Body Integrity Identity Disorder geändert und versuchen, sie in das DSM aufnehmen zu lassen (Body Integrity Identity Disorder, n.d.). Diese Aufnahme würde bedeuten, dass BIID in ähnlicher Weise wie GID anerkannt ist und die Betroffenen dann Amputationen durch reguläre Chirurgen unterzogen werden könnten. Derzeit gibt es nur einen Chirurgen, der die Amputation gesunder Beine in einem regulären Krankenhaus durchgeführt hat. Dabei handelt es sich um Dr. Robert Smith vom Falkirk General Hospital in Schottland, der gestoppt wurde, nachdem er zwei Männern gesunde Beine abgenommen hatte (British Broadcasting Corporation, 2000). Die Leidenden müssen, wie einst die Menschen, die sich einer Geschlechtsumwandlung unterziehen wollten, in arme Länder mit weniger wirksamen Vorschriften gehen.

Die Kriterien für die Diagnose eines Patienten mit BIID, wie sie auf der Konferenz der medizinischen Fachleute über diese Störung im Jahr 2003 erörtert wurden, lehnen sich eng an das Modell an, das bereits für die Diagnose geeigneter Kandidaten für eine Geschlechtsumwandlungsoperationen etabliert wurde. Sie lauten wie folgt: „Alter bei Beginn: Kindheit oder Jugend, Grund für die Amputation ist die Wiederherstellung der wahren Identität, Fehlen anderer psychiatrischer Erkrankungen, die den Wunsch nach Amputation erklären könnten, insbesondere Psychosen" (Body Integrity Identity Disorder, n.d.). Die medizinischen Fachleute, die auf den BIID-

Konferenzen sprechen, sind Koryphäen auf dem Gebiet der Diagnose und Behandlung von GID wie der Psychiater Ray Blanchard und der MTF-Psychologe Anne Lawrence. Die Redner auf der Konferenz 2003 verglichen alle BIID mit GID und betonten die Ähnlichkeiten. Eine Ähnlichkeit, die von den Rednern nicht erwähnt wurde, ist die Art und Weise, wie Menschen, die unter schwerem psychischem Stress leiden, zu Diagnosen wie GID und BIID greifen, sobald diese von der Ärzteschaft und, wie es zunehmend der Fall ist, von der Justiz bestätigt werden, in der Hoffnung, ihren seelischen Schmerz zu lindern.

Normalisierung von GID führt zu steigenden Zahlen

Mit der Normalisierung von GID durch Mediziner und Medien steigt die Zahl derjenigen, die eine Geschlechtsumwandlung vornehmen lassen. In einem Text über die Entwicklung des Transsexualismus und der Geschlechtsumwandlung in den letzten 30 Jahren unterstützt Richard Green, Vorsitzender der Harry Benjamin Gender Dysphoria Association, die Idee, dass die Zahlen steigen: „Transsexualismus, damals noch esoterisch, ist heute Schulkindern vertraut. Der ehemals massive medizinische Widerstand gegen endokrine und chirurgische Behandlungen ist geschmolzen. Der Ursprung des Transsexualismus ist nach wie vor rätselhaft, aber es gibt immer mehr Beweise für einen wesentlichen biologischen Beitrag“ (Green, 2000). In den 1960er Jahren, als die britische Klinik am Charing Cross Hospital eingerichtet wurde, gab es dort 50 Überweisungen pro Jahr. Bis Mitte der 1980er Jahre stieg diese Zahl auf 100-200 und liegt heute bei etwa 1300. Nur 450 der bisher 5000 Patienten sind weiblich (Batty, 2004, S. 12).

Diejenigen, die sich an einer essenzialistischen Erklärung festklammern, gehen davon aus, dass das Phänomen der steigenden Zahlen von Identifizierungen von GID und die steigende Nachfrage nach chirurgischen Eingriffen auf ein bisher unerschlossenes Reservoir „echter“ Transsexueller zurückzuführen ist, d. h. sie gehen davon aus, dass es einen beständigen Prozentsatz der Bevölkerung gibt, der biologisch transsexuell ist, und dass die Nachfrage nur aufgrund des zunehmenden Bewusstseins für die Möglichkeit einer Operation steigt. Allerdings scheinen die Medien, die zunehmend über Transsexualität berichten und sich kaum oder gar nicht kritisch mit dem Phänomen auseinandersetzen, eine Rolle bei seiner Entstehung zu spielen. In Peter Ringos Studie über die Rolle der Medien bei der Herausbildung von Transgender-Identitäten heißt es: „Die detaillierten Antworten der Teilnehmer auf meine Fragen deuteten darauf hin, dass die Medien bei der Herausbildung eines breiten Spektrums von Trans-Identitäten eine bedeutende und oft entscheidende Rolle spielen“ (Ringo, 2002). Der australische Soziologe Frank Lewins befragte 50 MTF-Transsexuelle und stellte fest, dass 50 %

von ihnen ihre Transsexualität „zur gleichen Zeit oder nachdem sie zum ersten Mal Zugang zu Informationen über Transsexualität hatten" erkannten, was darauf schließen lässt, dass die Medienberichterstattung eine wichtige Rolle spielt (Lewins, 1995, S. 75). Unzählige Internet-Ressourcen zum Thema Transgenderismus bieten den betroffenen Jugendlichen heute ein „psychologisches und physisches Unterstützungssystem", das ihr Leid erklärt und eine Lösung vorschlägt (Pazos, 1999, S. 71).

Ein Beispiel für die Normalisierung des Phänomens GID ist die Tatsache, dass es inzwischen Programme und Veröffentlichungen gibt, die sich an Mitarbeiter in Einrichtungen für Kinder richten und sie ermutigen, diejenigen zu identifizieren, die an der „Störung" leiden. Ein Band aus den USA trägt beispielsweise den Titel Social Services with Transgendered Youth (Mallon, 1999) und ermutigt Sozialarbeiter, Teenager zu identifizieren, die ihrer Meinung nach an GID leiden, und rät ihnen, sich in „ Akzeptanz und positiver Affirmierung" zu engagieren (Burgess, 1999, S. 45). Damit wird die Krankheit essenzialisiert, indem akzeptiert wird, dass es ein solches Phänomen wie „transgenderte Jugend" gibt, und es schafft das ernste Problem, dass von denjenigen, die für die Unterstützung und den Schutz junger Menschen verantwortlich sind, zunehmend erwartet wird, dass sie sie auf eine zweifelhafte medikamentöse und chirurgische Behandlung vorbereiten oder ihnen diese vorschlagen, die eine Kastration oder Sterilisation zur Folge hat.

Es besteht ein starker Druck auf die Fachleute, die an der Erkennung und Behandlung von GID bei Kindern beteiligt sind. Im Newsletter des staatlich finanzierten Gender-Zentrums in Sydney, Australien, behauptet Katherine Cummings, dass das Zögern der Ärzteschaft, Kinder mit Hormonen und chirurgischen Eingriffen zu behandeln, bevor sie 18 Jahre alt sind, eine Form von „organisatorischer und institutioneller Gewalt" und „vielleicht die größte Gewalt, die" gegen die Transgenderten begangen wird (Cummings, 2005). Cummings sagt, dass ein frühzeitiges medizinisches Eingreifen notwendig ist, damit Kinder nicht anfangen, die Körperformen und -merkmale zu entwickeln, die dann durch eine Operation rückgängig gemacht werden müssen, und begrüßt die Entscheidung im Fall „Alex" als einen Schritt auf diesem Weg. In den Niederlanden ist die frühzeitige medizinische Intervention bei als „transgender" identifizierten Jugendlichen weit fortgeschritten. In einem Artikel in der Zeitschrift American Academy of Child and Adolescent Psychiatry wird das postoperative Funktionieren der ersten 22 jugendlichen transsexuellen Patienten einer Gender-Klinik untersucht, die sich einer Geschlechtsumwandlung unterzogen haben (Cohen-Kettenis und van Goozen, 1997). Sie plädieren für einen frühen Beginn der Hormonbehandlung und der chirurgischen Eingriffe aus den gleichen

Gründen wie Cummings, um die Entwicklung von körperlichen Merkmalen zu verhindern, die später entfernt werden müssten, und weil eine Verzögerung der Behandlung den betroffenen Jugendlichen Leid zufügt.

Homosexualität und GID

Ein ernsthaftes Problem bei diesem Herangehen an Jugendliche ist die Tatsache, dass die meisten derjenigen, bei denen eine GID festgestellt wird, trotz Behandlung zu Homosexuellen heranwachsen werden. Der Sachverständige Dr. C. erklärt in der Niederschrift zum Fall „Alex": „Ein großer Teil der Kinder mit Genderidentitätsstörung, die nicht zu transsexuellen Erwachsenen werden, kann eine homosexuelle oder bisexuelle Orientierung entwickeln" (Family Court of Australia, 2004, S. 28). Die Identifizierung homosexueller Jugendlicher als an GID leidend scheint eine kulturelle Befangenheit zu zeigen. Eltern aus Kulturkreisen, die Homosexualität besonders ablehnend gegenüberstehen, neigen beispielsweise eher dazu, die Diagnose GID bei ihren Kindern zu befürworten. Für manche Eltern und Gemeinschaften ist es akzeptabler, wenn ein Kind als transsexuell und nicht als schwul eingestuft wird. Im Fall von „Alex" gibt es Hinweise darauf, dass sie möglicherweise aus einem religiösen oder gar kulturellen Umfeld stammt, das Homosexualität gegenüber besonders intolerant ist.

Ein wesentlicher Bestandteil der gegenwärtigen Förderung und Ausweitung des Transsexualismus ist die Vorstellung, dass es so etwas wie eine „echte" transsexuelle Person gibt, d. h. nicht homosexuell oder nur eine „ maskuline" Lesbe oder einen „ femininen" schwulen Mann. Die Mediziner, die Frauen und Männer für eine Operation empfehlen, und die Chirurgen selbst glauben gerne, dass sie es mit einem eigenständigen Phänomen zu tun haben, aber das ist nicht der Fall. Im Fall des 15-jährigen „Faheed", der in dem oben erwähnten Band über Sozialdienste für „Transgendered Youth" beschrieben wird, war die Familie ostasiatisch und muslimisch, und „der Patient war sich sehr wohl bewusst, dass Homosexualität von seiner Religion absolut verboten war, und seine Eltern hatten ihm gesagt, dass die Strafe für eine Entdeckung der Tod sein könnte" (Swann & Herbert, 1999, S. 26). Es gibt Situationen, in denen es für das Kind sicherer und für die Familie angenehmer ist, eine GID-Diagnose zu erhalten, anstatt Homosexualität in Betracht zu ziehen. In einer Studie über Kinder und Jugendliche, die an eine Klinik für Genderidentität in London überwiesen wurden, wurde festgestellt, dass der Anteil asiatischer Kinder höher ist, als es ihrem Anteil an der Bevölkerung entsprechen würde. Die Autoren stellen fest, dass Kinder vom indischen Subkontinent überrepräsentiert sind (Di Ceglie, Freedman, McPherson, & Richardson, 2002). Kinder mit indischem

Hintergrund machten 6 % aus, mit pakistanischem Hintergrund weitere 6 % und mit bangladeschischem Hintergrund 1 %. Interessanterweise machten Kinder, die als „schwarz-karibisch" eingestuft wurden, nur 1 % der Überweisungen aus.

Der Zusammenhang zwischen GID und Homosexualität war im Fall „Alex" eindeutig. Das Gericht zog die Möglichkeit in Betracht, dass „Alex" in Wirklichkeit lesbisch sein könnte und nicht an GID leidet. Die Sozialarbeiterin, die sich um „Alex" kümmerte, sagte in ihrer Zeugenaussage, dass dies ihrer Meinung nach zumindest teilweise der Grund für den Wunsch von „Alex" war, ein Mann zu sein. Sie erklärt: „Schon früh habe ich mit ihm darüber gesprochen, dass er vielleicht einfach eine gleichgeschlechtliche Anziehung hat und dass dies der Grund für seine Gender-Probleme ist. [Er] (sic) hat ziemlich heftig bestritten, dass das etwas damit zu tun hat. Ich bin immer noch nicht in jeder Hinsicht davon überzeugt, dass das nicht Teil [seines] (sic) Problems ist" (Family Court of Australia, 2004, S. 29). Nicholson bemerkte, dass Frau R., obwohl sie sich „sehr um Alex' Wohlergehen kümmert. ... natürlich keine sachverständige Zeugin für die Frage der Unterscheidung zwischen Genderidentität und sexueller Identität in Bezug auf Alex ist" (Family Court of Australia, 2004, S. 30). Die Grundlage für die Ablehnung der Möglichkeit, dass „Alex" lesbisch sein könnte, war die Tatsache, dass sie dies verneinte. Es überrascht jedoch nicht, dass sie es leugnete, wenn man bedenkt, dass die gesellschaftliche Missbilligung des Lesbischseins in ihrem Fall durch ihren kulturellen Hintergrund möglicherweise noch verstärkt wurde. Dr. N berichtete, dass „Alex" „sich sexuell zu Mädchen hingezogen fühlt, aber darauf beharrt, dass es sich um (...) einen Mann und nicht um eine Lesbe (...) handelt. [Er] (sic) möchte nicht, dass Mädchen [ihn] (sic) für ein Mädchen halten und sieht sich ([ihn] (sic) in langfristigen Beziehungen mit Frauen als heterosexuellen Mann" (Family Court of Australia, 2004, S. 25, eckige Klammern im Original). Professor P. berichtete auch, dass „Alex" eine Beziehung mit einem Mädchen haben wollte (Family Court of Australia, 2004, S. 24). Seine Überzeugung, dass „Alex" daher wirklich männlich und nicht lesbisch ist, rührt jedoch von der Tatsache her, dass „Alex" beharrlich behauptet, er sei nicht „schwul oder lesbisch". [Er](sic) sieht dies als die schlimmste Beleidigung an, die man [ihm] (sic) antun kann" (Family Court of Australia, 2004, S. 25, eckige Klammern im Original). Die Ablehnung, ja sogar die vehemente Ablehnung der Vorstellung, dass ein junger Teenager lesbisch ist, ist in einer homophoben Kultur durchaus zu erwarten.

Nicholson sagt in seinem Urteil, er schließe nicht aus, dass Alex „ sich irgendwann als lesbisch sieht", wolle aber „die Behandlung nicht verzögern" wegen des „theoretischen Risikos, dass Alex sein Selbstbild als 'wirklich' männlich konstruiert, obwohl er in Wirklichkeit eine weibliche

Lesbe ist und sich mit der Zeit als solche sehen wird“ (Family Court of Australia, 2004, S. 30). Ich würde behaupten, dass der Begriff GID in diesem Fall genauso „theoretisch“ ist wie Lesbianismus. Die Angst vor dem Lesbischsein ist einer der Faktoren, die Holly Devor in ihren umfangreichen Untersuchungen zum Transsexualismus von Frau-zu-Mann festgestellt hat.

Soziale Ursachen des Transsexualismus

Die Interviews, die Holly (jetzt Aaron) Devor im Rahmen ihrer Forschungen über FTM durchgeführt hat, deuten auf starke soziale Gründe für den Wunsch nach einer Geschlechtsumwandlung hin, unter denen das Unbehagen mit dem Lesbischsein eine wichtige Rolle spielt. Sie kommentiert die Rolle der „ grassierenden Homophobie „ im Leben ihrer Teilnehmer. Sie war dafür verantwortlich, dass ihr Interesse, „sexuelle Beziehungen mit Frauen zu führen“, „vorübergehend scheiterte“ (Devor, 1999, S. 302). Die Unterdrückung von Lesben durch eine männliche Dominanz, die auf heterosexuellen Beziehungen beruht, scheint der Grund für die Entschlossenheit vieler FTMs zu sein, zu transitionieren. Sie fürchten sich vor dem Lesbischsein und suchen den Körper eines Mannes, um „normal“ zu sein (Rees, 1996; Thompson, 1995). Die überwiegende Mehrheit der FTMs war vor der Geschlechtsumwandlung in Beziehungen mit Frauen verwickelt. Dies unterscheidet sie von MTFs, von denen viele vor dem Transitionieren in Hetero-Beziehungen und konventionellen Ehen leben.

Es gibt noch andere starke gesellschaftliche Kräfte, die Frauen zu einer Geschlechtsumwandlung drängen, wie die von Devor befragten Personen deutlich machen. Sie ergeben sich aus der Unterdrückung von Frauen, aus Kindesmissbrauch (Devor, 1999, S. 141) und aus dem Hass auf den weiblichen Körper, der sich aus der kulturellen Herabwürdigung von Frauen und der Angst ergibt, als Frau und insbesondere als alternde Frau gesellschaftlich verachtet zu werden (Devor, 1999, S. 341). Andere FTM haben über die Anziehungskraft der männlichen Macht geschrieben, die ihrer Meinung nach durch die Nachahmung eines männlichen Körpers erreicht werden kann (Cameron, 1996, S. 85). Einige der Vorteile der männlichen Macht werden erreicht, wie z. B. das Gefühl, sich auf der Straße sicherer zu fühlen, das Vergnügen, sich in Beziehungen gegenüber Frauen mächtig zu fühlen und sie zu dominieren, und das Gefühl der Überlegenheit gegenüber anderen Frauen.

Kindesmissbrauch scheint sowohl in der Geschichte von FTM als auch von MTF eine wichtige Rolle zu spielen, wenngleich dieser Zusammenhang bisher kaum erforscht wurde. Im Fall von Alan Finch, einem australischen MTF, der wieder als Mann lebt und jetzt die

Operation ablehnt, war sein Vater „aggressiv“ und die Familie „hatte Angst vor ihm“ (Australian Story, 2003). Sein Vater „schlug ihn und sagte Dinge wie: ‘Mein Sohn spielt nicht Klavier. Du bist eine Art Schwuchtel’„. Seine Schwester beschrieb, wie „mein Bruder oft geschlagen wurde, weil er versuchte, meine Mutter zu beschützen“. Alan dachte in seiner Jugend, er sei schwul, las dann aber ein Buch von einem Transsexuellen und entschied, er sei eine Frau. Im Operationssaal weinte er vor der Operation und versuchte, den Eingriff zu stoppen, aber der Chirurg sagte, er leide nur an präoperativen Nerven und führte ihn trotzdem durch. Finch sagt, er habe sich sofort nach dem Aufwachen „betrogen“ gefühlt: „Das Ganze lief darauf hinaus, dass ich meinen Vater nicht mochte und ihm körperlich sehr ähnlich sehe. Meine Angst war, mich in ihn zu verwandeln. Ich wollte ihn in mir wirklich abtöten“ (Australian Story, 2003).

Interessanterweise weist Finch das Argument zurück, dass Suizidalität ein Grund für eine Operation sei. Er fragt, warum Menschen, die eine Geschlechtsumwandlung wünschen, anders behandelt werden als andere Psychiatriepatienten, die ihren Körper hassen: „Die Tatsache, dass jemand suizidgefährdet ist und sich etwas wünscht, ist kein Grund, es ihm zu geben. Die Analogie, die ich verwende, wenn ich jemandem, der verzweifelt sein Geschlecht ändern will, eine Operation anbiete, ist ein bisschen so, als würde man einer Magersüchtigen eine Fettabsaugung anbieten“ (Batty, 2004, S. 12). Terri Webb, ein britischer Mann, der seine GID damit in Verbindung bringt, dass er als Kind sexuell missbraucht wurde, unterzog sich einer Geschlechtsumwandlung, identifiziert sich jetzt aber als schwuler Mann. Er formuliert das Problem auf ähnliche Weise. Er bezeichnet seinen Transsexualismus als „Fantasie“, die er zu legitimieren versuchte, und sagt: „Ich habe einen Psychiater sagen hören, dass er, wenn ein Mann zu ihm kommt und behauptet, Napoleon zu sein, nicht versucht, ihn durch Amputation eines seiner Arme zu heilen“ (Webb, 1996, S. 160).

Negative Auswirkungen der GID-Diagnose im Fall „Alex“

Ich bezeichne die Entscheidung im Fall „Alex“ als gerichtlichen Kindesmissbrauch, weil sie wahrscheinlich negative Auswirkungen auf viele Aspekte ihres Lebens hat, insbesondere auf ihre sozialen und sexuellen Beziehungen und ihre physische und psychische Gesundheit. Die Frage der Gesundheit wird in der Konvention über die Rechte des Kindes besonders hervorgehoben, die die Vertragsstaaten verpflichtet, „das Recht des Kindes auf das erreichbare Höchstmaß an Gesundheit an sowie auf Inanspruchnahme von Einrichtungen zur Behandlung von Krankheiten und zur Wiederherstellung der Gesundheit [anzuerkennen]. „(United Nations, 1990, Artikel 24i). In Anbetracht der wahrscheinlichen Auswirkungen der GID-Behandlung auf die Gesundheit von „Alex“ sollte die Entscheidung als Verstoß gegen die Anforderungen dieser Konvention angesehen werden. Ein weiterer Grund, warum die Entscheidung als missbräuchlich angesehen werden sollte, ist die Tatsache, dass sie die Möglichkeit, ihre Meinung zu ändern, stark einschränkt, wie es eine signifikante Minderheit derjenigen tut, die eine Geschlechtsumwandlung vornehmen lassen, sowohl vor als auch nach der Operation.

Es gibt einen Mangel an Langzeit-Follow-up-Studien über die Folgen einer Geschlechtsumwandlungsbehandlung für den Einzelnen. Die Aggressive Research Intelligence Facility (ARIF) der Universität Birmingham, die den National Health Service in den West Midlands des Vereinigten Königreichs in Bezug auf die Evidenzbasis von Gesundheitsbehandlungen berät, hat 100 internationale medizinische Studien über postoperative Transsexuelle untersucht. Sie stellten fest, dass es schwierig ist, ein Urteil über die klinische Wirksamkeit transsexueller Verfahren zu fällen, weil eine so große Unsicherheit über die Auswirkungen der Geschlechtsumwandlung besteht (ARIF, 2004). Die meisten Studien verwendeten keine Kontrollgruppen, und in vielen Studien gab es eine hohe Verlustrate, die in einigen Fällen bei 50 % lag. Diejenigen, die verschwanden und nicht weiterverfolgt werden konnten, könnten unzufrieden sein, oder sie könnten Selbstmord begangen haben. Die Follow-up-Forschung war nur in der Lage, die besten Ergebnisse zu untersuchen.

Dieser Mangel an Langzeit-Follow-up-Studien bedeutet, dass es kaum Informationen über die Auswirkungen der Hormonbehandlung von Transsexuellen gibt (Schlatterer et al., 1998). Eine Kurzzeit-Follow-up-Studie warnt jedoch davor, dass „eine gegengeschlechtliche Hormonbehandlung erhebliche medizinische Nebenwirkungen haben kann“ (Futterweit, 1998, S. 209). Laut dieser Studie waren die wichtigsten Nebenwirkungen der Androgentherapie bei FTM: Wasser- und Natriumretention und gelegentliche „zerebrovaskuläre Unfälle“; erhöhte Erythropoese, d. h. Überentwicklung roter Blutkörperchen, die einen Aderlass erforderlich machen kann; verringerte Kohlenhydrat-Toleranz; verringerter Serum-High-Density-Lipoprotein-Cholesterinspiegel, der ein Indikator für kranke Arterien ist; Anomalien der Leberenzyme, die auf ein Krebsrisiko hinweisen können, Fettleibigkeit, emotionale oder psychiatrische Probleme, einschließlich „sehr häufiger früher erhöhter Aggressivität, schwankender Stimmungen sowie Hypersexualität. Es können affektive und/oder psychotische Symptome sowie Depressionen auftreten“ (Futterweit, 1998, S. 215). Die Studie warnt vor einer längeren Hormonbehandlung bei FTM vor einer Operation wegen des Risikos von Endometriumkrebs. Eine Studie über zwei Fälle von langfristiger Androgenexposition, die zu Epithelkarzinomen der Eierstöcke führte, kommt zu dem Schluss, dass Androgenkonsum ein Risikofaktor für diese Form von Krebs ist, und empfiehlt die Entfernung der Eierstöcke bei FTM-Operationen (Hage, Dekker, Karim, Verheijen, & Bloemena, 2000).

Chirurgische Eingriffe bringen eine Reihe anderer Probleme mit sich. Eine Mastektomie kann zu einer starken Narbenbildung führen, und Holly Devor erklärt, dass eine solche Amputationsoperation zu schwerwiegenden Verlusten führen kann, z. B. zum dauerhaften Verlust des Gefühls in den Brustwarzen (Devor, 1999, S. 480). Die Mehrheit der FTMs in Devors Studie entschied sich gegen eine Phalloplastik, obwohl eine solche Entscheidung dazu führen kann, dass sie sich in ihrem Sexualleben unvollständig fühlen. Für diejenigen, die sich für eine Phalloplastik entscheiden, gibt es zwei Methoden, um dies zu realisieren. Bei der Metoidioplastik wird „das Suspensorium der hypertrophierten Klitoris gelöst und Hodenprothesen in die zentral angenäherten großen Schamlippen eingesetzt" (Lawrence, n.d.). Dieses Verfahren ist mit weniger Komplikationen verbunden als die andere Variante, führt aber zu einem „Mikropenis ohne die Fähigkeit zum stehenden Urinieren". Das andere Verfahren kann gefährlicher sein. Ein Phallus wird mit einem „Bauchlappen, radialen Unterarmlappen oder Wadenbeinlappen" geschaffen und es ist ein „langwieriges, mehrstufiges Verfahren mit erheblicher Fehleranfälligkeit, einschließlich einer 50%igen Rate an Harnwegsverengungen und unvermeidlicher Narbenbildung an der Spenderstelle" (Lawrence, o.J.). Bei keinem der beiden Verfahren wird ein Phallus geschaffen, der in der Weise funktional ist, wie es ein Penis sein könnte. Die Geschlechtsumwandlung erfordert die Amputation gesunder Körperteile und birgt die Gefahren einer Narkose und die Probleme der Heilung von schweren und invasiven Eingriffen. Vor allem aber führt die Operation zur Sterilisation und zum Verlust der Fähigkeit, schwanger zu werden. Da die Sterilisation von Mädchen zu eugenischen Zwecken bei denjenigen, die sich für Menschenrechte interessieren, Besorgnis hervorruft, möchte ich argumentieren, dass die Sterilisation von jungen Menschen, die nicht in gesellschaftlich und politisch anerkannte Gender-Kategorien passen, d. h. bei denen GID diagnostiziert wurde, als eine zeitgemäße Form eugenischer Intervention angesehen werden sollte.

Die psychologischen Folgen können ebenfalls problematisch sein. Eine deutsche Follow-Up-Studie nach fünf Jahren ergab, dass 30-40 % der Patienten, die sehr sorgfältig für eine Geschlechtsumwandlung ausgewählt worden waren, in Bereichen wie soziales, psychologisches und psychiatrisches Funktionieren „nicht in vollem Umfang von der SRS zu profitieren scheinen" (Bodlund & Kullgren, 1996, S. 311). Das Gender Centre Inc. in Sydney, Australien, hat auf seiner Website einen „Gesundheitsbericht" über Depressionen bei Transgendern veröffentlicht, bringt diese jedoch nicht mit dem Transgenderismus selbst in Verbindung, sondern vielmehr mit „scheinbar unlösbaren sozialen und umstandsbedingten Belastungen“ (Israel, 2005, S. 2). Der Artikel zeigt deutlich die negativen Folgen auf, die eine Geschlechtsumwandlung für das persönliche Leben von Transgender-Personen haben kann, indem er erläutert, dass „zwischenmenschliche Schwierigkeiten und soziale Anfeindungen, die Transgender-Personen erleben, eine große Rolle bei der Entstehung oder Verschlimmerung von Depressionen spielen können“. Die Autorin führt weiter aus, dass dazu „Bedenken hinsichtlich der Offenlegung, der Bewältigung der Transitionskosten, der sozialen Isolation, der Ablehnung durch die Familie und der Tatsache, dass man alleinstehend ist oder nicht in der Lage ist, die Akzeptanz eines Lebenspartners zu finden“ sowie „Konflikte mit der Genderidentität bei prä- und postoperativen Personen, emotionale Anpassungen vor und nach der Operation, ein schlechtes Körperbild und ein geringes Selbstwertgefühl“ gehören können (Israel, 2005, S. 2).

Es kann für FTMs Probleme geben, Partner zu finden und zufriedenstellende Beziehungen zu führen, und dies scheint häufig der Fall zu sein, wenn man bedenkt, dass in einer Studie nur 34 % der FTMs mit ihrem Sexualleben zufrieden waren (Lawrence, n.d.). Die Auswahl an zukünftigen Partnern für „Alex“ wird wahrscheinlich begrenzt sein. Sie wird wahrscheinlich Mädchen und Frauen suchen, die sich selbst als heterosexuell sehen, und diese potenziellen Partner werden mit einem chirurgisch konstruierten männlichen Partner möglicherweise nicht glücklich sein, da sie von einem männlichen Partner einen funktionierenden Penis erwarten oder dass er fruchtbar ist, damit sie Kinder bekommen können. Es wird kaum berücksichtigt, dass „Alex“ Schwierigkeiten haben könnte, Freunde und Liebhaber zu finden, obwohl die soziale Isolation eine anerkannte negative Folge der Geschlechtsumwandlung ist.

Eine der wichtigsten negativen Auswirkungen der Aufnahme einer Behandlung, die „Alex'“ Körper verändert, ist die Tatsache, dass es ihr schwerer fallen wird, ihre Meinung zu ändern und sich wieder als Frau und vielleicht als Lesbe zu betrachten. Das Problem, dass Transgender ihre Meinung ändern, gewinnt zunehmend an Bedeutung. Eine Überlebenden-Bewegung von Männern, die der Ansicht sind, dass sie „falsch diagnostiziert“ wurden und ihnen unnötigerweise gesunde Körperteile entfernt wurden, beginnt sich in Australien und im Vereinigten Königreich zu entwickeln. Einige dieser Männer haben die Gender Identity-Kliniken in Melbourne und London der Fehldiagnose beschuldigt. Alan Finch, der australische MTF, der seine Meinung geändert hat und wieder als Mann lebt, hat die Gender Identity Awareness Organisation gegründet, um gegen die Operation zu kämpfen und denjenigen Unterstützung anzubieten, die „Probleme mit der Genderidentität haben oder hatten", sowie deren Familien und Freunden (Gendermenders, n.d.). Die Website der Organisation listet die schädlichen gesundheitlichen Folgen von Operationen und Hormonbehandlungen, die Statistiken über Selbstmorde nach Operationen und die Zahl derer auf, die ihre Meinung ändern. Gendermenders will nicht-chirurgische Behandlungen für Menschen mit „Problemen der Genderidentität ... mit dem Schwerpunkt, die Genderidentität mit dem biologischen Geschlecht in Einklang zu bringen" fördern und warnt „diese Personen vor den Fallstricken und oft tragischen Folgen von geschlechtsverändernden chirurgischen Eingriffen und Hormonbehandlungen". Die Organisation fordert, dass denjenigen, die unzufrieden sind, eine „rekonstruktive Umkehroperation" angeboten wird. Gendermenders bringt ein Argument vor, das vielleicht nützlich für das Familiengericht gewesen wäre zu berücksichtigen: „Diejenigen, die 'medizinische' Transsexualität als Antwort auf die Qualen von Genderidentität und Rollenverwirrung propagieren, tragen nur dazu bei, das Leiden zu verlängern, indem sie eine Flick-Lösung für das Problem anbieten", und plädiert stattdessen für einen gesellschaftlichen Wandel.

Alan Finch sagt, dass der Transsexualismus von Psychiatern erfunden wurde, und er kämpft gegen das, was er „die Geschlechtsumwandlungsindustrie" nennt. Über seinen eigenen Fall sagt er: „Durch die Operation wird man nicht genetisch verändert. Es ist eine Genitalverstümmelung. Meine 'Vagina' war nur der Sack meines Skrotums. Es ist wie eine Tasche, wie bei einem Känguru. Das Beängstigende ist, dass man immer noch das Gefühl hat, einen Penis zu haben, wenn man sexuell erregt ist. Es ist wie ein Phantomschmerzsyndrom. Ich bin nie eine Frau gewesen, nur Alan" (Australian Story, 2003). Ein Bericht aus dem Jahr 2001 über die einzige öffentliche Krankenhausklinik, die in Australien Operationen anbietet, die Monash Medical Centre Gender Dysphoria Clinic, führte dazu, dass eine Reihe ehemaliger Patienten mit Beschwerden wegen der Verfahren und der unangemessenen Behandlung an die Öffentlichkeit traten. Im Jahr 2004 wurde eine Überprüfung angeordnet, deren Ergebnisse jedoch noch nicht veröffentlicht wurden.

Auch im Vereinigten Königreich scheint eine Art Überlebendenbewegung entstanden zu sein, da einige Transsexuelle die GID-Klinik am Charing Cross Hospital wegen Fehldiagnosen verklagt haben. Ein Artikel im Guardian über das Problem der Transsexuellen, die ihre Meinung ändern, beschreibt den Fall eines Mannes, Mark Dainton, der das Geschlecht zum dritten Mal innerhalb von 11 Jahren gewechselt hat. Er, der jetzt als Frau lebt, hat „glatte Haut an der Stelle, wo früher ihre (männlichen) Genitalien waren" (Batty, 2004, S. 12). Der Artikel deutet darauf hin, dass eine „wachsende Zahl" postoperativer Transsexueller kritisch gegenüber ihrer Behandlung sind, und schätzt aufgrund internationaler Untersuchungen, dass 3-18 % ihre Geschlechtsumwandlung bereuen. Im Januar 2004 leitete der General Medical Council eine Untersuchung gegen den bekanntesten britischen Experten für Transsexualismus, den Psychiater Russell Reid, ein (Batty, 2004, S. 12).

Forschungen aus den USA und den Niederlanden legen nahe, dass bis zu einem Fünftel der Patienten die Geschlechtsumwandlung bereut. Eine 1998 von dem Research and Development Directorate der NHS Executive durchgeführte Überprüfung ergab, dass in einigen medizinischen Studien zur Geschlechtsumwandlung Selbstmordversuche in Höhe von bis zu 18 % festgestellt wurden (Batty, 2004, S. 12). In der Erwägung, dass Erwachsene, die wegen GID behandelt wurden, ihre Meinung geändert und irreparable Schäden erlitten haben, erscheint es unklug, eine Behandlung für eine 13-Jährige zu genehmigen, selbst wenn diese Behandlung nicht mit einer Operation vor dem 18. Lebensjahr einhergeht. Die Zustimmung des Gerichts und der Ärzteschaft sowie die Änderung ihres Namens und ihrer Identität in der Schule zu einem männlichen Namen, die bereits vor Beginn des Gerichtsverfahrens genehmigt wurde, dürften eine erneute Änderung der Entscheidung vor dem 18. Lebensjahr, wenn eine Operation vielleicht angegangen wird, eher schwierig machen. Allerdings kann sie ihre Meinung jederzeit ändern.

Die Diagnose GID wurde zu einem bestimmten Zeitpunkt in der Geschichte der männlichen Dominanz sozial und politisch konstruiert. Sie sollte vielleicht als eine Möglichkeit gesehen werden, die Spannungen abzubauen, die durch die Infragestellung der „sexuellen Differenz" verursacht werden, die die Grundlage dieses politischen Systems bildet, ohne dass ein sozialer Wandel erforderlich ist. Gender-Dissidenten werden von einer politischen Kategorie in der Hierarchie der Gender in eine andere verschoben. Homosexuelle werden heterosexuell gemacht. Das Familiengericht hat sich mit seiner Entscheidung im Fall „Alex" zum Handlanger der männlichen Dominanz gemacht. Die Entscheidung bekräftigt das traditionelle Verständnis von Gender und Sexualität. Ein Kind, das die strengen Parameter des weiblichen Genders und der Sexualität in Frage gestellt hat, wurde als „Junge" eingestuft. Vor allem aber handelt es sich meines Erachtens um gerichtliche Kindesmisshandlung auf Grund der Auswirkungen, die dies auf das Leben und die Gesundheit dieses Kindes haben wird. „Alex" wurde einer starken medikamentösen Behandlung unterzogen, die irreversible Veränderungen in ihrem Körper hervorrufen und potenziell schwerwiegende Nebenwirkungen haben wird. Die Behandlung wird es ihr erschweren, ihre Meinung zu ändern. Damit beginnt ein System von Behandlungen, das wahrscheinlich mit chirurgischen Eingriffen enden wird, die ihre Gesundheit durch Sterilisation, Narbenbildung und schwerwiegende potenzielle Komplikationen schädigen werden und die nach den vorliegenden Erkenntnissen wahrscheinlich zu sozialer Isolation, Depressionen und Schwierigkeiten beim Aufbau von Liebesbeziehungen und beim Erreichen sexueller Befriedigung führen werden. Es scheint klar zu sein, dass „Alex“ unter Misshandlung, Vernachlässigung und Verlust gelitten hat, was dazu führte, dass sie sich mit ihrem Vater und mit Männlichkeit identifizierte. Ihre Probleme mit Aggressionen und Selbstverletzungen sind beträchtlich, aber eine Veränderung ihres Körpers durch Hormone und Operationen wird diese Probleme nicht unbedingt lösen. Tatsächlich können die männlichen Hormone, wie in der Fallmitschrift erwähnt, ein bereits aggressives Kind noch aggressiver machen. Ihren Körper unwiderruflich zu verändern, um Probleme zu lösen, die ihren Ursprung in ihrer Psyche haben, ist nicht die Lösung. Es handelt sich um die Auferlegung einer ideologischen Lösung, die historisch bedingt und medizinisch geschaffen ist.

Anmerkung: Das nächste Kapitel befasst sich mit der Verbindung zwischen Transaktivismus und Eugenik. Beide Praktiken konzentrieren sich auf die gleichen Ziele.

Das Transgendering von Kindern: Gender-Eugenik

(2012)

Einleitung

Dieser Artikel wird legt dar, dass die Praxis des Transgendern von Kindern, die im 21. Jahrhundert immer häufiger werden Jahrhundert zunehmend verbreitet ist, als eine zeitgenössische Form der Praxis der Eugenik verstanden werden sollte. Diese Praxis verwendete im frühen 20. Jahrhundert geschlechtsangleichende Operationen (Largent, 2008) und medikamentöse Behandlungen, um das Verhalten der „Untauglichen" zu modifizieren und Familienberatung in der Mitte des Jahrhunderts, um Geschlecht und Gender zu regulieren. Gegenwärtig werden in Australien Kinder ab einem so jungen Alter wie 10 Jahre mit Duldung des Familiengerichts, pubertätsverzögernde Medikamente verabreicht, in Folge davon, dass ihnen eine „Genderidentitätsstörung" diagnostiziert wurde, mit der Erwartung, dass sie mit 16 Jahren auf gegengeschlechtliche Hormone umgestellt und ihnen ihre Geschlechtsmerkmale mit 18 amputiert werden (Jeffreys, 2006). Obwohl Australien bei dieser Praxis eine Vorreiterrolle einnimmt, holen andere Länder auf. In Deutschland wurden 2009 einem 16-jährigen Jungen seine Genitalien entfernt, um ein „Mädchen" zu werden (The Telegraph, 2009). Die britische Regierung stimmte im April 2011 zu, ein Experiment zu ermöglichen, bei dem Kindern ab 12 Jahren pubertätsverzögernde Medikamente verabreicht bekommen (Alleyne, 2011). Diese Praxis sterilisiert die Kinder. Es existierte eine Abwesenheit von kritischer feministischer Literatur zum Thema Transgendern von Kindern, und dieser Artikel sucht dazu beizutragen dies zu beheben.

Die eugenischen Sexualoperationen und medikamentösen Behandlungen der Vergangenheit und das Transgendern von Kindern in der Gegenwart haben eine Reihe von Gemeinsamkeiten, die hier untersucht werden sollen. Die signifikanteste Gemeinsamkeit liegt in der Tatsache, dass hinter beiden Formen der Praktik ein Projekt des Social Engineering steht. Beide Praktiken beruhen auf der Vorstellung, dass bestimmte problematische Verhaltensweisen eine biologische Grundlage haben und durch Behandlungen „geheilt" werden können, die die Geschlechtsmerkmale verändern und beeinflussen. In der ersten Hälfte des letzten Jahrhunderts fand in Europa und Nordamerika ein Projekt des Social Engineering statt, das auf die Kontrolle oder Beseitigung der wirtschaftlichen Unterschicht abzielte, „Schwachköpfe", prostituierte Frauen, Kriminelle, jene, die als „Zigeuner" erachtet wurden , Menschen, die moralisch als schwach gesehen wurden, Lesben und Schwule, alle die als „untauglich" galten, durch Sterilisation. Gegenwärtig hat das Regime des Transgenderns von Kindern und auch von Erwachsenen den Effekt, einen korrekt gegenderten und heterosexuellen Staat und Bürgerschaft zu stärken. Eine weitere Ähnlichkeit ist der Ursprung der Ideen für diese Behandlungen, die in beiden Fällen von Sexologen oder Sexualwissenschaftlern, Biologen, Endokrinologen und Psychiatern stammen. Eine weitere Ähnlichkeit liegt in den Zielen der sexuellen Operationen. Lesben und Schwule waren das Ziel von Eugenikern und Personen mit gleichgeschlechtlicher sexueller Orientierung sind in der in der Praxis ein Hauptziel der sexuellen Operationen des heutigen Transgenderismus. Die Praktiken sind auch insofern miteinander verbunden, als sie beide von Personen unterstützt wurden, die ansonsten eine progressive Agender hatten wie Sexualwissenschaftler, die oft Sozialisten waren, und einige Feministinnen. Dies gilt mit Sicherheit für die Praxis des Transgenderismus heute, die von vielen Linken und vielen Feministinnen unterstützt wird, obwohl das Thema der transsexuellen Kinder von diesen Gruppen noch nicht besonders kommentiert wurde.

In diesem Artikel werde ich zunächst die Art und Weise beschreiben, in der die Praxis des Transgendern von Kindern in der Gegenwart entwickelt hat und gebe Beispiele dafür, wie sich dies geschieht mit Fällen aus australischen Familiengerichten. Dann werde ich zeigen, wie das Transgendern sowohl bei Erwachsenen als auch bei Kindern von der kritischen Analyse in der sozialwissenschaftlichen Fachliteratur ausgenommen wurde. Dadurch entsteht eine beträchtliche Lücke, die dieser Artikel zu füllen versucht, indem er eine neue Art des Denkens erschafft, über das Transgendern von Kindern durch eine Analyse der Verbindungen zur Eugenik. Ich werde mit einer Beschreibung der eugenischen Praxis schließen, die aufzeigen soll zu zeigen, wie das Transgendern von Kindern mit der Eugenik verbunden ist und eine Kontinuität mit der Geschichte der Eugenik aufweist.

Eine Anmerkung zur Sprache

In diesem Artikel verwende ich den Begriff „transgender" als ein transitives Verb, das ein Objekt erfordert. Die Verwendung des Begriffs „Transgender" als Substantiv oder Adjektiv essenzialisiert den Begriff des Transgenderismus und impliziert, dass es ein authentisches „transgender"-Kind geben könnte. Dieser Artikel lehnt einen solchen Essentialismus ab. Verwendung von „Transgender" als transitives Verb erkennt an, dass Transgenderismus eine aufkommende kulturelle Praxis ist, die die von den medizinischen Berufen, den Eltern und den Gerichten an Kindern ausgeübt wird und nicht einen Aspekt ihrer essentiellen Natur darstellt.

Das Transgendern von Kindern

Die Praxis des Transgenderns von Kindern ist eine Konsequenz von der zunehmenden Normalisierung der Praxis des Transgenderns von Erwachsenen. Vor den 1980er Jahren wurde die Praxis des Transgenderismus einer vergleichsweise kleinen Zahl von Patienten durchgeführt, und die Praxis hatte nicht die umfangreiche und normalisierende Medienberichterstattung Berichterstattung wie heute (Meyerowitz, 2002). In den 1980er Jahren gab es eine Namensänderung von Transsexualismus zu Transgenderismus und den Beginn einer „transgender"-Bewegung, die sich nach der Lesben- und Schwulenbewegung gestaltete. Diese Bewegung forderte „transgender"-Rechte, die eine Behandlung mit Hilfe der Krankenkasse oder im öffentlichen Gesundheitswesen und die rechtliche Anerkennung ihres neuen Status forderte. Sie wurde ab den 1990er Jahren durch das Internet unterstützt, das eine explosionsartige Vermehrung von Supportgruppen und politischer Organisation ermöglichte. Es gab eine Kampagne Kinder zu transgendern aus zwei Gruppen, erwachsene Männer, die transgendert sind, und einige Sexualwissenschaftler Wissenschaftler, insbesondere Endokrinologen.

Die Forderung nach frühzeitiger Intervention und Behandlung von Kindern, die als „transgender" identifiziert wurden, wurde von Organisationen angeführt, die sich für die Rechte derjenigen einsetzen, die transgendert sind, wie zum Beispiel die Gender Identity Research and Education Society (GIRES) in Großbritannien und einflussreiche einzelne Transgender-Blog-Aktivisten wie Laura von Laura's Playground (Laura, n.d.). Diese Männer-zu-Transgender Aktivisten haben in der Regel erst später im Leben transitioniert, ab den Vierzigern aufwärts. Das bedeutete, dass es für sie schwierig war, ein Passing als Frauen zu erreichen aufgrund ihres männlichen Knochenbaus und ihrer Körpergröße. Sie argumentieren, dass ein frühzeitiges Eingreifen unerlässlich ist, um zu verhindern, dass das, was sie als „Transgender"-Kinder sehen, die Pubertät und die damit verbundenen körperlichen Veränderungen erleben, welche die Transition erschweren komplexere Operationen erfordern um ein überzeugendes Simulakrum des gewünschten Geschlechts zu erreichen. Das „internationale Symposium", das GIRES zusammen mit Mermaids, der Selbsthilfegruppe für die Transgenderten, im Jahr 2005 veranstaltete, um den erheblichen Widerstand innerhalb der medizinischen Berufe gegen die Idee Kinder zu behandeln, ist ein Beispiel für diese Kampagnenarbeit. Das Symposium richtete sich an „Ärzte ..., die sich um Kinder und junge Menschen sorgen, die

Gendervarianz erleben", und GIRES und Mermaids „bleiben in engem Kontakt mit diesen Fachleuten" (Department of Health, 2008). Eine ganz ähnliche Form von Kampagnen, um die Dienste der medizinischen Berufe anzuwerben wurde von der Erikson-Stiftung im Namen erwachsener Transsexueller 30 Jahre zuvor eingesetzt (Billings & Urban, 1982). Die internationale Kampagne, die von GIRES angeführt wurde, erzielte einen bedeutenden Erfolg mit der Veröffentlichung des Entwurfs von Richtlinien der Endocrine Society im Jahr 2009, die empfehlen, dass Kindern, die als „transgender" identifiziert sind ab dem Alter von 12 Jahren medikamentös behandelt werden sollten um die Pubertät zu verzögern (Endocrine Society, 2009). Die Empfehlungen beruhen weitgehend auf den Erfahrungen einer Klinik in den Niederlanden, die seit einiger Zeit Pubertätsblocker an Jugendliche unter 16 Jahren verschreibt. Die Leitlinien empfehlen, dass „Jugendliche, die die Eignungs- und Bereitschaftskriterien für eine Geschlechtsumwandlung erfüllen, sich zunächst einer Behandlung zur Unterdrückung pubertären Entwicklung unterziehen". Sie „empfehlen", dass „die pubertäre Entwicklung des gewünschten, anderen Geschlechts etwa im Alter von 16 Jahren mit einer allmählich ansteigenden Dosis von geschlechtsübergreifenden Steroiden initialisiert wird" (Endocrine Society, 2009, S. 4). Sie empfehlen die Kinder zur Operation zu überweisen, wenn sie eine „Erfahrung im realen Leben" im Leben als das gewünschte Geschlecht gemacht haben, aber sie „empfehlen dass die Operation aufgeschoben werden sollte, bis das Kind „mindestens 18 Jahre alt ist".

Der Druck, Kinder mit Medikamenten zur Verzögerung der Pubertät zu behandeln, kommt auch von einigen Fachleuten in Kliniken für Genderidentität. Norman Spack, zum Beispiel, Endokrinologe und Co-Direktor der DSD (Disorders of Sexual Differentiation) Klinik am Bostoner Kinderkrankenhaus, äußert einen eher unangemessenen Enthusiasmus dafür, dass man solche Behandlungen durchführen kann. „Ja, wir stehen immer noch an einem Scheideweg und geifern auf die Aussicht, das niederländische Protokoll zur Unterdrückung der Pubertät anzuwenden, aber ohne die Erlaubnis der Krankenkassen, die teuren Medikamente zu bezahlen, oder ohne Druck der medizinischen und psychiatrischen Gemeinschaften, dies zu fordern. Der Frustrationsgrad der Eltern steigt, angeheizt durch das Wissen, was getan werden könnte" (Spack, 2008, S. xi). Spack weiß, was getan werden kann, und wünscht sich mehr Freiheit, Kinder so zu behandeln, wie er es für angemessen hält. Er ist einer der Autoren von den Endocrine Society Guidelines von 2009, die eine pubertätsverzögernde medikamentöse Behandlung für Kinder empfehlen.

Da die Kampagne von Lobbyisten und Sexualwissenschaftlern Kinder zu transgendern immer mehr Erfolg hat, sind Online-NGOs aufgekommen, um Eltern von „Transgender“-Kindern zu unterstützen, sowie die Veröffentlichung von Ratgeberbüchern. Die Praxis, Kinder zu transgendern, wird normalisiert durch Bücher von Psychologen, die ihren Lebensunterhalt mit der Identifizierung und der Behandlung von Kindern als „transgender“ verdienen. Eines dieser Bücher ist ein „Handbuch“, The Transgender Child, geschrieben von Stephanie Brill und Rachel Pepper, in dem Eltern beraten werden, wie sie erkennen, dass ein Kind „transgender“ ist, damit es professionelle Hilfe erhalten kann (Brill & Pepper, 2008). Stephanie Brill, die sich selbst als Mitglied der „Butch/Trans-Gemeinschaft“ (St. John, 2010) bezeichnet, ist ein „Gender Educator“ und Gründerin von Gender Spectrum Education and Training (Gender Spectrum, n.d.), das Unterstützung für Eltern „gendervarianter“ Kinder und Gender-Trainingsprogramme Programme für Schulen anbietet. Rachel Pepper wird auf dem Buchumschlag als Therapeutin beschrieben, die auf „Transgender- und gendervariante Klienten“ spezialisiert ist. Eine Reihe von Organisationen, die gegründet wurden, um Familien von „Transgender“-Kindern zu helfen, geben ähnliche Ratschläge auf ihren Websites, wie z.B. Trans Youth Family Allies (TYFA, 2008). Die Eltern werden aufgefordert, ihre Kinder als „transgender“ zu identifizieren, oft schon in sehr jungem Alter. Brill und Pepper sagen den Eltern, dass sie erste Einsichten in den Transgenderismus ihres Kindes im Alter von 18 Monaten haben werden: „Wenn die ersten Worte Ihres 18 Monate alten Mädchens ‘ich Junge’ sind oder Ihr 2-jähriger Sohn darauf besteht, dass er ein Mädchen ist und diese Antworten in den nächsten Jahren nicht schwanken oder sich ändern, können Sie ziemlich sicher sein, dass Sie ein transgender Kind haben“ (Brill & Pepper, 2008, S. 2). Den Eltern wird geraten, aufmerksam zu sein darauf zu achten, ob ihre kleinen Kinder zum Beispiel dem Geschlecht entsprechende „Unterhosen“ auswählen, d. h. der Junge sollte nicht Unterhosen mit Blumen wählen. Der Ton dieser veröffentlichten und Online-Ressourcen ist offenbar mitfühlend, aber auch ziemlich nötigend. Eltern und Fachleuten wird gesagt, dass die Behandlung Kinder zu transgendern der einzige verantwortungsvolle Weg vorwärts ist, dass sie gerecht ist und dass sie möglicherweise der einzige Weg ist, die Kinder vor Selbstverletzungen und Selbstmord zu schützen.

GIRES war so erfolgreich darin, die Unterstützung der Unterstützung der medizinischen Berufe für die von ihnen bevorzugten Behandlungsoptionen zu sichern, dass sie eine wichtige Rolle bei der Entwicklung der Leitlinien für die für medizinische Versorgung von Personen, die zu transgendern ersuchen, spielten, welche in einer Reihe von Broschüren vom UK National Health Service (NHS) im Jahr 2008 veröffentlicht wurden. Die Reihe umfasst eine Broschüre über medizinische Versorgung von „gendervarianten Kindern und Jugendlichen“ (Departement of Health, 2008). Dies bietet einen nützlichen Einblick in die Ideen, die sich inzwischen akzeptiert wurden, und die Praktiken, die den Ärzten nun empfohlen werden zu übernehmen. Die NHS Broschüre erklärt, dass Gendervarianz bei Kindern identifiziert werden kann durch Jungen, die sagen, dass sie „Mädchen sein wollen, oder dass sie Mädchen sind“ und Mädchen, die sich wünschen oder glauben Jungen zu sein (Department of Health, 2008, S. 4). Die Broschüre behauptet, dass die „Gendervarianz“ in ihrer „schweren“ Form „biologisch ausgelöst“ ist, „kleine Teile des Gehirns des Babys entwickeln sich auf einem anderen Weg als das Geschlecht des restlichen Körpers“ (Departement of Health, 2008, S. 5). In Wirklichkeit ist Forschung, welche darauf hinweist, dass Verhaltensweisen, die gemeinhin mit „Gender“-Unterschieden assoziiert werden, biologisch sind, sind sehr dünn gesät und wahrscheinlich genauso fehlerhaft wie alle Formen der Hirnforschung beim Beweisen, dass Genderunterschiede der Natur und nicht der Erziehung zuzuschreiben sind (Fine, 2010).

Wie die Handbücher und Online-Ressourcen, die aus den USA zu Tage treten über die Notwendigkeit Kindern zu ihrem eigenen Wohl zu transgendern, verwendet die NHS-Broschüre starke Überzeugungskunst, um Druck auf die Ärzte auszuüben um sie dazu zu bewegen, die Praxis zu akzeptieren, indem sie das extreme Leid betonen, welches Kinder, die sie für „transgender“ halten, in der in der Pubertät erleben. Die Behandlung wird als Möglichkeit gerechtfertigt, um Schwierigkeiten mit dem „Passing“ im Erwachsenenalter zu vermeiden, „Die irreversiblen Auswirkungen führen zu lebenslangen Nachteilen, weil sie es oft schwierig oder sogar unmöglich machen, zu ‘passen’, d. h. wie eine Person des anderen Geschlechts auszusehen und zu klingen“ (Department of Health, 2008, S. 13). Die Ängste erwachsener Männer, die transgendert sind, werden hier deutlich, denn in der Broschüre heißt es, dass diejenigen, die als Kinder nicht transgendert sind, „auf der Straße ‘gelesen’ werden und folglich Vorurteilen, Belästigungen, Demütigungen und sogar Gewalt ausgesetzt sein können“ (Department of Health, 2008, p. 13). Die Sprache des „Gelesenwerdens“ ist bei männlichen Crossdresser verbreitet, und ihre Verwendung legt nahe, dass die Sorgen erwachsener Männer, die möglicherweise ganz andere Erfahrungen und Interessen haben, auf Kinder übertragen werden, für die sie möglicherweise völlig unangemessen sind.

Identifizierung von „Transgender“-Kindern

Bei Kindern wird eine „Genderidentitätsstörung“ diagnostiziert, weil sie ein gesellschaftlich inakzeptables Verhalten an den Tag legen, insbesondere ein Verhalten, das als unpassend für das biologischen Geschlecht gesehen wird. Als solches, so argumentiere ich, sollte das Transgendern von Kindern als ein Projekt des Social Engineering verstanden werden, das Ähnlichkeiten mit der Praxis von sexuellen Operationen hat, die in der früheren Ära der Eugenik an Personen durchgeführt wurden, die als sozial inakzeptabel galten. In der früheren Periode gehörten zu den problematischen Verhaltensweisen chronische Armut, Homosexualität und Kriminalität. In diesem Abschnitt werde ich die gesellschaftlich inakzeptablen „Gender"-Praktiken illustrieren, die zur Diagnose der Genderidentitätsstörung bei einem Kind führen. Ärzte sind mit der Schwierigkeit konfrontiert, die Kinder zu unterscheiden, die es wirklich benötigen transgendert zu werden, von den vielen Kindern, die sich, wie sie bereitwillig zugeben, wahrscheinlich zwar Sorgen um Gender machen, sich aber nicht transgendern werden wollen, wenn sie erwachsen sind (Department of Health, 2008). Die NHS-Broschüre schafft kein Vertrauen in den Prozess durch den dies erreicht wird,

> Wenn die Pubertät naht, werden die führenden Kliniken eine sorgfältige Beurteilung durchführen, welche Kinder sich nahezu sicher zu transsexuellen Erwachsenen entwickeln werden und bei welchen es unwahrscheinlich ist, dass sie werden. Es gibt keinen physischen Test zur Feststellung und Messung von Gendervarianz, die sich zu Dysphorie und Transsexualismus im Erwachsenenalter entwickeln können. Daher müssen sich klinische Mediziner auf die auf die eigene Schilderung der Gefühle der jungen Person oder auf Informationen von den Eltern über die Art und Weise, wie das Kind spricht und sich verhält und auf psychologische Tests verlassen (The Department of Health, 2008, p. 17).

Der Hauptindikator, den sie verwenden, dürfte jedoch sein die Reaktion des Kindes auf die körperlichen Veränderungen der frühen Pubertät sein. Leider setzt die Pubertät derzeit bei Kindern immer früher ein. Die vorzeitige Pubertät wird vom Boston Children's Hospital, das „Transgender"-Kinder behandelt Kinder behandelt, als vor dem Alter von 8 Jahren für Mädchen und vor dem Alter von 9 Jahren für Jungen identifiziert (Stafford, 2011). Wenn man die Logik akzeptiert, die dem Transgendern von Kindern zu Grunde liegt, dann müssten Kinder möglicherweise schon vor diesem Alter identifiziert und mit Medikamenten behandelt werden, da die Broschüre rät, früh genug einzugreifen, um die körperlichen Veränderungen zu unterbrechen bevor sie beginnen.

Die Diagnosekriterien für „Genderdysphorie" bei Kindern, früher bekannt als „Geschlechtsidentitätsstörung im Kindesalter", sind im Diagnostischen und Statistischen Handbuch (DSM - Diagnostic and Statistical Manual of Mental Disorders) der USA enthalten. Das DSM wird derzeit überarbeitet, und ich werde hier die Version der Kriterien aus dem

Jahr 2011 benutzen, die wahrscheinlich in der neuen in der neuen Ausgabe, Nummer 5, erscheinen wird. Die Kriterien beruhen auf Genderstereotypen. Kinder mit Genderdysphorie müssen „[einen starken] Wunsch, oder das Beharren darauf, dass sie das andere [Gender] sind" haben. Die Indikatoren dass sie dem „anderen Gender" angehören, sind:

> ...bei Jungen eine starke Vorliebe für Cross-Dressing oder weibliche Aufmachung zu simulieren; bei Mädchen eine starke Vorliebe für nur typisch männliche Kleidung zu tragen und ein starker Widerstand gegen das Tragen von typisch weiblicher Kleidung; eine starke Vorliebe für Rollen des anderen Genders in fiktiven oder Fantasiespielen; eine starke Vorliebe für Spielzeug, Spiele oder Aktivitäten, die für das andere Gender typisch sind; eine starke Vorliebe für Spielkameraden des anderen Genders; bei Jungen eine starke Ablehnung von typisch männlichen Spielzeugen, Spielen und Aktivitäten und eine starke Vermeidung von raufendem Spiel; bei Mädchen, eine starke Ablehnung von typisch weiblichen Spielsachen, Spielen und Aktivitäten (DSM5, 2011).

Die Kinder sollten außerdem „klinisch signifikante Beeinträchtigung in sozialen Bereichen, Bereichen der Beschäftigung oder anderen Bereichen des Funktionierens" aufweisen. Die Art und Weise, in der diese diagnostischen Kriterien in der Praxis angewandt werden, lässt sich aus den Abschriften der Urteile des australischen Familiengerichts bestimmen, in Fällen, in denen pubertätsverzögernde Medikamente für Kinder genehmigt wurden.

Beispiele aus Australien

Australien ist ein Vorreiter bei der Transgendern von Kindern. Das Transgendern von Kindern wird auf Anordnung des Familiengerichts durchgeführt und wird in der Regel von den Eltern oder Erziehungsberechtigten der Kinder beantragt. Als das 13 Jahre alte Mädchen namens „Alex" im Jahr 2004 durch das Familiengericht transgendert wurde, war dies 5 Jahre bevor die Endocrine Society ihre Leitlinien zu dieser Praxis herausgab (Family Court of Australia, 2004; Jeffreys, 2006). Das Alter, in dem das Gericht bereit war, die die Praxis zu genehmigen, begann dann zu sinken. Im Jahr 2008 wurde ein 12-jähriges Mädchen, „Brodie", transgendert (Family Court of Australia, 2008). Das jüngste Kind, für das ein solcher Beschluss gefasst wurde, im April 2011, war „Jamie", ein 10-jähriger Junge, der seit drei Jahren als Mädchen lebte (Family Court of Australia 2011). In den Gerichtsverfahren werden die Aussagen von Psychiatern, Endokrinologen, Sozialarbeitern und Eltern herangezogen, um bei dem Kind die Störung zu diagnostizieren, um eine Behandlung zu beginnen. Der Fall von „Jamie“ bietet ein nützliches Beispiel dafür, wie dies funktioniert. Jamie war einer von zwei Zwillingsjungen im Alter von 10 Jahren und 10 Monaten. Die Zustimmung des Gerichts zum Transgendern von Jamie war sehr direkt denn er wurde als „sehr attraktives junges Mädchen mit langen blonden Haaren“ identifiziert, d. h. er entsprach sehr gut den kulturellen Stereotypen, wie ein Mädchen aussehen sollte (Family Court of Australia Court of Australia, 2011, Reasons for Judgement, 2). Jamies Eltern haben die notwendigen Beweise gegeben, dass Jamie die Störung hat, indem sie sagten, dass er,

> ...zum ersten Mal begann, sich mit dem weiblichen Gender zu identifizieren, als sie (in der Niederschrift werden weibliche Pronomen verwendet) etwa 2½ bis 3½ Jahre alt war. Sie wählte weiblich orientiertes Spielzeug, begann sich mit weiblichen Figuren im Fernsehen oder in Filmen zu identifizieren und sagte zu ihrer Mutter: „Mami, ich will keinen Ich will keinen Pimmel (engl. orig. „Willy“), ich will eine Vagina“ (Family Court of Australia, 2011, Reasons for Judgement, 12).

Er „suchte auch die Freundschaft von Mädchen“ (Family Court of Australia, 2011, Reasons for Judgement, 14). Seiner Mutter zufolge Mutter war der „Wendepunkt“, als Jamie „Ballkleid“ bei einem Ausflug zum Phantom der Oper tragen wollte (Family Court of Australia, 2011, Reasons for Judgement, 17). Jamie wurde im Oktober 2007, als er sieben Jahre alt war, zu einem Psychiater gebracht und im Dezember desselben Jahres wurde bei ihm eine Genderidentitätsstörung diagnostiziert.

Die Sachverständigen des Gerichts fällen ein Urteil darüber, ob das Kind in dem ihnen vorliegenden Fall das Gender in einer angemessenen Weise auslebt. So wurde der Beweis für Jamies weibliches Gender erbracht durch die Tatsache, dass er „den Ehrgeiz hatte, eine ‘weibliche Popsängerin’ zu werden und für ihren männlichen Psychiater auf eine ‘sehr feminine und kreative Art und Weise’ performte“ (Family Court of Australia, 2011, 42). Ein Sachverständiger, Dr. C, sagte ebenfalls, dass Jamie sich „unbestreitbar als ein sehr attraktives junges Mädchen“ präsentiert habe (Family Court of Australia, 2011, 43). Ein Sachverständiger erklärte, Jamie sehe „in jeder Hinsicht überzeugend weiblich“ aus, trotz der Tatsache, dass er „typische männliche Genitalien mit einem normalen Penis und Hoden hatte. Ihre Chromosomen waren die eines typischen Mannes“ (Family Court of Australia, 2011, 50). Die Argumente, die von GIRES als moralischen Druck zu Förderung des Transgenderns von Kindern benutzt werde, werden vor Gericht vorgebracht. Dr. C. sagt, dass es keine Zeit zu verlieren gibt, um Jamies Pubertät aufzuschieben, um „die psychische Belastung zu verhindern, die Jamie erfahren würde, wenn die männliche Pubertät fortschreiten würde“ (Family Court of Australia, 2011, 54). Für Jamie bestand die Gefahr, so Dr. C, von „ einer erhöhten Wahrscheinlichkeit von einer schweren psychischen Störung und Verhaltensschwierigkeiten, einschließlich schwerer Depressionen und Angststörungen sowie der Gefahr von Selbstverletzungen“ (Family Court of Australia, 2011, 63).

Wenn Fälle, in denen es um das Transgendern von Mädchen geht, vor dem Familiengericht verhandelt werden, ändern sich die Diagnosekriterien, um Stereotypen darüber widerzuspiegeln, wie sich Jungen verhalten sollten. Im Fall der 12-jährigen „Brodie“ wird von ihrer Mutter beschrieben, dass sie sich immer in einer Art verhält „das ich als das eines Jungen bezeichnen würde, und sie zieht sich gerne wie ein Junge an und wenn wir einkaufen gehen, möchte (Brodie) immer, Kleidung aus der Jungenabteilung des jeweiligen Ladens kaufen, ... Sie hat Jungenunterwäsche getragen, seit sie etwa sechs Jahre alt war. “ (Family Court of Australia, 2008, 55). Die Wahl der Unterwäsche scheint wichtig zu sein, denn sie wird in einer Reihe von Quellen erwähnt, die Ratschläge zur Identifizierung Kinder, die transgendert werden sollten, bieten. Im Fall von Brodie, wie auch wie im Fall von „Alex“, die 2004 transgendert wurde, war ein Hauptgrund der für die Beschleunigung der Behandlung angegeben wurde die Tatsache, dass diese Mädchen sehr wütend waren (Jeffreys, 2006). Im Fall von Brodie war sie sehr aggressiv und schikanierte ihre jüngere Schwester. Der Grund für die Wut der Kinder in den Fällen des Familiengerichts wurde nicht weiterverfolgt, obwohl allgemein angenommen wurde, dass eine Behandlung für Transgenderismus die schlimmsten Auswüchse lindern würde. Kindern zu transgendern kann dann als eine Form des Verhaltensmanagements dienen.

Es mag überraschen, dass es, angesichts der recht extremen Formen der hormonellen und chirurgischen Behandlung von Kindern und Jugendlichen, welche in der Gegenwart passiert, ein Fehlen von Kritik am Transgendern von Kindern in der sozialwissenschaftlichen Literatur und von feministischen Wissenschaftlerinnen gibt. Dies ist wahrscheinlich auf die Tatsache zurückzuführen, dass die kritische Auseinandersetzung mit der Praxis des Transgenderismus im Allgemeinen in den letzten zwei Jahrzehnten so weit zurückgegangen ist, dass sie unsichtbar geworden ist. Die Analyse in diesem Artikel, dass solche extremen Behandlungen die auf das Sexual- und Fortpflanzungssystem von nonkonformen Erwachsenen und Kindern zielen, in einigen wichtigen Aspekten den Behandlungen ähneln, die in der Blütezeit der Eugenik stattgefunden haben, soll eine kritische wissenschaftliche Diskussion anregen.

Das Fehlen kritischer Literatur über Transgenderismus

Obwohl es zwar wichtige Verbindungen gibt zwischen der eugenischen Praxis des frühen 20. Jahrhunderts der Durchführung von sexuellen Operationen und Sterilisationen an Untauglichen zum Zweck der sozialen Sozialkontrolle und des Social Engineering und des Transgenderns von Erwachsenen und Kindern im späten 20. und frühen 21. Jahrhundert, wurden diese Praktiken in der wissenschaftlichen Literatur nicht miteinander in Verbindung gebracht. In der Tat fehlt es heute an kritischer Literatur in Politik und Sozialwissenschaften zum Thema Transgenderismus. Das ist ein Unterschied zu vor dreißig Jahren, als die Kritik am Transgenderismus als Praxis einen Aspekt der Kritik an der der Politik der Medizin bildete. In den 1970er und frühen 1980er Jahren war es wahrscheinlich, dass Sozialwissenschaftler, Feministinnen und lesbische und schwule Aktivisten die Ärzteschaft und die Psychiatrie scharf kritisierten. Sie wurden inspiriert von der Anti-Psychiatrie-Bewegung, die die psychiatrische Praxis einer politischen Kritik unterwarf und von einer Befreiungspolitik, die die psychiatrische Medizin als Institution der Herrschaft kritisierte (Radical Therapist Collective, 1974). Auch die Diagnosen psychischer Krankheiten wurden als sozial konstruiert kritisiert und dass sie dazu dienten, die Art und Weise zu verschleiern, in der Kapitalismus und männliche Herrschaft Krankheit verursachten und inakzeptables Verhalten stigmatisierten (Chesler, 2005, 1. Auflage 1972).

Dwight Billings und Thomas Urban betrieben Forschung in dieser mehr kritischen Periode, mittels Beobachtung und Befragung in einer „Gender“-Klinik (Billings & Urban, 1982). Als kritische Soziologen der damaligen Zeit übten sie eine scharfe Kritik an der medizinischen Praxis des Transgenderismus. Sie argumentierten, dass Ärzte Chirurgie zur Geschlechtsumwandlung entwickelten und förderten, die „weder den Körper noch den Geist heilen, sondern eine moralische Funktion erfüllen“ und dass die Chirurgie „die individuelle Erfahrung des Geschlechterrollenleids privatisiert und entpolitisiert “, die ein Symptom des sozialen Wandels und eine Herausforderung für die politische Konstruktion der Geschlechterrollen ist (Billings & Urban, 1982, S. 266). Sie sagen, dass es erheblichen Widerstand von Psychoanalytikern gegen die Praxis der „geschlechtsverändernden“ Chirurgie gab, die von Harry Benjamin in den 1950er Jahren propagiert wurde, wobei Kritiker sagten dass „es eine Sache ist, krankes Gewebe zu entfernen und eine ganz andere, gesunde Organe zu amputieren, weil emotional gestörte Patienten dies verlangen“ (Billings & Urban, 1982, S. 267). Sie werfen den Ärzten und Chirurgen, die an dieser Praxis beteiligt sind, vor, dass sie durch den Wunsch nach finanziellem Gewinn und der Begeisterung wissenschaftlicher Experimente motiviert sind, und dass sie verängstigten Männern absichtlich die Idee verkauft haben, sie könnten sexuelle Befriedigung und „Geschlechterrollenkomfort" haben, wenn sie eine „Amputation" durchleiden. Sie kommen zu dem eindringlichen Schluss, dass „ die Mediziner durch die Ersetzung des politischen Diskurses durch medizinische Terminologie indirekt einen potenziellen wilden Streik in der Gender-Fabrik gezähmt haben" (Billings & Urban, 1982).

Die bekannteste feministische Kritik an der medizinischen Praxis der Mediziner Erwachsene zu transgendern, damals hauptsächlich männlicher, war damals The Transsexual Empire (Raymond, 1979) von der Wissenschaftsphilosophin Janice Raymond. Es entstand im gleichen Zeitraum, war von einer ähnlich radikalen Politik inspiriert und argumentierte, dass die Mediziner eine Diagnose und Behandlung von Transgenderismus eingeführt haben, die ihrem Profit diente und soziale Kontrolle durch die Aufrechterhaltung patriarchaler Geschlechterrollen. Abgesehen von Raymonds Buch gab es bisher gibt es nur eine weitere detaillierte feministische Kritik an dieser Praxis, Bernice Hausman's Changing Sex. Transsexualism, Technology and the Idea of Gender (1995), das eine Geschichte der Entwicklung des Konzepts der Genderidentitätsstörung aus einer kulturwissenschaftlichen Perspektive ist. Im 19. Jahrhundert wurde „Transgenderismus" d. h. ein Verhalten bei Personen eines biologischen Geschlechts, das als angemessener für sein Gegenteiliges angesehen wurde, wurde als ein Aspekt der Homosexualität verstanden, bei dem männliche Homosexuelle einen weiblichen Geist in einem männlichen Körper hatten (Ellis, 1913). Die Vorstellung, dass es eine bestimmte Art von Menschen gibt, die in Wirklichkeit ein Mitglied des Geschlechts ist, das nicht durch ihre Biologie indiziert ist, und die eine Behandlung dieses Zustands bedurfte, war eine Erfindung aus der Mitte des 20. Jahrhunderts. Wie Bernice Hausman erklärt, stand diese Entwicklung im Zusammenhang mit der sexologischen Übernahme des Begriffs Gender, als das angemessene Verhalten, das sich in bestimmten geschlechtlichen Körpern entwickeln sollte und der zunehmenden wissenschaftlichen Kenntnis von und der Motivation mit Sexualhormonen zu experimentieren (Hausman, 1995). Der Biologe Eugen Steinach war der bedeutendste Pionier in der Anwendung von Hormonen zur Veränderung von Körperprozessen, im Besonderen bei Männern (Steinach & Loebel, 1940).

Radikale soziologische Ansätze zum Transgenderismus hingegen erscheinen in der Gegenwart eher kühn. Der Wissenschaftsphilosoph, Brian Martin, hat argumentiert, dass die Wissenschaftsstudien die Verbindung mit der Politik der sozialen Bewegungen, dem Feminismus und dem Projekt des sozialen Wandels verloren, als sie in die akademische Welt eintraten und theoretische Sackgassen verfolgten

(Martin, 1993). Die prägnante und politische Kritik der früheren Periode verschwand. So stellt die aufkeimende akademische Literatur über Transgenderismus heute keinen Zusammenhang her mit der düsteren Geschichte der Geschlechtsoperationen, mit der Sterilisation von Untauglichen, mit der Eugenik oder dem Social Engineering und ist im Allgemeinen unkritisch gegenüber der Sexualwissenschaft.

Dieses Werk beinhaltet Geschichten über die Art und Weise wie die Sexualwissenschaft den Transgenderismus in den USA konstruiert haben (Meyerowitz, 2002). Es umfasst auch soziologische Literatur die auf Interviews mit Frauen basiert, die transitioniert sind um „Männer" zu werden und die versucht, ihre Motivationen und Erfahrungen zu offenbaren (Devor, 1999; Lewins, 1995). Es gibt auch eine Literatur über die Politik des Transgenderismus, insbesondere über die Frage der „Transgender"-Bürgerschaft (Monro, 2005), und Sammlungen über die so genannte „Transgender"-Theorie (Ekins & King, 1996). Im Jahr 2006 wurde die erste Sammlung veröffentlicht, welche als Nachschlagewerk für das entstehende Feld der der „Transgender Studies" entworfen war (Stryker & Whittle, 2006). Diese gewichtige Literatur enthält keine feministische oder soziologische Kritik an dieser Praxis. In Bezug auf das Transgendern von Kindern ist kritische Arbeit in den Sozialwissenschaften, mit einigen wenigen Ausnahmen (Gottschalk, 2003; Jeffreys, 2006), bemerkenswert abwesend. Die zunehmende Menge an sozialwissenschaftlicher Literatur über das „Transgender"-Kind ist weder kritisch noch analytisch. Sie besteht aus Handbüchern für Sozialarbeiter und für Eltern (Brill & Pepper, 2008; Mallon, 2009), und für Lehrer. All diese Literatur spricht von der „Affirmierung" des „Transgender"-Kindes und der positive Ton der Materialien lässt sich aus den Titeln von zwei Beispielen ableiten „Working with Transgender Children and Their Classmates in Pre-Adolescence: Just Be Supportive" (dt. „Arbeiten mit transsexuellen Kindern und ihren Klassenkameraden in der Voradoleszenz: Unterstütze sie einfach bloß"; Luecke, 2011), und „Trans-Friendly Pre-School" (dt. „Transfreundliche Vorschule"; Dykstra, 2005).

Trotz des Fehlens einer kritischen Arbeit in Bezug auf die Praxis des Transgenderismus in der sozialwissenschaftlichen Literatur, gibt es eine aufkommende Kritik in der klinischen Literatur. Die Psychologen Susan Langer und James Martin, zum Beispiel argumentieren, dass die Diagnose von Genderidentitätsstörung in der Kindheit „in erster Linie dazu dient, eine politische oder soziale Agenda" (Langer & Martin, 2004, S. 15) voranzubringen und die „Gemeinschaft der psychischen Gesundheit" sollte sich „entschieden gegen den Fortbestand der GIDC als sanktionierte diagnostische Kategorie einsetzen" (Langer & Martin, 2004, S. 19). Es gibt auch andere Fachleute für psychische Gesundheit, welche die Diagnose der Genderidentitätsstörung in der Kindheit und im

Erwachsenenalter kritisieren, insbesondere in der Art und Weise, wie sie die soziale Kontrolle von Homosexualität beeinflusst (Bower, 2001; Wilson, Griffin, & Wren, 2002). Die schärfste Kritik kommt von dem Psychiater Az Hakeem. Er arbeitet an der der Portman Clinic in London, die sich auf die Therapie von Menschen spezialisiert hat, die transgendert werden wollen und denen die bereits transgendert wurden, aber weiterhin leiden. In einem Buch Kapitel mit dem treffenden Titel „Transsexuality: a case of ‚The Emperor's New Clothes'„ („Transsexualität: ein Fall von 'Des Kaisers neue Kleider'„) nennt er die Vorstellung von Personen, die danach ersuchen transgendert zu werden, dass sie wirklich das andere Gender oder das andere Geschlecht haben einen „überwältigenden Irrglauben" (Hakeem, 2007, S. 184). Er kritisiert die Praxis, Transgenderismus als biologische Gegebenheit zu behandeln die im Körper liegt und durch Hormone und Therapie geheilt werden kann und kommentiert: „Es scheint seltsam, dass wir als Psychiater versuchen, einen inneren psychologischen Konflikt mit einer äußeren chirurgischen Lösung anzugehen" (Hakeem, 2007, p. 183). Doch weder die frühere kritische Literatur noch diejenige, die von Fachleuten aus dem Bereich der psychischen Gesundheit zu kommen beginnt, verbindet Transgenderismus in irgendeiner Geschichte der Eugenik. Im nächsten Abschnitt werde ich einige Verbindungen zwischen dem Transgendern von Kindern und der eugenischen Praxis aufzeigen, welche vielleicht hilft über die Entwicklung einer kritischeren sozialwissenschaftlichen Literatur zu informieren.

Zusammenhänge zwischen Transgenderismus und eugenischer Praxis

Es gibt eine wachsende Literatur von Sozialhistorikern und Wissenschaftshistorikern über eugenische Kampagnen und Praktiken, was Hinweise gibt, welche Ideen und Praktiken, die sich in der zeitgenössischen Praxis des Transgenderismus widerspiegeln. Diese Literatur beschreibt, wie sich die Eugenik-Bewegung in den USA (Largent, 2008; Reilly, 1991) und in Europa (Lucassen, 2010) entwickelte und sich auf die Praxis der Sterilisation zentrierte. Einige weisen darauf hin darauf hin, dass diese Praxis, obwohl sie in den in den 1970er-Jahren weitgehend abgeschafft wurde, fortlebt besonders bei Mädchen im Teenageralter, die als Gefährdet von Schwangerschaft gelten, weil sie anfällig für sexuelle Nachstellung sind (Largent, 2008). Diese Literatur stellt nur wenige Verbindungen zu der heutigen Praxis des Transgenderns von Kindern, obwohl dies, wie auch die wie die Sterilisation der Untauglichen von Sexualwissenschaftlern zum Zweck des Social Engineering durchgeführt wird.

Die ideologischen Grundlagen der Eugenik gehen zurück auf die Arbeit von Francis Galton, dem Cousin von Charles Darwin (Largent, 2008). Sie wurden übernommen und gefördert von Biologen, Sexualwissenschaftlern und Psychiatern, die politisch links standen wie J.B.S. Haldane und Henry Havelock Ellis im Vereinigten Königreich und Auguste Forel in der Schweiz (Lucassen, 2010). Es ist wichtig anzumerken, dass sich alle diese Männer als Sozialisten verstanden, denn im 21. Jahrhundert wurde die Praxis Männer, Frauen und Kinder zu transgendern, als ein Thema der positiven Menschenrechte von progressiven Menschen wie der linken Theoretikerin Judith Butler angenommen, anstatt als eine Praxis, die Rechte verletzt (Butler, 2004). Die Linke des späten 19. und frühen 20. Jahrhunderts unterstützte im Allgemeinen eugenische Ideen, wie zum Beispiel Sydney und Beatrice Webb von der Fabian Society im Vereinigten Königreich (Lucassen, 2010). In Schweden wurde das Social Engineering durch die Sterilisation von Untauglichen enthusiastisch übernommen von den Myrdals, Soziologen, die mit der Gründung des schwedischen Wohlfahrtsstaates in Verbindung stehen. Die Gesetzgebung, um die Sterilisation der Untauglichen möglich zu machen, wurde in Schweden in den 1920er Jahren verabschiedet und von da bis in die 1970er Jahre wurden 63.000 Personen sterilisiert, neunzig Prozent davon Frauen. Eugenik wurde von der Linken übernommen als Mittel zur eine bessere „Rasse", d. h. damals „Nation", zu schaffen.

Wichtig ist, dass die eugenischen Ideen, einschließlich der Sterilisation von Untauglichen, vor dem Zweiten Weltkrieg von vielen Feministinnen übernommen wurden. Die US-amerikanische Aktivistin für Geburtenkontrolle Margaret Sanger war eine von ihnen. Im Jahr 1932 strebte sie an zu erklären, wie Eugenik zu einem Ende des Krieges führen könnte, durch das verhindern von Überbevölkerung, insbesondere der Untauglichen, was sie als eine wichtige Ursache des Krieges ansah (Sanger, 1932). Diese Maßnahmen umfassten Einwanderungspolitik um den Zugang von Untauglichen zu verhindern, Segregation von Untauglichen, damit sie sich nicht fortpflanzen konnten und Sterilisation. Einwanderungskontrollen sollten „Schwachsinnige, Idioten, Schwachköpfe, Geisteskranke, Syphilitiker, Epileptiker, Kriminelle, professionelle Prostituierte und andere" draußen halten, sagte sie und eine „strenge und rigide Politik der Sterilisation und Segregation" sollte auf diejenigen angewandt werden, die „verdorbene Nachkommenschaft" haben könnten. Die Menschen sollten ihrer Meinung nach die Wahl zwischen Segregation oder Sterilisation bekommen. Die britische Aktivistin für Geburtenkontrolle, Marie Stopes, war ebenfalls von eugenischen Ideen inspiriert und wollte die die Fortpflanzung von Personen zu begrenzen, die nicht von ausreichender „Qualität" waren. Sie meinte noch 1957 in einem BBC-Interview: „Wir züchten Schrott" (zitiert in Garrett, 2007, S. xlii). Das Ausmaß, in dem Feministinnen im Vereinigten Königreich vor dem Zweiten Weltkrieg Eugenik willkommen hießen, ist unter Historikern umstritten. Man ist sich im Allgemeinen darüber einig. dass Feministinnen dazu tendierten, eugenische Sprache in ihre Theorie und Praxis aufzunehmen, um sich selbst überzeugender und verständlicher zu machen, der Grad wie sehr sie sich damit verbunden fühlten ist jedoch eine andere Sache (Bland, 1995; Makepeace, 2009). Allerdings ist das Fehlen von Kritik gegen, oder aktive Unterstützung für die Praxis des Transgenderns von Erwachsenen und Kindern durch diejenigen, die sich selbst als progressiv oder sogar feministisch verstehen, sollte nicht überraschen, da es eine Unterstützung für ähnliche Projekte in der Vergangenheit gab.

Sexuelle Operationen

Die Praxis der Eugenik konzentrierte sich auf die Durchführung von sexuellen Operationen an denjenigen, die als untauglich galten, und die Praxis der Sterilisation der Untauglichen in den USA veranschaulicht den Umfang und die Akzeptanz der Praxis. Zwei Drittel der Staaten in den USA verabschiedeten zwischen 1907 und 1937 Gesetze zur Zwangssterilisation (Largent, 2008, S. 65). Die Sterilisation wurde nicht nur zu eugenischen Zwecken durchgeführt, d. h. um die Reproduktion defekter Kinder zu verhindern, sondern auch zur Bestrafung und zu therapeutischen Zwecken, wie inakzeptables Verhalten zu ändern. Zu den sexuellen Eingriffen an denjenigen, die als untauglich galten, gehörte die vollständige Kastration, mit Entfernung der Hoden, sowie die weniger invasive Praxis der Sterilisation durch Vasektomie. Largent erklärt, dass in den USA die Amputation der Hoden und des Hodensacks seit dem 19. Jahrhundert bis in die 1930er Jahre zur „Behandlung, Bestrafung oder Kontrolle hunderter von Vergewaltigern, Kinderschändern und Männern, die mit Homosexualität in Verbindung gebrachte Aktivitäten ausübten" durchgeführt wurden (Largent, 2008, p. 5). Er nennt diese Praxis „Verstümmelung", und sie wurde meist an Männern in psychiatrischen Kliniken und Gefängnissen praktiziert. Er erklärt, dass sich die angegebenen Gründe sich im Laufe der Zeit änderten, von „Strafe und Eugenik" zu „therapeutisch und prophylaktisch" über einen Zeitraum von vier Jahrzehnten. Die Psychiater, die an sexuellen Operationen beteiligt waren, nutzen sie regelmäßig als „Heilmittel" für das inakzeptable Verhalten von Frauen. G. Alder Blumer empfahl Ende des 19. Jahrhunderts in den USA Jahrhunderts „gynäkologische Operationen" für Patientinnen (Dowbiggin, 1997, S. 89). Er war der Ansicht, dass „Wahnsinn ein genitaler Reflex" sei, eine Vorstellung, die von 1850 bis 1900 weit verbreitet war und zur Entfernung von Gebärmutter und Eierstöcken bei Frauen führte. Speziell empfahl er eine solche Operation für Frauen, die laut und vulgär in ihrer Sprache waren.

Eine wichtige Verbindung zwischen der Blütezeit der Eugenik und dem Transgendern von Kindern heute ist, dass Lesben und schwule Männer einen Kreis bilden, die Ziel beider Praktiken ist. Die düsteren Details der Kontrolle und Bestrafung von Lesben und schwulen Männern durch die Sexualwissenschaftler während des größten Teils des 20. Jahrhunderts wurden dargelegt in der frühesten, von der Schwulenbewegung inspirierten, Geschichte der Lesben und Schwulen in den USA, Jonathan Katz' Gay American History (1976). Diese Geschichte ist wichtig, weil die Durchführung sexueller Operationen an Lesben und Schwulen verbreitet ist, sowohl in der frühen Zeit als auch im Transgenderismus der Gegenwart. Katz schreibt, dass „Lesben und schwule Männer wurden seit langem einer vielfältigen, oft entsetzlichen Liste von ‚Kuren' durch psychiatrisch-psychologische Fachleute ausgesetzt, Behandlungen, die gewöhnlich auf Asexualisierung oder heterosexuelle Neuorientierung hinzielen" (Katz, 1976, S. 197). Diese Behandlungen, die bis weit in die zweite Hälfte des 20. Jahrhunderts andauerten, umfassten Operationen wie Kastration, Hysterektomie und Vasektomie. Frauen wurden im 19. Jahrhundert der chirurgischen Entfernung der Eierstöcke und der Klitoris unterzogen, eine Behandlung als „Heilmittel" für verschiedene Formen der so genannten weiblichen „Erotomanie", zu der auch Lesbianismus gehörte. Die Lobotomie wurde noch in den 1950er Jahren durchgeführt. Eine Reihe von medikamentösen Therapien wurde auch genutzt, wie die Verabreichung von Hormonen, LSD, sexuellen Stimulanzien und sexuellen Hemmern sowie andere Behandlungen wie Hypnose, elektrische und chemische Schocktherapien, und Aversionstherapie (Katz, 1976, S.197). Katz kommentiert, dass die homosexuellen Opfer von sexuellen Operationen manchmal „fügsam" waren und nach Behandlung suchten, so wie es heute diejenigen tun, die transgendert werden wollen. In der Tat ist Unfreiwilligkeit keineswegs ein notwendiges Element bei eugenischen Praktiken im Allgemeinen. Katz erklärt, dass die Fallgeschichten, die er im Rahmen seiner Forschung untersucht hat untersuchte, zeigten: „Viele dieser Geschichten betreffen schuldbeladene, selbsthassende Homosexuelle, die die Verurteilung durch die Gesellschaft so verinnerlicht haben, dass sie grausame Formen der Behandlung als Bestrafung suchen; sie spielen, was nur masochistisches Spiel bezeichnet werden kann, bei dem der Arzt eine wirklich sadistische (wie auch einträgliche) Rolle zugewiesen bekommt und akzeptiert" (Katz, 1976, S. 200). Katz schließt das Transgendern von homosexuellen Männern und Lesben nicht in diese missbräuchlichen medizinischen Behandlungen ein, aber Bernice Hausman, in ihrer feministischen Kritik des Transgenderismus, tut dies (Hausman, 1995). Hausman argumentiert, dass die Behandlung von Intersexualität und Transsexualität in der Mitte des 20. Jahrhunderts zu einem großen Teil durch den Wunsch motiviert war, die Möglichkeit der Homosexualität zu reduzieren und heterosexuelle Bürger zu schaffen. Sie verweist darauf, dass das erste Beispiel einer Geschlechtsumwandlungsoperation, das in den in den US-Medien thematisiert wurde, nämlich das von Christine Jorgensen im Jahre 1951, einen Mann betraf, der sich seinen Ärzten gegenüber als entweder als homosexuell oder als Frau bezeichnete und von ihnen davon überzeugt wurde dass er an einem Zustand litt, der jede Zelle seines Körpers durchdrang, nämlich unter dem Gefühl, eine Frau zu sein (Hausman, 1995). Der Fall Jorgensen Fall führte zu einer Welle des Interesses an einer Geschlechtsumwandlung bei denjenigen, die, wie Hausman formuliert, ermutigt wurden, sich selbst als Patienten zu sehen.

Trotz der Ähnlichkeit zwischen der Kontrolle der Homosexualität in der eugenischen Praxis und im Transgenderismus, wird dies in der sozialwissenschaftlichen Literatur heute nur selten diskutiert. Die Tatsache, dass viele der Männer und die meisten Frauen, die anstreben zu transitionieren, vor der Behandlung homosexuell sind, ist dennoch ein offenes Geheimnis. Auch wenn Männer, die transgendern sich zu Frauen oder anderen Männern hingezogen fühlen können, ist es bekannt, dass die Frauen im Allgemeinen lesbisch sind, bevor sie als „transgender" diagnostiziert werden, „Praktisch alle Frauen mit einer Genderidentitätsstörung erhalten den gleichen Spezifizierer - sexuell zu Frauen hingezogen - obwohl es Ausnahmefälle gibt, die Frauen betreffen, die sich sexuell zu Männern hingezogen fühlen" (Mental Health Today, n.d.). Fachleute die sich mit der Behandlung der Genderidentitätsstörung im Kindesalter befassen wissen, dass drei Viertel der Jungen, die von ihren Eltern zur Diagnose werden, im Erwachsenenalter homosexuell oder bisexuell sein werden (Mental Health Today, n.d.).
Die Anwältin und Aktivistin für Transgender-Rechte, Shannon Minter, hat eine Zusammenstellung von Zitaten von Sexologen und Sexualwissenschaftlern und denjenigen, die an der Schaffung und Umsetzung der Diagnose der Genderidentität beteiligt waren, erstellt, die dafür gemacht ist ihr Verlangen deutlich zu machen, die Entwicklung von Homosexualität zu verhindern (Minter, 1999). Minter argumentiert, dass „wenn GID bei Kindern nicht stark mit Homosexualität im Erwachsenenalter verbunden wäre", ist es unwahrscheinlich, dass crossgender Verhalten bei Kindern „als psychiatrische Störung bezeichnet oder Mittelpunkt eines ganzen klinischen Feldes geworden wären, ... das sich der ‚Korrektur' von crossgender Verhaltensweisen verschrieben hat" (Minter, 1999, S. 27). Überraschenderweise ist jedoch von lesbischen und schwulen Aktivisten wenig Besorgnis über die Art und Weise geäußert worden, in der die Praxis des Transgenderismus für die Mitglieder dieser Gemeinschaft schädlich ist. Der schwule Anthropologe, David Valentine, argumentiert, dass dieser Mangel an Kritik am Transgenderismus von Seiten schwuler Männer auf ihren Wunsch zurückzuführen ist, weibische schwule Männer aus der Kategorie der

Homosexualität auszuschließen, um ihr Image als konform mit malestream Männlichkeit zu festigen (Valentine, 2007).

Das Interesse von Eugenikern an der Kontrolle und Bestrafung der Homosexualität war Teil ihres Interesses an der Schaffung von ordentlich gegenderten und gesexten Familien und Kindern, ein Aspekt der Bewegung, der eindeutig mit dem heutigen Transgendern von Kindern in Beziehung steht. Die Historikerin der US-Eugenik, Alexandra Stern, erklärt, wie die Eugenikbewegung nach dem Zweiten Weltkrieg ihren Schwerpunkt auf die Anpassung der Familien an ihre Vorstellung von angemessenen Geschlechterrollen verlegte (Stern, 2005). Stern erklärt, dass es in den 1950er Jahren weniger Begeisterung für die bekannteren Praktiken der Eugenik gab, die durch die Assoziation mit dem Nationalsozialismus stigmatisiert waren, wie z. B. Sterilisation, obwohl diese, wie sie sagt, keineswegs endeten und die Gesetze blieben in Kraft. Stattdessen tendierten die Eugeniker zu der so genannten „positive" Eugenik, die sich die sich auf die Bevölkerungskontrolle konzentrierte und „begann, den Kern der menschlichen Differenzierung nicht in rassischen Unterschieden ... sondern in Geschlecht und Gender zu lokalisieren", so dass „der Rassismus der 1920er Jahre in den Sexismus der 1950er Jahre umartikuliert wurde" (Stern, 2005, S. 154). Das American Institute of Family Relations (AIFR), welches in den 1950er Jahren ein wichtiger Motor der eugenischen Populationspolitik war, und sein Direktor, Paul Popenoe, förderten eine „familienzentrierte Eugenik, die eine Gender und Geschlechts Uniformität forderte" und die Idee vertrat, dass der Unterschied zwischen Mann und Frau das Größte sei, der zwischen zwei Menschen bestehen kann und auf Evolution, Natur und Genetik beruhte (Stern, 2005, p. 155). Wenn Klienten von der AIFR für eine Beratung beurteilt wurden, bestand der erste Schritt darin, „das Ausmaß zu messen, in dem ihre Genderidentität und -verhalten ihrem anatomischen Geschlecht entsprechen" (Stern, 2005, S. 167). Sie wurden dann auf der Grundlage von Ideen behandelt, die zu dieser Zeit von „Psychiatrie, Psychometrie, Endokrinologie und Sexualforschung" entsprangen (Stern, 2005, S. 180). Diese Form der eugenischen Praxis wird in der Art und Weise veranschaulicht, wie die Sexualwissenschaftler in dieser Zeit Vorstellungen von „Gender" und „Genderidentität" entwickelten und sie in ihrem Umgang mit Kindern, die sie als intersexuell identifizierten und in ihrer Behandlung von Transgenderismus nutzten, eine Praxis, die bis heute andauert (Hausman, 1995; Meyerowitz, 2002). Die Vermeidung von Homosexualität und die Konstruktion von robusten heterosexuellen und gegenderten Familien, Kindern und Erwachsenen motivierte die Sexualwissenschaftler jener Zeit.

Die Fortführung dieses Zweigs der Eugenik wirft die Frage auf die Frage auf, inwieweit die Eugenik-Bewegung ungebräuchlich geworden ist. Auch wenn die Akzeptanz der Sterilisierung einiger der „Untauglichen" abgenommen hat, sind Sterilisationen und sexuelle Operationen an Kindern, die als transgender identifiziert werden, ein zunehmender Trend, wie dieser Artikel zu zeigen versucht. Largent (2008) stellt, das, was er als den endgültigen Tod der amerikanischen Eugenik-Bewegung sieht, als in den 1980er Jahren stattfindend fest. Es brauchte Jahrzehnte, von den 1930er Jahren an, um sie zu beenden, wie er erklärt. Der Widerstand gegen die Sterilisation von Untauglichen kam von Bürgerrechtsorganisationen und Bewegungen, „die sich auf Rasse, Gender, sexuelle Orientierung, Klasse, sowie körperliche und geistige Behinderungen fokussierten" sowie von denjenigen, die sich für die Rechte von Gefangenen und psychisch Kranke eintraten (Largent, 2008, S. 140). Jedoch besteht die Praxis der Sterilisation von Kindern mit geistigen Behinderungen in vielen Ländern weiter, auch in den USA. Forscher in Australien fanden heraus, dass zwischen 1992 und 1997 in australischen Krankenhäusern jährlich etwa 200 Sterilisationen an jungen Mädchen durchgeführt wurden (Brady & Grover, 1997). Dieser Praxis widersetzen sich Behindertenrechtsorganisationen wie Women With Disabilities Australia (WWDA, 2007) stark.

Eine Welle des Menschenrechtsaktivismus gegen die Zwangssterilisation von Frauen als Verstoß gegen die reproduktiven Rechte von Frauen entwickelt sich, welche Konzepte verwendet, die auch auf die Sterilisation von Kindern, die als transgender identifiziert wurden angewendet werden können. Das Centre for Reproductive Rights in New York ist beispielsweise der Ansicht, dass eine Zwangssterilisation, d. h. ohne vollständige und ungezwungene Zustimmung, eine „grausame, unmenschliche oder erniedrigende Behandlung oder Strafe" ist (Center for Reproductive Rights, 2010). Sie argumentieren: „Experten erkennen an, dass der dauerhafte Entzug der Fortpflanzungsfähigkeit ohne informierte Zustimmung im Allgemeinen zu einem psychologischen Trauma, einschließlich Depression und Trauer führt" (Center for Reproductive Rights, 2010, S. 20). Das Zentrum weist darauf hin, dass der Menschenrechtsrat erklärt hat, dass Zwangssterilisationen das Recht verletzen, frei zu sein von „Folter und CIDT („cruel, inhumane and degrading treatment"; dt.: grausame, unmenschliche und erniedrigende Behandlung), wie es der ICCPR vorsieht" (Center for Reproductive Rights, 2010, S. 20). Die Zwangssterilisation wird anerkannt von dem Ausschuss, der das Übereinkommen zur Beseitigung jeder Form von Diskriminierung der Frau (CEDAW) beaufsichtigt, wie das Zentrum sagt, als, dass sie gegen die „Rechte auf Menschenwürde und körperliche und geistige Unversehrtheit" verstößt (Center for Reproduktive Rechte, 2010, S. 20). In Bezug auf Kinder, die transgendert werden, stellt sich die Frage, inwieweit sie als ungezwungen angesehen werden können, wenn man bedenkt, dass ihre Eltern, die Ärzteschaft und die Gerichte diese Behandlung für sie befürworten und ihnen gesagt wird, dass dies ihr seelisches Leid lindert.

Die Sterilisierung transgenderter Kinder und andere gesundheitliche Langzeitfolgen

Die Auswirkungen der medikamentösen Behandlung und der sexuellen Operationen, die das Transgendern von Kindern ausmachen sind derart, dass sie ihren reproduktiven Rechten, sowie ihrer körperlichen Unversehrtheit und ihrer zukünftigen Gesundheit schaden. Es gibt einige Unterschiede zwischen der Sterilisation, die Teil der heutigen Praxis des Transgenderns von Kindern ist, und den sexuellen Eingriffen der früheren eugenischen Periode. Die eugenischen sexuellen Operationen zielten regelmäßig auf Sterilisation ab und anstatt die Sterilisation als Nebeneffekt zu haben. Aber sie verfolgten auch andere Ziele, wie die Verhinderung von Masturbation oder kriminellem Verhalten, und ähneln in dieser Hinsicht den Zielen des heutigen Transgenderismus, der ebenfalls durch inakzeptables Verhalten angeregt wird. Außerdem war die Sterilisation in früheren Zeiten in der Regel nicht einvernehmlich, während die Sterilisation als Teil der Behandlung einer Genderidentitätsstörung heute in der Regel als unglückliche Nebenwirkung eines erwünschten Prozesses gesehen, aber insbesondere homosexuelle Männer suchten die sexuellen Operationen, die Teil der eugenischen Praxis waren.

Die Behandlung mit pubertätsverzögernden Medikamenten führt zur Sterilisation wenn auf sie die Verabreichung von gegengeschlechtlichen Hormonen im Alter von 16 Jahren folgt, wie das Handbuch von Brill und Pepper über „transgender“ Kinder (2008), erklärt: „Die Entscheidung, von GnRH Inhibitoren zu Östrogen zu wechseln, ohne die männliche Pubertät vollständig zu erleben, sollte als Aufgabe der eigenen Fruchtbarkeit betrachtet werden und die Familie des Kindes sollte entsprechend beraten werden“ (Brill & Pepper, 2008, p. 216). Auch für Mädchen ist die Sterilisation die Folge, denn „Eizellen reifen erst in der Pubertät heran“ (Brill & Pepper, 2008, S. 216). Die Frage der Fruchtbarkeit, so das Handbuch wird Eltern mehr beunruhigen als die „Teenager“, weil letztere kurzfristig denken mögen und nicht in der Lage sind, mehr in Betracht zu ziehen, als in der Gegenwart transgendert zu werden (Brill & Pepper, 2008, S. 220). Das Handbuch spricht von anderen schwerwiegenden Effekten des Transgenderns von Kindern. Es sagt, dass Geburtsfehler bei Kindern auftreten können, die „Transmännern“ geboren werden, „die Testosteron vor der Schwangerschaft nahmen“ (Brill & Pepper, 2008, S. 219). Es warnt auch davor, dass Genitaloperationen zum Fehlen sexuellen

Empfindens führen kann, und merkt an, dass junge Menschen möglicherweise nicht verstehen, wie wichtig dies ist (Brill & Pepper, 2008, S. 220). Aber, so rät das Handbuch, „Jugendliche“ können sich sexuellen Operationen, wie der Entfernung von Hoden oder Brüsten, in jedem Alter unterziehen, nicht unbedingt erst mit 18 Jahren, sofern die Eltern und der Chirurg einverstanden sind (Brill & Pepper, 2008, S. 220). Dies scheint den Warnungen, über die Schwierigkeiten die „Teenager“ haben könnten, die Auswirkungen solcher Operationen für die Fruchtbarkeit und das sexuelle Vergnügen zu verstehen, zu widersprechen, die diesen Ratschlag begleiten.

Die Frage der Sterilisation wurde vom Familiengericht in den Fällen der Behandlung von „Alex“, „Brodie“ und „Jamie“ angesprochen. In jedem Fall wurde suggeriert, dass das Kind genügend Einsichtsvermögen hat, um eine Entscheidung zu treffen, die zu einer Sterilisation führen könnte, und wenn sie dies nicht vollständig verstehen könnten, könnten die Eltern eine solche Entscheidung für sie treffen. Das Urteil in dem Fall des 10-jährigen „Jamie“ erklärt, dass er versteht, dass er unfruchtbar werden wird, und zwar mit einem interessanten Widerspruch zwischen Pronomen und biologischem Geschlecht, „Jamie ist sich bewusst, dass eine spätere Behandlung mit weiblichen Hormonen, wenn sie älter ist, ihre Fähigkeit zur Spermienbildung beeinträchtigen kann“ (Family Court of Australia, 2011, p. 92). Da Jamie jedoch „nicht die nötige Reife besitzt um für Entscheidungen von solcher Tragweite verantwortlich zu sein“, haben die Eltern die „Verantwortung, solche Entscheidungen in Absprache mit Jamie zu treffen“.

Schlussfolgerung

Im 21. Jahrhundert, Jahrzehnte nachdem die sexuellen Operationen an Untauglichen, aus eugenischen und therapeutischen Gründen und zur Strafe, aufgegeben wurden, wird eine ähnliche Praxis an Kindern durchgeführt, die als inhärent „transgender“ angesehen werden, weil sie gegen die kulturell akzeptablen Geschlechterrollen verstoßen. Die Geschichte der sexuellen Operationen muss mit dieser zeitgenössischen Praxis in Verbindung gebracht werden, um ein um ein kritischeres Licht auf das zu werfen, was heute geschieht. Ian Dowbiggin, Historiker der nordamerikanischen Eugenik, schreibt über die Art, in der die Ärzteschaft die Praxis der der Sterilisation von Untauglichen annahm in einer Weise, die genauso auch auf die Annahme des Transgenders von Kindern angewandt werden kann: „Es ist eine Geschichte der menschlichen Fehlbarkeit, von Menschen die, als sie mit der gewaltigen Herausforderung konfrontiert wurden, für emotional und geistig behinderte Menschen zu sorgen, zu extremen Theorien und Praktiken griffen. Die meisten dieser Männer und Frauen waren überzeugt, dass sie absolut richtig lagen, selbst wenn sie es besser hätten wissen können" (Dowbiggin, 1997, S. x). Das Transgendern von Kindern in der Gegenwart hat mit einer früheren Geschichte sexueller Operationen die Tatsache gemeinsam, dass progressive Menschen, und sogar viele Feministinnen, dies für eine vernünftige Praxis halten und nicht begonnen haben, sie zu kritisieren. Feministische Forschung und Theorie müssen die Fähigkeit zurückgewinnen, die Medizin und Psychiatrie und die Art und Weise zu kritisieren, wie die Sexualwissenschaftler diejenigen behandeln, die nicht konform mit den Normen der Gesellschaft sind, wenn das Transgendern von Kindern wirksam angefochten werden soll.

Der McCarthyismus von Transgender und die Sterilisation von Transgender-Kindern

(2011)

„Die radikalfeministische Theorie war und ist insbesondere deshalb revolutionär, weil sie eine totale Umgestaltung der männlichen Herrschaft bedeutet. Sie bedeutet also die Beseitigung der Herrschaft auf ihrer grundlegendsten Ebene. Sie bedeutet die totale Umgestaltung der Kultur. Es bedeutet zum Beispiel keinen Respekt vor der Kultur. Ich habe in letzter Zeit über Multikulturalismus geschrieben, weil mein neues Buch mit dem Titel „Man's Dominion: the Rise of Religion and the Eclipse of Women's Rights" (das im Laufe des Jahres erscheinen wird) von der Religion handelt. Ich habe also darüber geschrieben, wie der Multikulturalismus zum Multireligionismus wird und wie in der multikulturellen Gesellschaft die Forderung besteht, die Kultur zu respektieren - was natürlich völlig unmöglich ist, da alle Kulturen auf der Unterordnung der Frauen und der Schaffung von zwei verschiedenen Geschlechtern und zwei verschiedenen Gendern und der daraus resultierenden Unterdrückung beruhen. Und wenn man durch eine beliebige Straße geht, sich die Kleidung der Menschen anschaut, wenn man sich irgendetwas im Fernsehen anschaut, dann wird einem sofort klar, wie weit die Unterordnung der Frauen und die Vorherrschaft der Männer gehen, und das in den großen Städten der westlichen Welt, von denen ich spreche. Natürlich geht es bei der radikalfeministischen Kritik darum, diese tiefgreifende, kulturelle Konstruktion der Unterordnung der Frau zu stürzen. Am deutlichsten wird das vielleicht auf der alltäglichen Ebene, bei dem, was von Frauen verlangt wird, zu tragen. Die Zurschaustellung ihres Körpers: die kurzen Röcke, die rasierten Beine, die hochhackigen Schuhe. Die außerordentlichen Mühen, die sie auf sich nehmen müssen, um ihren eigenen Körper zu bestrafen und grausam zu behandeln und an öffentlichen Orten entwürdigt zu werden.

Hier geht es ganz klar um männliche Dominanz, soweit ich das sehen kann. Aber das kann nicht anerkannt werden. Es kann einfach nicht anerkannt werden. Es herrscht also eine enorme Vergesslichkeit in Bezug auf die Konstruktion dessen, was heutzutage als „Gender" bezeichnet wird. Ich würde es natürlich „sexuelle Unterdrückung" nennen, ich denke, das ist wahrscheinlich eine vernünftigere Art, es zu betrachten. Am stärksten manifestiert sie sich natürlich im so genannten „Transgenderismus", einer Praxis, bei der Personen, die sich nicht an die korrekten genderspezifischen Praktiken halten, die dem biologischen Geschlecht auferlegt wurden, als Personen mit einer so genannten

Genderidentitätsstörung betrachtet werden, von denen erwartet wird, dass sie in das andere Geschlecht überwechseln. Nicht, um das bestehende Gendersystem zu kritisieren, denn das ist undenkbar, sondern um eine Art „Reise" zu machen, indem sie ihren Körper verstümmeln und für den Rest ihres Lebens gefährliche Medikamente nehmen, um angeblich das andere Geschlecht zu repräsentieren.

Das zeigt uns, wie deutlich und in welcher außerordentlichen Tiefe die Vorstellung, dass es zwei Gender gibt, mit unterschiedlichen Verhaltensweisen, die darauf beruhen, wie unterschiedlich wir biologisch sind, in die Kultur eingegangen ist. Denn natürlich ergibt das keinen Sinn. Ich meine, ich habe kein Gender. Ich habe auch nicht die Absicht, ein Gender zu haben. Ich praktiziere keine Männlichkeit, die das Verhalten der männlichen Dominanz ist, und ich praktiziere keine Weiblichkeit, die das Verhalten der weiblichen Unterwerfung, der Unterwerfung der Frauen ist. Ich hoffe, dass ich mich in menschlichem Verhalten betätigen kann, und ich hoffe, dass irgendwann in der Zukunft jeder dazu in der Lage sein wird, aber ein Gender habe ich definitiv nicht. Ich bin Verweigerer des Genders aus Gewissensgründen, so wie ich es auch wäre, zum Militär eingezogen zu werden - und ich sehe, dass diese Dinge Verbindungen miteinander haben (lacht).

Also, das Problem mit dem Transgenderismus - der natürlich auch ein Ausdruck der sexuellen Rechte von Männern ist (es geht sehr stark um das Recht, durch weibliche Kleidung sexuell erregt zu werden, und um Unterwerfung und so weiter). Aber es kommt auch aus dem genderten System. Und das heißt, um Transgenderismus zu unterstützen, muss Gender unterstützt werden. Die Unterwerfung von Frauen muss also unterstützt werden, damit Transgenderismus unterstützt werden kann. Transgender als Phänomen ist der klarste mögliche Hinweis auf die Stärke der Strukturen der männlichen Vorherrschaft, die gerade im Gange ist. Natürlich wissen wir, dass im Iran Homosexuelle routinemäßig transgendert werden, weil sie nicht homosexuell sein dürfen.

Ich habe mir die Studien über transgenderte Kinder in den USA angeschaut. Es gibt jetzt viele Organisationen, die transgenderte Kinder und ihre Familien unterstützen. Es gibt viele Kliniken und Therapeuten, die „transgender Kinder" identifizieren können. Und sie werden ab einem Alter von vier oder fünf Jahren als transgendert anerkannt, obwohl in der Literatur zu lesen ist und sie selbst sagen, dass 70 % der als transgendert anerkannten Kinder später homosexuell sind. Eines der Ziele davon ist es also, die Homosexualität an ihrem möglichen Ursprung auszurotten (oder sie stellen zwangsläufig eine Verbindung zwischen Homosexualität und Gender her), aber sie werden vielleicht schikaniert, weil sie die falschen Verhaltensweisen haben und so weiter. Was also in den Staaten passiert, ist, dass Kinder jetzt in der Schule identifiziert werden sollen, dass sie von ihren Eltern identifiziert werden sollen. Das ist es, was wir - ihr wisst, in den Siebzigern haben wir gegen die Idee gekämpft, dass es „richtige“ Verhaltensweisen, „richtiges“ Spielzeug und so weiter für Kinder gibt. Es war nicht radikal, das zu tun, das war ziemlich moderat, dachte ich. Jetzt werden diese Kinder in Programme gesteckt, wo sie - und das ist jetzt die große Forderung - Medikamente bekommen, die sie daran hindern, Hormone, die sie daran hindern, den Körper ihres biologischen Geschlechts zu entwickeln. Sie müssen also etwa neun Jahre lang diese Hormone einnehmen - man erkennt, wie sehr die Mediziner das lieben: die Medikamente, das medizinische Fachwissen und so weiter, es ist eine sehr große Geldquelle für sie. Und sehr konservativ, dass sie überhaupt an Gender glauben. Diese armen Kinder durchlaufen die Pubertät also nicht auf normale Weise, sie machen nicht die üblichen biologischen Veränderungen durch. Mit sechzehn Jahren werden ihnen dann gegengeschlechtliche Hormone verabreicht, die sie unfruchtbar machen. Sie werden also tatsächlich sterilisiert. Es ist die Sterilisation der „Untauglichen“. Als es in den dreißiger Jahren geschah und die Nazis es taten, ihr wisst schon, dass es jetzt als inakzeptabel angesehen wird, es zu tun: es ging bis in die sechziger Jahre weiter, in Amerika, die Sterilisation von Behinderten, die untauglich sind. Das geschieht auch jetzt. Diejenigen, die nicht den korrekten Gender-Stereotypen entsprechen, werden sterilisiert, und zwar schon als Kinder. Mit achtzehn Jahren wird von ihnen erwartet, dass sie zur Chirurgie übergehen, also werden Teile ihres Körpers abgehackt. Und dann werden sie für den Rest ihres Lebens auf diese Medikamente angewiesen sein.

Irgendwann, da bin ich mir sicher, innerhalb der nächsten zehn, zwanzig Jahre - denn die Dinge entwickeln sich schnell, und es gibt viel Kritik daran, vor allem von jungen radikalfeministischen Feministinnen - wird dies als eine entsetzliche Menschenrechtsverletzung erkannt werden. Aber für diese Kinder und jungen Menschen, die sterilisiert wurden, ist das ein schrecklicher, schrecklicher Preis. Denn sie haben Teile ihres Körpers verloren, sie haben die Fähigkeit verloren, sich fortzupflanzen. Das ist wirklich eine Menschenrechtsverletzung von massivem Ausmaß.

Nun, weil ich das kritisiere, werde ich von vielen feministischen, lesbischen und schwulen Organisationen sozusagen „no platformed“, die mir nicht erlauben, zu sprechen. Sogar in meiner eigenen Stadt wurde mir nicht erlaubt eingeladen zu werden, auf der Reclaim The Night zu sprechen, weil ich als „transphob“ angesehen wurde. Eine große Konferenz in Großbritannien, zu der ich in diesem Jahr eingeladen war, wird im Grunde nicht stattfinden, weil einige andere sagten, ich sei transphob und solle nicht sprechen, und alles brach zusammen und so weiter. Die Art von McCarthyismus, die sich jetzt um Transgenderismus rankt - wenn du ihn kritisierst, oder wenn jemand, der mit dir befreundet ist, dich kennt und du als „transphob" bekannt bist, wird auch ihm gesagt, dass er nicht sprechen darf. Es breitet sich also immer weiter aus. Die National Union of Students in Großbritannien, ihre Lesben- und Schwulen-, Bisexuellen- und Transgender-Konferenz, deren Tagesordnung ich mir gerade angesehen habe, hat sogar eine Resolution, in der es heißt, dass Julie Bindel - die auch eine feministische Kritikerin dieser Praxis in Großbritannien und eine Journalistin ist - „niederträchtig" ist. (lacht) Das ist alles, was da steht: „Julie Bindel ist niederträchtig". Das ist eine Resolution der National Union of Students Conference. Und natürlich hat sie keine Plattform, keine Studentenorganisation darf sie einladen, irgendwo zu sprechen, weil sie sich auch kritisch zu Transgenderismus äußert.

Also wirklich, Gender ist natürlich die quasi letzte Bastion, weil es die Grundlage für die Unterwerfung der Frauen ist. Und es wird auf diese außerordentlich erbitterte Art und Weise bis zum Tod verteidigt. Das bedeutet, dass radikalfeministische Kritikerinnen nicht sprechen dürfen. Einer Lesegruppe, die mein Buch besprochen hat und dies online mitgeteilt hat, wurde gesagt, dass sie transphob sei und dass sie mein Buch nicht besprechen dürfe, es ist also ein Versuch, jede Diskussion, jedes Schriftstück und so weiter, das möglicherweise Gender kritisieren könnte, aus der öffentlichen Diskussion und dem öffentlichen Forum zu eliminieren, auszubürgern. Denn darum geht es wirklich. Es geht um die Kritik an Gender. Und das ist die Grundlage des Feminismus, und daran müssen wir unbedingt festhalten. Wir müssen jetzt den Boden zurückerobern. Und ich freue mich sehr, sagen zu können, dass es eine ganze Reihe radikalfeministischer Blogs gibt, die nicht nur sehr kritisch mit dem Transgenderismus sind, sondern sogar, ich wage es zu sagen, darüber lachen. Das ist eine sehr, sehr unanständige Sache, zu tun. Aber manchmal müssen die Unterdrückten und Unterworfenen über die herrschende Ideologie, die sie unterdrückt, lachen.

Verweise

Kate Milletts Sexus und Herrschaft: 40 Jahre danach

Alleyne, Richard (2011). Puberty blocker for children considering sex change.
The Telegraph (UK).
http://www.telegraph.co.uk/health/healthnews/8454002/Puberty-blocker-for-children-considering-sex-change.html

Billings, Dwight B., & Urban, Thomas (1982). The socio-medical construction of transsexualism: An interpretation and critique. Social Problem, 29(3), 266–282.

Bland, Lucy (1995). Banishing the beast: Feminism, sex and morality. London: Penguin Books.

Bower, Herbert (2001). The gender identity disorder in the DSM-IV classification: A critical evaluation. The Australian and New Zealand Journal of Psychiatry, 35, 1–8.

Brady, Susan M., & Grover, Sonia (1997). The sterilisation of girls and young women in Australia: A legal, medical and social context. : Human Rights and Equal Opportunity Commission.
http://www.wwda.org.au/brady.htm

Brill, Stephanie, & Pepper, Rachel (2008). The transgender child: A handbook for families and professionals. San Francisco: Cleis Press.

Butler, Judith (2004). Undoing gender. New York: Routledge.

Center for Reproductive Rights (2010). Briefing paper. Reproductive rights violations as cruel, inhumane or degrading treatment or punishment: A critical human rights analysis. New York: Centre for Reproductive Rights.
http://reproductiverights.org/sites/crr.civicactions.net/files/documents/TCIDT.pdf

Chesler, Phyllis (2005, 1st published 1972). Women and madness. Basingstoke, UK: Palgrave MacMillan.

Department of Health (2008). Medical care for gender variant children and young people: Answering families' questions. London, UK: NHS.
http://www.dh.gov.uk/en/Publicationsandstatistics/Publications/PublicationsPolicyAndGuidance/DH_082976

Devor, Holly (1999). FTM. Female-to-male transsexuals in society. Bloomington and Indianapolis: Indiana University Press.

Dowbiggin, Ian Robert (1997). Keeping America sane. Psychiatry and eugenics in the United States and Canada, 1880–1940. Ithaca and London: Cornell University Press.

DSM 5 (2011). Gender dysphoria (in children).
http://www.dsm5.org/ProposedRevision/Pages/proposedrevision.aspx?rid=192 Updated May 4, 2011

Dykstra, Laurel A. (2005). Trans-friendly preschool. Journal of Gay and Lesbian Issues in Education, 3(1), 7–13.
Ekins, Richard, & King, Dave (Eds.). (1996). Blending genders: Social aspects of cross-dressing and sex-changing. London: Routledge.
Ellis, Henry Havelock 1913 (1st published 1903). Studies in the psychology of sex Volume 2: Sexual inversion. Philadelphia: F.A. Davis.
Endocrine Society (2009). Endocrine treatment of transsexual persons: An endocrine society clinical practice guideline. Chevy Chase, MD, USA, http://www.endo-society.org/guidelines/final/upload/Endocrine-Treatment-of-Transsexual-Persons.pdf
Family Court of Australia (2004). Re Alex: Hormonal treatment for gender identity disorder FAM. CA 297. http://www.austlii.edu.au/au/cases/cth/FamCA/2004/297.html
Family Court of Australia (2008). Re Brodie (Special Medical Procedure) FAM CA 334. http://www.austlii.edu.au/cgi-bin/sinodisp/au/cases/cth/FamCA/2008/334.html?stem=0&synonyms=0&query=special%20medical%20procedure
Family Court of Australia (2011). Re Jamie (Special Medical Procedure) FamCA 248. http://www.austlii.edu.au/cgi-bin/sinodisp/au/cases/cth/FamCA/2011/248.html?stem=0&synonyms=0&query=gender%20identity%20disorder%20in%20childhood
Fine, Cordelia (2010). Delusions of gender: The real science behind sex differences. Sydney: Allen and Unwin.
Garrett, William (2007). Marie Stopes: Feminist, eroticist, eugenicist. San Francisco, CA: Kenon Books.
Gender identity disorder today (n.d.) DSM IV Gender Identity Disorder. http://www.mental-health-today.com/gender/dsm.htm
Gender spectrum (n.d., accessed 16 April 2012). http://www.genderspectrum.org/
Gottschalk, Lorene (2003). Same-sex sexuality and childhood gender non-conformity: A spurious connection. Journal of Gender Studies, 12(1),35–50.
Hakeem, Az (2007). Trans-sexuality: A case of the "Emperor's New Clothes".
In David Howell Morgan, & Stan Ruszcynski (Eds.), Lectures on violence, perversion and delinquency (pp. 179–192). London: Karnac Books.
Hausman, Bernice (1995). Changing sex: Transsexualism, technology and the idea of gender. Durham: Duke University Press.
Jeffreys, Sheila (2006). Judicial child abuse: The Family Court of Australia, gender identity disorder, and the "Alex" case. Women's Studies International Forum, 29, 1–12.
Katz, Jonathan (1976). Gay American history : Lesbians and gay men in the USA. New York: Avon Books.

Langer, Susan J., & Martin, James I. (2004). How dresses can make you mentally ill: Examining gender identity disorder in children. Child and Adolescent Social Work Journal, 21(1), 5–23.
Largent, Mark A. (2008). Breeding contempt: The history of coerced sterilization in the United States. New Brunswick, New Jersey: Rutgers University Press.
Laura (n.d.) Laura's Playground. Transgender Children. http://www.lauras-playground.com/transgender_transsexual_children.htm, accessed 22 August 2011.
Lewins, Frank (1995). Transsexualism in society: A sociology of male-to-female transsexuals. Melbourne: MacMillan Education.
Lucassen, Leo (2010). A brave new world: The left, social engineering, and eugenics in twentieth-century Europe. International Review of Social History, 55(2), 265–296.
Luecke, Julie C. (2011). Working with transgender children and their classmates in pre-adolescence: Just be supportive. Journal of LGBT Youth, 8(2), 116–156.
Makepeace, Clare (2009). To what extent was the relationship between feminists and the eugenics movement a "marriage of convenience" in the interwar years? Journal of International Women's Studies, 11(3),66–80.
Mallon, Gerald P. (2009). Social work with practice with transgender and gender variant youth. London: Routledge.
Martin, Brian (1993). The critique of science become academic. Science, Technology, and Human Values, 18(2), 247–259.
Mental Health Today (n.d.). DSM 4 (n.d.) Mental Health Today. http://www.mental-health-today.com/gender/dsm.htm
Meyerowitz, Joanne (2002). How sex changed: A history of transsexuality in the United States. Cambridge, Massachusetts: Harvard University Press.
Minter, Shannon (1999). Diagnosis and treatment of gender identity disorder in children. In Matthew Rottnek (Ed.), Sissies and tomboys: Gender nonconformity and homosexual childhood (pp. 9–33). New York: New York University Press.
Monro, Surya (2005). Gender politics. Citizenship, activism and sexual diversity.
London: Pluto Press
Radical Therapist Collective (1974). The radical therapist. London. Pelican Books.392 S. Jeffreys / Women's Studies International Forum 35 (2012) 384–393
Raymond, Janice (1994 1st published 1979). The transsexual empire. Boston:Teachers' College Press.
Reilly, Philip R. (1991). The surgical solution: A history of involuntary sterilization in the United States. Baltimore and London: The Johns Hopkins University Press.

Sanger, Margaret (1932). A plan for peace. Birth Control Review, 107–108 (http://www.scribd.com/doc/24617997/1932-Margaret-Sanger-A-Plan-for-Peace)
Spack, Norman (2008). Foreword. In Stephanie Brill, & Rachel Pepper (Eds.), The transgender child: A handbook for families and professionals. San Francisco: Cleis Press.
St. John, Leith (2010). Interview: Stephanie Brill & Rachel Pepper. Lambda Literary. http://www.lambdaliterary.org/interviews/01/20/the-transgender-child-by-stephanie-brill-rachel-pepper/
Stafford, Diane (2011). Precocious puberty (Early puberty). Boston Children's Hospital.
http://www.childrenshospital.org/az/Site1474/mainpageS1474P0.html
Steinach, Eugen, & Loebel, Josef (1940). Sex and life. London: Faber and Faber.
Stern, Alexandra (2005). Eugenic nation. Faults and frontiers of better breeding
in America. Berkeley and Los Angeles, USA: California University Press.
Stryker, Susan, & Whittle, Stephen (Eds.). (2006). The transgender studies reader. London: Routledge.
The Telegraph (2009). World's youngest sex-change operation. http://www.telegraph.co.uk/news/worldnews/europe/germany/4511986/Worlds-youngest-sex-change-operation.html
TYFA (2008). Trans Youth Family Allies.
http://www.dh.gov.uk/en/Publicationsandstatistics/Publications/PublicationsPolicyAndGuidance/DH_082976 Accessed 22 August 2011
Valentine, David (2007). Imagining transgender: An ethnography of a category. Durham and London: Duke University Press.
Wilson, Ian, Griffin, Chris, & Wren, Bernadette (2002). The validity of the diagnosis of gender identity disorder (child and adolescent criteria). Clinical Child Psychology and Psychiatry, 7(3), 335–351.
WWDA (Women With Disabilities Australia) (2007). Policy and position paper: The development of legislation to authorise procedures for the sterilisation of children with intellectual disabilities.
http://www.wwda.org.au/polpapster07.htm Accessed 16 April 2012

Heterosexuality: A Feminism & Psychology' Reader

Hoagland, Sarah and Penelope, Julia eds (1989) For Lesbians Only: A Separatist Anthology. London: Onlywomen Press.
Jeffreys, Sheila (1985) The Spinster and Her Enemies: Feminism and Sexuality 1880-1930. London: Pandora Press.
Jeffreys, Sheila (1990) Anticlimax: A Feminist Perspective on the Sexual Revolution.
London: The Women's Press. Jeffreys, Sheila (1993/4)
The Lesbian Heresy: A Feminist Perspective on the Lesbian Sexual Revolution. Melbourne: Spinifex Press; and London: The Women's Press.

LeVay, Simon (1993) The Sexual Brain. Cambridge, MA: The MIT Press.
Onlywomen
Press ed. (1981) Love Your Enemy? The Debate Between Heterosexual Feminism and Political Lesbianism. London: Onlywomen Press.
Raymond, Janice (1986) A Passion for Friends: Toward a Philosophy of Female Affection. London: The Women's Press.
Rich, Adrienne (1980) 'Compulsory Heterosexuality and Lesbian Existence', Signs 5(4): 631-60.
Thompson, Denise (1993) Against the Dividing of Women: Lesbian Feminism and Heterosexuality', in S. Wilkinson and C. Kitzinger (eds) Heterosexuality: A 'Feminism & Psychology' Reader. London: Sage.
Wittig, Monique (1982) "The Straight Mind', reprinted in M. Wittig (1992) The Straight Mind and Other Essays. Boston, MA: Beacon Press.

Desäkularisierung und sexuelle Gleichberechtigung

Accord (2009) 'Employment in faith schools: Accord equality bill report stage briefing', Available online at:
http://www.accordcoalition.org.uk/wp-content/uploads/2009/12/Equality-Bill-Employment-Briefing-Dec-09.pdf
Bachelard, M. (2008) Behind the Exclusive Brethren (Carlton North: Scribe Publications).
Berger, P. L. (1999) 'The desecularization of the world: A global overview', in P. L. Berger (ed.), The Desecularization of the World: Resurgent Religion in World Politics (Washington DC: Ethics and Policy Center and Wm B. Eerdmans Publishing Co.), 1–18.
Berkeley, R. (2008) Right to Divide? Faith Schools and Community Cohesion (London: Runnymede Trust).
Bibby, P. (2008) 'Hillsong hits schools with beauty gospel', Sydney Morning Herald. Available online at:
http://www.smh.com.au/news/national/hillsong-hits-schools-with-beauty-gospel/2008/07/25/
1216492732905.html
Blakey, H., Pearce, J. and Chester, G. (2006) Minorities within Minorities: Beneath the Surface of South Asian Participation (York: Joseph Rowntree Foundation).
Bloch, B. (2009) 'I'm not religious but ... A secular feminist response to interfaith dialogue in Australia', in T. Dreher and C. Ho (eds), Beyond the Hijab Debates: New Conversations on Gender, Race and Religion (Newcastle upon Tyne: Cambridge Scholars Publishing), 180–194.
Bloom, A. (2009) 'Compulsory sex education sparks fear that faith schools may impose agenda', Times Educational Supplement. Available online at: http://www.tes.co.uk/article.aspx?storycode=6012631
Brissenden, M. (2004) 'God and politics mix at Hillsong', ABC Television. Available online at:
http://www.abc.net.au/7.30/content/2004/s1154131.htm

Brown, A. (2010) 'Fundamentalists against women: Comment is free', The Guardian. Available online at:
http://www.guardian.co.uk/commentisfree/andrewbrown/2010/jul/14/religion-reform-feminism-patriarchy
Carter, P. (2007) 'Hillsong hosts Howard, Rudd in online telecast', Courier Mail. Available online at:
http://www.news.com.au/couriermail/story/0,23739,22220165-5003402,00.html
Communities and Local Government (2007) 'Face-to-Face and Side-by-Side': A Framework for Inter Faith Dialogue and Social Action (London: Home Office).
Daly, M. (1985) Beyond God the Father: Toward a Philosophy of Women's Liberation (2nd edn) (Boston MA: Beacon Press).
Daly, M. and Silver, H. (2008) 'Social exclusion and social capital: A comparison and critique', Theory and Society, 37:6, 537–566.
Department for International Development (2006) 'Ethnic minority groups share in £5 million fund
to raise awareness of poverty in the developing world'. Press release. Available online at:
http://webarchive.nationalarchives.gov.uk/+/http://www.dfid.gov.uk/news/files/pressreleases/ethnic-share.asp
Department of Justice (2008) Exceptions Review: A Review of the Exceptions and Exemptions from the Equal Opportunity Act 1995 (Vic). Consultation Paper, February (Victoria: Department of Justice). Available online at:
http://www.justice.vic.gov.au/wps/wcm/connect/DOJ+Internet/resources/file/eb19014bdfe70b2/ExceptionsReview_FinalConsultationPaper.pdf
Doyle, L. (2009) 'At last Blair is free to "do God" and America loves it', The Independent. Available online at:
http://www.independent.co.uk/news/world/americas/at-last-blair-is-free-to-do-god-ndash-and-america-loves-it-1547656.html
Eagleton, T. (2009) Reason, Faith, and Revolution: Reflections on the God Debate (New Haven CT and London: Yale University Press).
El Saadawi, N. (2007) The Hidden Face of Eve: Women in the Arab World (2nd edn) (London: Zed Books).
Farnell, R., Furbey, R., Sham Al-Haqq Hills, S., Macey, M. and Smith, G. (2003) 'Faith' in Urban Regeneration? (Bristol: The Policy Press).380 SHEILA JEFFREYS © 2011 The Author. British Journal of Politics and International Relations © 2011 Political Studies Association BJPIR, 2011, 13(3)
Ferguson, A. (2006) 'God's business', Business Review Weekly, 29: June–July, 42–46. Available at http://www.scribd.com/doc/20764544/Gods-Business-Business-Review-Weekly.

Fraser, E. and Lacey, N. (1993) The Politics of Community: A Feminist Critique of the Liberal Communitarian Debate (Hemel Hempstead: Harvester Wheatsheaf).
Fyfe, M. (2009) 'Govt bows to religious right', The Sunday Age, Melbourne, Australia. Available online at:
http://www.theage.com.au/national/government-bows-to-religious-right-20090926-g76u.html
Gweini (2008) Faith in Wales: Counting for Communities (Cardiff: Gweini: The Council of the Christian Voluntary Sector in Wales).
Hanman, N. (2006) 'Unequal opportunities: Do faith schools teach girls and boys in the same way?', The Guardian. Available online at:
http://www.guardian.co.uk/education/2006/may/09/faithschools.schools
Home Office (2004) Working Together: Co-operation between Government and Faith Communities (London: Home Office Faith Communities Unit).
Home Office (2005) 'Working Together': Co-operation between Government and Faith Communities. Progress Report (London: Home Office Faith Communities Unit).
Howland, C. W. (1999) 'Safeguarding women's political freedoms under the International Covenant on Civil and Political Rights in the face of religious fundamentalism', in C. W. Hyland (ed.), Religious Fundamentalisms and the Human Rights of Women (New York: Palgrave), 93–104.
Hussain, J. (2009) 'Finding the women's space: Muslim women and the mosque', in T. Dreher and C. Ho (eds), Beyond the Hijab Debates: New Conversations on Gender, Race and Religion (Newcastle upon Tyne: Cambridge Scholars Publishing), 152–166.
Joyce, K. (2009) Quiverfull: Inside the Christian Patriarchy Movement (Boston: Beacon Press).
Katz, S. (1995) 'The Rise of Religious Fundamentalism in Britain: The Experience of Women against Fundamentalism', Gender and Development, 3:1, 42–44.
Lerner, G. (1987) The Creation of Patriarchy (New York: Oxford University Press).
Levin, T. (2007) People in Glass Houses: An Insider's Story of a Life In and Out of Hillsong (Melbourne: Black Ink).
Levin, T. (2008) 'Why Mercy Ministries was godsent for Hillsong', Sydney Morning Herald. Available online at:
http://www.smh.com.au/news/opinion/why-mercy-ministries-was-godsent-for-hillsong/2008/03/17/1205602284113.html
Macey, M. (2009) Multiculturalism, Religion and Women: Doing Harm by Doing Good? (Basingstoke: Palgrave MacMillan).
Macey, M. and Beckett, C. (2001) 'Race, gender & sexuality: The oppression of multiculturalism', Women's Studies International Forum, 24: 2–3, 309–319.MacKinnon, C. A. (2006) Are Women Human? And Other

International Dialogues (Cambridge MA: Belknap, Harvard University Press).
Maddox, M. (2005) God under Howard: The Rise of the Religious Right in Australian Politics (Crows Nest: Allen & Unwin).
McSmith, A. (2006) 'God will be my judge on Iraq', The Independent. Available online at: http://www.independent.co.uk/news/uk/politics/blair-god-will-be-my-judge-on-iraq-468512.html
Mubarak, F. (2006) Women's Inter Faith Initiatives in the UK: A Survey (London: Inter Faith Network).
Muslim Council of Britain (2007) Towards Greater Understanding: Meeting the Needs of Muslim Pupils in State Schools (London: The Muslim Council of Britain).
Muslim Council of Britain (2010) 'Advice to schools: Muslim Council of Britain responds to news reports (12 July 2010) on advice to schools'. Available online at: http://www.mcb.org.uk/article_detail.php?article=announcement-897
Narayan, U. (1997) Dislocating Cultures: Identities, Traditions and Third World Feminism (London and New York: Routledge).
Norris, P. and Inglehart, R. (2004) Sacred and Secular: Religion and Politics Worldwide (Cambridge: Cambridge University Press).
O'Beirne, M. (2004) Home Office Research Study 274: Religion in England and Wales: Findings from the 2001 Home Office Citizenship Survey (London: Home Office Research, Development and Statistics Directorate).
Odone, C. (2008) 'Learning to be British and Muslim', The Times, 29 June. Available at http://www.timesonline.co.uk/tol/news/uk/education/article4231194.ece
Okin, S. M. (ed.) (1999) 'Is Multiculturalism Bad For Women?', in S. M. Okin, Is Multiculturalism Bad For Women? (Princeton, NJ: Princeton University Press.)
Parekh, B. (2000) The Future of Multi-ethnic Britain: The Parekh Report (London: Runnymede Trust).
Phillips, A. (2009) Religion: Ally, Threat, or Just Religion (Princeton, NJ: United Nations Research Institute for Social Development).
Putnam, R. D. (2000) Bowling Alone: The Collapse and Revival of American Community (New York: Simon &Schuster).
Rix, J. (2008) 'It's time to take a stand against Islam and Sharia', The Times Online. Available online at: http://women.timesonline.co.uk/tol/life_and_style/women/the_way_we_live/article3530256.ece
Runnymede Trust (2007) Local Decision-Making and Participation Think-Piece on Cohesion and Integration (London: Runnymede Trust).
Sahgal, G. and Yuval-Davis, N. (eds) (1992) 'Introduction: Fundamentalism, multiculturalism, and women in Britain', in Refusing

Holy Orders: Women and Fundamentalism in Britain (London: Virago Press).
Seguino, S. and Lovinsky, J. (2009) 'The impact of religiosity on gender attitudes and outcomes', United
Nations Research Institute for Social Development. Available online at: http://www.uvm.edu/~sseguino/pdf/Religiosity.pdf
Sen, A. (2006) Identity and Violence: The Illusion of Destiny (London: Allen Lane).
Stonewall (2007) The School Report: The Experiences of Young Gay People in Britain's Schools (London: Stonewall). Available online at: http://www.stonewall.org.uk/educationforall.
Warhurst, J. (2006) Religion in 21st Century Australian National Politics (Canberra: Australian Senate Occasional Lecture Series).
Wilkinson, R. and Pickett, K. (2009) The Spirit Level: Why More Equal Societies Almost Always Do Better (London: Allen Lane).
Winter, B. (2009) 'One hijab does not fit all: Recontextualising the case for sexularism', in T. Dreher and C. Ho (eds), Beyond the Hijab Debates: New Conversations on Gender, Race and Religion (Newcastle upon Tyne: Cambridge Scholars Publishing), 195–207.
Wright, T. (2010) 'PM tells it as she sees it on the God issue', National Times. Available online at: http://www.smh.com.au/opinion/pm-tells-it-as-she-sees-it-on-the-god-issue-20100629-zjad.html
Yuval-Davis, N. (1997) Gender and Nation (London: Sage).
Zwartz, B. (2008) 'Cult-rescue group "concerned about" Mercy Ministries', The Age. Available online at:
http://www.theage.com.au/news/national/exorcism-healers-totally-misguided/2008/03/18/1205602343838.html

„Frei von jeder ungebetenen Berührung des Mannes":
Frauenkampagnen Kampagnen zum Thema Sexualität, 1880-1914

Assaults on Children. 1914. Report of the conference on criminal assaults on children. London.
Barry, Kathleen. 1979. *Female Sexual Slavery*. Prentice Hall, New Jersey.
Besant. Annie. 1877. *The Law of Population*. Freethought Publishing, London.
Besant, Annie. 1904. *Theosophy and the Law of Population*. Theosophical Publishing, London.
Bristow, Edward. 1977. *Vice and Vigilance*. Gill and Macmillan, Roman and Littlefield, London and Potowa. New Jersey.
Brownmiller, Susan. 1978. *Against Our Will. Men, Women und Rape*. Penguin, London. First published in 1975.
Dworkin, Andrea. 1981. *Pornography. Men possessing women*. The Women's Press, London.
'Ethelmer, Ellis' (Elizabeth Wollstenholme Elmy). 1892. The Human Flower. Mrs W. Elmy, Congleton.

Ethelmer, Ellis. 1893. *Woman Free*. Women's Emancipation Union, Congleton.
Ethelmer, Ellis. 1897. Phases of Love. Mrs W. Elmy, Congleton.
Fawcett. Millicent. 1892. *On the amendments Required in the Criminal Law Amendment Act 1885*. Women's Printing Society. London.
The Freewoman. Weekly Feminst Review. November 1911 October 1912.
The New Freewoman. An Individualist Review. June 1913-December 1913. Fawcett Library, London.
Gagnon, J. H. and Simon. William. 1973. *Sexual Conduct*.Hutchinson. London.
Hamilton, Cicely. 1909. *Marriage as a Trade*. Chapman Hall. London. Republished in 1981 by Virago, London.
Hopkins. Ellice J. 1879. *A Plea.for the Wider Action of the Church England in the Prevention of the Degradation of Women*. Hatchards. London.
Hopkins, Ellice J. 1882. *Grave Moral Questions addressed to the Men and Women of England*. Hatchards, London.
Hopkins, Ellice J. n.d. *The Ride of Death*. White Cross League, London.
Jackson, Stevi. 1978. *On the Social Construction of Female Sexuality*. Women's Research and Resources Centre Publications. London.
Lederer. Laura. ed. 1981. *Take Back The Night*. Morrow-Quill Paperbacks, New York.
Mackinnon, Catherine. 1979. *Sexual Harassment of Working Women*. Yale University Press, New Haven and London.
Maclaren. Angus. 1978. *Birth Control in Nineteenth Century England*. Croom Helm, London
Mitchell, David. 1977. *Queen Christabel*. Macdonald and Jane's, London.
Moral Reform Union. *Annual Reports*. 1881-1897. Fawcett Library, London.
National Vigilance Association. *Executive Committee Minutes*. 1886 - 1905. Fawcett Library, London.
Onlywomen Press. ed. 1981. *Love Your Enemy? The Debate between Heterosexual Feminism and Political Lesbianism*. Onlywomen Press, London.
Pankhurst, Christabel. 1913. *Plain Facts About a Great Evil. (The Great Scourge and How to End it.)* Women's Social and Political Union, London.
Re-Bartlett, Lucy. 1912. *Sex and Sanctity*. Longmans. London
Rich, Adrienne. 1981. *Compulsory Heterosexuality and Lesbian Existence*. Onlywomen Press, London.
Rush, Florence. 1980. *The Best Kept Secret. The Sexual Abuse of Children*. Prentice Hall, New York.
Stone, Lawrence. 1977. *The Family, Sex and Marriage in England. 1500-1800*. Weidenfeld and Nicholson. London.
The Suffragette. October 1912-October 1915. Fawcett Library, London.
Swiney, Francis. 1907. *The Bar of Isis*. C. W. Daniel. London.

Swiney, Francis. nd. *The Sons of Belial*. League of Isis, London.
The Vigilance Record. 1888-1930. Fawcett Library, London.
Weeks, Jeffrey. 1981. *Sex, Politics and Society*. Longmans, London.
White Cross League. n.d. *Aims and Methods*. White Cross League, London

Die Politik der Toilette: Eine feministische Antwort auf die Kampagne zur „Entgenderung" eines Frauenraums

Andersen, Travis (2013, February 17). Schools get guidelines on transgender students. Boston Globe (http://www.bostonglobe.com/metro/2013/02/17/transgender/FHmjIUISZo0LCMy02xF97M/story.html).
Aswathy (2013, November 18). India's tough toilet challenge. One India News (http://news.oneindia.in/feature/india-s-tough-toilet-challenge-1343275.html).
Bailey, J. Michael, & Triea, Kiira (2007). What many transgender activists don't want you to know. Perspectives in Biology and Medicine 50(4),521–534.
Barcan, Ruth (2010). Dirty spaces. In Harvey Molotch, & Laura Noren (Eds.), Separation, concealment, and shame in the public toilet. Toilet: Public restrooms and the politics of sharing. (pp. 25–42). New York: New York University Press.
Brady, Dianne (2013, September 9). In India, a toilet shortage drains the economy. Businessweek (http://www.businessweek.com/articles/2013-09-09/in-india-a-toilet-shortage-drains-the-economy).
Brown-May, Andrew, & Fraser, Peg (2009). Gender, respectability and public convenience in Melbourne, Australia, 1859–1902. In Olga Gershenson, & Barbara Penner (Eds.), Ladies and gents (pp. 75–89). Philadelphia, PA:Temple University Press.
Brydon, Sunnivee (2013, February 20). Mass. Department of Education Issues Directive on trans students. The advocate (http://www.advocate.com/politics/transgender/2013/02/20/mass-department-education-issues-directive-trans-students).
Burn, Shawn Meghan (2009). A situational model of sexual assault prevention through bystander intervention. Sex Roles 60(11–12), 779–792.
California Legislature (2013, August 12). Assembly Bill AB-1266 Pupil Rights: sex-segregated school programs and activities. Chapter 85. http://leginfo.legislature.ca.gov/faces/billNavClient.xhtml?bill_id=201320140AB1266
Cameron, Laura (2013). How the psychiatrist who co-wrote the manual on sex talks about sex. Motherboard (http://motherboard.vice.com/blog/heres-how-the-guy-who-wrote-the-manual-on-sex-talks-about-sex#ixzz2SSORkDVM).

Case, Mary Anne (2010). Why not abolish laws of urinary segregation? In Harvey Molotch, & Laura Noren (Eds.), Toilet: Public restrooms and the politics of sharing (pp. 211–225). New York: New York University Press.
Cavanagh, Sheila (2010). Queering bathrooms: Gender, sexuality and the hygienic imagination. Toronto: Toronto University Press.
Cavanagh, Sheila L. (2011). You are where you urinate. The gay and lesbian review, 18–20 (July-August).
Cohen, Lindsay (2014, February 28). Police: Man in skirt caught taking pics in women's restroom. Komo News (http://www.komonews.com/news/crime/Police-Man-in-skirt-caught-taking-pics-in-womens-room-at-library-247859531.html).
Epstein, Emily Anne (2012, May 11). Students arrested after they 'filmed upskirt video of their teacher and posted it on YouTube'. Daily Mail (http://www.dailymail.co.uk/news/article-2142748/Students-arrested-filmed-upskirt-TEACHER-posted-YouTube.html).
Frye, Phyllis Randolph (2000). The International Bill of Gender Rights vs. The Cider House Rules: Transgenders struggle with the courts over what clothing they are allowed to wear on the job, which restroom they are allowed to use on the job, their right to marry, and the very definition of their sex. 7. (pp. 133–216). 7 Wm. & Mary J. Women & L, 133–216.
Gallinger, Ken (2014, January 4). Transgender woman's behaviour in change room unacceptable. Toronto Star (http://www.thestar.com/life/2014/01/04/transgender_mans_behaviour_in_changeroom_unacceptable_gallinger.html#).
GenderTrender (2011, March 4). Men who love the ladies' restroom. http://gendertrender.wordpress.com/2011/03/04/men-love-the-ladies-restroom-this-week-in-the-news/
Gershenson, Olga (2010). The restroom revolution. In Harvey Molotch, & Laura Noren (Eds.), Unisex toilets and campus politics. Toilet: Public Restrooms and the Politics of Sharing. (pp. 191–207). New York: New York University Press.
Golgowski, Nina (2012). Parents' outrage as transgendered woman is permitted to use the women's locker room 'exposing himself to little girls'. Mail Online (http://www.dailymail.co.uk/news/article-2227562/Colleen-Francis-Outrage-transgendered-woman-permitted-use-college-womens-locker-room-exposing-himself.html).
Greed, Clara (2009). The private life of public conveniences: potty politics: toilets, gender and identity. In O. Gershenson, & B. Penner (Eds.), Ladies and Gents: Public Toilets and Gender. Philadelphia, US: Temple University Press.
Greed, Clara (2010). Creating a nonsexist restroom. In Harvey Molotch, & Laura Noren (Eds.), Toilet: Public restrooms and the politics of sharing (pp. 117–141). New York: New York University Press.
Hocquenghem, Guy (1978). Homosexual desire. London: Alyson and Busby.

Hodges, Andrew, & Hutter, David (1999). With downcast gays: Aspects of homosexual self-oppression. In Larry Gross, & James D. Woods (Eds.), The Columbia reader on lesbians and gay men in media, society and politics (pp. 551–561). New York: Columbia University Press.
International Panel of Experts (2007). The Yogyakarta Principles. Principles on the application of international human rights law in relation to sexual orientation and gender identity (http://www.yogyakartaprinciples.org/principles_en_principles.htm).
Japan Today (2010, April 9). Man caught taking up-skirt photos with camera in his shoe. Japan Today (http://www.japantoday.com/category/crime/view/man-caught-taking-up-skirt-photos-with-camera-in-his-shoe).
Jeffreys, Sheila (2005). Beauty and Misogyny: Harmful cultural practices in the West. London: Routledge.
Jeffreys, Sheila (2014). Gender hurts: A feminist analysis of the politics of transgenderism. London: Routledge.
Kogan, Terry (2010). Sex separation. In Harvey Molotch, & Laura Noren (Eds.), The Cure-All for Victorian Social Anxiety. Toilet: Public restrooms and the politics of sharing. (pp. 145–164). New York: New York University Press.
Komo News (2012, May 16). Man caught taking upskirt photos at Lynnwood store with shoe camera. Komo News (http://www.komonews.com/communities/lynnwood/196094681.html).
Laws, Sophie (1990). Issues of blood: The politics of menstruation. London: MacMillan.
Lowrey, Brandon, & Shin, Tony (2013, October 3). Boys arrested, accused of sex assault on high school campus. Southern California: NBC (http://www.nbclosangeles.com/news/local/Boys-Arrested-Accused-of-Sex-Assault-226082881.html).
Mitchell, Claudia (2009). Geographies of danger. School toilets in Sub-Saharan Africa. In Olga Gershenson, & Barbara Penner (Eds.), Ladies and gents (pp. 62–74). Philadelphia, PA: Temple University Press.
Molotch, Harvey (2010). On not making history. In Harvey Molotch, & Laura Noren (Eds.), Toilet: Public restrooms and the politics of sharing (pp. 255–272). New York: New York University Press.
Newcomb, Alyssa (2012, August 4). Doctors accused of filming unsuspecting women may have risked careers over 'compulsion'. ABC News (http://abcnews.go.com/US/doctors-accused-filming-women-risked-careers-compulsion/story?id=16928588).
Owens, Michayla (2012). Petition by Michayla Owens. Support education to prevent/stop sexual violence and bullying in all schools within the U.S., starting with Columbia Public Schools in Mississippi (Change.org http://www.change.org/petitions/support-education-to-prevent-stop-sexual-violence-and-bullying-in-all-schools-within-the-u-s-starting-with-columbia-public-schools-in-mississippi).

Penner, Barbara (2001). A world of unmentionable suffering: Women's public conveniences in Victorian London. Journal of Design 14(2), 35–43.
Powell, Anastasia (2009). New Technologies, Unauthorised Visual Images and Sexual Assault. Australian Institute of Family Studies Newsletter 23, ACSSA Aware
(http://www.aifs.gov.au/acssa/pubs/newsletter/n23pdf/n23c.pdf).
Rechy, John (1981). The sexual outlaw. London: Futura. accessed 19 Jan 2013. Roberts, JoAnn (2012). I'm Jo-Ann Roberts.
http://www.cdspub.com/jar.html
Roberts, JoAnn (2013). Beauty and the beach.
http://www.cdspub.com/batb.html
Romito, Patrizia (2008). A deafening silence. Hidden violence against women and children. Bristol: The Policy Press.
Serano, Julia (2007). Whipping girl. A transsexual woman on sexism and thescapegoating of femininity. Berkeley, CA: Seal Press.
Serlin, David (2010). Pissing without pity: Disability, gender, and the public toilet In Harvey Molotch, & Laura Noren (Eds.), (pp. 167–185).
Sky News (2013, August 31). Portable toilet 'peeping Tom' gets three years. Sky News UK Edition (http://news.sky.com/story/1135343/portable-toilet-peeping-tom-gets-three-years).
Sugden, Joanna (2013, November 19). Why women go to the toilet in groups. The Wall Street Journal, India Real Time
(http://blogs.wsj.com/indiarealtime/2013/11/19/why-women-go-to-the-toilet-in-groups/).
Tankhar, Madhur (2013, December 20). Lack of toilets keeps girls away from schools. The Hindu (http://www.thehindu.com/todays-paper/tp-national/tp-newdelhi/lack-of-toilets-keeps-girls-away-from-schools/article5227297.
ece).
The Telegraph (2014, March 27). Toilet shame: Girls skip dinner and school Calcutta. The Telegraph
(http://www.telegraphindia.com/1140327/jsp/nation/story_18123932.jsp#.U2MjccKKCM8).
Thompson, Denise (2001). Radical feminism today. London: Sage Publications Ltd.
Transgender Law Centre (2005). Peeing in peace. San Francisco: Transgender Law Centre (http://transgenderlawcenter.org/issues/public-accomodations/peeing-in-peace).
Victorian Equal Opportunity and Human Rights Commission (2013). Victorian Discrimination Law. Victoria, Australia: State of Victoria (http://www.humanrightscommission.vic.gov.au/index.php/our-resources-and-publications/victorian-discrimination-law).
Ward, Victoria (2013, 17 Februaryy). A city council has scrapped male and female public lavatories in favour of "gender neutral" facilities so as not to alienate the transgender community. UK: The Telegraph

(http://www.telegraph.co.uk/news/uknews/9876127/Public-lavatories-to-become-gender-neutral.html).
Women's Resource Centre (2011). Women-only services: Making the case. London,UK: Women's Resource Centre (http://thewomensresourcecentre.org.uk/wp-content/uploads/Making-the-case-for-women-only-July-2011.pdf).
Yardley, Jim (2012, June 14). In Mumbai, a campaign against restroom injustice. The New York Times (http://www.nytimes.com/2012/06/15/world/asia/in-mumbai-a-campaign-against-restroom-injustice.html?pagewanted=all&_r=0).

Durchsetzung der sexuellen Rechte von Männern in den internationalen Menschenrechtsnormen

European Parliament (2018, 13 February). REPORT on the situation of fundamental rights in the EU in 2016 (2017/2125(INI). Committee on Civil Liberties, Justice and Home Affairs. Rapporteur: Frank Engel http://www.europarl.europa.eu/sides/getDoc.do?pubRef=//EP//NONSGML+REPORT+A8-2018-0025+0+DOC+PDF+V0//EN
International Service for Human Rights (2016). The Yogyakarta Principles on Sexual Orientation and Gender Identity: Establishing the Universality of Human Rights. https://www.ishr.ch/news/yogyakarta-principles-sexual-orientation-and-gender-identity-establishing-universality-human
Jeffreys, Sheila (2014). Gender Hurts: a feminist analysis of the politics of transgenderism. London: Routledge.
Parliamentary Assembly (2015). Discrimination against transgender people in Europe. http://assembly.coe.int/nw/xml/XRef/Xref-XML2HTML-en.asp?fileid=21736
Scottish Government (2017). Review of the Gender Recognition Act 2004. Part 3. Reforming the legal gender recognition system in Scotland. http://www.gov.scot/Publications/2017/11/5459/347288
United Nations, Office of the High Commissioner for Human Rights (2016). Independent Expert on sexual orientation and gender identity https://www.ohchr.org/EN/Issues/SexualOrientationGender/Pages/Index.aspx
Yogyakarta Principles Plus 10 (2017). https://yogyakartaprinciples.org/

Transgender-Aktivismus: Eine lesbisch-feministische Perspektive

1. Nataf, Zachary. (1996) Lesbians Talk Transgender. Scarlet Press. London.
2. Raymond, Janice G. (1994) The Transsexual Empire. Teachers College Press: New York.
3. Ibid pxxv.
4. Peters, Julie and Langley, Jane. (1994) 'The Transgendered in the Queer Community: Gender Reactionaries or Transgenders?' Paper given at the Melbourne Inter-University Gay and Lesbian Studies Seminar Series. 1st December 1994. p6.

5. Lewins, Frank. (1995) Transsexualism in Society. A Sociology of Male-to-Female Transsexuals. MacMillan Education: South Melbourne, Australia. p135.
6. Jeffreys, Sheila. (1990) Anticlimax: A Feminist Perspective on the Sexual Revolution. The Women's Press: London. Ch 4.
7. Bornstein, Kate. (1994) Gender Outlaw. Routledge: New York and Peters, Julie and Langley, Jane op cit.
8. Lewins op cit p133.
9. Ibid p135.
10. Webb, Terri. (1 996) Autobiographical Fragments from a Transsexual Activist. In Ekins, Richard and King, Dave. (Eds) Blending Genders. Social Aspects of Cross-dressing and Sex-changing. Routledge: London. p 190. PPS 26-29.
11. Ibid p192.
12. Ibid p191.
13. Gibson, Barbara. (1995) Male Order Life Storiesfiom Boys Who Sell Sex. Cassell: London.
14. Cook, Rebecca J. (Ed)(1994) Human Rights of Women. National and International Perspectives. University of Pennsylvania Press: Philadelphia. Peters, Julie and Wolper, Andrea. (Eds)(1995) Women's Rights-Human Rights. International Feminist Perspectives. Routledge: NY.
15. Coney, Sandra. (1 994) The Menopause Industry. Spinifex: Melbourne.
16. Howard, Rhoda. (1 993) 'Health Costs of Social Degradation and Female Self-Mutilation in North America,' in Kathleen E. Mahoney and Paul Mahoney (Eds) Human Rights in the Twenty-First Century: A Global Challenge. Martinus Nijhoff: Dordrecht, Netherlands p503.
17. Ibid p506.
18. Ibid p508.
19. On cosmetic surgery see: Davis, Kathy. (1995) Reshaping the Female Body. Routledge: New York. Sheila Jeffreys 73
20. Howard op cit p5 14.
21. Ibidp515.
22. Nataf 1996 op cit.
23. Howard op cit p513. A similar explanation for eating disorders in women
24. Raymond op cit p33.
25. See Gibson 1995 op cit.
26. Nataf op cit p43.
27. See Calkin, Jeremy (1994) The Third Sex. The Age. 10 September
28. Raymond op cit pxii.
29. Lewins op cit p137.
30. See, for example: Butler, Judith. (1993) 'Critically Queer.' GLQ, l:l,
31. Nataf op cit p57.
32. Ibid p56.

33. See Jeffreys, Sheila. (1994) 'The Queer Disappearance of Lesbians.' Women 5. Studies International Forum, Vol 17, No 5 pps 459-472 and Zita, Jacquelyn N. (1994) 'Gay and Lesbian Studies: Yet Another Unhappy Marriage?' in Linda Garber (Ed) Tilting the Tower: Lesbians Teaching Queer Subjects. Routledge: New York.
34. Delphy, Christine. (1993) Rethinking Sex and Gender. Women 5. Studies International Forum, 16, 1, 1-9.
35. Graham, D.L.R. with Rawlings, E. and Rigsby, R. (1994) Loving to Survive: Sexual Terror, Men 's Violence, and Women's Lives. NYU Press: NY.
36. Brodribb, Somer. (1992) Nothing Mat(t)ers: A Feminist Critique of Postmodernism. Spinifex Press: Melbourne, Australia.
37. Halberstam, Judith. (1994) 'F2M: The Making of Female Masculinity' in Doan, Laura (Ed) The Lesbian Postmodern. Columbia University Press: New York.
38. Thompson, Raymond with Sewell, Kitty. (1995) What Took You So Long? A Girl 's Journey To Manhood. Penguin: London p290.
39. Renate Klein (1996). (Dead) Bodies Floating in Cyberspace: Post-modernism and the Dismemberment of Women. In Diane Bell and Renate Klein. Radically Speaking. Feminism Reclaimed. Spinifex: Melbourne.is given in: Wolf, Naomi (1991) The Beauty Myth. Vintage: London. Reprinted from The Independent on Sunday.
40. Lewins op cit p95.
41. Bornstein 1994 op cit.
42. Radicalesbians. (1973) 'The Woman-Identified-Woman,' in Phil Brown (Ed), Radical Psychology, Tavistock Publications: London and Clarke, Cheryl (1981) 'Lesbianism: An Act of Resistance' in Morales and Anzaldua (Eds). This Bridge Called My Back. Persephone Press: Watertown, MA.
43. Webb, Terri op cit.
44. Lewins op cit.
45. See: Lothstein, Leslie Martin. (1983) Female-to-Male Transsexualism, Routledge and Kegan Paul: Boston.
46. Rees, Mark. Becoming a Man: The Personal Account of a Female-to-Male Transsexual. In Ekins, Richard and King, Dave. (Eds) Blending Genders. Routledge: London 1996. p33.
47. See Rubin, Gayle. (1 992) 'Of Catamites and Kings: Reflections on Butch, Gender, and Boundaries' in Joan Nestle (Ed) The Persistent Desire. Alyson: Boston and Halberstam op cit.
48. Nataf 1996 op cit Author statement.
49. Ibid.
50. 'When Girls Will Be Boys.' (1995) HQ July/August.
51. See, for example: Courtois, Christine A. (1 988) Healing the Incest Wound:
52. Lewins op cit p75.
53. Thompson op cit p99.

54. Webb, Terri op cit p194.

Sie wissen es, wenn sie es sehen: Der UK Gender Recognition Act 2004

Adams, C. J. (1990) The Sexual Politics of Meat: A Feminist-Vegetarian Critical Theory (New York: Continuum).
Aitchison, D. (1998) 'The psychological effect on wives and partners of transsexuals', GENDYS Conference 1998. Available online at: http://www.gender.org.uk/conf/1998/Diana/htm
Australian Story (2003) 'Boy interrupted', Australian Broadcasting Corporation, 2 September. Available online at: http://www.abc.net.au/austory/content/2003/s937472.htm
Benjamin, H. (1966) The Transsexual Phenomenon (New York: Julian Press).
Blanchard, R. (1989) 'The concept of autogynephilia and the typology of male gender dysphoria', The Journal of Nervous and Mental Disease, 177:10, 616–623.
Blanchard, R. (1991) 'Clinical observations and systematic studies of autogynephilia', Journal of Sex and Marital Therapy, 17:4, 236–251.
Bornstein, K. (1994) Gender Outlaw: On Men, Women and the Rest of Us (London and New York: Routledge).
BBC (2000) 'Complete obsession', Horizon, 17 February. Available online at: http://www.bbc.co.uk/science/horizon/1999/obsession_script.shtml (accessed February 18, 2004).
Butler, J. (1990) Gender Trouble: Feminism and the Subversion of Identity (New York: Routledge).
Butler, J. (2004) Undoing Gender (New York: Routledge).
Cowan, S. (2005) ' "Gender is no substitute for sex": A comparative human rights analysis of the legal regulation of sexual identity', Feminist Legal Studies, 13:1, 67–96.
Daly, M. (1979) Gyn/Ecology: The Metaethics of Radical Feminism (London: The Women's Press).
Delphy, C. (1993) 'Rethinking sex and gender', Women's Studies International Forum, 16:1, 1–9.
Faderman, L. (1997) 'Afterword', in D. Heller (ed.), Cross Purposes. Lesbians, Feminists, and the Limits of Alliance (Bloomington IN: Indiana University Press), 221–229.
Garber, M. (1992) Vested Interests. Cross-Dressing and Cultural Anxiety (London and New York: Penguin Books).
Gendermenders (n.d.) Gender Identity Awareness Organisation website: http://www.users.bigpond.com/megabyte_mcguire/home.htm (accessed 13 September 2004).GRA (2004) Gender Recognition Act 2004, Available online at: http://www.opsi.gov.uk/acts/acts2004/20040007.htm
Green, J. (1999) 'Look! No, don't!', in K. More and S. Whittle (eds), Reclaiming Genders. Transsexual Grammars at the Fin de Siecle (London and New York: Cassell), 117–131.

Gurney, K. (2006) 'Bad policy, bad law. The derogation of human rights for people with transsexualism since the "Justice" Statement', The Alternative Law Journal, 31:1, 36–38.
Halberstam, J. (1998) Female Masculinity (Durham NC and London: Duke University Press).
Hausman, B. (1995) Changing Sex. Transsexualism, Technology and the Idea of Gender (Durham NC: Duke University Press).
Hausman, B. (2001) 'Recent transgender theory', Feminist Studies, 27:2, 465–490.
Hines, S. (2006) 'What's the difference: bringing particularity to queer studies of transgender', Journal of Gender Studies, 15:1, 44–66.
Hines, S. (2007) 'Social/cultural change and transgender citizenship', Sociological Research Online. Special Edition on Changing Femininities, Changing Masculinities, 11:4.
Home Office (2000) Report of the Interdepartmental Working Group on Transsexual People (London: Home Office).
Jeffreys, S. (1994) 'The queer disappearance of lesbians', Women's Studies International Forum, 17:5,459–472.
Jeffreys, S. (1996) 'Heterosexuality and the desire for gender', in D. Richardson (ed.), Theorising Hetero-sexuality (Buckingham: Open University Press), 75–90.
Jeffreys, S. (1997) 'Transgender activism', Journal of Lesbian Studies, 1:3/4, 55–74.
Jeffreys, S. (2003) Unpacking Queer Politics: A Lesbian Feminist Perspective (Cambridge: Polity Press).
Jeffreys, S. (2005) Beauty and Misogyny: Harmful Cultural Practices in the West (London: Routledge).
Jeffreys, S. (2006) 'Judicial Child Abuse: The family court of Australia, gender identity disorder, and the "Alex" case', Women's Studies International Forum, 29:1, 1–12.
Kirsch, M. H. (2000) Queer Theory and Social Change (London and New York: Routledge).Kitzinger, C. and Wilkinson, S. (2006) 'Genders, sexualities and equal marriage rights', Lesbian and Gay Psychology Review, 7:2, 174–179.
Kline, J. (2006) Discovering Lesbian Community? An Exploration of Lesbians' Experiences and Perceptions of Shared Community (University of Melbourne, Ph D thesis, unpublished).
Lev, A. I. (2004) Transgender Emergence. Therapeutic Guidelines for Working with Gender-Variant People and Their Families (New York and London: The Haworth Press).
Lewins, F. (1995) Transsexualism in Society: A Sociology of Male-to-Female Transsexuals (Melbourne, Australia: MacMillan Education).
Mackenzie, G. O. (1999) '50 billion galaxies of gender', in K. More and S. Whittle (eds), Reclaiming Genders. Transsexual Grammars at the Fin de Siecle (London and New York: Cassell), 193–218.

MacKinnon, C. A. (2005) Women's Lives. Men's Laws (Cambridge MA and London: The Belknap Press of Harvard University Press).
Meyerowitz, J. (2002) How Sex Changed. A History of Transsexuality in the United States (Cambridge MA:Harvard University Press).
Monro, S. (2003) 'Transgender politics in the UK', Critical Social Policy, 23:4, 433–452.
Monro, S. (2005) Gender Politics. Citizenship, Activism and Sexual Diversity (London: Pluto Press).
More, K. (2004a) 'Never mind the bollocks 1. Trans theory in the UK', in K. More and S. Whittle (eds), Reclaiming Genders. Transsexual Grammars at the Fin de Siecle (London and New York: Cassell), 240–284.
More, K. (2004b) 'Never mind the bollocks 2. Judith Butler on transsexuality', in K. More and S. Whittle (eds), Reclaiming Genders. Transsexual Grammars at the Fin de Siecle (London and New York: Cassell), 285–302.
More, K. and Whittle, S. (eds) (2004) Reclaiming Genders. Transsexual Grammars at the Fin de Siecle (London and New York: Cassell).
Murray, S. O. (1997) 'Five reasons I don't take "queer theory" seriously', Paper presented at the 1997 annual meeting of the Pacific Sociological Association in San Diego, California. Available online at: http://www.indegayforum.org/articles/murray4.html
Press for Change (n.d.) 'Legal matters', Available online at: http://www.pfc.or.uk/node/294#overseasleg (accessed 16 February 2007).
Psychology Today (n.d.) 'Psychology Today's diagnosis dictionary. Gender identity disorder', Available online at: http://www.psychologytoday.com/conditions/genderid.html (accessed 1 May 2006).
Raymond, J. (1994 [1979]) The Transsexual Empire (Boston MA: Teachers' College Press).
Sandland, R. (2005) 'Feminism and the Gender Recognition Act 2004', Feminist Legal Studies, 13:1, 43–66.
Sohrab, J. (2004) 'Recognising acquired gender', New Law Journal, 154:7135, 1018–1019.
Sweeney, B. (2004) 'Trans-ending women's rights: The politics of trans-inclusion in the age of gender',
Walters, S. D. (1996) 'From here to queer: Radical feminism, postmodernism, and the lesbian menace (or, why can't a woman be more like a fag?)', Signs, 21:4, 830–869.
Wiegman, R. (2006) 'Interchanges: Heteronormativity and the desire for gender', Feminist Theory, 7:1,89–103.
Wilkinson, S. and Kitzinger, C. (1996) 'The queer backlash', in D. Bell and R. Klein (eds), Radically Speaking: Feminism Reclaimed (Melbourne: Spinifex), 375–382.

Wilkinson, S. and Kitzinger, C. (2006) 'In support of equal marriage: Why civil partnership is not enough', The Psychology of Women Section Review, 8:1, 54–57.

Gerichtliche Kindesmisshandlung: Das australische Familiengericht, Genderidentitätsstörungen und der Fall „Alex"

Abbott, Sidney, & Love, Barbara (1972). Sappho was a right-on woman: A liberated view of lesbianism. New York7 Stein and Day.
ARIF (2004). Gender Reassignment Surgery. www.bham.ac.uk/arif/genderreassign.htm. Retrieved 10 September 2004.
Australian Story (2003). Boy Interrupted. www.abc.net.au/austory/content/2003/s937472.htm. Retrieved 2 September 2003. Australian Broadcasting Corporation.
Batty, David (2004, 31 July). Mistaken identity. The Guardian Weekend Magazine, p. 12.
Bodlund, Owe, & Kullgren, Gunnar (1996, June). Transsexualism—general outcome and prognostic factors: A five-year follow-up study of nineteen transsexuals in the process of changing sex. Archives of Sexual Behavior, 25(3) 303 – 317.
Body Integrity Identity Disorder (n.d.). Retrieved 9 March 2004 from http://www.biid.org/
British Broadcasting Corporation (2000, 17 February). Complete Obsession. Horizon, 17 February. Retrieved 18 February 2004 from www.bbc.co.uk/science/horizon/1999/obsession_script.shtml
Burgess, Christian (1999). Internal and external stress factors associated with the identity development of transgendered youth. In Gerald P. Mallon (Ed.), Social services with transgendered youth (pp. 35 – 48). Binghamton, New York7 Harrington Park Press.
Cameron, Loren (1996). Body alchemy. Pittsburgh, Pennsylvania Cleis Press.
Carrick, Damien (2004, 20 April). Re Alex. The law report. Australian Broadcasting Corporation.
Child gender change take the law too far (2004, 15 April). The Australian Editorial (p. 12).
Cohen-Kettenis, P. T., & van Goozen, S. H. M. (1997). Sex reassignment of adolescent transsexuals: A follow up study. Journal of the American Academy of Child and Adolescent Psychiatry, 36 263 – 271.
Cummings, Katherine (2005). Organisational and institutional violence against the transgendered. Polare, vol. 62. Sydney, Australia The Gender Centre Retrieved 3 June 2005 from: http://www.gendercentre.org.au/62article6.htm
Devor, Holly (1999). FTM. Female-to-male transsexuals in society. Bloomington Indiana University Press.

Di Ceglie, Domenico, Freedman, David, McPherson, Susan, & Richardson, Philip (2002, January – March). Children and adolescents referred to a specialist gender identity development service: Clinical features and demographic characteristics. The International Journal of Transgenderism, 6(1). http://www.symposium.com/ijt/ijtvo06no01_01.htm
Donaldson, Morag (2004). The king, the courts and ‚incompetent' children: The welfare jurisdiction of the Family Court of Australia. Research note no. 17 2004–5. Parliamentary Library, Law and Bill Digest Section Parliament of Australia.
Elliott, Carl (2000, December). A new way to be mad. The Atlantic, 283(6) 73.
Ellis, Henry Havelock (1913). Studies in the psychology of sex: Volume 2. Sexual inversion. Philadelphia7 F.A. Davis 1st published 1903.
Family Court of Australia (2004, 13 April). RE ALEX: Hormonal treatment for gender identity dysphoria. Family Court of Australia 297.
Fleming, M., Steinman, C., & Bocknek, G. (1998, April–June).Methodological problems in assessing sex-reassignment surgery: A reply to Meyer and Reter. The International Journal of Transgenderism(2).
Furth, Gregg M., & Smith, Robert., (2002). Amputee Identity Disorder: Information, Questions, Answers and Recommendations about Self_Demand Amputation. 1st Books. www.1stbooks.com
Futterweit, Walter (1998). Endocrine therapy of transsexualism and potential complicates of long term treatment. Archives of Sexual Behavior, 27 209 – 226.
Gay Revolutionary Party Women's Caucus (1992). In Karla Jay, & Allen Young (Eds.), Out of the closets. Voices of gay liberation (pp. 177 – 181). London Gay Men's Press.
Gendermenders (n.d.). Retrieved 13 September 2004 from http://www.users.bigpond.com/megabyte_mcguire/home.htm
Goddard, C., & Tucci, J. (2004, 4 May). When too much intervention may be the problem. The Age (Melbourne) Opinion, 11.
Gooren, Louis (1999). Expert Witness Statement in the case of Elizabeth Bellinger. http://www.home.vicnet.net.au/~man/archives/99/gooren.html
Gough, D. (2004, 14 April). Court allows girl's bid to become boy. The Age (Melbourne) News section, 1.
Green, Richard (2000). Reflections on „transgenderism and sex reassignment" 1969–1999. The International Journal of Transgenderism, 4(1). Hage, J. J., Dekker, J. J., Karim, R. B., Verheijen, R. H., & Bloemena, E (2000, March). Ovarian cancer in female-to-male transsexuals: Report of two cases. Gynecologic Oncology, 76(3) 413 – 416.
Hausman, Bernice L. (1995). Changing sex. Transsexualism, technology, and the idea of gender. Durham, USA7 Duke University Press.
Israel, Gianna E. (2005). Depression and transgender. Polare, vol. 63. Sydney, Australia7 The Gender Centre Inc.

Jeffreys, Sheila (2003). Unpacking queer politics. A lesbian feminist perspective. Cambridge, UK7 Polity.
Jeffreys, Sheila (2004, 19 April). Sex change urged by gender bias. The Australian, Kaplan, Gisela, & Rogers, Lesley J (2003). Gene worship: Moving beyond the nature/nurture debate over genes, brain, and gender. New York7 Other Press LLC.
Kelly, J. (2004, 14 April). Court backs sex swap for girl. Herald Sun (Melbourne), 13 3.
Lawrence, Anne (n.d.). Transsexual surgery: Its pros and cons. Retrieved 16 May 2005 from www.annelawrence.com/twr/
LeVay, Simon (1993). The sexual brain. Cambridge, MA7 MIT Press.
Lewins, Frank (1995). Transsexualism in society. A sociology of male-to-female transsexuals. Melbourne MacMillan Education.
Mallon, Gerald P. (1999). Practice with transgendered children. In Gerald P. Mallon (Ed.), Social services with transgendered youth (pp. 49 – 64). Binghamton, New York7 Harrington Park
Press.
Minter, Shannon (1999). Diagnosis and treatment of gender identity disorder in children. In Matthew Rottnek (Ed.), Sissies and tomboys. Gender nonconformity and homosexual childhood (pp. 9 – 33). New York New York University Press.
S. Jeffreys / Women's Studies International Forum 29 (2006) 1–12 11
Parlett, Kate, & Weston-Scheuber, Kylie-Maree (2005). Consent to treatment for transgender and intersex children. Deakin Law Review, 9(2) 375 – 394.
Pazos, Sophia (1999). Practice with female-to-male transgendered youth. In Gerald P. Mallon (Ed.), Social services with transgendered youth (pp. 65 – 82). Binghamton, New York Harrington Park Press.
Raymond, Janice G. (1994). The transsexual empire. New York Teachers' College Press.
Rees, Mark (1996). Dear sir or madam. The autobiography of a female-to-male transsexual. London Cassell.
Ringo, Peter (2002). Media roles in female-to-male transsexual and transgender identity formation. The International Journal of Transgenderism, 6(3).
Rogers, Lesley J (1999). Sexing the brain. London7 Weidenfeld and Nicolson.
Schlatterer, Kathrin, Yassouridis, Alexander, von Werder, Klaus, Poland, Doretter, Kemper, Johannes, & Stalla, Gunder (1998,October). A follow-up study for estimating the effectiveness of a cross-gender hormone substitution therapy on transsexual patients. Archives of Sexual Behavior, 27(5) 475 – 493.
Spriggs, Merle (2004). Ethics and the proposed treatment for a 13-year-old with atypical gender identity. Medical Journal of Australia, 181(6) 319 – 321.

Swann, Stephanie, & Herbert, Sarah E (1999). Ethical issues in the mental health treatment of gender dysphoric adolescents. In Gerald P. Mallon (Ed.), Social services with transgendered youth. New York Harrington Park Press.
Thompson, Raymond (1995). What took you so long? A girl's journey to manhood. London7 Penguin Books.
Tilbury, Michael (2004). Seminar—Consent to medical treatment by young people. Professor Michael Tilbury, ‚A difficult legal Question'. Sydney, 17 MayNew South Wales7 Law Reform Commission.
United Nations (1990). Convention on the Rights of the Child. Entry into force 2 September 1990.
Wallbank, Rachael (2004, May). Re Alex ‚Through a looking glass'. Australian Children's Rights News, 37 28 – 37.
Walter, Aubrey (Ed.) (1980). Come together. London Gay Men's Press.
Webb, Terri (1996). Autobiographical fragments from a transsexual activist. In Richard Ekins, & Dave King (Eds.), Blending genders. Social aspects of cross-dressing and sex-changing. London Routledge.
Wittig, Monique (1996). The category of sex. In Diana Leonard, & Lisa Adkins (Eds.), Sex in question: French materialist feminism (pp. 24 – 29). London7 Taylor and Francis.

Das Transgendering von Kindern: Gender-Eugenik

Alleyne, Richard (2011). Puberty blocker for children considering sex change.
The Telegraph (UK).
http://www.telegraph.co.uk/health/healthnews/8454002/Puberty-blocker-for-children-considering-sex-change.html
Billings, Dwight B., & Urban, Thomas (1982). The socio-medical construction of transsexualism: An interpretation and critique. Social Problem, 29(3), 266–282.
Bland, Lucy (1995). Banishing the beast: Feminism, sex and morality. London: Penguin Books.
Bower, Herbert (2001). The gender identity disorder in the DSM-IV classification: A critical evaluation. The Australian and New Zealand Journal of Psychiatry, 35, 1–8.
Brady, Susan M., & Grover, Sonia (1997). The sterilisation of girls and young women in Australia: A legal, medical and social context. : Human Rights and Equal Opportunity Commission.
http://www.wwda.org.au/brady.htm
Brill, Stephanie, & Pepper, Rachel (2008). The transgender child: A handbook for families and professionals. San Francisco: Cleis Press.
Butler, Judith (2004). Undoing gender. New York: Routledge.
Center for Reproductive Rights (2010). Briefing paper. Reproductive rights violations as cruel, inhumane or degrading treatment or punishment: A critical human rights analysis. New York: Centre for

Reproductive Rights.
http://reproductiverights.org/sites/crr.civicactions.net/files/documents/TCIDT.pdf
Chesler, Phyllis (2005, 1st published 1972). Women and madness. Basingstoke, UK: Palgrave MacMillan.
Department of Health (2008). Medical care for gender variant children and young people: Answering families' questions. London, UK: NHS. http://www.dh.gov.uk/en/Publicationsandstatistics/Publications/PublicationsPolicyAndGuidance/DH_082976
Devor, Holly (1999). FTM. Female-to-male transsexuals in society. Bloomington and Indianapolis: Indiana University Press.
Dowbiggin, Ian Robert (1997). Keeping America sane. Psychiatry and eugenics in the United States and Canada, 1880–1940. Ithaca and London: Cornell University Press.
DSM 5 (2011). Gender dysphoria (in children).
http://www.dsm5.org/ProposedRevision/Pages/proposedrevision.aspx?rid=192 Updated May4, 2011
Dykstra, Laurel A. (2005). Trans-friendly preschool. Journal of Gay and Lesbian Issues in Education, 3(1), 7–13.
Ekins, Richard, & King, Dave (Eds.). (1996). Blending genders: Social aspects of cross-dressing and sex-changing. London: Routledge.
Ellis, Henry Havelock 1913 (1st published 1903). Studies in the psychology of sex Volume 2: Sexual inversion. Philadelphia: F.A. Davis.
Endocrine Society (2009). Endocrine treatment of transsexual persons: An endocrine society clinical practice guideline. Chevy Chase, MD, USA, http://www.endo-society.org/guidelines/final/upload/Endocrine-Treatment-of-Transsexual-Persons.pdf
Family Court of Australia (2004). Re Alex: Hormonal treatment for gender identity disorder FAM. CA 297.
http://www.austlii.edu.au/au/cases/cth/FamCA/2004/297.html
Family Court of Australia (2008). Re Brodie (Special Medical Procedure) FAM CA 334. http://www.austlii.edu.au/cgi-bin/sinodisp/au/cases/cth/FamCA/2008/334.html?stem=0&synonyms=0&query=special%20medical%20procedure
Family Court of Australia (2011). Re Jamie (Special Medical Procedure) FamCA 248. http://www.austlii.edu.au/cgi-bin/sinodisp/au/cases/cth/FamCA/2011/248.html?stem=0&synonyms=0&query=gender%20identity%20disorder%20in%20childhood
Fine, Cordelia (2010). Delusions of gender: The real science behind sex differences. Sydney: Allen and Unwin.
Garrett, William (2007). Marie Stopes: Feminist, eroticist, eugenicist. San Francisco, CA: Kenon Books.
Gender identity disorder today (n.d.) DSM IV Gender Identity Disorder. http://www.mental-health-today.com/gender/dsm.htm

Gender spectrum (n.d., accessed 16 April 2012). http://www.genderspectrum.org/
Gottschalk, Lorene (2003). Same-sex sexuality and childhood gender non-conformity: A spurious connection. Journal of Gender Studies, 12(1), 35–50.
Hakeem, Az (2007). Trans-: A case of the "Emperor's New Clothes". In David Howell Morgan, & Stan Ruszczynski (Eds.), Lectures on violence, perversion and delinquency (pp. 179–192). London: Karnac Books.
Hausman, Bernice (1995). Changing sex: Transsexualism, technology and the idea of gender. Durham: Duke University Press.
Jeffreys, Sheila (2006). Judicial child abuse: The Family Court of Australia, gender identity disorder, and the "Alex" case. Women's Studies International Forum, 29, 1–12.
Katz, Jonathan (1976). Gay American history : Lesbians and gay men in the USA. New York: Avon Books.
Langer, Susan J., & Martin, James I. (2004). How dresses can make you mentally ill: Examining gender identity disorder in children. Child and Adolescent Social Work Journal, 21(1), 5–23.
Largent, Mark A. (2008). Breeding contempt: The history of coerced sterilization in the United States. New Brunswick, New Jersey: Rutgers University Press.
Laura (n.d.) Laura's Playground. Transgender Children. http://www.lauras-playground.com/transgender_transsexual_children.htm, accessed 22 August 2011.
Lewins, Frank (1995). Transsexualism in society: A sociology of male-to-female transsexuals. Melbourne: MacMillan Education.
Lucassen, Leo (2010). A brave new world: The left, social engineering, and eugenics in twentieth-century Europe. International Review of Social History, 55(2), 265–296.
Luecke, Julie C. (2011). Working with transgender children and their classmates in pre-adolescence: Just be supportive. Journal of LGBT Youth, 8(2), 116–156.
Makepeace, Clare (2009). To what extent was the relationship between feminists and the eugenics movement a "marriage of convenience" in the interwar years? Journal of International Women's Studies, 11(3), 66–80.
Mallon, Gerald P. (2009). Social work with practice with transgender and gender variant youth. London: Routledge.
Martin, Brian (1993). The critique of science become academic. Science, Technology, and Human Values, 18(2), 247–259.
Mental Health Today (n.d.). DSM 4 (n.d.) Mental Health Today. http://www.mental-health-today.com/gender/dsm.htm

Meyerowitz, Joanne (2002). How sex changed: A history of transsexuality in the United States. Cambridge, Massachusetts: Harvard University Press.
Minter, Shannon (1999). Diagnosis and treatment of gender identity disorder in children. In Matthew Rottnek (Ed.), Sissies and tomboys: Gender nonconformity and homosexual childhood (pp. 9–33). New York: New York University Press.
Monro, Surya (2005). Gender politics. Citizenship, activism and sexual diversity. London: Pluto Press.
Radical Therapist Collective (1974). The radical therapist. London: Pelican Books.
Raymond, Janice (1994 1st published 1979). The transsexual empire. Boston: Teachers' College Press.
Reilly, Philip R. (1991). The surgical solution: A history of involuntary sterilization in the United States. Baltimore and London: The Johns Hopkins University Press. Sanger, Margaret (1932). A plan for peace. Birth Control Review, 107–108 (http://www.scribd.com/doc/24617997/1932 Margaret-Sanger-A-Plan-for-Peace)
Spack, Norman (2008). Foreword. In Stephanie Brill, & Rachel Pepper (Eds.), The transgender child: A handbook for families and professionals. San Francisco: Cleis Press.
St. John, Leith (2010). Interview: Stephanie Brill & Rachel Pepper. Lambda Literary. http://www.lambdaliterary.org/interviews/01/20/the-transgender-child-by-stephanie-brill-rachel-pepper/
Stafford, Diane (2011). Precocious puberty (Early puberty). Boston Children's Hospital.
http://www.childrenshospital.org/az/Site1474/mainpageS1474P0.html
Steinach, Eugen, & Loebel, Josef (1940). Sex and life. London: Faber and Faber.
Stern, Alexandra (2005). Eugenic nation. Faults and frontiers of better breeding in America. Berkeley and Los Angeles, USA: California University Press.
Stryker, Susan, & Whittle, Stephen (Eds.). (2006). The iransgender studies reader. London: Routledge.
The Telegraph (2009). World's youngest sex-change operation. http://www.telegraph.co.uk/news/worldnews/europe/germany/4511986/Worlds-youngest-sex-change-operation.html
TYFA (2008). Trans Youth Family Allies.
http://www.dh.gov.uk/en/Publicationsandstatistics/Publications/PublicationsPolicyAndGuidance/DH_082976 Accessed 22 August 2011
Valentine, David (2007). Imagining transgender: An ethnography of a category. Durham and London: Duke University Press.
Wilson, Ian, Griffin, Chris, & Wren, Bernadette (2002). The validity of the diagnosis of gender identity disorder (child and adolescent criteria). Clinical Child Psychology and Psychiatry, 7(3), 335–351.

WWDA (Women With Disabilities Australia) (2007). Policy and position paper: The development of legislation to authorise procedures for the sterilisation of children with intellectual disabilities. http://www.wwda.org.au/polpapster07.htm Accessed 16 April 2012